Alles Gute für Ihr Studium!
Johanna Heller

NomosPraxis

Johanna Keller
Rechtsanwältin und Mediatorin, Mannheim

Ingo Krampen
Rechtsanwalt, Notar und Mediator, Bochum [Hrsg.]

Das Recht der Schulen in freier Trägerschaft

Handbuch für Praxis und Wissenschaft

Mit einem Geleitwort von Prof. Dr. Johann Peter Vogel

Hans Jürgen Bader, Rechtsanwalt, Stuttgart | **Klaus Hesse**, Rechtsanwalt und Mediator, Mannheim | **Johanna Keller**, Rechtsanwältin und Mediatorin, Mannheim | **Ingo Krampen**, Rechtsanwalt, Notar und Mediator, Bochum | **Sandra Meinke**, Rechtsanwältin und Fachanwältin für Arbeitsrecht, Bochum | **Anja Surwehme**, Rechtsanwältin, Fachanwältin für Sozialrecht und Mediatorin, Bochum

Die Deutsche Nationalbibliothek verzeichnet diese Publikation in
der Deutschen Nationalbibliografie; detaillierte bibliografische
Daten sind im Internet über http://dnb.d-nb.de abrufbar.

ISBN 978-3-8487-0668-6

1. Auflage 2014
© Nomos Verlagsgesellschaft, Baden-Baden 2014. Printed in Germany. Alle Rechte, auch die des Nachdrucks von Auszügen, der fotomechanischen Wiedergabe und der Übersetzung, vorbehalten.

Geleitwort

Es gibt gerade heute wieder Menschen, die eine pädagogische Konzeption verwirklichen möchten, die sie an staatlichen Schulen nicht finden, oder sich zu einer Gruppe zusammenfinden, die ihre Kinder in einer Schule in freier Trägerschaft unterrichtet und erzogen sehen wollen; sie haben auch von einem Grundrecht gehört, das die Gründung einer solchen Schule erlaubt. Sie sammeln Geld und fangen an, geeignete Räume und Lehrer zu suchen – und verheddern sich alsbald in den Netzen rechtlicher Bestimmungen. Auch Menschen, die sich auf eigene Faust im Grundgesetz, vielleicht auch im Schulgesetz belesen möchten, merken, dass jedes Wort in Art. 7 des Grundgesetzes mit Interpretation belastet ist und Schulgesetze einen Umfang haben, der entmutigt. Auskünfte werden von Behörden nicht immer wohlwollend und nicht immer umfassend erteilt; und dann tauchen noch viele Nebenkriegsschauplätze auf: eine Schule benötigt einen Träger, Lehrer brauchen einen Anstellungsvertrag, Schüler und Eltern müssen rechtlich eingebunden werden – und zum Schluss hält der Staat noch die Hand auf und verlangt Gebühren und Steuern.

Das vorliegende Handbuch richtet sich vor allem an Laien – Gründer und Betreiber, Leiter und Lehrer freier Schulen. Schulverwaltungsbeamten kann die Lektüre nichts schaden. Es möchte auf überschaubarem Raum über alle oben erwähnten Probleme unterrichten und Rat erteilen. Es ist ein Buch von Praktikern – Anwältinnen und Anwälten, die mit der Materie vertraut sind – für die Praxis, es verzichtet auf theoretischen Ballast und ist für Laien verständlich geschrieben. Und: es ist umfassend. Grundstock ist der Überblick über die in Frage kommenden Grundrechte und die Darstellung der schulrechtlichen Fragen der staatlichen Genehmigung für den Schulbetrieb, der Schulpflichterfüllung, der Zeugnisse und Abschlüsse sowie der öffentlichen Finanzhilfen. Auch die in den Ländern vorgegebenen Schularten und die die Inklusion betreffenden Regelungen werden behandelt. Aber außerdem finden sich auch ausführliche Kapitel über mögliche Trägerformen für die Schule, die Gestaltung von Arbeits- und Beschulungsverträgen, das Gemeinnützigkeits- und Steuerrecht. Was ist bei der Aufsicht über Schüler, was bei der Mitwirkung von Eltern und Schülern, was beim Datenschutz zu berücksichtigen? Und am Schluss spricht der Mediator: da es nicht nur Auseinandersetzungen zwischen Schule und Schulaufsicht gibt, sondern in einer Schule Vorstände, Leiter, Lehrer, Schüler und Eltern – und jeweils männlich und weiblich – zusammenleben müssen, ein Kapitel über Streitkultur.

Im Vordergrund stehen die Probleme der allgemeinbildenden Schulen. Dass dabei die Sicht von Waldorf- und Alternativschulen her spürbar wird, hat seinen Grund darin, dass konfessionelle Schulen in der Regel von Institutionen gegründet und betrieben werden, die auf diesem Gebiet professionelle Kenntnisse besitzen; außerdem sind jene Schulen die Prototypen der von Eltern, also von Laien initiierten Schulen; und schließlich haben sie oft pädagogische Auffassungen und Erscheinungsformen, die von staatlichen Schulen abweichen und rechtlicher Begründung bedürfen. Die Vielfalt im Schulwesen, die der Grund dafür ist, dass Schulen in freier Trägerschaft im Grundgesetz nachdrücklich garantiert werden, steht hinter allen Ausführungen: Freie Schulen können, aber müssen nicht alles genauso machen wie staatliche Schulen. Ihr Gestaltungsfreiraum ist größer, als Betreiber und Schulverwaltungen häufig annehmen. Dem Buch ist zu wünschen, dass es dieses Bewusstsein in der Öffentlichkeit stärkt.

Prof. Dr. Johann Peter Vogel, Berlin

Vorwort

Schulen in freier Trägerschaft sind ein wichtiger Bestandteil der Bildungslandschaft und wirken eigenverantwortlich am öffentlichen Bildungsauftrag mit. Sie können schneller und konsequenter als staatliche Schulen durch neue Schulformen oder Unterrichtskonzepte die Pädagogik inspirieren und Impulse für neue Entwicklungen geben. Dem privaten Schulträger sind flexible und unterschiedliche Strukturen sowie differenzierte Selbstverwaltungsformen möglich. Dabei spielt das Zivilrecht eine entscheidende Rolle für die Gestaltung der Trägerstruktur und der Schule. Andererseits ist bei der Übernahme öffentlicher Aufgaben, z. B. Erfüllung der Schulpflicht, öffentliches Recht anzuwenden. So ist das Recht der Schulen in freier Trägerschaft ein Konglomerat von Zivilrecht und öffentlichem Recht und setzt sich aus verschiedenen Spezialgebieten zusammen.

Beispiele: Soweit Schulen in freier Trägerschaft Abschlusszeugnisse und Abschlüsse, die eine formelle Berechtigung verleihen (Hauptschulabschluss, Mittlere Reife, Fachhochschulreife und Abitur) selbst vergeben, handeln sie als beliehene Unternehmer des Staates durch Verwaltungsakt auf dem Gebiet des öffentlichen Rechts. Verleiht hingegen der Staat das Abschlusszeugnis bzw. die Abschlüsse, wirken die Schulen nur im Rahmen dieses Verwaltungsverfahrens mit. Soweit sie Zuschüsse in Empfang nehmen, unterliegen sie ebenfalls den Grundregeln und Bestimmungen des öffentlichen Rechts. Aber in vielen anderen Bereichen bewegen sich Schulen in freier Trägerschaft im Gebiet des Zivilrechts. Das gilt insbesondere für die Abschlüsse von Schulverträgen und Arbeitsverträgen.

Zusätzlich kompliziert wird die Rechtslage dadurch, dass nicht nur viele Spezialgebiete des Rechts betroffen sind, sondern diese auch noch in den einzelnen Bundesländern (teilweise stark) unterschiedlich geregelt sind.

Dem tragen wir in diesem Handbuch Rechnung: Nach einer Einführung in die internationalen und verfassungsrechtlichen Grundlagen, die für alle Schulen in freier Trägerschaft gelten, und in die Rechtssystematik der derzeit viel zitierten Inklusion, stellen wir die wichtigsten öffentlich-rechtlichen Rechtsgebiete dar, nämlich Schulaufsicht, insbesondere Schulgenehmigungen und Unterrichtsgenehmigungen sowie das Zeugnis- und Prüfungsrecht. Es folgt die Darstellung der diversen Refinanzierungssysteme für freie Schulen, inklusive der Schülerfahrtkostenregelungen. Auf wichtige Unterschiede in den Länderregelungen wird jeweils hingewiesen.

Sodann folgen die zivilrechtlichen Spezialgebiete, die für Schulen in freier Trägerschaft von Bedeutung sind, wie Vertragsrecht (z. B. Schulverträge), Arbeitsrecht und die vereins- und gesellschaftsrechtlichen Grundlagen, soweit sie für die Wahl und Handhabung der Trägerschaft von Bedeutung sind. Ebenso werden die für Schulen interessanten Grundlagen des Datenschutzrechts und des Aufsichtsrechts dargelegt.

Unser Handbuch ist nicht nur für Jurist/innen, sondern auch für Praktiker gedacht, also für alle, die an Schulen in freier Trägerschaft Verantwortung tragen, z. B. Vorstände, Schulleitungen, Geschäftsführer/innen, aber auch für alle Lehrer/innen und Eltern, die sich informieren möchten. Und ganz besonders natürlich für die anwaltlichen Kolleginnen und Kollegen, die in Vorständen oder als Berater/innen für Schulen in freier Trägerschaft tätig sind und sich eine kompakte Übersicht über die Rechtsgebiete wünschen, von denen ihre Schule betroffen ist. Deswegen verzichten wir soweit wie möglich auf theoretisch-rechtswissenschaftliche Begründungen und Ableitungen zugunsten der besseren Lesbarkeit der Texte und zugunsten eines umfangreichen Anhangs mit vielen

Vorwort

Mustern für Satzungen und Verträge, sowie mit – wie wir hoffen – nützlichen Informationen zu den Verbänden, in denen die Schulen in freier Trägerschaft organisiert sind.

Bitte geben Sie, liebe Leser und Nutzer dieses Handbuchs, uns Feedback. Wir werden Ihre Anregungen bei der Überarbeitung des Handbuchs gern berücksichtigen.

Wir bitten um Verständnis dafür, dass wir alle Amts- und Funktionsbezeichnungen in diesem Handbuch der besseren Lesbarkeit wegen nur in der männlichen Sprachform verwenden. Sie schließen die weibliche Sprachform ein.

Johanna Keller, Ingo Krampen

Inhaltsverzeichnis

Geleitwort	5
Vorwort	7
Abkürzungsverzeichnis	17
Literaturverzeichnis	19
1. Kapitel: Der Rechtsrahmen für Schulen in freier Trägerschaft *(Krampen)*	23
1.1. Der Mensch als Ausgangspunkt des Rechts	23
1.2. Die Entwicklung von Schulen in freier Trägerschaft	24
2. Kapitel: Die Rechtsgrundlagen für Schulen in freier Trägerschaft *(Keller)*	28
2.1. Das Grundgesetz (GG) und die Rechtsprechung des Bundesverfassungsgerichts	28
2.1.1. Verfassungsrechtliche Garantie des freien Schulwesens (Artikel 7 GG)	28
2.1.2. Elternrecht im Schulwesen und vorschulischen Bereich (Artikel 6 GG)	33
2.1.3. Unveräußerlichkeit der Menschenwürde und Recht auf Teilhabe (Art. 1 GG)	36
2.1.4. Freie Entfaltung der Persönlichkeit und Recht auf Freiheit (Art. 2 GG)	36
2.1.5. Grundsatz der Gleichbehandlung (Art. 3 GG)	38
2.1.6. Glaubens- und Gewissensfreiheit Art. 4 GG	39
2.1.7. Berufs- und Ausbildungsfreiheit (Art. 12 GG)	41
2.2. Internationale Regelungen	42
2.2.1. Die Charta der Grundrechte der EU, Art. 14	42
2.2.2. Die Europäische Menschenrechtskonvention (EMRK)	43
2.2.3. Kinderrechtskonvention (KRK)	43
2.2.4. UN-Konvention über die Rechte von Menschen mit Behinderung (BRK)	44
2.3. Landesverfassungen	45
2.4. Weitere schulrechtliche Regelungen	46
3. Kapitel: Inklusion *(Keller)*	49
3.1. Inklusion – die neue Herausforderung	49
3.2. Umsetzung der BRK in den Bundesländern	52
Baden-Württemberg	52
Bayern	52
Berlin	53
Brandenburg	53
Bremen	54
Hessen	54
Niedersachsen	54
Nordrhein-Westfalen	55
Rheinland-Pfalz	55
Hamburg	56
Mecklenburg-Vorpommern	57

Inhaltsverzeichnis

	Saarland	57
	Sachsen	58
	Sachsen-Anhalt	58
	Schleswig-Holstein	59
	Thüringen	59

4. Kapitel: Schulstatus und Schularten in freier Trägerschaft
(Keller/Krampen/Surwehme) 61

4.1.	Schule	61
4.2.	Ersatzschulen und Ergänzungsschulen in freier Trägerschaft	61
	4.2.1 Ersatzschulen	62
	4.2.2. Ergänzungsschulen	62
4.3.	Schularten	63
	4.3.1. Allgemeinbildende Schulen	63
	4.3.2. Förderschulen	65
	4.3.3. Berufliche Schulen	65
	4.3.4. Kollegstufen (Berufskolleg)	66

5. Kapitel: Ganztagsbetreuung in Schule und Hort *(Keller/Surwehme)* 67

5.1.	Ganztagsschule	67
	5.1.1. Gebundene Ganztagsschule	67
	5.1.2. Offene Ganztagsschule	67
	5.1.3. Beispiele von Ganztagsschule in Baden-Württemberg und Nordrhein-Westfalen	68
	Ganztagsschulen in Baden-Württemberg	68
	Gebundene und offene Ganztagsschulen in NRW	70
5.2.	Horte	71

6. Kapitel: Genehmigungsvoraussetzungen der Ersatzschule
(Keller/Hesse/Krampen) 72

6.1.	Bildungsziele	72
6.2.	Einrichtungen	73
6.3.	Lehrerausbildung	74
6.4.	Hinreichende wirtschaftliche und rechtliche Sicherung der Lehrer	74
6.5.	Sonderungsverbot	77
6.6.	Art. 7 Abs. 5 GG	79

7. Kapitel: Unterrichtsgenehmigungen *(Bader/Keller/Krampen)* 81

7.1.	Allgemeine Rechtslage	81
7.2.	Die Rechtslage in Baden-Württemberg	86
7.3.	Die Rechtslage in Nordrhein-Westfalen	88

8. Kapitel: Staatliche Berechtigungen an Ersatzschulen *(Keller/Hesse)* 92

8.1.	Genehmigte und staatlich anerkannte Ersatzschulen in freier Trägerschaft	92
	8.1.1. Genehmigte Schulen in freier Trägerschaft	92
	8.1.2. Staatlich anerkannte Schulen in freier Trägerschaft	92
8.2.	Rechtswirkung	93
8.3.	Jahreszeugnisse	94

8.4.	Abschlusszeugnisse		94
8.5.	Abschlussprüfungen		95

9. Kapitel: Finanzhilfe für Ersatzschulen in freier Trägerschaft *(Hesse)* 97

9.1.	Grundgesetzlicher Finanzhilfeanspruch		97
	9.1.1.	Grundsätzlicher Finanzhilfeanspruch: Vom Aufwendungsersatz zum Institutionsschutz	98
	9.1.2.	Wartefrist vor Einsetzen der Finanzhilfe	99
	9.1.3.	Schulterschluss zwischen Bundesverfassungsgericht und Bundesverwaltungsgericht	100
	9.1.4.	Kostenberücksichtigende Bezuschussung und Begrenzung der Folgen der Wartefrist	101
	9.1.5.	Herkömmliches Bild der Privatschule	102
	9.1.6.	Landeskinderklausel	102
	9.1.7.	Ausweitung des gesetzgeberischen Spielraums	103
	9.1.8.	Zusammenfassung	103
9.2.	Landesrechtliche Regelungen		107
	Baden-Württemberg		108
	Bayern		109
	Berlin		109
	Brandenburg		110
	Bremen		110
	Hamburg		110
	Hessen		110
	Mecklenburg-Vorpommern		111
	Niedersachsen		111
	Nordrhein-Westfalen		111
	Rheinland-Pfalz		112
	Saarland		113
	Sachsen		113
	Sachsen-Anhalt		113
	Schleswig-Holstein		113
	Thüringen		114

10. Kapitel Schülerfahrkostenerstattung *(Surwehme)* 115

Baden-Württemberg		115
Bayern		115
Berlin		116
Brandenburg		116
Bremen		116
Hamburg		116
Hessen		117
Mecklenburg-Vorpommern		117
Niedersachsen		118
Nordrhein-Westfalen		118
Rheinland-Pfalz		118
Saarland		119
Sachsen		119
Sachsen-Anhalt		119

Schleswig-Holstein 120
Thüringen 120

11. Kapitel: Staatliche Schulaufsicht *(Krampen)*........................... 121

11.1. Allgemeine Fragen der staatlichen Schulaufsicht 121
11.2. Dienst-/Fachaufsicht 121
11.3. Rechtsaufsicht gegenüber Schulen in freier Trägerschaft 121
11.4. Kollisionen 122

12. Kapitel: Rechtsformen für Schulträger *(Krampen)*...................... 123

12.1. Vorbemerkung 123
12.2. Körperschaft und Personengesellschaft 123
12.3. Der eingetragene Verein (e. V.) 124
12.4. Die Gesellschaft mit beschränkter Haftung (GmbH) 126
12.5. Die eingetragene Genossenschaft (e. G.) 127
12.6. Die Aktiengesellschaft (AG) 128
12.7. Die rechtsfähige (selbstständige) Stiftung 128
12.8. Für welche Schule welche Rechtsform? 129
12.9. Der zeitgemäß ausgestaltete Verein als Schulträger 130
12.10 Eintragungsfähigkeit des Vereins mit Zweckbetrieb 131

13. Kapitel: Die rechtliche Ausgestaltung des Schulträgers *(Krampen)*.............. 133

13.1 Die Organe 133
13.2. Beispiel: Die Organe im Verein 133
 13.2.1. Der Vorstand 133
 13.2.2. Die Mitgliederversammlung 134
13.3. Die Organe in anderen Rechtsformen 134

14. Kapitel: Die Haftung im Rahmen des Schulträgers am Beispiel des Vereins
(Meinke/Krampen).. 135

14.1. Die Mitglieder 135
14.2. Der Vorstand 135
 14.2.1. Die Haftung für unerlaubte Handlungen,
 §§ 823, 840 Abs. 1 BGB 135
 14.2.2. Die Haftung wegen Verschleppung des Insolvenzantrages,
 § 42 Abs. 2 Satz 2 BGB 135
 14.2.3. Die Haftung für Steuerschulden §§ 34, 69 AO 136
 14.2.4. Die Haftung für Lohnsteuer, §§ 42 d EStG, 34, 35 AO 136
 14.2.5. Die Haftung im Zusammenhang mit Spenden,
 § 10 b Abs. 4 Satz 2 EStG 137
14.3. Geschäftsführer/Repräsentanten 137
 14.3.1. Die Haftung für unerlaubte Handlungen, § 823 BGB 137
 14.3.2. Die Haftung für verspätet gestellten Insolvenzantrag 137
 14.3.3. Die Haftung für Steuerverpflichtungen, §§ 69, 34, 35 AO 138
 14.3.4. Haftung aus dem Arbeitsvertrag 138
 14.3.5. Haftung sonstiger Repräsentanten 138
 14.3.6. Arbeitsrechtlicher Freistellungsanspruch gegenüber dem Verein 138
14.4. Haftung im Rahmen anderer Rechtsträger 139

Inhaltsverzeichnis

15. Kapitel: Steuerrechtliche Grundlagen – Die Gemeinnützigkeit *(Hesse)* 140

15.1. Steuerrechtliche Grundlagen der Gemeinnützigkeit 140
15.2. Folgen der Gemeinnützigkeit 145
    15.2.1. Körperschaftssteuer 145
    15.2.2. Umsatzsteuer 145
    15.2.3. Spendenfähigkeit 146
    15.2.4. Steuerfreibeträge 146
    15.2.5. Öffentliche Finanzhilfe 146

16. Kapitel: Schulvertragsrecht *(Surwehme)* 147

16.1. Allgemeines 147
16.2. Vertragsparteien des Schulvertrages 147
    16.2.1. Regelfall 147
    16.2.2. Volljährigkeit des Schülers 148
16.3. Die Regelungen im Schulvertrag 148
    16.3.1. Präambel/Vorbemerkung 148
    16.3.2. Laufzeit des Vertrages/Probezeit 148
    16.3.3. Schulgeld/Beitrag zur Trägereigenleistung 149
    16.3.4. Beendigung des Schulverhältnisses 150
        a) Allgemeine Beendigungsgründe 150
        b) Beendigung durch Kündigung 150
            aa) Ordentliche Kündigung 151
            bb) Fristlose Kündigung 151
    16.3.5. Anlagen zum Schulvertrag 151

17. Kapitel: Aufsicht über Schülerinnen und Schüler *(Meinke/Keller)* 153

17.1. Allgemeines 153
17.2. Organisation der Aufsicht 155
17.3. Zeitliche Festlegung der Aufsicht 155
17.4. Örtliche Festlegung der Aufsicht 155
17.5. Intensität der Aufsicht 156
17.6. Aufsichtspflichtige Personen 157
17.7. Übertragung der Aufsicht auf Dritte 157
17.8. Zu beaufsichtigende Personen 157
17.9. Ausübung der Aufsicht: Verantwortung der Lehrkräfte 158
    17.9.1. Kontinuierliche Aufsicht 158
    17.9.2. Aktive Aufsichtsführung 160
    17.9.3. Präventive Aufsicht 161
17.10. Praktische Umsetzung 162
17.11. Folgen eines Verstoßes gegen die Aufsichtspflicht 162
    17.11.1. Persönliche Haftung der Organmitglieder und Lehrkräfte 162
    17.11.2. Haftungserleichterung für Arbeitnehmer: Arbeitsrechtlicher Freistellungsgrundsatz 163
    17.11.3. Gesetzliche Unfallversicherung der Schüler 164
    17.11.4. Arbeitsrechtliche Folgen einer Aufsichtspflichtverletzung 165
    17.11.5. Strafrechtliche Folgen einer Aufsichtspflichtverletzung 165

Inhaltsverzeichnis

18. Kapitel: Arbeitsrecht *(Meinke)*		166
18.1.	Der Weg zwischen zwingendem Recht und frei gestaltbarer Vereinbarung	166
18.2.	Charakter des Arbeitsverhältnisses	166
18.3.	Zuständigkeit für Personalangelegenheiten, Weisungsrecht	166
18.4.	Korrektes Einstellungsverfahren	167
18.5.	Form und Inhalt des Arbeitsvertrages	168
	18.5.1. Form des Arbeitsvertrages	168
	18.5.2. Mindestinhalt des Arbeitsvertrages	168
	18.5.3. Tarifvertrag oder Gesetz als Grundlage?	169
	18.5.4. Probezeit	169
	18.5.5. Verlängerte „Probephase": Kombination mit einem befristeten Vertrag	170
	18.5.6. Befristung des Arbeitsvertrages	171
	18.5.6.1. Die Befristung ohne Sachgrund	172
	18.5.6.2. Die Befristung mit Sachgrund	172
	18.5.6.3. Form der Befristung	173
	18.5.6.4. Ende eines befristeten Vertrags	173
18.6.	Kündigung	174
	18.6.1. Schriftform der Kündigung	174
	18.6.2. Zugang der Kündigung	175
	18.6.3. Kündigungsschutz, Erforderlichkeit eines Kündigungsgrundes	176
	18.6.4. Kündigungsarten	177
	18.6.5. Kündigungsgründe	179
	18.6.6. Die betriebsbedingte Kündigung	179
	18.6.7. Die personenbedingte Kündigung	180
	18.6.8. Die verhaltensbedingte Kündigung	181
	18.6.8.1. Abmahnung	182
	18.6.8.2. Abgrenzung der personenbedingten von der verhaltensbedingten Kündigung	182
	18.6.9. Änderungskündigung	183
	18.6.10. Kündigung mit Abfindungsangebot	183
	18.6.11. Aufhebungsvertrag und Abwicklungsvertrag	183
	18.6.12. Steuern und Sozialversicherung bei Abfindungszahlung	185
	18.6.13. Erstattung des Arbeitslosengeldes nach Kündigung	185
	18.6.14. Arbeitsgerichtsprozess	185
18.7.	Freie Mitarbeiter (Honorarkräfte)	186
18.8.	Geringfügig Beschäftigte	187
19. Kapitel Mitwirkung von Schülern, Lehrern und Eltern *(Keller/Krampen/Surwehme)*		189
19.1.	Schüler	189
19.2.	Lehrer	191
19.3.	Eltern	191
19.4.	Zusammenwirken	191
20. Kapitel: Datenschutzrecht und Recht am eigenen Bild *(Hesse)*		193
20.1.	Datenschutzrecht	193

20.1.1.	Allgemeines	193
20.1.2.	Das Bundesdatenschutzgesetz	194
	20.1.2.1. Grundlagen	194
	20.1.2.2. Verfahrensvorschriften	195
20.1.3.	Berechtigungen zum Umgang mit Daten	196
20.1.4.	Beauftragter für den Datenschutz	198
20.1.5.	Rechte der Betroffenen	198

20.2. Recht am eigenen Bild 198
20.3. Erklärung einer Einwilligung 199

21. Kapitel: Rechtsschutzmöglichkeiten *(Keller/Hesse)* 200

21.1. Rechtsschutz gegen staatliches Handeln 200
21.2. Rechtsschutz gegen Handeln von Ersatzschulen 201

22. Kapitel: Streitkultur *(Krampen/Keller)* 202

22.1. Die Veranlagung von Streitkultur in der Struktur der Schule 202
22.2. Die Mediation 203
Grenzen der Mediation: 204
Zusammenfassung: 204

23. Kapitel: Überblick über die freien Schulen in Trägerschaft und ihre Verbände 206

23.1. Bund der Freien Waldorfschulen e.V., Waldorfschulen und Waldorfpädagogik 206
23.2 Freie Alternativschulen 208
23.3. Montessori-Pädagogik und Montessori-Schulen 209
23.4. Bildungseinrichtungen im Verband Deutscher Privatschulverbände e. V. (VDP) 211
23.5. Schulen in kirchlicher Trägerschaft 213
  23.5.1. Das Evangelische Schulwesen in Deutschland 213
  23.5.2. Katholische Schulen in freier Trägerschaft 214

Anlage 1	Synopse: e. V. / GmbH / e. G.	217
Anlage 2	Mustersatzung für kleine Schulen mit ehrenamtlichem Vorstand und fakultativem Beirat	219
Anlage 3	Muster-Vereinssatzung mit hauptamtlichem Vorstand und mit Aufsichtsrat	221
Anlage 4	Gesellschaftsvertrag gGmbH	224
Anlage 5	Muster Schulvertrag	226
Anlage 6	Muster Schulvertrag NRW mit Verpflichtungserklärung	229
Anlage 7	Betreuungsvertrag	233
Anlage 8	Muster Schul- und Hausordnung	236

Anlage 9   Arbeitsvertrag 239

Anlage 10 Honorarvertrag 242

Anlage 11 Mediationsklausel 244

Nachwort 245

Stichwortverzeichnis 247

Abkürzungsverzeichnis

Im Folgenden werden lediglich die im Fließtext nicht ausdrücklich erläuterten Abkürzungen – mit Ausnahme von Gerichtsbezeichnungen – aufgeführt.

aaO	am angegebenen Ort
Abs.	Absatz
AktG	Aktiengesetz
AO	Abgabenordnung
Art.	Artikel
Az	Aktenzeichen
BASS	Bereinigte Amtliche Sammlung der Schulvorschriften NRW
BayEUG	Bayerisches Gesetz über das Erziehungs- und Unterrichtswesen
Begr.	Begründer
BGB	Bürgerliches Gesetzbuch
bzw	beziehungsweise
ders.	derselbe
dh	das heißt
Drucks.	Drucksache
ESchFG	Ersatzschulfinanzierungsgesetz
ESchVO	Verordnung über die Ersatzschulen
EStG	Einkommensteuergesetz
f	folgende
ff	fortfolgende
gem.	gemäß
Gbr	Gesellschaft bürgerlichen Rechts
GenG	Gesetz betreffend die Erwerbs- und Wirtschaftsgenossenschaften
HA	Hauptausschuss
Hrsg.	Herausgeber
hrsg.	herausgegeben
KStG	Körperschaftssteuergesetz
KunstUrhG	Kunsturhebergesetz
LV	Landesverfassung
mwN	mit weiteren Nachweisen
Nr.	Nummer
OFD	Oberfinanzdirektion
OHG	Offene Handelsgesellschaft

PO	Prüfungsordnung
PSchG	Privatschulgesetz
Rn	Randnummer
RVO (auch VO)	Rechtsverordnung
SchfTG (auch: SfTG, FrTrSchulG)	Gesetz über Schulen in freier Trägerschaft
S.	Satz, Seite
SGB	Sozialgesetzbuch
SMK	Sächsisches Staatsministerium für Kultus
s.o.	siehe oben
sog.	sogenannt/so genannt
SoFVO	Landesverordnung über sonderpädagogische Förderung
Sten.Ber.	Stenografischer Bericht
StGB	Strafgesetzbuch
ThürFSG	Thüringer Förderschulgesetz
ThürSoFöV	Thüringer Verordnung zur sonderpädagogischen Förderung
TV-L	Tarifvertrag für den Öffentlichen Dienst der Länder
TVöD	Tarifvertrag für den Öffentlichen Dienst
TzBfG	Teilzeit- und Befristungsgesetz
u.a.	unter anderem
uÄ	und Ähnliches
uU	unter Umständen
v.	von/vom
vgl	vergleiche
VV	Verwaltungsvorschrift(en)
zB	zum Beispiel
Ziff.	Ziffer
zT	zum Teil

Literaturverzeichnis

Avenarius, Hermann – Pieroth, Bodo/ Barczak, Tristan	Die Herausforderung des öffentlichen Schulwesens durch private Schulen – eine Kontroverse, Die Freien Schulen in der Standortkonkurrenz, 2012
Avenarius, Hermann	Einführung in das Schulrecht, 2001
Avenarius, Hermann/Füssel, Hans-Peter	Schulrecht, 8. Auflage 2010 [zitiert: *Bearbeiter* in: Avenarius Schulrecht S.]
Baumbach, Adolf/Hueck, Alfred	GmbHG, Gesetz betreffend die Gesellschaften mit beschränkter Haftung, 17. Auflage 2000 [zitiert: Baumbach/Hueck § Rn.]
Böhm, Thomas	Aufsicht und Haftung in der Schule, Schulrechtlicher Leitfaden, 4. Auflage 2011 [zitiert: Böhm Rn.]
Brüll, Ramon/Krampen, Ingo	Merkmale der Selbstverwaltung im Bildungsbereich, in: *Fuchs, Eginhard/Krampen, Ingo*, Selbstverwaltung macht Schule, Fallstudien zur Freiheit im Bildungswesen, Frankfurt, 1992
Die deutschen Bischöfe	Qualitätskriterien für Katholische Schulen, Ein Orientierungsrahmen, hrsg. vom Sekretariat der Deutschen Bischofskonferenz, Bonn 2009
Eisinger, Bernd/Warndorf, Peter K./ Falterbaum, Johannes	Grenzen der Belastbarkeit privater Haushalte mit Schulgeld, Eine Untersuchung für das Land Baden-Württemberg, 2007
Erfurter Kommentar zum Arbeitsrecht	Hrsg. von *Müller-Glöge, Rudi/Preis, Ulrich/Schmidt, Ingrid*, 12. Auflage 2012 [zitiert: Erfurter Kommentar zum Arbeitsrecht § Rn.]
Feron, Lies/Krampen, Ingo	Die rechtliche und finanzielle Situation von Schulen in freier Trägerschaft in Europa, in: Hufen, Friedhelm/Vogel, Johann P., Keine Zukunftsperspektiven für Schulen in freier Trägerschaft? Berlin, 2006
Glasl, Friedrich	Konfliktmanagement, Ein Handbuch für Führungskräfte, Beraterinnen und Berater, 8. Auflage 2004
Hansmann, Otto	Pro und Contra der Waldorfpädagogik, Akademische Pädagogik in der Auseinandersetzung mit der Rudolf-Steiner-Pädagogik, Würzburg, 1987

Literaturverzeichnis

Jarass, Hans/Pieroth, Bodo	Grundgesetz für die Bundesrepublik Deutschland, GG, 10. Auflage 2009 [zitiert: *Bearbeiter* zu Art. Rn.]
Jülich, Christian/van den Hövel, Werner	Schulrechtshandbuch Nrodrhein-Westfalen, Kommentar zum Schulgesetz NRW mit Ratgeber und ergänzenden Vorschriften, Stand: Oktober 2009 [zitiert: Jülich/van den Hövel, SchulR Handbuch NRW, §, Rn.]
Kasseler Kommentar zum Sozialversicherungsrecht	Hrsg. von *Leitherer, Stephan*, Loseblatt Ausgabe, 74. Ergänzungslieferung 2012 [zitiert: Kasseler Kommentar zum Sozialversicherungsrecht § Rn.]
Köpcke-Duttler, Arnold	Pädagogik und Medizin im Gespräch, Würzburg 2013
Küttner, Wolfdieter (Begr.)	Personalbuch 2012, 19. Auflage 2012 [zitiert: Küttner/*Bearbeiter*, Stichwort, Rn.]
Lande, Walter	Die Schule in der Reichsverfassung, 1929
Leibholz, Gerhard/Rinck, Hans-Justus (Begr.)	Grundgesetz, Rechtsprechung des Bundesverfassungsgerichts, Loseblatt-Kommentar, 66. Ergänzungslieferung 2013 [zitiert: Leibholz/Rinck Art. Rn.]
von Mangoldt, Hermann/Klein, Friedrich/ Starck, Christian	Kommentar zum Grundgesetz: GG, Band 1: Präambel, Art. 1-19, 6. Auflage 2010 [zitiert: MKS/*Bearbeiter* Art. Rn.]
Maunz, Theodor/Dürig, Günter (Begr.)	Grundgesetz, Loseblatt-Kommentar, 2012 [zitiert: *Bearbeiter* in MD Art. Rn.]
Montessori, Maria	Gesammelte Werke, Die Entdeckung des Kindes, Band 1, hrsg. von *Ludwig, Harald*, 2010
Münchener Kommentar zum BGB	Hrsg. von *Säcker, Franz Jürgen/Rixecker, Roland*, Band 1, Allgemeiner Teil, 6. Auflage 2012 [zitiert: *Bearbeiter* in Münchener Kommentar zum BGB § Rn.]
Palandt, Otto (Begr.)	Bürgerliches Gesetzbuch, Kommentar, 72. Auflage 2013 [zitiert: Palandt-*Bearbeiter* § Rn.]
Pieroth, Bodo/Schlink, Bernhard	Grundrechte, Staatsrecht II, 27. Auflage 2011 [zitiert: Pieroth/Schlink Staatsrecht II Rn.]
Poscher, Ralf /Rux, Johannes/ Langer, Thomas	Von der Integration zur Inklusion – Das Rechtauf Bildung aus der Behindertenrechtskonvention der Vereinten Nationen und seine innerstaatliche Umsetzung, Baden-Baden 2008

Reichert, Bernhard	Handbuch Vereins- und Verbandsrecht, 11. Auflage 2007
Rux, Johannes/Niehues, Norbert	Schulrecht, 5. Auflage 2013
Sandkühler, Hans-Jörg	Europäische Enzyklopädie zu Philosophie und Wissenschaften, 1997 [zitiert: *Bearbeiter* in Sandkühler, Europäische Enzyklopädie zu Philosophie und Wissenschaften, Band, Stichwort]
Sauter, Eugen/Schweyer, Gerhard/Waldner, Wolfram	Der eingetragene Verein, 19. Auflage 2010 [zitiert: Sauter/Schweyer/Waldner Rn.]
Seifart, Werner/von Campenhausen, Axel	Stiftungsrechts-Handbuch, 3. Auflage 2009
Staatslexikon	Hrsg. von der Görres-Gesellschaft, 7. Auflage 1985 [zitiert: *Bearbeiter*, Staatslexikon, Band, Stichwort]
Stöber, Kurt/Otto, Dirk-Ulrich	Handbuch zum Vereinsrecht, 10. Auflage 2012
Vogel, Johann Peter	Das Recht der Schulen und Heime in freier Trägerschaft, Darmstadt und Neuwied, 1984 [zitiert: Vogel S.]
ders.	Zur Problematik der Unterrichtsgenehmigung für Lehrer an Ersatzschulen, in: *Erbguth, Wilfried/Müller, Friedrich/Neumann, Volker*, Rechtstheorie und Rechtsdogmatik im Austausch, Berlin 1999
Wittwer, Walter W.	Die Sozialdemokratische Schuldpolitik in der Weimarer Republik, 1980
Zwanziger, Bertram/Altmann, Silke/Schneppendahl, Heike	Kündigungsschutzgesetz, Basiskommentar zu KSchG, §§ 622, 623 und 624 BGB, §§ 102, 103 BetrVG, 3. Auflage 2011 [zitiert: Zwanziger/Altmann/Schneppendahl § Rn.]

1. Kapitel: Der Rechtsrahmen für Schulen in freier Trägerschaft

1.1. Der Mensch als Ausgangspunkt des Rechts

Recht entsteht und existiert immer nur zwischen Menschen. Dieser Grundsatz kann leicht in Vergessenheit geraten, wenn man sich mit Schulrecht beschäftigt. Da geht es um Schulen und Körperschaften, um mittlere und obere Behörden oder um Bundesländer. Es werden Genehmigungen erteilt (oder nicht), Zeugnisse (und damit Berechtigungen) vergeben (oder auch nicht). Gesetze, Verordnungen, Erlasse und Verwaltungsakte bestimmen das öffentliche Schulrecht; Satzungen und Verträge bestimmen das private Schulrecht. In dieser Fülle von Vorschriften scheint es gar nicht mehr um den Menschen (und erst recht nicht um das Kind) zu gehen, sondern viel mehr um Pflichterfüllung, political correctness, Vermeidung von Haftungen, Einhaltung von **Lehrplänen**, Datenschutzrichtlinien, Haus- und Schulordnungen und vieles andere mehr.

Wir leben aber im Zeitalter des bewussten, individuell handelnden Menschen. Was ethisch gut und richtig ist, lassen wir nicht mehr von Volks- oder Familientraditionen, von Kirchen oder sonstigen Gemeinschaften bestimmen, sondern wir erarbeiten uns jeder selbst eine je eigene Moral. Das war nicht immer so: In vorchristlicher Zeit war Recht noch ausschließlich den (weltlichen oder religiösen) Herrschern vorbehalten; der einzelne Mensch kam in den ersten Gesetzbüchern als Rechtssubjekt noch nicht vor. Erst seit den Hochkulturen Griechenlands und Roms gibt es das Recht, das für jeden Bürger einklagbar ist.[1] Und erst seit dem 18. Jahrhundert existieren die unverbrüchlichen Menschenrechte und Grundfreiheiten für jedermann.

Anspruch und Schuld oder Recht und Pflicht sind seit den Römern die Werkzeuge des heutigen Rechtssystems. Aber je mehr wir heute selbst „rechtschaffende" Bürger in einer modernen Zivilgesellschaft sein wollen, desto weniger können wir einfach nur unsere Pflichten erfüllen und uns auf unsere Ansprüche und Rechte gegenüber dem Staat oder anderen Bürgern verlassen. Desto mehr müssen wir selbst Verantwortung übernehmen für öffentliche Aufgaben, und desto mehr müssen wir Vertrauen entwickeln gegenüber anderen individuellen Menschen, auch und gerade wenn diese anders denken, handeln oder aussehen als wir selbst. Verantwortung und Vertrauen, das sind die neuen Bausteine des modernen Rechts.[2] Die Schule in freier Trägerschaft ist eine Einrichtung, die prädestiniert ist für die Entwicklung des **Rechts der Zivilgesellschaft**. Wo sonst, wenn nicht in einer Gemeinschaft von Eltern und Lehrer/innen, die die Zukunft der ihnen anvertrauten Kinder und Jugendlichen verantwortungsvoll selbst gestalten wollen, könnte der Fortschritt zu einem freiheitlichen Umgang mit Recht gelernt und gemeinsam entwickelt werden.

In diesem Sinne laden wir alle Leser herzlich ein, das Rechtsleben ihrer jeweiligen Schulen in Freiheit und Verantwortung und im Vertrauen auf die anderen Mitglieder ihrer jeweiligen Gemeinschaft selbst zu gestalten, mit moralischer Intuition und Phantasie. Unsere hier nachfolgenden Ausführungen zum Recht der Schulen in freier Trägerschaft sind als Anregungen dafür gedacht, nicht als verbindliche Vorgaben oder Muster. Das moderne Recht entsteht zu jedem Zeitpunkt und an jedem Ort neu aus der individuellen moralischen Technik der Betroffenen heraus. So wird die Last des Regelungswusts im Schulrecht immer mehr zu einer mit Freude ergriffenen Rechtskunst.

---

1 Freiheit und Recht, Interview mit Ingo Krampen, in: Flensburger Hefte 90, Die Zukunft der Freiheit, S. 130.
2 Krampen, Von Macht und Schuld zum Vertrauen, in: die drei, Nr. 11/1991, S. 941.

1.2. Die Entwicklung von Schulen in freier Trägerschaft

5   Schulen in freier Trägerschaft sind – wie staatliche Schulen auch – öffentliche Schulen. Öffentlich bedeutet, dass die Schule öffentliche Bildungsaufgaben erfüllt und sich an die Allgemeinheit wendet, also nicht für einen exklusiven Benutzerkreis vorgesehen ist. Geiger definiert die staatlichen und die freien Schulen als das „öffentliche Schulwesen".[3] Insofern ist es sachlich zutreffender, von öffentlichen Schulen in staatlicher bzw. kommunaler und öffentlichen Schulen in freier Trägerschaft zu sprechen. Traditionell wurden Schulen in freier Trägerschaft „Privatschulen" genannt, eine Bezeichnung, die sich bis heute nur noch in einem Bundesland, nämlich in Bremen,[4] erhalten hat.

6   Die Verfassung der Bundesrepublik Deutschland erteilt Schulen in freier Trägerschaft einen **eigenständigen Bildungsauftrag** neben den staatlichen und kommunalen Schulen. Das Bundesverfassungsgericht formuliert das so:

7   Art. 7 Abs. 4 GG gewährleistet unter den dort genannten Voraussetzungen unter Absage an ein staatliches Schulmonopol die Freiheit, Privatschulen zu errichten. Kennzeichnend für die Privatschule ist ein Unterricht eigener Prägung, insbesondere im Hinblick auf die Erziehungsziele, die weltanschauliche Basis, die Lehrmethode und die Lehrinhalte.[5]

8   In Deutschland gab es nach Angaben des Statistischen Bundesamtes im Schuljahr 2011/12 5.467 Privatschulen (zusätzlich noch 1.150 freie Schulen des Gesundheitswesens), heute in den meisten Schulgesetzen der Länder zutreffender Weise *Schulen in freier Trägerschaft* genannt. Die statistisch erfassten Privatschulen unterteilten sich in 3.396 allgemeinbildende und 2.071 berufsbildende Schulen.[6]

9   Schulen in freier Trägerschaft sind längst eine tragende Säule des gesamten Bildungssystems. Insgesamt besuchten im Schuljahr 2011/2012 966.641 Schülerinnen und Schüler in Deutschland (also etwa jeder 12. Schüler) mittlerweile eine Schule in freier Trägerschaft. Das sind etwa 8,4 Prozent aller Schüler an allgemeinbildenden Schulen. Die Zahl der Schüler hat in den letzten drei Jahren um 3,0 Prozent zugelegt, und das, obwohl im gleichen Zeitraum die bundesweite Gesamtzahl der Schüler um 2,6 Prozent abnahm. Insgesamt besuchen nunmehr rund 725.900 Schüler eine allgemeinbildende Schule in freier Trägerschaft. Zugenommen hat bundesweit unter anderem die Zahl der freien Grundschulen, Gymnasien und integrierten Gesamtschulen.

10 Auch im berufsbildenden Bereich hält das Wachstum an. Derzeit besuchen rund 240.743 Schüler, das entspricht einem Anteil von 9,2 Prozent, eine berufsbildende Schule in freier Trägerschaft. Im gleichen Zeitraum nahm hingegen die Gesamtzahl aller Schüler an berufsbildenden Schulen bundesweit um 5,6 Prozent ab.[7]

11 Schulen in freier Trägerschaft erfreuen sich inzwischen einer immer größeren Beliebtheit. Der erhebliche Nachholbedarf an freien Schulen in Deutschland hängt dabei sicher auch damit zusammen, dass die staatliche Schulverwaltung in ihrer Doppelfunktion (zugleich als Betreiber der eigenen Schulen) nicht selten in den letzten Jahrzehnten versucht hat, die private "Konkurrenz" an einer weiteren Ausbreitung zu hindern. So wur-

---

3   W. Geiger in: Festschrift für Gebhard Müller, Tübingen 1970, S. 112, so auch: Siegfried Jenkner in: „Die Schule in der freiheitlichen demokratischen Grundordnung der Bundesrepublik", Hannover 1980.
4   Vgl. Gesetz über das Privatschulwesen und den Privatunterricht (Privatschulgesetz) vom 3. Juli 1956.
5   BVerfGE 27, 195 <200 f.>; 75, 40 <61 f.
6   https://www.destatis.de/DE/Publikationen/Thematisch/BildungForschungKultur/Schulen/PrivateSchulen 2110110127004.pdf?__blob=publicationFile.
7   https://www.destatis.de/DE/Publikationen/Thematisch/BildungForschungKultur/Schulen/PrivateSchulen 2110110127004.pdf?__blob=publicationFile.

den finanzielle Hürden aufgebaut und – vor allem in den ostdeutschen Bundesländern – Schulgenehmigungen freier Schulen verfassungswidrig von der Bedarfslage abhängig gemacht.

Nachdem insbesondere in ländlichen Regionen immer mehr öffentliche Schulen schließen müssen, stellt sich die Frage nach dem Verhältnis von öffentlichen und privaten Schulen neu: Wie ist damit umzugehen, wenn die Gründung einer privaten Schule dazu führt, dass öffentliche Schulen schließen müssen? Was bedeutet es für eine private Schule, wenn sie die einzige Schule am Ort ist? Hierzu gibt es eine kürzlich veröffentlichte interessante Kontroverse zwischen zwei der namhaftesten Bildungsrechtler Deutschlands. Dabei macht *Avenarius* den Versuch, aus der traditionellen Sicht der **Privatschulfreiheit**, die Garantie freier Schulen nach Art. 7 GG zu relativieren. Er postuliert insoweit den Generalvorbehalt eines flächendeckenden Staatsangebots gegenüber freien Schulen, die die Existenz staatlicher Schulen gefährden, und einen Generalvorrang des Staates über Art. 7 Abs. 5 GG hinaus gegenüber Grundschulen. Schlüsselbegriff ist die Integration; sie ist nach *Avenarius* Aufgabe der Staatsschule, während die Privatschule mit freier Schülerwahl dabei eher ein Störfaktor ist. Dagegen ist es nach *Pieroth/Barzcak* unzulässig, aus Art. 7 Abs. 1 GG weitergehende Genehmigungsvoraussetzungen gegenüber Art. 7 Abs. 4 S. 3, 4 GG abzuleiten. Eine generelle Vorrangrelation im Verhältnis von öffentlicher zu privater Schule lässt sich anders als noch zu Zeiten der WRV dem Grundgesetz nicht entnehmen; beide Schulveranstalter (Staat und freie Träger) stehen gleichrangig und gleichberechtigt auf derselben Stufe. Lediglich im Verhältnis zur privaten Volksschule hat sich der Grundgesetzgeber für einen Vorrang der öffentlichen Grundschule entschieden.[8] Dieser Ansicht von *Pieroth/Barzcak* ist zuzustimmen, denn sonst würde die verfassungsrechtlich geschützte **Privatschulfreiheit** unterlaufen.

Obwohl die Zahl der Schulen in freier Trägerschaft in den vergangenen Jahren deutlich zugenommen hat, liegt Deutschland im **internationalen Vergleich** damit immer noch weit hinter den meisten europäischen Nachbarländern zurück. In Dänemark z. B. besuchen nach Angaben der **Europäischen Union** im Schuljahr 2001/02 bereits 11,1 % der Schüler eine allgemeinbildende Privatschule in freier Trägerschaft, in **Frankreich** 21 %, in **Belgien** 57 % und in den **Niederlanden** sogar 76,3 %. Länder, in denen fast alle Schüler (98 % und mehr) öffentliche Schulen besuchen, sind Irland, Lettland, Litauen, Slowenien, Bulgarien und Rumänien. Insgesamt besuchen von den schulpflichtigen Kindern in Europa immerhin fast 20 % eine Schule in freier Trägerschaft.[9]

Die Unterteilung in staatliche und private Schulen gibt es noch nicht lange. Bildung wurde in Mitteleuropa zunächst ausschließlich durch die **Kirche** vermittelt. Zwar entstanden im 5. Jahrhundert erste private **Klosterschulen**, die zunächst nur die Bildung von Klostergeistlichen zum Ziel hatten, später jedoch auch für Laien die Pforten öffneten.[10] Schon im Mittelalter war der Besuch einer privaten **Klosterschule** für Kinder reicher Eltern üblich. Dort erhielten sie eine konfessionelle Ausbildung, die auf eine religiöse Laufbahn vorbereitete. Auch diese Schulen waren aber in die Organisation der **Kirche** integriert.

---

8 Avenarius – Pieroth / Barczak, Die Herausforderung des öffentlichen Schulwesens durch private Schulen – eine Kontroverse, Die Freien Schulen in der Standortkonkurrenz, Schriftenreihe des Instituts für Bildungsforschung und Bildungsrecht, IfBB, Baden-Baden 2012.
9 Feron/Krampen, Die rechtliche und finanzielle Situation von Schulen in freier Trägerschaft in Europa, in: Hufen/Vogel, Keine Zukunftsperspektiven für Schulen in freier Trägerschaft? Berlin 2006, S. 170.
10 http://de.wikipedia.org/wiki/Klosterschule, 17.9.2009.

15 **Kirche** versus Staat – das war lange Zeit der Kampf um die Schule. Mitte des 13. Jahrhunderts entstanden größere Städte, die durch Handel und Gewerbe aufblühten. Zu dieser Zeit entwickelten sich neben den kirchlichen auch städtische Schulen. Hier wurden nunmehr weltliche Lehrkörper ausgebildet; das kirchliche Monopol geriet ins Wanken. Diese Schulen waren eine Art Urform der heutigen Volksschule. Ungefähr zur gleichen Zeit entstanden auch sogenannte „Winkelschulen", private Einrichtungen, in denen häufig nur sehr gering gebildete Lehrer und Kleriker mit Erlaubnis des Stadtmagistrats den Unterricht abhielten. Im Laufe der Renaissance und des Absolutismus fand eine zunehmende Verstaatlichung des Schulwesens statt. Während der Zeit der Reformation und der Religionskriege wurden die Schulen wieder stärker konfessionalisiert. Erst danach schlug die Entwicklung erneut um, und der Staat übernahm mehr und mehr die Verantwortung für das Bildungswesen. Im Preußischen Allgemeinen Landrecht von 1794 war Schule als „Veranstaltung des Staates" noch Programm, aber im Verlauf des 19. Jahrhunderts wurde dieses dann schon weitgehend Wirklichkeit.[11] Noch jedoch hatten die Kirchen die Aufsicht über ihre Schulen, doch auch dieses Privileg fiel nach dem Kulturkampf 1870. Damit nahm die geistliche Aufsicht über das Schulwesen ein Ende, und der Staat verfügte von da an – bis heute – sowohl über eigene Schulen als auch über die Aufsicht über das gesamte Schulwesen.[12]

16 Erst Anfang des 20. Jahrhunderts mit dem Beginn der **Reformpädagogik** entstanden Privatschulen, die unabhängig von Kirche und Staat waren. Sie können auch als Reaktion auf das kaiserliche deutsche Schulsystem verstanden werden.

17 Gemessen an ihrer verhältnismäßig geringen Anzahl haben private Schulen seitdem erstaunlich viel zur Entwicklung des Bildungswesens beigetragen: So haben z.B. einige Ordensschulen schon im 17. Jahrhundert die bis dahin unübliche „Mädchenbildung" eingeführt.[13] So hat sich das berufsbildende Schulwesen aus den Zünften entwickelt. Und schließlich haben große Reformer wie *Amos Comenius, Johann Heinrich Pestalozzi, Maria Montessori, Rudolf Steiner, Hermann Lietz, Gustav Wyneken, Kurt Hahn, Célestin Freinet* oder *N.F.S. Grundtvig* die Pädagogik fast durchweg im Rahmen von Schulen in freier Trägerschaft beeinflusst. Ihre Reformen führten teilweise auch im staatlichen Schulwesen zu impulsgebenden Entwicklungen: z. B. die Unterrichtung von Fremdsprachen ab der 1. Klasse, die Aufhebung des 45-Minuten-Taktes, die Ersetzung von starren Curricula durch Rahmenlehrpläne und eine umfangreichere individuelle Förderung der einzelnen Schüler.

18 Nicht zuletzt fördern Schulen in freier Trägerschaft den Wettbewerb und stärken dadurch das Bildungssystem insgesamt, so eine jüngst veröffentlichte Studie des ifo-Instituts von Wößmann.[14]

19 Als Solitär im deutschen Bildungswesen können die Schulen der dänischen Minderheit in Schleswig-Holstein gelten, die – geschützt durch Staatsvertrag und Landesverfassung – als Schulen in freier Trägerschaft eine finanziell und freiheitlich organisatorisch bevorzugte Stellung einnehmen. Unterstützt vom Land mit einer bedarfsunabhängigen

---

11 Vogel, Zur gesellschaftlichen Funktion der „Freien Schulen" im Schulsystem des Spätkapitalismus, in: Hansmann, Pro und Contra Waldorfpädagogik, Würzburg 1987, S. 53.
12 Vogel 1987, a.a.O. S. 53.
13 Vogel 1987, a.a.O., S. 56.
14 https://www.hamm.de/fileadmin/user_upload/Medienarchiv/Gesundheit_Soziales/Kinderbuero/ Dokumente/ Informationsmaterial/_Bertelsmann_WirksameBildungsinvestitionen.pdf.

100%-Förderung des staatlichen Schülerkostensatzes, weiteren Zuschüssen aus Dänemark, weitgehenden Gestaltungsfreiheiten und Garantie der kulturellen Eigenständigkeit genießen diese Schulen eine Art Vorbildfunktion für die Gestaltungsmöglichkeiten eines freien Schulwesens und werden daher auch gerne von deutschen Schülern besucht.

2. Kapitel: Die Rechtsgrundlagen für Schulen in freier Trägerschaft

1 Schulen in freier Trägerschaft werden durch deutsches Verfassungsrecht und Rechte der Europäischen Union, insbesondere die Charta der Grundrechte, in ihrem Bestand geschützt.

2.1. Das Grundgesetz (GG) und die Rechtsprechung des Bundesverfassungsgerichts

2 Die deutsche Rechtsordnung wird durch Bundes- und Landesrecht geprägt. Die Zuständigkeiten für die **Gesetzgebungskompetenz** von Bund und Ländern ergeben sich aus den Art. 70 ff. GG. Danach sind die Länder für die Schulgesetzgebung zuständig.[1] Gemäß Art. 31 GG geht grundsätzlich **Bundesrecht** dem **Landesrecht** vor, soweit sich das Bundesrecht nicht für das Landesrecht öffnet.[2] Das **Grundgesetz** als das höchste deutsche Regelungswerk ist Auslegungsmaßstab für alle deutschen Gesetze und nachfolgenden Vorschriften.

3 Mit Anerkennung der **Gründungsfreiheit** und der **institutionellen Garantie** von Schulen in freier Trägerschaft durch das Grundgesetz ist den Bundesländern die Pflicht auferlegt, das freie Schulwesen neben dem staatlichen Schulwesen zu fördern, in seinem Bestand zu sichern und zu schützen und eine ihrer Eigenart entsprechende Verwirklichung zu gewährleisten.[3]

4 Für Schulen in freier Trägerschaft sind insbesondere die Artikel 6 und 7 GG von besonderer Bedeutung. Sie werden daher im Folgenden auch im Lichte der Rechtsprechung des Bundesverfassungsgerichts (BVerfG) dargestellt. Anschließend wird auf die Artikel 1, 2, 3, 4 und 12 GG eingegangen, da sie von grundsätzlicher Bedeutung sind, was das Verhältnis der im Bildungswesen Beteiligten angeht.

2.1.1. Verfassungsrechtliche Garantie des freien Schulwesens (Artikel 7 GG)

5 (1) Das gesamte Schulwesen steht unter der Aufsicht des Staates.
(2) Die Erziehungsberechtigten haben das Recht, über die Teilnahme des Kindes amReligionsunterricht zu bestimmen.
(3) Der Religionsunterricht ist in den öffentlichen Schulen mit Ausnahme der bekenntnisfreien Schulen ordentliches Lehrfach. Unbeschadet des staatlichen Aufsichtsrechtes wird der Religionsunterricht in Übereinstimmung mit den Grundsätzen der Religionsgemeinschaften erteilt. Kein Lehrer darf gegen seinen Willen verpflichtet werden, Religionsunterricht zu erteilen.
(4) Das Recht zur Errichtung von privaten Schulen wird gewährleistet. Private Schulen als Ersatz für öffentliche Schulen bedürfen der Genehmigung des Staates und unterstehen den Landesgesetzen. Die Genehmigung ist zu erteilen, wenn die privaten Schulen in ihren Lehrzielen und Einrichtungen sowie in der wissenschaftlichen Ausbildung ihrer Lehrkräfte nicht hinter den öffentlichen Schulen zurückstehen und eine Sonderung der Schüler nach den Besitzverhältnissen der Eltern nicht gefördert wird. Die Genehmigung ist zu versagen, wenn die wirtschaftliche und rechtliche Stellung der Lehrkräfte nicht genügend gesichert ist.

---

1 Nach Art. 70 GG haben die Länder das Recht der Gesetzgebung, soweit es nicht durch das Grundgesetz dem Bund verliehen wird. Art. 73, 74 GG benennen die Gegenstände sog. ausschließlicher und konkurrierender Bundesgesetzgebung. Da die Schulbildung im engeren Sinne nicht aufgeführt ist, sind die Länder für die Schulgesetzgebung zuständig (BVerfGE 75, 40, 6 f; Pieroth a. a. O. Art. 70 Rn. 18 a).
2 Unter Recht im Sinne des Art. 31 GG wird geschriebenes und ungeschriebenes Recht jeder Rangstufe verstanden mit Ausnahme von Verwaltungsvorschriften, Pieroth zu Art. 31, GG Rn. 2 2009), Einzelfallentscheidungen oder Tarifverträgen (Korioth in MD Art. 31 Rn. 18, 2012).
3 BVerfGE 75 a.a.O.

2.1. Das Grundgesetz (GG) und die Rechtsprechung des Bundesverfassungsgerichts

(5) Eineprivate Volksschule ist nur zuzulassen, wenn die Unterrichtsverwaltung ein besonderes pädagogisches Interesse anerkennt oder, auf Antrag von Erziehungsberechtigten, wenn sie als Gemeinschaftsschule, als Bekenntnis-oder Weltanschauungsschule errichtet werden soll und eine öffentliche Volksschule dieser Art in der Gemeinde nicht besteht.
(6) Vorschulen bleiben aufgehoben.

Art. 7 GG ist die verfassungsrechtliche Grundlage für das Schulwesen und garantiert Mindestfreiheiten, die von den Schulrechten der jeweiligen Bundesländer nicht unterschritten, wohl aber weiter ausgestaltet werden können. Art. 7 GG enthält „Freiheitsrechte, Einrichtungsgarantien, Grundrechtsnormen und Auslegungsregeln für den Bereich des Schulrechts."[4] Er garantiert ausdrücklich die Institution der Privatschule verfassungsrechtlich und geht insofern über die Rechtslage der Weimarer Zeit hinaus, die sich bezüglich der Zulassung von Schulen in freier Trägerschaft sehr restriktiv verhalten hat.[5] Die Garantie der Privatschule als Institution sichert dieser verfassungskräftig ihren Bestand und eine ihrer jeweiligen Eigenart entsprechende Verwirklichung. 6

Art. 7 Abs. 1 GG bestimmt die **Aufsicht des Staates** über das gesamte Schulwesen, d.h. über öffentliche, allgemeinbildende, Fortbildungs-, Berufs- und Fachschulen sowie über Schulen in freier Trägerschaft. Diese Aufsicht hat jedoch – je nach Trägerschaft – einen unterschiedlichen Charakter.[6] 7

Hinsichtlich der staatlichen Schulen wird Art. 7 Abs. 1 GG als Kompetenzgrundlage für den Aufbau und den Unterhalt von staatlichen Schulen angesehen. Diese vor allem historisch begründete herrschende Meinung begegnet in jüngerer Zeit einer durchaus nachvollziehbaren Kritik.[7] Zum einen weist die Kritik darauf hin, dass die historische Rechtfertigung durch die höchstrichterliche Rechtsprechung, die davon spricht, es sei „seit jeher so gewesen",[8] letztlich auf die vorkonstitutionellen Zustände des Allgemeinen Preußischen Landrechtes und einer grundrechtsfreien, nicht demokratisch legitimierten Staatsgewalt aufbaut und Gründe zur Legitimierung des gegenwärtigen Systems - außer dem Traditionsargument - nicht benannt werden können. Zum anderen wird in der allgemeinen Rechtsdogmatik der Begriff der Aufsicht allgemein als die Aufsicht über fremdes, nicht aber über eigenes Handeln verstanden; dass ausgerechnet in Art. 7 Abs. 1 GG nun ein Aufsichtsbegriff eigener Art gilt, ist rechtsdogmatisch nur schwer nachvollziehbar. 8

Hinsichtlich der Schulen in freier Trägerschaft beschränkt sich die Schulaufsicht auf die normative Festlegung von Anforderungen und deren administrativen Vollzug bei der Zulassung dieser Schulen, der Beaufsichtigung des Unterrichtsgeschehens und der Anerkennung von Befähigungsnachweisen.[9] 9

Art. 7 Abs. 4 GG gewährleistet (d.h. garantiert) Personen bzw. Personenmehrheiten (Art. 19 GG) das Grundrecht, eine „private" Schule (d.h. Schule in freier Trägerschaft) zu errichten und betreiben (**Einrichtungsgarantie**). Außerdem verbürgt er das Recht zur Gestaltung des äußeren Schulbetriebs (Organisation von Schule und Unterricht), des inneren Schulbetriebs (Aufstellung von **Lehrplänen**, Festlegung von **Lehrzielen**, Lehrstof- 10

---

4 BVerfGE 75, 40, 61.
5 Vgl. Vogel, DÖV 48, 587 ff, BVerfGE 6, 309, 355.
6 Badura a.a.O. Art 7 Rn. 11.
7 Vgl. Erich Bärmeier, „Über die Legitimität staatlichen Handelns unter dem Grundgesetz der Bundesrepublik Deutschland – Die Unvereinbarkeit staatlichen Schulehaltens mit den Verfassungsprinzipien der Staatsfreiheit und der Verhältnismäßigkeit", 1992 sowie Bothe, Erziehungsauftrag und Erziehungsmaßstab der Schule im freiheitlichen Verfassungsstaat, VVDStRL 54, 8 ff.
8 BVerfG 1969.
9 Badura a.a.O. Rn. 4.

fen, **Lehrmethoden** sowie Lehr- und Lernmitteln), der freien Schülerwahl sowie der freien Lehrerwahl.[10]

11 Sofern die Schulen in freier Trägerschaft „Ersatz" für „öffentliche Schulen" (genauer Schulen in staatlicher bzw. kommunaler Trägerschaft) sind, bedürfen sie der Genehmigung des Staates[11] und unterstehen den Landesgesetzen. Aufgrund dieser Regelung ist das Schulwesen, beispielsweise die Erteilung von Genehmigungen für die Errichtung einer privaten Schule oder die Erteilung von Unterrichtsgenehmigungen, nicht bundeseinheitlich geregelt, sondern von Bundesland zu Bundesland verschieden.

12 So ist z. B. die in allen Bundesländern grundsätzlich bestehende **Schulpflicht** in den einzelnen Landesverfassungen bzw. den Schulgesetzen geregelt.[12] Nur in Ausnahmefällen ist eine Befreiung vom Schulbesuch möglich.[13] In Einzelfällen kann das Kind vom Unterrichtsbesuch bestimmter Fächer befreit werden oder im Falle der Erkrankung außerhalb der Schule unterrichtet werden.[14] Die Schulpflicht besteht für die Grundschule einschließlich zum Besuch einer aufbauenden Schule bzw. Berufsschule durchschnittlich etwa 12 Jahre.

13 Die Schulpflicht kann grundsätzlich an allen genehmigten und anerkannten Ersatzschulen erfüllt werden.[15]

14 Die Freiheit für die **Einrichtung von Schulen in freier Trägerschaft** ist nach der Rechtsprechung des Bundesverfassungsgerichts „auch im Blick auf das Bekenntnis des Grundgesetzes zur Würde des Menschen (Art. 1 Abs. 1 GG), zur Entfaltung der Persönlichkeit in Freiheit und Selbstverantwortlichkeit (Art. 2 GG), zur Religions- und Gewissensfreiheit (Art. 4 GG), zur religiösen und weltanschaulichen Neutralität des Staates und zum natürlichen Elternrecht (Art. 6 Abs. 2 Satz 1 GG) zu würdigen, um Offenheit für die Vielfalt der Erziehungsziele und Bildungsinhalte, die Bedürfnisse der Bürger in der ihnen gemäßen Form sowie die eigene Persönlichkeit und von Kindern im Erziehungsbereich der Schule entfalten zu können.[16"] Der Staat darf sich dabei nicht darauf zurückziehen, die Tätigkeit der privaten Ersatzschulen lediglich zuzulassen. „Vielmehr muss er ihnen die Möglichkeit geben, sich ihrer Eigenart entsprechend zu verwirklichen.

---

10 BVerfGE 27, 195, 200 f.; Pieroth/Schlink, Staatsrecht II, Rn. 726, Heidelberg 2011.
11 Vgl. BVerfGE 27, 195, 200 f.
12 Vgl. z.B. „Artikel 14 LV BW (1) Es besteht allgemeine Schulpflicht."
13 Vgl. z.B. § 72 SchulG BW „(1) Schulpflicht besteht für alle Kinder und Jugendlichen, die im Land Baden-Württemberg ihren Wohnsitz oder gewöhnlichen Aufenthalt oder ihre Ausbildungs- oder Arbeitsstätte haben. Die Schulaufsichtsbehörde kann ausländische Jugendliche, die mindestens vierzehn Jahre alt sind, auf Antrag in besonderen Härtefällen von der Pflicht zum Besuch einer auf der Grundschule aufbauenden Schule, der Berufsschule und der Sonderschule zeitweilig oder auf Dauer befreien, insbesondere wenn wegen der Kürze der verbleibenden Schulbesuchszeit eine sinnvolle Förderung nicht erwartet werden kann. (...)" Vgl. BayObLG, Beschluss v. 14.9.1993, 3 ObOWi 96/99 zu einem Verfahren, in welchem trotz religiöser Begründung eine Befreiung vom Schulbesuch nicht möglich war.
14 § 69 NSchG „(1) Schülerinnen und Schülern, die infolge einer längerfristigen Erkrankung die Schule nicht besuchen können, soll Unterricht zu Hause oder im Krankenhaus in angemessenem Umfang erteilt werden. (2) Schülerinnen und Schüler können auf Vorschlag der Schulbehörde an eine andere Schule einer für sie geeigneten Schulform überwiesen werden, wenn sie die Sicherheit von Menschen ernstlich gefährden oder den Schulbetrieb nachhaltig und schwer beeinträchtigen. (...)"
15 Hierzu gibt es in allen Bundesländern Regelungen in den Schulgesetzen. Vgl. z.B. § 76 SchulG BW „(1) Zum Besuch der in § 72 Abs. 2 Nr. 1 bezeichneten Schulen sind alle Kinder und Jugendlichen verpflichtet, soweit nicht für ihre Erziehung und Unterricht in anderer Weise ausreichend gesorgt ist. Anstelle des Besuchs der Grundschule darf anderweitiger Unterricht nur ausnahmsweise in besonderen Fällen von der Schulaufsichtsbehörde gestattet werden. (2) Der Schulpflichtige hat die Schule zu besuchen, in deren Schulbezirk er wohnt. Dies gilt nicht für Schulpflichtige, die eine Gemeinschaftsschule oder eine Schule in freier Trägerschaft besuchen. (...)", sowie § 4 PSchG BW „(2) Mit der Genehmigung erhält die Schule das Recht, Kinder und Jugendliche zur Erfüllung ihrer Schulpflicht aufzunehmen; die für die Schulpflicht geltenden Bestimmungen sind zu beachten."
16 BVerfGE 75 a.a.O.

2.1. Das Grundgesetz (GG) und die Rechtsprechung des Bundesverfassungsgerichts

Ohne Selbstbestimmung im schulischen Wirkungsbereich bleibt das Recht zur Errichtung von privaten Ersatzschulen inhaltslos. Unter den von der Verfassung vorgegebenen Bedingungen ist eine solche Selbstbestimmung ohne staatlichen Beistand nicht möglich."[17]

Artikel 7 Abs. 4 Satz 3 GG definiert die Voraussetzungen für die **Erteilung der Genehmigung** einer Schule in freier Trägerschaft abschließend. Danach ist die Genehmigung zwingend zu erteilen, wenn die private Schule in ihren **Lehrzielen**, in ihren Einrichtungen sowie in der wissenschaftlichen Ausbildung der Lehrkräfte nicht hinter den öffentlichen Schulen zurücksteht und eine **Sonderung** der Schüler nach den Besitzverhältnissen der Eltern nicht gefördert wird. Darüber hinaus ist erforderlich, dass die wirtschaftliche und die rechtliche Stellung der Lehrkräfte genügend gesichert sind. Dabei sind nach Ansicht des Bundesverfassungsgerichts die Einschränkungen des **Gründungsrechtes** aus Art. 7 Abs. 4 GG „kein staatlicher Selbstzweck und dürfen staatlicherseits auch nicht zur Verdrängung privater Konkurrenz oder der Realisierung staatlicher Ordnungspolitik missbraucht werden.[18] Sie dienen ausschließlich der Sicherstellung eines gleichwertigen Bildungserfolges der minderjährigen Schüler bzw. der Verhinderung einer Aussonderung von einzelnen Menschen nach deren sozialem Status, also deren Interessen und Rechten.

15

Bei der Gewährleistung der Freiheit von Schulen in freier Trägerschaft in Art. 7 Abs. 4 Satz 1 GG standen dem Grundgesetzgeber sogenannte **Reformschulen** wie die Waldorfschulen, Hermann-Lietz-Schulen, Salem, Wickersdorf und Schondorf vor Augen, die bei der pädagogischen Entwicklung Pionierarbeit geleistet hätten.[19] Die Schule in freier Trägerschaft ist dadurch gekennzeichnet,[20] dass in ihr ein garantierter eigenverantwortlich geprägter und gestalteter Unterricht erteilt wird,[21] insbesondere im Hinblick auf die Erziehungsziele, die weltanschauliche Basis, die Lehrmethode und die Lehrinhalte, gleichwertige Ersatzschulen dürfen im Verhältnis zu staatlichen Schulen nicht allein wegen ihrer andersartigen Erziehungsformen und -inhalte be- oder verhindert werden. Mit dieser Bewertung erteilt das Bundesverfassungsgericht dem staatlichen Schulmonopol eine Absage und schließt zugleich eine Benachteiligung gleichwertiger Schulen in freier Trägerschaft im Verhältnis zu staatlichen Schulen allein wegen ihrer andersartigen Erziehungsformen und -inhalte aus.[22] Schule soll Menschen befähigen, sich im persönlichen, beruflichen, gesellschaftlichen und politischen Leben zu bewähren. Sie dient der Selbstentfaltung der Persönlichkeit und soll die Entwicklung individueller Fähigkeiten unterstützen. Den modernen Sozialstaat trifft hierbei eine Gewährleistungsverantwortung; er muss sicherstellen, dass jedem Menschen ein Bildungsangebot zur Verfügung steht, mit dem er diese Ziele erreichen kann. Davon zu unterscheiden ist dagegen die Verwirklichung dieser Bildungsgewährleistung: dies ist eine gesamtgesellschaftliche Aufgabe, deren Erfüllung nicht allein dem Staat zugesprochen ist. Durch ein Nebeneinander vielfältiger Angebote im Bildungswesen verwirklicht sich der pluralistische Kerngedanke einer modernen Demokratie. Zugleich wird durch die Vielfalt der Bildungsangebote dem ethischen Menschenbild des Grundgesetzes Rechnung getragen, da durch die Angebotsvielfalt der einzelne Mensch mit seinen individuellen Fähigkeiten, Begabungen,

16

---

17 BVerfGE a.a.O.
18 BVerfG im sogenannten Kreuzberg-Beschluss vom 16.12.1992.
19 Vgl. Parlamentarischer Rat – Hauptausschuss, Stenographischer Bericht (HA-Sten.Ber.), S. 545, 563 f.
20 Vgl. BVerfGE 34, 165 197 f.; 88, 40, 46 f.
21 BVerfG, 1 BvR 759/08 vom 8.6.2011; BVerfGE 75, 40-78.
22 Vgl. BVerfGE 34, 165, 197 f.; BVerfGE 90, 107, vgl. auch Leibholz/Rinck, GG Art. 7, Rn. 105, 130, 190.

Lernvoraussetzungen und Eigenschaften durch ein ihm entsprechendes Bildungsangebot bestmöglich gefördert werden kann.

17 Nach Art. 7 Abs. 5 GG ist eine **private Volksschule** nur zuzulassen, wenn die Unterrichtsverwaltung ein **besonderes pädagogisches Interesse** anerkennt oder, auf Antrag von Erziehungsberechtigten, wenn sie als Gemeinschaftsschule, als Bekenntnis- oder Weltanschauungsschule errichtet werden soll und eine öffentliche Volksschule dieser Art in der Gemeinde nicht besteht. Art 7 Abs. 5 GG baut auf die Formulierung des Art 147 Abs. 2 der Weimarer Reichsverfassung (WRV)[23] auf. Zu Zeiten der Formulierung der Weimarer Reichsverfassung sollte der Streit zwischen den Vertretern der Simultanschule, der Konfessionsschule und der bekenntnisfreien Schule im Grundsatz zugunsten der Gemeinschaftsschule als Regelschule („Einheitsschule") beendet werden („Weimarer Schulkompromisse").[24] Diese Aufgabe war mit der Verfassung des Grundgesetzes nicht mehr vorrangig. Die Formulierung des Art. 7 Abs. 5 GG hat nach Ansicht des Bundesverfassungsgerichts[25] daher jedenfalls nicht die Aufgabe, das Grundrecht bzw. die Einrichtungsgarantie aus Art. 7 Abs. 4 GG einzuschränken, sondern fordert für den besonderen Bereich der Volksschule, d.h. der Grundschule[26] eine zusätzliche Genehmigungsvoraussetzung. Insofern kann der Vorrang der öffentlichen Grundschule das Grundrecht zwar einschränken, aber nicht aufheben.[27] Inhaltlich knüpft Art. 7 Abs. 5 GG an der Forderung der Aufhebung von Ständen an, so dass die Kinder aller Bildungsschichten mindestens in den ersten Klassen grundsätzlich zusammen zu unterrichten seien.[28] Darauf sollte dann das mittlere und höhere Schulwesen aufbauen. Dahinter steht eine sozialstaatliche und egalitär-demokratischem Gedankengut verpflichtete Absage an Klassen, Stände und sonstige Schichtungen. Blieben nämlich gesellschaftliche Gruppen einander fremd, könne dies zu sozialen Reibungen führen, deren Vermeidung legitimes Ziel auch staatlicher Schulpolitik sei.[29] Der Vorrang von Schulen in staatlicher Trägerschaft tritt jedenfalls nach Art. 7 Abs. 5 GG zurück, wenn die Unterrichtsverwaltung ein „**besonderes pädagogisches Interesse**" anerkennt.

18 Nach dem Grundsatzbeschluss des Bundesverfassungsgerichts vom 16.12.1992 gelten hinsichtlich der Anerkennung eines „besonderen pädagogischen Interesses" für ein Schulkonzept folgende Grundsätze:

19 Das Konzept muss eine „sinnvolle Alternative zum bestehenden öffentlichen und privaten Schulangebot" bieten;

das Konzept muss nicht „in jeder Hinsicht neu oder gar einzigartig" sein, es muss nur „wesentlich neue Akzente" setzen oder „schon erprobte Konzepte mit neuen Ansätzen von einigem Gewicht" kombinieren;

---

23 Art. 147 WRV „(1) Private Schulen als Ersatz für öffentliche Schulen bedürfen der Genehmigung des Staates und unterstehen den Landesgesetzen. Die Genehmigung ist zu erteilen, wenn die Privatschulen in ihren Lehrzielen und Einrichtungen sowie in der wissenschaftlichen Ausbildung ihrer Lehrkräfte nicht hinter den öffentlichen Schulen zurückstehen und eine Sonderung der Schüler nach den Besitzverhältnissen der Eltern nicht gefördert wird. Die Genehmigung ist zu versagen, wenn die wirtschaftliche und rechtliche Stellung der Lehrkräfte nicht genügend gesichert ist. (2) Private Volksschulen sind nur zuzulassen, wenn für eine Minderheit von Erziehungsberechtigten, deren Wille nach Artikel 146 Abs. 2 zu berücksichtigen ist, eine öffentliche Volksschule ihres Bekenntnisses oder ihrer Weltanschauung in der Gemeinde nicht besteht oder die Unterrichtsverwaltung ein besonderes pädagogisches Interesse anerkennt."
24 Landé, Die Schule in der Reichsverfassung, 1929, S. 39 ff. und S. 71 ff.; Wittwer, Die Sozialdemokratische Schulpolitik in der Weimarer Republik, 1980, S. 93 ff.
25 BVerGE 88, 40 ff.
26 Vgl. Vogel, DÖV a.a.O.
27 Vogel, DÖV a.a.O., S. 589.
28 BVerfG, Beschluss vom 16. Dezember 1992 – 1 BvR 167/87 –, BVerfGE 88, 40-63.
29 BVerfGE 88, a.a.O.

2.1. Das Grundgesetz (GG) und die Rechtsprechung des Bundesverfassungsgerichts

Artikel 7 Abs. 5 GG „schließt nicht aus", dass ein Konzept in einer größeren Zahl privater Grundschulen erprobt und durchgeführt wird; und die Besonderheit entfällt nicht dadurch, dass Landesgesetze und staatliche Planungen „bestimmte Veränderungen im öffentlichen Schulwesen zwar vorsehen, diese aber noch nicht verwirklicht sind".[30]

20

Mit der Neuorientierung für eine neue Verfassung nach 1945 waren Ausgangspunkt für die Fassung des Art. 7 GG die Auseinandersetzungen über ein Freiheitsrecht zum Schutz des **Rechts der Eltern**, über die Erziehung ihrer Kinder zu bestimmen. So hat Johannes Brockmann die Auffassung vertreten, Erziehung sei grundsätzlich nicht Aufgabe des Staates, sondern Aufgabe der Eltern. Helene Wessel und Adolf Süsterhenn unterstützten diese Ansicht, indem sie vertraten, dass die Eltern wesentlich mitzubestimmen hätten, in welcher Schulart und nach welchen religiösen Grundsätzen ihre Kinder erzogen werden sollten.[31] Während jedoch Artikel 6 GG das Verhältnis der Eltern zu den Kindern außerhalb der Schule betrifft, bezieht sich Artikel 7 GG auf die Schule selbst. Beide Bestimmungen widersprechen sich nicht, sondern ergänzen sich. Das vorrangige Recht der Eltern auf die Erziehung der Kinder wird zwar einerseits durch das Schulverhältnis eingeschränkt. Andererseits hat die Schule den außerschulischen Vorrang der Rechte der Eltern jedoch zu respektieren.

21

2.1.2. Elternrecht im Schulwesen und vorschulischen Bereich (Artikel 6 GG)

(1) Ehe und Familie stehen unter dem besonderen Schutze der staatlichen Ordnung.
(2) Pflege und Erziehung der Kinder sind das natürliche Recht der Eltern und die zuvörderst ihnen obliegende Pflicht. Über ihre Betätigung wacht die staatliche Gemeinschaft.
(3) Gegen den Willen der Erziehungsberechtigten dürfen Kinder nur auf Grund eines Gesetzes von der Familie getrennt werden, wenn die Erziehungsberechtigten versagen oder wenn die Kinder aus anderen Gründen zu verwahrlosen drohen.
(4) Jede Mutter hat Anspruch auf den Schutz und die Fürsorge der Gemeinschaft.
(5) Den unehelichen Kindern sind durch die Gesetzgebung die gleichen Bedingungen für ihre leibliche und seelische Entwicklung und ihre Stellung in der Gesellschaft zu schaffen wie den ehelichen Kindern.

22

Art. 6 GG regelt das Spannungsverhältnis zwischen Familie und Staat.

Art. 6 Abs. 1 GG stellt Ehe und Familie unter den besonderen Schutz der staatlichen Ordnung. Diesem Schutzauftrag kommt der Staat durch verschiedene Begünstigungen für Ehepaare und Eltern-Kind-Beziehungen nach. So bestehen zum Beispiel für Ehepartner steuerrechtliche Vorteile (Ehegattensplitting) und Freibeträge bei Erbschaften zugunsten von Verwandten. Familien mit Kindern werden steuerlich oder durch Direktzahlung staatlicherseits begünstigt.

23

Das **Elternrecht** verbietet grundsätzlich eine staatliche bevormundete Erziehung außerhalb der Familie. Zur Erziehung der Kinder gehören die Bestimmung der Erziehungsziele und der Erziehungsmittel bis hin zu den konkreten erzieherischen Einzelentscheidungen im Alltag einschließlich der Bestimmung des Aufenthaltsortes und des Umgangs des Kindes.[32] Aus dem Elternrecht folgt – insbesondere für den vorschulischen Bereich – auch, dass allein die Eltern bzw. Erziehungsberechtigten darüber zu entscheiden haben, in welchem Ausmaß und mit welcher Intensität sie selbst die Pflege und Erziehung leisten oder ob sie diese Dritten überlassen wollen.[33] Außerdem haben sie die Entscheidung

24

---

30 A.a.O.
31 Vgl. Drucksache 203, 18.10.1948; Martin Kriele, Materialien zum Parlamentarischen Rat.
32 Vgl. Becker, Grundfragen des öffentlichen Rechts, 7. Aufl. München 2000, S. 82.
33 BVerfG, Beschluss vom 10.11.1998 – 2 BvR 1057, 1226, 980/9; BVerfGE 99, 216, 234.

darüber, wem sie Einfluss auf die Erziehung eines Kindes zugestehen wollen. Das Elternrecht erstreckt sich hierbei insbesondere auch auf die religiöse und weltanschauliche Erziehung. Es ist Sache der Eltern, ihren Kindern diejenigen Überzeugungen in Glaubens- und Weltanschauungsfragen zu vermitteln, die sie für richtig halten, was mit dem Recht korrespondiert, die Kinder von solchen Einflüssen fern zu halten, die die Eltern für falsch oder schädlich halten[34] und wie die konkrete Einflussnahme ausgestaltet sein soll.[35] Die vorschulische Bildung erlangt aktuell eine immer größere Bedeutung. Neben der Pflicht, die von den Eltern im Dienste des Kindeswohls getroffenen Entscheidungen anzuerkennen und daran keine benachteiligenden Rechtsfolgen zu knüpfen (Schutzpflicht des Art. 6 Abs. 1 GG), ist es Aufgabe des Staates, die Kinderbetreuung in der jeweils von den Eltern gewählten Form in ihren tatsächlichen Voraussetzungen zu ermöglichen und zu fördern.[36] Je stärker der Staat in den vorschulischen Bereich der Erziehung bzw. Bildung eingreift, etwa dadurch, dass er Druck im Hinblick auf einen Kindergartenbesuch ausübt (z. B. Kürzung oder Versagung von Sozialleistungen), um beispielsweise die Sprachkenntnisse von Kindern mit Migrationshintergrund zu verbessern, umso stärker muss auf die Erziehungsvorstellungen der Eltern Rücksicht genommen werden. Denn anders als bei der schulischen Erziehung, hinsichtlich derer Art. 7 Abs. 1 GG dem Staat einen eigenständigen – wenn auch beschränkten – Erziehungsauftrag zuweist, besitzt der Staat im Bereich der vorschulischen Erziehung keinerlei Befugnisse außerhalb seines Wächteramts aus Art. 6 Abs. 2 Satz 2 GG, durch welches er nur bei einem Missbrauch des elterlichen Erziehungsrechts zum Eingriff befugt ist.[37]

25 Wichtige Voraussetzung dafür, dass Kinder erfolgreich im Schulunterricht mitarbeiten und einen Schulabschluss erreichen können, ist die grundsätzliche Beherrschung der deutschen Sprache.[38] Insgesamt ist die Anzahl der Kinder, die bei der Einschulung über keine ausreichenden Sprachkenntnisse verfügen, in den letzten Jahren stark angestiegen. Insbesondere Kinder mit Migrationshintergrund sind hier deutlich benachteiligt. Um den damit verbundenen sozialen und intellektuellen Entwicklungsverzögerungen vorzubeugen bzw. diese auszugleichen, wurden zunehmend die Bemühungen verstärkt, eine intensive Sprachförderung bereits im frühen Kindesalter vorzunehmen. Daraufhin haben 14 Bundesländer zwischen 2002 und 2008 Verfahren eingeführt, um den sprachlichen Entwicklungsstand der vier- bis fünfjährigen Kinder festzustellen und angemessene **Sprachfördermaßnahmen** noch vor dem Schuleintritt zu ermöglichen. Die angewendeten Testverfahren variieren stark: Bundesweit sind derzeit 17 verschiedene Diagnoseinstrumente im Einsatz, die Förderquote schwankt je nach Bundesland zwischen zehn und 50 %.[39]

26 In Kritik geraten ist die Einführung von staatlicherseits durchgeführten **Sprachstandstests** im Vorschulalter als schulrechtlich begründete Maßnahme, da das Schulrecht z.B. über die Regelung der Durchführung einer ersten Schuluntersuchung im Kindergartenalter unmittelbar in den vorschulischen Bereich eingreift und bestimmte Verfahrensme-

---

34 BVerfG, Beschluss vom 17.12.1975 – 1 BvR 63/68 – BVerfGE 41, 29, 47; Beschluss vom 16.5.1995 – 1 BvR 1087/91 – BVerfGE 93, 1, 17; BVerfG, Urteil vom 17.7.2002 – 1 BvF 1, 2/01 – BVerfGE 105, 313, 354.
35 BVerfG, Beschluss vom 27.11.1990 – 1 BvR 402/87 – BVerfGE 83, 130, 139 m. w. N.
36 BVerfGE 99, 216, 234; BVerfGE 87, 1, 38 f.; BVerfGE 88, 203, 258 f.
37 BVerfG, Beschluss vom 10.3.1958 – 1 BvL 42/56 – BVerfGE 7, 320, 323.
38 Vgl. etwa Mücke, Berliner Längsschnittstudie zur Lesekompetenzentwicklung von Grundschulkindern - Einfluss personeller Eingangsvoraussetzungen auf Schülerleistungen im Verlauf der Grundschulzeit (1.-4. Klasse).
39 Honecker, Chancengleichheit durch Sprachförderung, http://www.portal.uni-koeln.de/nachricht+M593b8b 7a767.html (abgerufen am 30.9.2013).

thoden auferlegt, gleichzeitig jedoch die das **Elternrecht** schützende Methodenfreiheit des Art. 7 Abs. 4 GG (Ersatzschulfreiheit) hierbei noch nicht eingreift. Dadurch entsteht eine Grundrechtsschutzlücke, die das elterliche Wahlrecht hinsichtlich der Erziehungsmethoden verletzt. Diese Rechtsschutzlücke würde erst geschlossen werden, wenn den Eltern das Recht zugesprochen würde, ggf. über eine gerichtliche Rechtsfortbildung, für die Schuluntersuchung eine (freie) Schule zu wählen, die das besondere pädagogische Konzept der Eltern berücksichtigt.

Art. 6 Abs. 2 GG ordnet das Recht auf Erziehung grundsätzlich den Eltern eines Kindes zu. Der Staat hat hierbei lediglich eine Wächterrolle zugunsten des Kindeswohls.[40] Das Kindeswohl ist einerseits Grund und andererseits Grenze des Elternrechts; es ist Richtschnur des die Elternverantwortung ausformenden Gesetzgebers und leitet die Auslegung und Anwendung des Gesetzes im Einzelfall.[41] In der Beziehung zum Kind muss dessen Wohl die oberste Richtschnur der elterlichen Pflege und Erziehung sein. Art. 6 Abs. 2 Satz 1 GG statuiert damit – so ausdrücklich das BVerfG – Grundrecht und Grundpflicht zugleich: „Man kann das Elternrecht daher ein fiduziarisches Recht, ein dienendes Grundrecht, eine im echten Sinne anvertraute treuhänderische Freiheit nennen". 27

Im Bereich des Schulwesens stellt die Schulbesuchspflicht einen gesetzlich geregelten Eingriff in das Elternrecht zum Schutz des Kindes vor einer unzureichenden Ausbildung und Befähigung dar.[42] Gleichzeitig folgt aus der Abwägung zwischen der im Interesse der Entwicklung des Kindes angeordneten **Schulpflicht** und dem Recht der Eltern als originär verantwortliche und berechtigte Erzieher das Recht der Eltern auf Mitwirkung und Mitgestaltung des Schulwesens über die allgemeinen demokratischen Möglichkeiten hinaus. Im staatlichen Schulwesen schlägt sich dies in Form von Elternbeteiligungs- und Mitorganisationsrechten nieder. Darüber hinaus liegt grundsätzlich das Letztentscheidungsrecht über die schulische Laufbahn des Kindes bei den Eltern; eine bildungspolitische Planbewirtschaftung durch den Staat ist verfassungsrechtlich nicht zulässig.[43] In weitergehender Form folgt aus der Abwägung zwischen Elternrecht und Schulbesuchspflicht daher das Recht der Eltern, Schulen, an denen der Schulbesuchspflicht genügt wird, in eigener Verantwortung zu gründen und zu betreiben, soweit mit diesen die Entwicklung und Ausbildung des Kindes gesichert wird. Aus diesem Grund kann das Elternrecht als Ursprung des Rechts auf Gründung und Betrieb einer Schule in freier Trägerschaft (Art. 7 Abs. 4 GG) angesehen werden.[44] 28

Art. 6 Abs. 3 GG regelt als stärksten Eingriff in das Elternrecht die grundsätzliche Möglichkeit der Trennung des Kindes von seinen Eltern und die Inobhutnahme des Kindes durch den Staat, stellt diesen Eingriff aber unter den Vorbehalt des Gesetzes. Eine entsprechende gesetzliche Bestimmung ist insbesondere § 42 SGB VIII. Aus der Anordnung des Gesetzesvorbehaltes folgt, dass alle erheblichen Eingriffe in das Elternrecht nur auf gesetzlicher Grundlage geschehen dürfen. 29

Art. 6 Abs. 4 GG hebt den Schutz von Müttern und werdenden Müttern als staatliche Aufgabe besonders hervor. Hierzu gehört im Arbeitsrecht u. a. das Mutterschutzgesetz. 30

---

40 BVerfGE 59, 360, 377; E 61, 358, 372, E 64, 180, 189.
41 BVerfGE 24, 119, 143 vgl. auch BVerfGE 24, 119, 143, das die Elternverantwortung hervorhebt.
42 Die Schulbesuchspflicht gilt in Deutschland mit einigen wenigen Ausnahmen. In Hinblick auf die Regelungen in anderen Staaten ist dies eher eine Ausnahme.
43 Badura in MD Art. 7 Rn. 7, 2012; BVerfGE 34, 165, 197 ff.
44 BVerfGE 61, 358, 372.

31 Art. 6 Abs. 5 GG schließlich stellt den Versuch dar, auch Kindern aus nichtehelicher Verbindung alle jene Rechte und Chancen zukommen zu lassen, die ehelich geborenen Kindern zustehen.

2.1.3. Unveräußerlichkeit der Menschenwürde und Recht auf Teilhabe (Art. 1 GG)

32 (1) Die Würde des Menschen ist unantastbar. Sie zu achten und zu schützen ist Verpflichtung aller staatlichen Gewalt.
(2) Das Deutsche Volk bekennt sich darum zu unverletzlichen und unveräußerlichen Menschenrechten als Grundlage jeder menschlichen Gemeinschaft, des Friedens und der Gerechtigkeit in der Welt.
(3) Dienachfolgenden Grundrechte binden Gesetzgebung, vollziehende Gewalt und Rechtsprechung als unmittelbar geltendes Recht.

33 Art. 1 GG ist das Bekenntnis zur **universellen Würde** und den Rechten des einzelnen Menschen, unabhängig von Rasse, Herkunft, Geschlecht und Religion. Er bestimmt damit den Kern des Menschseins als uneinschränkbar und unveräußerlich. Rechtsphilosophisch basiert er auf dem **Naturrecht** (in Abgrenzung zum Rechtspositivismus), also der Annahme, dass es Rechte des Individuums gibt, die ihm bereits durch Geburt zustehen und die ihm durch die Gesellschaft weder zugesprochen, noch genommen werden können.

34 Art. 1 GG ordnet die zwingende Geltung der Grundrechte für Legislative, Exekutive und Judikative an.

35 Aus dem Recht auf Beachtung der Würde des einzelnen Menschen entspringt nicht nur das Recht des Individuums, nicht zum Objekt, also rechtlosen Gegenstand staatlicher Erwägungen gemacht zu werden und im Rahmen rechtlicher Abwägungsprozesse nur als Zählstelle betrachtet zu werden, sondern auch das Recht des einzelnen auf ein Leben in Würde und eine Teilhabe am gesellschaftlichen Leben (soziale Grundsicherung). Wie und in welchem Umfang dieser Teilhabeanspruch in der Praxis realisiert werden kann, ist eine ständig wiederkehrende Frage des Sozialrechts.

36 Gem. Art. 79 Abs. 3 GG genießt Art. 1 GG Ewigkeitsgarantie, kann also durch den Verfassungsgeber nicht geändert oder beseitigt werden. Damit wird die fundamentale Bedeutung des Art. 1 GG untermauert und der gesetzgeberischen Verfügungsgewalt entzogen.

2.1.4. Freie Entfaltung der Persönlichkeit und Recht auf Freiheit (Art. 2 GG)

37 (1) Jeder hat das Recht auf die freie Entfaltung seiner Persönlichkeit, soweit er nicht die Rechte anderer verletzt und nicht gegen die verfassungsmäßige Ordnung oder das Sittengesetz verstößt.
(2) Jeder hat das Recht auf Leben und körperliche Unversehrtheit. Die Freiheit der Person ist unverletzlich. In diese Rechte darf nur auf Grund eines Gesetzes eingegriffen werden.

38 Art. 2 GG normiert zwei verschiedene Grundrechtsbereiche: Zum einen das Recht auf **freie Entfaltung der eigenen Persönlichkeit** (Abs. 1) und zum anderen das Recht auf Leib, Leben und Freiheit (Abs. 2).

39 Art. 2 Abs. 1 GG ist ein Musterbeispiel für die Abwägung zwischen den Rechten verschiedener Individuen im Sinne der praktischen Konkordanz. Die Freiheit des einen endet an der Freiheit des anderen. Daraus folgt auch, dass zwei Menschen grundsätzlich frei über ihre miteinander kollidierenden Rechte verfügen können; was zwei mündige Menschen einvernehmlich miteinander anfangen, geht die Rechtsordnung grundsätzlich nichts an.

2.1. Das Grundgesetz (GG) und die Rechtsprechung des Bundesverfassungsgerichts

Die Folge hiervon ist die **Vertragsfreiheit**, d.h. das Recht der Menschen, über ihre eigenen Angelegenheiten durch Vertrag mit anderen gestalterisch zu verfügen (Privatautonomie). 40

Art. 2 GG schützt insbesondere gegen die klassischen hoheitlich-staatlichen Eingriffsmöglichkeiten der Verhaftung, der Gewaltanwendung und der Tötung. In dieses Recht darf nur auf Grund eines Gesetzes, z.B. des Strafrechtes, in die persönliche Freiheit eingegriffen werden. 41

Das einzelne Kind hat aufgrund des Art 2 Abs. 1 GG ein Recht auf eine möglichst ungehinderte Entfaltung seiner Persönlichkeit und damit seiner Anlagen und Befähigungen. Aufgabe des Staates ist es, auf der Grundlage der Ergebnisse der Bildungsforschung bildungspolitische Entscheidungen zu treffen und im Rahmen seiner finanziellen und organisatorischen Möglichkeiten ein Schulsystem bereitzustellen, das den verschiedenen Begabungsrichtungen Raum zur Entfaltung lässt, sich aber von jeder „Bewirtschaftung des Begabungspotentials" freihält.[45] 42

Ob sich aus Art. 2 Abs. 1 GG ein individuelles subjektives **Recht auf Bildung** im Sinne eines Anspruchs auf Vermittlung von Fähigkeiten und Wissen und der Förderung der individuellen Persönlichkeitsentwicklung zur Entfaltungsbefähigung in der Gesellschaft zugunsten eines einzelnen Schülers ergibt ist, ist umstritten.[46] Die Gegner eines solchen Ansatzes verweisen regelmäßig auf den grundsätzlich reinen Abwehrcharakter der Grundrechte. Zur Begründung eines subjektiven individuellen Rechts auf Bildung aus dem Grundgesetz heraus, wie es bereits in völkerrechtlichen menschenrechtlichen Abkommen[47] und den meisten Landesverfassungen vorgesehen ist, werden verschiedene Ansätze gewählt: 43

Zum Teil wird ein **Recht auf Bildung** in Anlehnung an das Teilhaberecht im Rahmen der bestehenden beruflichen Ausbildungskapazitäten hergeleitet.[48] Daraus folgt, dass dort, wo der Staat faktisch eine wesentliche öffentliche Aufgabe wahrnimmt, er verpflichtet ist, ein Recht auf Zugang zu den vorhandenen Kapazitäten zu schaffen. Da der Staat im Schulwesen faktisch eine dominierende Stellung einnimmt, muss er Schülern ein Recht auf Bildung in Form eines Zugangsrechtes gewährleisten. Dieser Ansatz führt zu einem derivativen Teilhaberecht, das jedoch begrenzt ist durch die (der Gestaltungsfreiheit des Gesetzgebers unterliegende) rechtliche und finanzielle Ausgestaltung des staatlichen Schulwesens. 44

Ein anderer Ansatz versucht im Wege der Verhältnismäßigkeit und unter Betonung des Abwehrcharakters der Grundrechte ein Recht auf Bildung zu bejahen. Art. 2 Abs. 1 GG stellt sich als Abwehrrecht gegen Eingriffe in die allgemeine Handlungsfreiheit dar. Einen Eingriff in diese Freiheit stellt jedenfalls die in allen Bundesländern geregelte **Schulpflicht** dar. Da Eingriffe in Grundrechte stets verhältnismäßig sein müssen, ergibt sich insoweit ein Recht auf (gute) Bildung, da eine angemessene, den einzelnen Schüler möglichst gut fördernde Schulbildung die effektivste Nutzung der durch die Schulpflicht mittels Zwang bewirkte Freiheitsentziehung zugunsten des Schülers darstellt. Für diesen Ansatz spricht vor allem seine Herleitung aus dem historischen Abwehrcharakter des Art. 2 Abs. 1 GG. Nachteilbehaftet ist er insoweit, dass er die (jedenfalls für den Bereich der weiterführenden Schulen) bloß einfachgesetzlich geregelte Schulpflicht zwingend 45

---

45 Vgl. BVerfG vom 6.12.1972, Az. 1 BvR 230/70, 1 BvR 95/71.
46 Offenlassend BverfG vom 22.6.1977, Az. 1 BvR 799/76, bejahend BVerwG vom 15.11.1974, Az. VII C 12.74.
47 Vgl. UN-Menschenrechtskonvention, UN-Kinderrechtskonvention, UN-BRK.
48 Vgl. dazu BVerfG vom 18.7.1972, Az. 1 BvL 32/70, 1 BvL 25/71.

vorausetzt; insofern könnte dieser Anspruch durch einfachgesetzliche Abschaffung der Schulpflicht[49] beseitigt werden.

46 Der wohl weitestgehende Ansatz geht vom Bestehen eines originären Rechtes auf Bildung als verfassungsrechtlichem Leistungsrecht gem. Art. 2 Abs. 1 GG in Verbindung mit Art. 1 Abs. 1 GG bzw. dem Sozialstaatsprinzip des Art. 20 Abs. 1 GG aus. Dieser Ansatz knüpft an das Recht auf ein menschenwürdiges Leben und die sozialstaatliche Gewährleistung eines entsprechenden Existenzminimums an; dieses ist immer für den jeweiligen individuellen Einzelfall zu bestimmen und gilt auch und insbesondere für Kinder im Schulalter. Notwendige Aufwendungen zur Erfüllung schulischer Pflichten gehören danach zum existentiellen Bedarf; der Ausschluss von Lebenschancen durch eine unzureichende schulische Bildung ist mit dem Grundgesetz nicht vereinbar.[50] Die Kosten des Besuches einer Schule gehören zu den notwendigen Lebenshaltungskosten im weiteren Sinne,[51] daher muss der Staat sicherstellen, dass jedem Kind unabhängig von seiner Herkunft ein ihm angemessenes Schulangebot gemacht wird.[52] Dieser Ansatz zur Begründung eines individuellen Rechts eines Kindes auf Bildung fußt zum einen auf dem der Ewigkeitsgarantie unterliegenden Schutz der Menschenwürde und dem ebenfalls unabänderlichen Sozialstaatsprinzip, zum anderen erzeugt er einen nicht nur derivativen Teilhabeanspruch im Rahmen der bestehenden Schulstrukturen, sondern begründet einen originären, selbständigen Leistungsanspruch auf Gewährleistung eines für den einzelnen Schüler angemessenen Bildungsangebotes. Sowohl aufgrund seiner unmittelbaren verfassungsrechtlichen Begründung als auch seiner Unabhängigkeit von den vom Staat für Bildung aufgrund politischer Entscheidung zur Verfügung gestellten Kapazitäten erscheint dieser Ansatz als der vorzugswürdigste.

2.1.5. Grundsatz der Gleichbehandlung (Art. 3 GG)

47 (1) Alle Menschen sind vor dem Gesetz gleich.
(2) Männer und Frauen sind gleichberechtigt. Der Staat fördert die tatsächliche Durchsetzung der Gleichberechtigung von Frauen und Männern und wirkt auf die Beseitigung bestehender Nachteile hin.
(3) Niemand darf wegen seines Geschlechtes, seiner Abstammung, seiner Rasse, seiner Sprache, seiner Heimat und Herkunft, seines Glaubens, seiner religiösen oder politischen Anschauungen benachteiligt oder bevorzugt werden. Niemand darf wegen seiner Behinderung benachteiligt werden.

48 Art. 3 GG verbietet die Ungleichbehandlung von im Wesentlichen Gleichem und die **Gleichbehandlung** von im Wesentlichen Ungleichem im Recht. Diese Gleichheit gilt vor dem Gesetz; nicht gemeint ist eine umfassende Gleichheit, in der kein Freiraum für Individualität existieren kann.

49 Der **Gleichbehandlungsgrundsatz** bindet unmittelbar nur die staatliche Gewalt.

50 Allerdings konstituiert Art. 3 Abs. 3 GG jedenfalls in Form des Allgemeinen Gleichbehandlungsgesetzes (AGG) für bedeutende Teile des Rechtslebens, insbesondere das Arbeitsleben, ein umfassendes Verbot nicht gerechtfertigter Ungleichbehandlung, das auch zwischen privaten Individuen gilt.

51 Art. 3 Abs. 2 GG bestimmt für den Staat eine Verpflichtung, auf die Beseitigung sozialer Ungleichheit von Mann und Frau hinzuwirken. Die hierfür denkbaren und diskutierten

---
49 Vgl. hierzu die das Elternrecht auf Erziehung stärker berücksichtigenden Regelungen in anderen Staaten, insbesondere das sog. „Homeschooling".
50 Vgl. BVerfG vom 9.2.2010, Az. 1 BvL 1/09, 1 BvL 3/09, 1 BvL 4/09.
51 In Abgrenzung zum enger gefassten sozialrechtlichen Begriff.
52 Vgl. BVerwG vom 13.8.1992, Az. 5 C 70/88.

2.1. Das Grundgesetz (GG) und die Rechtsprechung des Bundesverfassungsgerichts

Mittel sind vielfältig und zum Teil umstritten, wie zum Beispiel die Schaffung von Geschlechterquoten.

Art. 3 Abs. 3 GG nimmt die **Inklusion** von Menschen mit Behinderung in ihren Regelungsinhalt auf. Im Bereich des Schulwesens dürfen daher Kinder mit einer Behinderung bei dem Zugang zur Schule und innerhalb der Schule wegen ihrer Behinderung nicht benachteiligt werden. Ob daraus ein individueller Anspruch auf inklusive Beschulung folgt, ist umstritten. In der Rechtsprechung[53] wurde bislang die Ansicht vertreten, dass die zwangsweise Überweisung eines Kindes mit Behinderung an eine Sonderschule nur dann mit Art. 3 Abs. 3 GG unvereinbar ist, wenn eine Beschulung an einer Regelschule ohne oder mit sonderpädagogischer Förderung möglich und der damit verbundene Aufwand finanziell vertretbar ist (Finanzvorbehalt). In der Literatur[54] wird dazu mittlerweile seit Inkrafttreten der **UN-BRK** im Jahre 2009 die Ansicht vertreten, dass der Finanzvorbehalt nicht mehr gelten könne. Vielmehr ergebe sich aus Art. 3 Abs. 3 GG i.V.m. Art. 24 Abs. 2 UN-BRK ein individueller Anspruch auf **inklusive Beschulung**.

2.1.6. Glaubens- und Gewissensfreiheit Art. 4 GG

(1) Die Freiheit des Glaubens, des Gewissens und die Freiheit des religiösen und weltanschaulichen Bekenntnisses sind unverletzlich.
(2) Die ungestörte Religionsausübung wird gewährleistet.
(3) Niemand darf gegen sein Gewissen zum Kriegsdienst mit der Waffe gezwungen werden. Das Nähere regelt ein Bundesgesetz.

Art. 4 Abs. 1 und Abs. 2 GG schützt die Freiheit des Einzelnen und der Gruppe, Glauben, Religion und **Weltanschauung** zu bilden, zu haben, zu äußern und entsprechend zu handeln.[55] Religion und Weltanschauung bestimmen die Ziele des Menschen und sprechen den Kern seiner Persönlichkeit an. Sie erklären in umfassender Weise den Sinn der Welt und des menschlichen Lebens.[56] Das Vorliegen einer Weltanschauung wird bejaht, wenn sie im Hinblick auf Geschlossenheit und Sinngebungskraft der Religion vergleichbar ist. Aus Sicht der Philosophie, der Schöpferin dieses Begriffs,[57] ist die Weltanschauung abzugrenzen von dem Begriff „Weltbild". Entscheidend für die Weltanschauung ist die Gewissheit über bestimmte Aussagen zum Weltganzen und der Herkunft und Ziel des menschlichen Lebens. Ein Weltbild ist dagegen eine umfassende und rein wissenschaftlich-gegenständliche Weltsicht.

Aus dem **Glauben** ergeben sich bindende Verpflichtungen, von denen der Mensch ohne ernste Gewissensnot nicht abweichen kann,[58] d.h. sein gesamtes Verhalten richtet er nach den Lehren des eigenen Glaubens aus und ist bestrebt, dieser Überzeugung gemäß zu handeln.[59]

Auch das Recht und die Freiheit, eine religiöse oder weltanschauliche Überzeugung nicht zu haben und auszuüben (sog. negative Glaubensfreiheit), werden durch Art. 4 GG geschützt. Umfasst ist außerdem das Recht der freien Entscheidung über die religiö-

---
53 BVerfGE 96, 288, 304 ff.
54 Vgl. etwa Brosius-Gersdorf in Kommentar zum GG Art. 7, Rn. 65, Hrsg. Dreier, Tübingen März 2013.
55 Pieroth/Schlink Staatsrecht II, Rn. 548.
56 BVerfGE 105, 279, 293; BVerfGE 32, 98, 106.
57 BVerwGE 89, 368 ff., vgl. auch Casper, Staatslexikon, 7. Aufl., Band 7, Stichwort "Weltanschauung"; Mies/Wittich in Sandkühler, Europäische Enzyklopädie zu Philosophie und Wissenschaften, Band 4, Stichwort "Weltanschauung/Weltbild".
58 BVerfGE 89, 368, 370 f.
59 BVerfGE 108, 282, 297.

se Erziehung der Kinder.⁶⁰ Art. 7 Abs. 2 GG gibt das Recht, über die Teilnahme am **Religionsunterricht** zu entscheiden.

57 Im engsten Zusammenhang mit Art. 4 GG stehen die durch Art. 140 GG inkorporierten Artikel der **Weimarer Reichsverfassung** (WRV), die Bestandteile des Grundgesetzes sind. Daher bilden die Glaubensfreiheit und die rezipierten Vorschriften der in Art. 140 GG genannten Artikel der WRV ein organisches Ganzes.⁶¹ Sie sind aufeinander abgestimmt zu interpretieren.⁶² Insbesondere Art. 137 WRV⁶³ ist in diesem Zusammenhang von Bedeutung. Hieraus ergibt sich u.a. das Nichtbestehen oder das Verbot der Staatskirche (Art. 137 Abs. 1 WRV) sowie die religiös-weltanschauliche Neutralitätspflicht des Staates.⁶⁴ Außerdem ist in Art. 137 Abs. 5 WRV bestimmt, dass die Religionsgesellschaften Körperschaften des öffentlichen Rechtes bleiben, soweit sie solche bisher waren. Dies bedeutet keine Gleichstellung mit anderen öffentlich rechtlichen Körperschaften, da sie nicht in den Staat eingegliedert sind und keiner Staatsaufsicht unterliegen,⁶⁵ sondern sind vielmehr als gesellschaftliche Einrichtungen⁶⁶ bzw. Einrichtungen eigener Art (sui generis)⁶⁷ anzusehen. Sie besitzen zwar einen verfassungsrechtlichen Freiraum gegenüber dem Staat (wie ihn auch privatrechtliche Vereinigungen besitzen), was jedoch keine Gleichberechtigung mit dem Staat bedeutet.⁶⁸

58 Aufgrund der religiösen und weltanschaulichen **Neutralitätspflicht des Staates** und dem Recht auf Schutz der negativen Glaubensfreiheit verbietet sich grundsätzlich eine religiöse oder weltanschauliche Ausrichtung von öffentlichen Schulen, da hiermit die Möglichkeit der Beeinflussung von Kindern sowie Konflikte mit Eltern gegeben wären, die zu einer Störung des Schulfriedens führen könnten.⁶⁹ Das Anbringen von Kreuzen im Klassenzimmer überschreitet daher die Grenze an religiös-weltanschaulicher Ausrichtung der Schule. Zwar dürfen sich Einschränkungen des Art. 4 GG nur aus der Verfassung selbst ergeben.⁷⁰ Allerdings ergibt sich hier die Einschränkung aus Art. 7 Abs. 1 GG, nach welchem dieses Grundrecht keine Rechtfertigung für gesetzliche Anordnungen gibt, **Kreuze im Klassenzimmer** aufzuhängen.⁷¹ Anders wäre es, wenn es sich um eine christliche Bekenntnisschule handelte.⁷² Religiöse Bezüge sind dabei nicht schlechthin verboten, es darf allerdings damit nur das „unerlässliche Minimum an Zwangselementen" hiermit verbunden sein. Eine christliche Gemeinschaftsschule ist als staatliche

---

60 BVerfGE 41, 29, 49.
61 Peroth/Jarass GG, Art. 4 Rn. 3 f.
62 BVerfGE 53, 36, 40.
63 Art 137 WRV „(1) Es besteht keine Staatskirche. (2) Die Freiheit der Vereinigung zu Religionsgesellschaften wird gewährleistet. Der Zusammenschluss von Religionsgesellschaften innerhalb des Reichsgebiets unterliegt keinen Beschränkungen. (3) Jede Religionsgesellschaft ordnet und verwaltet ihre Angelegenheiten selbständig innerhalb der Schranken des für alle geltenden Gesetzes. Sie verleiht ihre Ämter ohne Mitwirkung des Staates oder der bürgerlichen Gemeinde. (4) Religionsgesellschaften erwerben die Rechtsfähigkeit nach den allgemeinen Vorschriften des bürgerlichen Rechtes. (5) Die Religionsgesellschaften bleiben Körperschaften des öffentlichen Rechtes, soweit sie solche bisher waren. Anderen Religionsgesellschaften sind auf ihren Antrag gleiche Rechte zu gewähren, wenn sie durch ihre Verfassung und die Zahl ihrer Mitglieder die Gewähr der Dauer bieten. Schließen sich mehrere derartige öffentlich-rechtliche Religionsgesellschaften zu einem Verbande zusammen, so ist auch dieser Verband eine öffentlich-rechtliche Körperschaft. (6) Die Religionsgesellschaften, welche Körperschaften des öffentlichen Rechtes sind, sind berechtigt, auf Grund der bürgerlichen Steuerlisten nach Maßgabe der landesrechtlichen Bestimmungen Steuern zu erheben. (...)".
64 BVerfGE 93, 16; 105, 279, 294.
65 BVerfGE 18, 385 f.
66 BVerfGE 66, 1, 19.
67 BVerfGE 102, 370, 387.
68 Pieroth/Jarass GG, Art. 140 Rn. 25.
69 BVerfGE 108, 282 a.a.O.
70 Leibholz/Rinck, Art. 4 Rn. 93.
71 BVerfGE 93, 21 ff.
72 BVerfGE 93, 1, 23.

2.1. Das Grundgesetz (GG) und die Rechtsprechung des Bundesverfassungsgerichts

Regelschule dann zulässig, wenn sie sich nach Ausrichtung auf die Anerkennung des Christentums als prägendem Kultur- und Bildungsfaktor bezieht, nicht auf Glaubenswahrheiten, oder das Einverständnis von Schülern und Eltern vorliegt.[73]

Auch das **Tragen von Kopftüchern** kann Lehrkräften und Referendaren verboten werden,[74] da hierdurch eine Möglichkeit der religiösen Beeinflussung von Kindern gegeben sein kann. Allerdings ist hier die strikte Gleichbehandlung zu anderen Religionsgemeinschaften zu beachten. Anderes gilt für Schülerinnen, die ein Kopftuch tragen dürfen, sofern das Gesicht noch vollständig zu erkennen ist.[75]

2.1.7. Berufs- und Ausbildungsfreiheit (Art. 12 GG)

(1) Alle Deutschen haben das Recht, Beruf, Arbeitsplatz und Ausbildungsstätte frei zu wählen. Die Berufsausübung kann durch Gesetz oder auf Grund eines Gesetzes geregelt werden.
(2) Niemand darf zu einer bestimmten Arbeit gezwungen werden, außer im Rahmen einer herkömmlichen allgemeinen, für alle gleichen öffentlichen Dienstleistungspflicht.

Art. 12 GG räumt allen Deutschen das Recht ein, eine Ausbildungsstätte oder einen Beruf Ihrer Wahl zu wählen und auszuüben. Dieses Recht steht aufgrund des Gebots der Nichtdiskriminierung von EU-Ausländern grundsätzlich auch EU-Bürgern zu.[76] Anderen Nichtdeutschen wird dieses Recht grundsätzlich über Art. 2 Abs. 1 GG zugestanden, wobei dies eingeschränkter gilt.[77]

Von der **Ausbildung** ist die allgemeine Bildung abzugrenzen, deren Inhalt alles ist, was überhaupt geistig erworben werden kann. Das Bundesverfassungsgericht hat zur Ausbildung zwar nicht die Bildung an der Grundschule und Hauptschule, wohl aber diejenige an anderen weiterführenden Schulen gerechnet.[78]

Der Eingriff in dieses Recht ist nur ausnahmsweise zulässig, d. h. eine Einschränkung dieses Rechtes darf nur durch oder auf Grund eines Gesetzes erfolgen. Ein Eingriff in die **freie Wahl des Ausbildungsplatzes** kann sich aus objektiven Zulassungsschranken (z.B. **numerus clausus**[79] für die Studienplatzvergabe) oder aus subjektiven Zulassungsvoraussetzungen ergeben. Subjektive Zulassungsbeschränkungen können sich aus der Regelung über den Zu- oder Abgang von Ausbildungsstätten nach Maßgabe persönlicher Qualifikationen ergeben. So ist z.B. ein Schulausschluss[80] ein Eingriff in Art. 12 GG, der entsprechend gerechtfertigt werden muss, eine Nichtversetzung hingegen nicht.[81] Dies gilt für staatliche und für private Ausbildungseinrichtungen, soweit deren Abschlüsse staatlich anerkannt werden. Ein weiteres Beispiel für eine derartige Einschränkung ist das Erfordernis einer wissenschaftlichen Ausbildung von Lehrern an privaten Schulen durch Art. 7 Abs. 4 GG. Das Vorliegen dieser Voraussetzung wird im Rahmen der Erteilung einer Unterrichtsgenehmigung geprüft.

Liegt ein Eingriff in das Grundrecht vor, so muss er verhältnismäßig sein, d.h. es muss ein legitimer Zweck verfolgt werden, der geeignet ist, diesen Zweck auch zu erreichen;

---

73 BVerfGE a.a.O.
74 BVerfGE 108, 282, 210.
75 Pieroth/Jarass GG, Art. 4 Rn. 35; Stark MKS 112.
76 Jarass/Pieroth, GG 12. Auflage München 2012, Art. 19 Rn. 12.
77 Jarass/Pieroth, GG, Art. 19 Rn. 10.
78 BVerfGE 41, 251, 261, Pieroth/Schlink, Staatsrecht II, Rn. 890.
79 BVerfGE 33, 303, 337.
80 BVerfGE 58, 257, 273.
81 BVerwGE DVBl . 98, 969.

es darf kein weniger belastender Eingriff zu Wahl stehen und insgesamt muss er bei einer Güterabwägung auch im engeren Sinne verhältnismäßig sein.[82]

2.2. Internationale Regelungen
2.2.1. Die Charta der Grundrechte der EU, Art. 14

65 *Recht auf Bildung*
(1) Jede Person hat das Recht auf Bildung sowie auf Zugang zur beruflichen Ausbildung und Weiterbildung.
(2) Dieses Recht umfasst die Möglichkeit, unentgeltlich am Pflichtschulunterricht teilzunehmen.
(3) Die Freiheit zur Gründung von Lehranstalten unter Achtung der demokratischen Grundsätze sowie das Recht der Eltern, die Erziehung und den Unterricht ihrer Kinder entsprechend ihren eigenen religiösen, weltanschaulichen und erzieherischen Überzeugungen sicherzustellen, werden nach den einzelstaatlichen Gesetzen geachtet, welche ihre Ausübung regeln.

66 Auf europäischer Ebene existiert mit der **Europäischen Union** eine supranationale Organisation, die mehr als nur ein loser Staatenbund, jedoch kein Bundesstaat ist.

67 Sie kennt im Wesentlichen die grundsätzlich gleichrangigen EU-Verordnungen und die EU-Richtlinien. EU-Verordnungen sind unmittelbar geltendes Recht. Sie binden sowohl die Staaten als auch die EU-Bürger unmittelbar. EU-Richtlinien bedürfen hingegen noch grundsätzlich der Umsetzung in nationales Recht, bevor sie Wirkung entfalten können. Sie werden den jeweilgen Rechtsordnungen der Mitgliedstaaten angepasst.

68 Darüber hinaus hat der **Europäische Gerichtshof** (EuGH) mit seiner Rechtsprechung neben den sogenannten EU-Grundfreiheiten (die vor allem wirtschaftspolitischer Natur sind) einen Grundrechtsstandard auf Basis der gemeinsamen Rechtstradition aller EU-Mitgliedstaaten, der EU-Grundrechtecharta und der Europäischen Menschenrechtskonvention entwickelt. An diesem Standard werden die Vorlagen aus den Mitgliedsstaaten an den EuGH gemessen. So hat erst kürzlich der Gerichtshof der Europäischen Union mit Urteil vom 26.2.2013 (Akerberg Fransson) sehr verklausuliert die Bedeutung der Charta hervorgehoben wie folgt: „Das Unionsrecht steht einer Gerichtspraxis entgegen, die die Verpflichtung des nationalen Gerichts, Vorschriften, die gegen ein durch die Charta der Grundrechte der Europäischen Union garantiertes Grundrecht verstoßen, unangewendet zu lassen, davon abhängig macht, dass sich dieser Verstoß klar aus den betreffenden Rechtsvorschriften oder der entsprechenden Rechtsprechung ergibt, da sie dem nationalen Gericht die Befugnis abspricht – gegebenenfalls in Zusammenarbeit mit dem EuGH – die Vereinbarkeit dieser Bestimmung mit der Charta umfassend zu beurteilen." Auf Deutsch: Nationale Gerichte dürfen durchaus prüfen, ob nationale Rechtsvorschriften gegen die Charta verstoßen.[83]

69 Artikel 14 der Charta der Grundrechte (Anhang 1) beinhaltet die Gewährleistung von drei wichtigen Grundfreiheiten in Europa:

1. Das **Recht auf Bildung** und Ausbildung, insbesondere auch den unentgeltlichen Zugang zur Grundschule,
2. das Elternwahlrecht nach religiösen, weltanschaulichen und pädagogischen Überzeugungen,
3. die Freiheit der Gründung von Schulen in freier Trägerschaft.

---

82 Jarass/Pieroth, GG, Art. 12.
83 EuGH vom 26.2.2013, NJW 2013, S. 1415.

2.2. Internationale Regelungen

Vor allem die Gewährleistung der pädagogischen Überzeugungen von Eltern in Artikel 14 der Charta der Grundrechte ist neu gegenüber früheren Deklarationen der EU oder der UNO und bemerkenswert. Mit dieser Bestimmung, die auf Betreiben **europäischer Verbände**, die sich für die Freiheit des Bildungswesens einsetzen – wie EFFE, ECSWS und ECNAIS – in den Text Eingang gefunden hat, wird die pädagogische Vielfalt in Europa gewährleistet. Der Text von Artikel 14 der Charta der Grundrechte geht damit erheblich über die Texte bisheriger Konventionen in Europa hinaus.[84]

2.2.2. Die Europäische Menschenrechtskonvention (EMRK)

Die **Europäische Menschenrechtskonvention** (EMRK)ist eine völkerrechtliche Vereinbarung zwischen verschiedenen europäischen und Anrainerstaaten. Hierbei binden sich die Staaten durch Unterzeichnung eines völkerrechtlichen Vertrages.

In der EMRK werden verschiedene Menschenrechte festgelegt, auf die sich ein einzelner Bürger tatsächlich vor dem Europäischen Gerichtshof für Menschenrechte (EGMR) berufen kann. Die EMRK spielt auch bei der Auslegung nationalen Rechtes eine große Rolle.

Zu den verbrieften Rechten gehören klassische **Menschenrechte** wie das Recht auf Leben und das Verbot von Folter, aber auch Teilhaberechte wie den diskriminierungsfreien Zugang zu Bildung.

Weder die Konvention noch der Gerichtshof haben rechtlich gesehen einen Bezug zur Europäischen Union.

2.2.3. Kinderrechtskonvention (KRK)

Das Übereinkommen über die Rechte des Kindes (KRK), in Deutschland am 5.4.1992 in Kraft getreten, haben fast alle Mitgliedsstaaten unterzeichnet bzw. ratifiziert. Nach der KRK sind Kinder Menschen, die das 18. Lebensjahr noch nicht abgeschlossen haben, soweit die Volljährigkeit nach dem auf das Kind anzuwendenden Recht (wie z. B. in manchen islamischen Ländern) nicht früher eintritt. Die KRK legt wesentliche Standards zum **Schutz der Kinder** weltweit fest. Grundlegend sind die Grundsätze wie das Überleben, die Gesundheit und die **Entwicklung** von Kindern zu sichern und sie zu schützen, für ihre **Nichtdiskriminierung** einzutreten und die Wahrung ihrer Interessen zu gewährleisten. In zwei Zusatzprotokollen zur KRK sind die Beteiligung Minderjähriger an bewaffneten Konflikten (**Kindersoldaten**) sowie **Kinderhandel, Kinderprostitution** und **Kinderpornografie** geächtet.[85]

Am 17. Juni 2011 hat der UN-Menschenrechtsrat dem Entwurf für ein Fakultativprotokoll zur Kinderrechtskonvention zugestimmt, das ein Individualbeschwerdeverfahren sowie ein Untersuchungsverfahren bei schwerwiegenden und systematischen Menschenrechtsverletzungen vorsieht.[86] Das Fakultativprotokoll wurde von der UN-Generalversammlung am 19. Dezember 2011 verabschiedet. Der Ratifikationsprozess hat 2012 begonnen. Mit der 10. Ratifikation tritt der Vertrag dann in Kraft.

Das Individualbeschwerdeverfahren gibt die Möglichkeit, eine Verletzung der Kinderrechtskonvention beim UN-Ausschuss für die Rechte des Kindes in Genf geltend zu machen. Voraussetzung für die Einleitung des Verfahrens ist, dass zuvor der innerstaatli-

---

84 Feron/Krampen, a.a.O. S. 164.
85 Das Zusatzprotokoll zur UN-Kinderrechtskonvention gegen Kinderhandel, Kinderprostitution und Kinderpornografie trat im Januar 2002 mit 32 Vertragsstaaten in Kraft. Deutschland trat ihm am 15. Juli 2009 bei.
86 Human Rights Council A/HRC/17/L.8.

che Rechtsweg erschöpft wird. Nur wenn nationale **Rechtsbehelfe** nicht vorgesehen oder ineffektiv sind, ist die innerstaatliche Rechtswegerschöpfung nicht erforderlich. Bei Hinweisen auf systematische und schwerwiegende Kinderrechtsverletzungen kann der UN-Ausschuss zudem unmittelbar Untersuchungen in dem jeweiligen Staat vornehmen.

78 Teilweise wird die Auffassung vertreten, dass Normen der KRK unmittelbar geltendes Recht in der deutschen Rechtsordnung sind und die staatliche Gewalt umfassend binden.[87] Danach begründet z.B. Art. 20 KRK für Kinder in einer konkreten Notsituation ein Recht auf Betreuung und Unterbringung zum Wohl des Kindes.[88]

2.2.4. UN-Konvention über die Rechte von Menschen mit Behinderung (BRK)

79 Der Begriff der **Inklusion** ist mit Ratifizierung der UN-Konvention über die Rechte von Menschen mit Behinderung (**BRK**) zu einem Schlagwort für ein neues Verständnis nicht nur im Bildungsbereich geworden.

80 Bei der BRK handelt es sich um ein völkerrechtliches Abkommen, mit dem sich die Bundesrepublik Deutschland (BRD) verpflichtet hat, inländische Gesetze zu schaffen, um die Teilhabe von Menschen mit Behinderung am sozialen und wirtschaftlichen Leben zu verstärken. Die BRK stellt insofern eine Konkretisierung der Allgemeinen Erklärung der Menschenrechte für die Situation von Menschen mit Behinderung dar. Daraus folgt auch ihr menschenrechtlicher Charakter. Am 26.3.2009 ist die BRK in Deutschland in Kraft getreten.

81 Aufgrund der föderalen Struktur der BRD müssen wesentliche Regelungen der BRK durch die einzelnen Bundesländer umgesetzt werden. Dies führt nicht nur zu einer verzögerten Umsetzung, sondern auch zu einer sehr unterschiedlichen. So ist zum Beispiel das Gebot zur Schaffung eines inklusiven Bildungssystems (Art. 24 BRK) in den einzelnen Bundesländern sehr verschieden beabsichtigt.

82 Unter **Inklusion** wird die umfassende und uneingeschränkte **Teilhabe** jedes Einzelnen am gesellschaftlichen Leben verstanden. Dabei soll dem Menschen mit Behinderungen keine Anpassungsleistung, ein Bemühen um Integration, abverlangt werden. Das Ziel ist die aktive Teilhabe von Menschen mit Behinderungen in der Gesellschaft, indem ein barrierefreies Umfeld geschaffen wird. Das schließt ausdrücklich das **Recht auf Bildung** ein.

83 Für den Bereich der Bildung folgt aus der BRK, dass Inklusion von den Besonderheiten und individuellen Bedürfnissen eines jeden Kindes bzw. Menschen ausgeht. Unterschiedlicher Förderbedarf wird damit vorausgesetzt. Mit der Umsetzung von Inklusion gehen sehr weitreichende gesellschafts- und sozialpolitische Veränderungen einher. Die BRK fordert vor allem von Pädagogen und Bildungswissenschaftlern ein Umdenken und die Umgestaltung von Schulformen und Bildungsgängen.

Artikel 24 Bildung
(1) Die Vertragsstaaten anerkennen das Recht von Menschen mit Behinderungen auf Bildung. Um dieses Recht ohne Diskriminierung und auf der Grundlage der Chancengleichheit zu verwirklichen, gewährleisten die Vertragsstaaten ein integratives (Anmerkung: inklusives) Bildungssystem auf allen Ebenen und lebenslanges Lernen mit dem Ziel,
   a) die menschlichen Möglichkeiten sowie das Bewusstsein der Würde und das Selbstwertgefühl des Menschen voll zur Entfaltung zu bringen und die Achtung vor den Menschenrechten, den Grundfreiheiten und der menschlichen Vielfalt zu stärken;

---

87 Menschenrechtsverträge als Quelle von individuellen Rechten, Cremer AnwBl 3 / 2011, S. 159 ff.
88 VG Arnsberg, InfAuslR 1996, 285 f.; VG Hannover, Urteil vom 11. 4. 1997, 5 A7174/96.

b) Menschen mit Behinderungen ihre Persönlichkeit, ihre Begabungen und ihre Kreativität sowie ihre geistigen und körperlichen Fähigkeiten voll zur Entfaltung bringen zu lassen;

c) Menschen mit Behinderungen zur wirklichen Teilhabe an einer freien Gesellschaft zu befähigen.

(2) Bei der Verwirklichung dieses Rechts stellen die Vertragsstaaten sicher, dass

a) Menschen mit Behinderungen nicht aufgrund von Behinderung vom allgemeinen Bildungssystem ausgeschlossen werden und dass Kinder mit Behinderungen nicht aufgrund von Behinderung vom unentgeltlichen und obligatorischen Grundschulunterricht oder vom Besuch weiterführender Schulen ausgeschlossen werden;

b) Menschen mit Behinderungen gleichberechtigt mit anderen in der Gemeinschaft, in der sie leben, Zugang zu einem integrativen, hochwertigen und unentgeltlichen Unterricht an Grundschulen und weiterführenden Schulen haben;

c) angemessene Vorkehrungen für die Bedürfnisse des Einzelnen getroffen werden;

d) Menschen mit Behinderungen innerhalb des allgemeinen Bildungssystems die notwendige Unterstützung geleistet wird, um ihre erfolgreiche Bildung zu erleichtern;

e) in Übereinstimmung mit dem Ziel der vollständigen Integration wirksame individuell angepasste Unterstützungsmaßnahmen in einem Umfeld, das die bestmögliche schulische und soziale Entwicklung gestattet, angeboten werden.

...

(4) Um zur Verwirklichung dieses Rechts beizutragen, treffen die Vertragsstaaten geeignete Maßnahmen zur Einstellung von Lehrkräften, einschließlich solcher mit Behinderungen, die in Gebärdensprache oder Brailleschrift ausgebildet sind, und zur Schulung von Fachkräften sowie Mitarbeitern und Mitarbeiterinnen auf allen Ebenen des Bildungswesens. Diese Schulung schließt die Schärfung des Bewusstseins für Behinderungen und die Verwendung geeigneter ergänzender und alternativer Formen, Mittel und Formate der Kommunikation sowie pädagogische Verfahren und Materialien zur Unterstützung von Menschen mit Behinderungen ein.

(5) Die Vertragsstaaten stellen sicher, dass Menschen mit Behinderungen ohne Diskriminierung und gleichberechtigt mit anderen Zugang zu allgemeiner Hochschulbildung, Berufsausbildung, Erwachsenenbildung und lebenslangem Lernen haben. Zu diesem Zweck stellen die Vertragsstaaten sicher, dass für Menschen mit Behinderungen angemessene Vorkehrungen getroffen werden.

2.3. Landesverfassungen

Weitere Grundlagen unseres Schulrechts sind in den **Landesverfassungen** kodifiziert. Allerdings entsprechen die Verfassungsartikel der Länder inhaltlich im Wesentlichen den Bestimmungen des Art. 7 GG. In einigen Verfassungen wird – wie in der Charta der Grundrechte – ein allgemeines „**Recht auf Bildung**" gewährleistet.[89] Die Landesverfassungen gewähren zum Teil über Art. 7 Abs. 4 GG hinausgehende Rechte für Schulen in freier Trägerschaft.[90] In jedem Fall dürfen sie aber die Mindestberechtigung aus Art. 7 Abs. 4 GG nicht unterschreiten.

84

Als Beispiel für die Herleitung weitergehender Rechte aus einer Landesverfassung sei hier auf ein bahnbrechendes Grundsatzurteil des Verfassungsgerichtshofs NRW vom 3. Januar 1983[91] hingewiesen. Seinerzeit hatte die Landesregierung die Anrechnung von 9 % auf die Eigenleistung von 15 % für die Bereitstellung der Schulräume und der Schuleinrichtung ebenso wie die Einstellung von Miet- oder Pachtzinsen in den Haushaltsplan gestrichen und das mit einer generellen Herabsetzung der Eigenleistung auf

85

---

[89] Vgl. auch Art. 11 Abs. 1 BW, Art. 128 Abs. 1 Bayern, Art. 20 Abs. 1 Berlin, Art. 29 Abs. 1 Brandenburg, Art. 27 Abs. 1 Bremen, Art. 4 Abs. 1 NS, Art. 8 Abs. 1 NRW, Art. 25 Abs. 1 Sachsen-Anhalt, Art. 20 Thüringen.

[90] Z. B. Art. 14 Abs. 2 LV BW Ausgleich für Schulgelderstattung und Lernmittelfreiheit, z. B. die Schulgeldfreiheit gemäß Art. 9 LV NRW.

[91] VerfGH 6/82.

10 % kompensieren wollen. Dazu stellte der Verfassungsgerichtshof folgende Grundsätze fest:

86 Art. 8 LV NRW gewährt Privatschulen ein subjektives Recht auf Zuschüsse:

87 Der VerfGH stellte klar, dass Art. 8 Abs. 4 Satz 3 LV NRW den Privatschulen ein verfassungsrechtlich gewährleistetes **subjektives Recht auf Leistung** in Form von Zuschüssen zu ihren Gesamtkosten einräume. Das folge aus dem Wortlaut „Sie haben Anspruch" und aus der Entstehungsgeschichte der Bestimmung.[92]

88 Dieses Recht bedarf einer genügend bestimmten und voraussehbaren Konkretisierung im Gesetz.

89 Wegen des weiteren Wortlauts „erforderlich" (hinsichtlich der Zuschüsse) bedürfe das verfassungsrechtlich gewährleistete Recht einer näheren gesetzlichen Bestimmung. Das Gesetz müsse den unbestimmten Verfassungsbegriff „erforderlich" durch Maßstäbe konkretisieren, aus denen sich mit genügender Bestimmtheit und Voraussehbarkeit ergibt, in welcher Höhe, nach welchen Kriterien und nach welchem Verfahren die Privatschulen Zuschüsse zu ihren Gesamtkosten zu erwarten haben. Es dürfe den Umfang des Leistungsrechts nicht dem Ermessen der Verwaltung anheim geben, sondern müsse ihn selbst bestimmen.[93]

90 Der Gesetzgeber muss einen angemessenen Ausgleich für Abnutzung und Wertminderung der Gebäude bezuschussen.

91 Nach Ansicht des VerfGH NRW muss in jedem Fall mit den staatlichen Zuschüssen für Privatschulen ein Ausgleich erfolgen für die Abnutzung und Wertminderung von Schulräumen und Schuleinrichtung: „Insoweit besteht ein verfassungsrechtlicher Anspruch auf den öffentlichen Zuschuss, und zwar unabhängig davon, ob der Schulträger über eigene Gebäude und Einrichtungen verfügt oder ob er mietet oder pachtet. Denn zu den zur Durchführung ihrer Aufgaben und zur Erfüllung ihrer Pflichten erforderlichen Gesamtausgaben rechnen auch Rücklagen der Privatschulträger für die dauernde Unterhaltung der zur Verfügung gestellten Schulgebäude und Schuleinrichtungen. Das Gesetz muss ferner Alt- und Neugründungen von Privatschulen insofern gleich behandeln, als auch neu errichtete Privatschulen Anspruch auf die erforderlichen Zuschüsse haben. Der unmittelbare Leistungsanspruch aus Art. 8 Abs. 4 Satz 3 LV erfasst ohne jede Einschränkung alle errichteten, genehmigten Privatschulen."[94]

92 Aufgrund dieser Feststellungen gab der VerfGH NRW damals dem Normenkontrollantrag der Opposition statt und erklärte die Gesetzesnovellierung für nichtig. Zurzeit laufen in drei ostdeutschen Bundesländern (Thüringen, Sachsen-Anhalt und Brandenburg) Normenkontrollverfahren, die sich gegen (zum Teil erhebliche) Zuschusskürzungen richten.

2.4. Weitere schulrechtliche Regelungen

93 Die Rechts- und Verwaltungsvorschriften sind im Hinblick auf ihren Geltungsumfang und ihre Wirkung hierarchisch geordnet. Unterhalb der Verfassungsvorschriften findet sich folgende Hierarchie:

---

92 A. a. O. S. 10.
93 A. a. O. S. 11.
94 A. a. O. S. 13.

2.4. Weitere schulrechtliche Regelungen

Gesetze im formellen Sinne: Sie werden im parlamentarischen Verfahren erlassen und verkündet. Diese Gesetze sind gegenüber jedermann wirksam. Bundesgesetze gehen Landesgesetzen vor. 94

Rechtsverordnungen: Das sind aufgrund einer gesetzlichen Ermächtigung von der Exekutive (Bundesregierung, Landesregierung, Ministerium oder Verwaltungsbehörde) erlassene Vorschriften, die ebenfalls unmittelbare Wirkung gegenüber jedermann haben. Im Schulbereich unterliegen die Rechtsverordnungen in der Regel dem Zustimmungsvorbehalt durch den Ausschuss für Schule und Weiterbildung des Landtags. Einigen Verordnungen müssen auch andere Landtagsausschüsse zustimmen; einige wenige Verordnungen unterliegen nicht dem Zustimmungsvorbehalt. 95

Erlasse: Ein Erlass ist eine amtliche Mitteilung einer obersten Bundes- oder Landesbehörde an nachgeordnete Behörden oder auch an einzelne Staatsbürger, wenn der Staat in Ausübung seiner Hoheitsgewalt tätig wird. 96

Verfügungen: Die Verfügung ist eine amtliche Mitteilung anderer Bundes- oder Landesbehörden an die ihr nachgeordneten Behörden oder an Einzelpersonen, wenn sie in Ausübung ihrer staatlichen Hoheitsgewalt tätig werden. 97

Erlasse und Verfügungen an die jeweils nachgeordneten Behörden haben Geltungswirkung für das Verwaltungshandeln der Beschäftigten in den Behörden, aber nicht unmittelbar für Dritte, also z. B. für Schulen in freier Trägerschaft oder für Einzelpersonen. Eine Bindungswirkung kann sich aber über den Gleichbehandlungsgrundsatz gemäß Artikel 3 GG ergeben, da Behörden verpflichtet sind, ihr Verwaltungshandeln nach Erlassen und Verfügungen auszurichten. 98

Aufgrund der hierarchischen Ordnung der Rechts- und Verwaltungsvorschriften müssen die niederrangigen Vorschriften stets mit den höherrangigen Vorschriften vereinbar sein. Oberster Maßstab sind stets das Grundgesetz und die jeweilige Landesverfassung, bei Bezügen zu anderen Ländern auch die Charta der Grundrechte bzw. die Menschenrechtskonvention. Dann folgen: 99

- Bundesgesetze
- Ländergesetze
- Verordnungen
- Erlasse und Verfügungen
- Empfehlungen der Kultusministerkonferenz

Die Ständige **Konferenz der Kultusminister** der Länder in der Bundesrepublik Deutschland (abgekürzt Kultusministerkonferenz oder **KMK**) ist ein Zusammenschluss der für Bildung und Erziehung, Hochschulen und Forschung sowie kulturelle Angelegenheiten zuständigen Minister bzw. Senatoren der Länder. Sie beruht auf einem Übereinkommen der Länder und wurde im Jahre 1948 noch vor der Konstituierung der Bundesrepublik Deutschland gegründet. 100

Die KMK behandelt nach ihrer Geschäftsordnung „Angelegenheiten der Bildungspolitik, der Hochschul- und Forschungspolitik sowie der Kulturpolitik von überregionaler Bedeutung mit dem Ziel einer gemeinsamen Meinungs- und Willensbildung und der Vertretung gemeinsamer Anliegen der Länder". Sie vertritt die gemeinsamen Interessen der Länder gegenüber dem Bund, der Europäischen Union, der OECD oder der UNESCO sowie für die gemeinsame Darstellung der Länder bei Angelegenheiten der Bildung, Wissenschaft und Kultur in der Öffentlichkeit. Sie handelt durch Beschlüsse, Empfehlungen, Vereinbarungen oder Staatsabkommen, die den Ländern Rahmen für 101 ihre Gesetzgebung geben. Wesentliche Aufgaben der KMK sind es also z. B., die Übereinstimmung bzw. Vergleichbarkeit von Zeugnissen und Abschlüssen zu vereinbaren, auf die Sicherung von Qualitätsstandards in Schule, Berufsbildung und Hochschule hinzuwirken und die Kooperation von Einrichtungen der Bildung, Wissenschaft und Kultur zu fördern. Die Empfehlungen bzw. Beschlüsse der KMK haben keine unmittelbare Wirkung oder gar Gesetzescharakter, vor allem nicht gegenüber freien Schulen. Sie dienen dem Landesgesetzgeber einerseits als Orientierungsmaßstab und sind andererseits Auslegungshilfen bei der Anwendung des entsprechenden Landesrechts.

3. Kapitel: Inklusion

3.1. Inklusion – die neue Herausforderung

Das Recht auf **Inklusion** in Art. 24 BRK verlangt von der gesamten Bildungslandschaft ein Umdenken der bisher gewohnten Erziehung von Kindern in dem bekannten Bildungssystem.

Die Verpflichtungen der Vertragsstaaten beziehen sich auf das „**Bildungssystem**" insgesamt, d.h. sie umfassen nicht nur Schulen, sondern alle Einrichtungen, die einen Bildungsauftrag haben – vom Kindergarten bis zur postuniversitären Weiterbildung.

Ob die BRK nur für öffentliche oder auch für private Schulen gilt, ist ungeklärt.

Dem Wortlaut nach unterscheidet Art. 24 BRK nicht zwischen öffentlichen staatlichen und freien Schulen (Schulen in freier Trägerschaft), sondern bezieht sich grundsätzlich auf das gesamte Bildungssystem unter Einschluss der freien Schulen. Bei der Beurteilung, ob die Staaten ihre Verpflichtungen aus dem Abkommen erfüllen, muss also das gesamte schulische Bildungssystem einschließlich der privaten Schulen in die Betrachtung einbezogen werden[1].

Zunächst sind Schulen in freier Trägerschaft nicht an Art. 3 Abs. 3 GG unmittelbar gebunden. Sie können aber zur Inklusion nach Maßgabe von Schutzpflichten des Staates für das Diskriminierungsverbot des Art. 3 Abs. 2 GG verpflichtet sein[2]. Danach wird eine mittelbare Bindung der Schulen in freier Trägerschaft an Art. 3 III 2 GG bejaht, wenn den Schülern nur ein begrenztes Angebot an staatlichen und freien Schulen zur Verfügung steht, so dass sie keine Ausweichmöglichkeiten auf andere Schulen haben. Die mit der Inklusion in Schulen in freier Trägerschaft verbundenen Kosten hat der Staat bei der **Privatschulförderung** zu berücksichtigen[3].

Nach anderer Auffassung können Schulen in freier Trägerschaft nicht zu inklusiver Beschulung verpflichtet werden. Dies folgt aus dem Grundsatz der Privatautonomie und der Schülerwahlfreiheit, der im Bereich von Schulen in freier Trägerschaft Anwendung findet.

Jedenfalls ist es konsequent, wenn der Regelfall der gemeinsamen Beschulung für Schulen in freier Trägerschaft gesetzlich nicht vorgeschrieben wird.

Jedoch dürfen auch nach dieser Auffassung Schulen in freier Trägerschaft auf Grund des **Gleichbehandlungsgebotes** gemäß Art. 3 GG nicht gegenüber Schulen in staatlicher Trägerschaft unsachlich benachteiligt werden. Aus dem Diskriminierungsverbot der UN-Kinderrechtskonvention folgt im Umkehrschluss, dass der Schule in freier Trägerschaft grundsätzlich die Möglichkeit gegeben sein muss, Kinder mit speziellem Förderbedarf aufzunehmen und entsprechend zu fördern, um der Forderung gerecht werden zu können. Daher haben Schulen in freier Trägerschaft jedenfalls das Recht, ein staatlich unterstütztes inklusives Schulangebot anzubieten und refinanziert zu bekommen.

Schulen in freier Trägerschaft sind allerdings als Teil des Bildungssystems an die Entwicklung des öffentlichen Schulsystems, wenn sie denn umgesetzt sein sollte, gebunden. Gegenwärtig ist jedenfalls das Diskriminierungsverbot zu beachten, so dass kein Kind grundlos wegen einer Behinderung vom Schulbesuch ausgeschlossen werden darf. Diskriminierungsverbote werden in der Behindertenrechtskonvention zum Teil als unmittelbar geltende Verpflichtungen ausgestaltet. Schulen in freier Trägerschaft können ins-

---

1 Vgl. Poscher/Langer, in: Poscher/Rux/Langer, Von der Integration zur Inklusion, Baden-Baden 2008, S. 20.
2 Vgl. Brosius-Gersdorf in Kommentar zum GG Art. 7, Rn 65, Hrsg. Dreier, Tübingen März 2013.
3 Vgl. Brosius-Gersdorf a.a.O. Rn 108 ff.

gesamt stärker aus einem inneren ethischen Impuls heraus die Frage nach der eigenen Haltung zur Teilhabe von Menschen mit Behinderung am allgemeinen Bildungssystem beantworten. Menschenrechte machen vor Einrichtungen in freier Trägerschaft nicht halt und müssen auch hier beachtet werden[4].

10 Ein **inklusives Bildungssystem** bezieht sich auf alle Stufen; sie reicht von der Primar- und Sekundarschulbildung über die Hochschul- und Berufsausbildung bis hin zur Erwachsenenbildung und zum lebenslangen Lernen (vgl. Art. 24 Abs. 2 Ziff. a sowie Abs. 5 BRK). Aus dieser das gesamte Bildungssystem umfassenden Inklusionsverpflichtung ergibt sich für den Schulbereich, dass die Vertragsstaaten – abhängig von ihrem jeweiligen Schulsystem – auf allen Schulstufen und in allen Schulformen Maßnahmen ergreifen müssen, um eine inklusive Erziehung sicherzustellen. In Vertragsstaaten mit gestuften Schulsystemen darf sich die Inklusion nicht nur auf eine Schulform beschränken.

11 Aufgrund der föderalen Struktur der Bundesrepublik Deutschland müssen wesentliche Regelungen der BRK im Bildungsbereich durch die einzelnen Bundesländer umgesetzt werden. Dies führt nicht nur zu einer verzögerten Umsetzung, sondern auch zu einer sehr unterschiedlichen. So ist zum Beispiel das Gebot zur Schaffung eines inklusiven Bildungssystems (Art. 24 BRK) in den einzelnen Bundesländern sehr verschieden beabsichtigt.

12 Das Konzept der inklusiven Erziehung beruht auf dem Prinzip, alle Schüler ungeachtet ihrer individuellen Unterschiede zu unterrichten. Heterogenität wird nicht als Problem, sondern als Bereicherung gesehen. Angestrebt wird „eine **Schule für alle**".

13 Nach dem Integrationskonzept hingegen besuchen **Schüler mit Behinderungen** gemeinsam mit denjenigen ohne Behinderungen eine allgemeinbildende Schule. Dabei wird den Schülern mit Behinderungen eine sonderpädagogische Unterstützung zuteil. Als „Mainstreaming" verlangt das Integrationskonzept in erster Linie eine Anpassungsleistung von den Schülern mit Behinderungen an die bestehenden Schulstrukturen[5].

14 Die Erreichung der Ziele eines inklusiven Bildungssystems setzt eine systemische Veränderung im Schulwesen voraus. Für alle Schüler soll eine Unterrichtssituation geschaffen werden, in denen ihr Bildungspotential optimal entfaltet werden kann. Die Vertragsstaaten sind nach Art. 24 Abs. 2 Ziff. b BRK verpflichtet, Schülern mit Behinderungen den „Zugang" zum inklusiven Schulsystem sicherzustellen. Art. 24 Abs. 2 Ziff. c, d und e BRK verpflichtet die Vertragsstaaten, innerhalb des allgemeinen Schulsystems eine bestmögliche individuelle Unterstützung anzubieten, um den Schülern mit Behinderungen eine wirksame Bildung zu erleichtern, und zwar „mit dem Ziel der vollständigen Inklusion". Das Abkommen fordert in diesem Zusammenhang auch, angemessene Ausgleichsmaßnahmen bei Prüfungen sicherzustellen, die auf die Art und den Grad der Behinderung Rücksicht nehmen.

15 Art. 24 Abs. 4 BRK verlangt, qualifizierte Lehrkräfte einschließlich Lehrkräfte mit Behinderungen einzustellen. Die Fortbildung der Lehrkräfte und sonstigen Mitarbeiter gehört zu den Qualifizierungsmaßnahmen, zu denen sich die Vertragsstaaten verpflichtet haben. Die Fortbildung zielt auf die Sensibilisierung für Behinderungen, die Vermittlung behindertengerechter Kommunikationsformen und die pädagogische Unterstützung von Menschen mit Behinderungen.

16 Einschränkungen des Art. 24 BRK können sich aus anderen Normen des Abkommens und faktischen Umständen ergeben. Normative Grenzen können aus dem Zweck der

---

4 Sog. mittelbare Drittwirkung.
5 Vgl. Poscher/Langer, a.a.O., S. 24.

3.1. Inklusion – die neue Herausforderung

Konvention folgen, der auf das Wohl der Menschen mit Behinderungen ausgerichtet ist und im Einzelfall eine spezielle Förderung im kleineren Rahmen verlangt[6]. Zunächst sind allerdings alle begleitenden und unterstützenden Maßnahmen auszuschöpfen, um das Inklusionsziel zu erreichen.

Im Rahmen ihrer Zuständigkeit hat sich die Kultusministerkonferenz (KMK) mit den Fragen der Umsetzung von Inklusion in Fachtagungen und Sitzungen auseinandergesetzt. In ihrem Beschluss vom 18. November 2010 „Pädagogische und rechtliche Aspekte der Umsetzung des Übereinkommens der Vereinten Nationen vom 13. Dezember 2006 über die Rechte von Menschen mit Behinderungen (Behindertenrechtskonvention – VN-BRK) in der schulischen Bildung" stellt die KMK fest, dass alle Schulgesetze der Länder das gemeinsame Lernen von behinderten und nichtbehinderten Schülerinnen und Schülern vorsehen. Auf welche Weise gemeinsames Lernen zu realisieren ist, bleibt dabei offen. Die Einrichtung bzw. der Ausbau von Kompetenz- oder Förderzentren unterstützt nach der Empfehlung den Umgestaltungsprozess der allgemeinen Schulen zu inklusiven Bildungseinrichtungen. Förderschulen können danach in der allgemeinen Schule aufgehen. Sie können sich aber auch umgekehrt für Schülerinnen und Schüler ohne Behinderung öffnen, um auch dort gemeinsames Lernen zu ermöglichen.

Die **KMK** empfiehlt, dass u.a. Schulorganisation, Pädagogik und Lehrerbildung so gestalten werden, *„dass an den allgemeinen Schulen ein Lernumfeld geschaffen wird, in dem sich Kinder und Jugendliche mit Behinderungen bestmöglich entfalten können und ein höchstmögliches Maß an Aktivität und gleichberechtigter Teilhabe für sich erreichen"* (KMK vom 18.11.10). Dies erfordere auch die Förderung der Gesundheit und die Stärkung der Lernenden sowie die Einbindung von Familien und Gemeinschaften.

Unter der Berücksichtigung dieses Positionspapiers hat die KMK mit ihrer *Empfehlung "Inklusive Bildung von Kindern und Jugendlichen mit Behinderungen in Schulen" vom 20. Oktober 2011* eine weitere Grundlage zur Umsetzung von Inklusion für die Gesetzgebung der Länder geschaffen. Die Empfehlung formuliert Rahmenbedingungen einer zunehmend inklusiven pädagogischen Praxis in den allgemeinbildenden und berufsbildenden Schulen, die sich mittlerweile in den Ländergesetzen wiederfinden. Ausgehend von einem veränderten Verständnis von Behinderung und den Prinzipien der Teilhabe und Barrierefreiheit wird die Zuständigkeit der allgemeinen Schule für alle Kinder und Jugendlichen mit Behinderungen betont. Die KMK sieht es als Aufgabe der Schule, präventiv dem Entstehen einer Behinderung oder weiterer Auswirkungen einer bestehenden Behinderung entgegenzuwirken. *„Schulische Bildung kann deshalb im Einzelfall vorbeugende personelle, pädagogische oder räumlich-sächliche Zuwendungen erfordern"* (a.a.O.).

Die KMK macht außerdem deutlich, dass inklusive Beschulung ein Zusammenwirken unterschiedlicher Berufsgruppen erfordert, d.h. nicht nur Lehrerinnen und Lehrer unterschiedlicher Lehrämter und Ausbildungen, sondern auch Mitarbeiterinnen und Mitarbeiter anderer Berufsgruppen tragen zum Gelingen von Inklusion bei.

„... Zum nicht lehrenden Personal, das die Tätigkeit der Lehrkräfte im Bildungs- und Erziehungsprozess unterstützt, gehören Mitarbeiterinnen und Mitarbeiter mit einer sozialpädagogischen Ausbildung, Personen mit therapeutischer und pflegerischer Ausbildung sowie Assistenzpersonal" (a.a.O.).

---

6 Vgl. Poscher/Langer a. a. O., S. 35.

3.2. Umsetzung der BRK in den Bundesländern

22 Die wesentlichen Regelungen der Inklusion in Art. 24 der UN-Konvention über die Rechte von Menschen mit Behinderung (**BRK**), die sich auf den schulischen Bereich beziehen, sind mittlerweile in fast allen Bundesländern in schulgesetzlichen Regelungen unterschiedlich umgesetzt worden. In den Bundesländern Baden-Württemberg und Nordrhein-Westfalen sind in nächster Zeit noch entsprechende Gesetzesänderungen zu erwarten.

Baden-Württemberg

23 In Baden-Württemberg besteht das erklärte Ziel, dem Elternwillen für **Kinder mit Behinderung** Rechnung tragen zu können und die derzeit noch bestehende Sonderschulpflicht zwar abzuschaffen, aber die **Sonderschulen** noch bestehen zu lassen, um ein Elternwahlrecht zu gewährleisten. Seit dem Schuljahr 2012/2013 ist in Baden-Württemberg für 42 Schulen die sog. Gemeinschaftsschule als neue Schulform eingeführt. Sie vereint das Prinzip der Gesamtschule, Ganztagsschule und der inklusiven Beschulung von Kindern mit und ohne Behinderung. Pädagogisches Ziel ist das längere gemeinsame Lernen, das Fördern jeder Schülerin und jedes Schülers bis zum jeweils bestmöglichen Abschluss sowie das Miteinander- und Voneinander-Lernen. 120 Schulträger aus dem Land haben einen Antrag als Gemeinschaftsschule für das Schuljahr 2013/2014 bei den staatlichen Schulämtern eingereicht. Die Finanzierung einer inklusiven Beschulung erfolgt durch eine sog. Mischfinanzierung, d.h. Schulen erhalten für Kinder mit Förderbedarf einen Personalkostenzuschuss zusätzlich zur Schülerkopfsatzfinanzierung.

Bayern

24 Mit der Änderung des Bayerischen Erziehungs- und Unterrichtsgesetzes(BayEUG) vom 20.7.2011 und insbesondere der §§ 30 a, 30 b BayEUG, stehen Kindern und Jugendlichen mit **sonderpädagogischem Förderbedarf** unterschiedliche Beschulungsmöglichkeiten zur Wahl – sie können die allgemeine Schule besuchen (soweit keine Einschränkungen nach Art. 41 Abs. 5 BayEUG vorliegen), eine Partnerklasse der Förderschule (ehemals Außenklasse), offene Klasse der Förderschule, eine Kooperationsklasse der allgemeinen Schule, ein Förderzentrum besuchen, bzw. dort eingeschult werden oder an einer Schule mit dem Schulprofil "Inklusion" beschult werden. Die Wahl des Förderortes richtet sich dabei nach den individuellen Förderbedürfnissen des Kindes und regionalen Angeboten innerhalb der Schullandschaft. Vorrangiges Ziel der Schulentwicklung aller Schulen in Bayern ist nach dem Willen des Gesetzgebers die inklusive Schule für alle Schulen.Schüler mit sonderpädagogischem Förderbedarf haben gemäß Art. 41 Abs. 1 Bay-EUG grundsätzlich ein Recht auf gleichberechtigten Zugang zur allgemeinen Schule.Die Erstellung eines sonderpädagogischen Gutachtens der Förderschule als zwingende Aufnahmevoraussetzung sieht der Gesetzgeber nicht vor.Lehnt die Schule die Aufnahme ab, weil sie die Voraussetzungen des Art. 41 Abs. 5 BayEUG für gegeben hält und sind die Erziehungsberechtigten damit nicht einverstanden, entscheidet die zuständige Schulaufsichtsbehörde nach Art. 41 Abs. 6 BayEUG über den schulischen Lernort.

25 Die Finanzierung der Schulen in freier Trägerschaft erfolgt nach der Berechnung eines notwendigen Personalaufwands (pauschale Zuschüsse) gem. Art. 31 ff, 45 ff BaySchFG zuzüglich eines pauschalen Zuschussbetrags je Schülerin oder Schüler je Schuljahr für den notwendigen Schulaufwand. Die Förderung von Baumaßnahmen erfolgt nach Art. 45 Abs. 3 BaySchFG.

3.2. Umsetzung der BRK in den Bundesländern

Berlin

In Berlin gilt ab dem 1.8.2012 das neue Schulgesetz, in welchem in § 37 der gemeinsame Unterricht von Kindern mit und ohne sonderpädagogischem Förderbedarf vorrangig geregelt ist. Eltern von Schülerinnen und Schüler mit sonderpädagogischem Förderbedarf haben in Berlin das Recht zu wählen, ob ihr Kind eine allgemeine Schule oder eine spezielle Grundschule und weiterführende allgemeinbildende Schule mit **sonderpädagogischem Förderschwerpunkt** bzw. ein Sonderpädagogisches **Förderzentrum** besucht. Die Schule kann die Aufnahme einer Schülerin oder eines Schülers mit festgestelltem sonderpädagogischen Förderbedarf in eine allgemeine Schule nur ablehnen, wenn an der Schule die personellen, sächlichen und organisatorischen Voraussetzungen für eine angemessene Förderung nicht vorhanden sind, was jedoch wegen des Vorrangs des gemeinsamen Unterrichts zunehmend schwieriger zu begründen sein dürfte. Mit dem Gesamtkonzept „Inklusive Schule" will der Senat Berlin schrittweise die UN- Konvention über die Rechte von Menschen mit Behinderungen umsetzen (vgl. Drs. 16/1051 (II.B. 39), 16/2610 und 16/3182 sowie Drs. 16/2479, Punkt 1.7). Konkretisiert werden die Vorgaben des Schulgesetzes in der Verordnung über die sonderpädagogische Förderung (Sonderpädagogikverordnung). Hier werden unter anderem die Förderschwerpunkte definiert sowie das Verfahren zur Feststellung des sonderpädagogischen Förderbedarfs geregelt. Grundsätzlich kann eine Schule in freier Trägerschaft ebenfalls als Schule mit einem inklusiven Ansatz in diesem Sinne tätig sein. Sie kann sich an dieses System anlehnen oder aber eigene pädagogische Ansätze oder Methoden umsetzen.

Die Finanzierung erfolgt bei Schulen in freier Trägerschaft nach § 101 SchulG Berlin.

Brandenburg

Das Schulgesetz Brandenburg (SchulG BB) legt in § 4 SchulG BB Abs. 7 fest, dass Schülerinnen und Schüler vorrangig gemeinsam erzogen und unterrichtet werden sollen. Die Eltern können für ihr Kind auch den Besuch einer Förderschule oder Förderklasse beantragen. § 29 SchulG BB normiert die Grundsätze des gemeinsamen Unterrichts von Kindern mit und ohne sonderpädagogischem Förderungsbedarf. In der Verordnung über Unterricht und Erziehung für Schülerinnen und Schüler mit sonderpädagogischem Förderbedarf (Sonderpädagogik-Verordnung- SopV mit Stand vom 10. Juli 2009) sind die Voraussetzungen und der Verfahrensablauf für sonderpädagogische Förderung von Kindern und Jugendlichen beschrieben. Für jede Schülerin oder jeden Schüler mit sonderpädagogischem Förderbedarf stehen neben den Lehrkräftewochenstunden der allgemeinen Schule zusätzliche Lehrkräftewochenstunden von sonderpädagogisch qualifizierten Lehrkräften gemäß den Verwaltungsvorschriften über die Unterrichtsorganisation zur Verfügung (Grundbedarf). Soweit erforderlich, kann zur Sicherung der individuellen **sonderpädagogischen Förderung** neben den Lehrkräften der allgemeinen Schule und den sonderpädagogisch qualifizierten Lehrkräften auch „sonstiges pädagogisches Personal" eingesetzt werden (§ 8 SopV). Nach den Verwaltungsvorschriften zur Sonderpädagogik-Verordnung (VV – SopV mit Stand vom 26.6.2012) leistet „sonstiges Personal" des Schulträgers in den Förderschulen und im gemeinsamen Unterricht unterstützende und insbesondere therapeutische Maßnahmen. Die Schule in freier Trägerschaft kann ebenfalls als inklusive Schule tätig werden.

Die Finanzierung erfolgt nach § 124 BbgSchulG: Träger von Ersatzschulen, die auf gemeinnütziger Grundlage arbeiten, erhalten einen öffentlichen Finanzierungszuschuss zum Betrieb der Schule (Betriebskostenzuschuss). Der Betriebskostenzuschuss wird für die durch den Betrieb der Schule anfallenden Personalkosten und Sachkosten gewährt.

Bremen

30   Das Bremische Schulgesetz regelt in den §§ 3, 4 SchulG Br die gemeinsame Unterrichtung von Schülern unabhängig von einer Behinderung als Regelfall. Für die sonderpädagogische Förderung sind sog. Zentren für unterstützende Pädagogik eingerichtet worden, Förderschulen als eigene Schulform sind im Schulgesetz Bremen nicht mehr vorgesehen. Behinderte und von Behinderung bedrohte Schülerinnen und Schüler haben nach § 35 SchulG einen Anspruch auf sonderpädagogische Förderung. Die individuellen Förderbedürfnisse werden auf der Grundlage förderdiagnostischer Gutachten ermittelt. Das Verfahren zur Feststellung des sonderpädagogischen Förderbedarfs wird auf Antrag der Schule oder auf Antrag der Erziehungsberechtigten oder des Schulärztlichen Dienstes durchgeführt. Nähere Bestimmungen über den Förderort, die zu erwerbenden Berechtigungen sowie Form und Inhalt der sonderpädagogischen Förderung in der allgemeinen Schule regelt die Verordnung über die sonderpädagogische Förderung an öffentlichen Schulen (Sonderpädagogikverordnung), die allerdings mit Ablauf des 31. 12. 2015 außer Kraft tritt. Schulen in freier Trägerschaft müssen gemäß § 2 Abs. 1 Gesetz über das Privatschulwesen und den Privatunterricht den Lehr- und Erziehungszielen der öffentlichen Schulen entsprechen, so dass langfristig mit der geplanten Umbildung zu Förderzentren in allgemeinbildenden Schulen bzw. der Abschaffung von Sonderschulen ein Umdenken auch für Schulen in freier Trägerschaft erforderlich ist.

31   Die Finanzierung für Schulen in freier Trägerschaft richtet sich in Bremen nach § 17 des Gesetzes über das Privatschulwesen und den Privatunterricht. Danach erhält die Schule einen Zuschuss für einen Schüler, der ausgehend von einer Grundsumme erhöht werden kann, wenn die Schule besondere Pflichten übernimmt. Diese sind in § 17a des Gesetzes über das Privatschulwesen und den Privatunterricht geregelt.

Hessen

32   Die gesetzliche Grundlage für inklusiven Unterricht ist durch das Hessische Schulgesetz (HSchG) geschaffen worden, §§ 49 ff. Für Schulen in freier Trägerschaft sind diese Regelungen gemäß §§ 166 ff. HSchG anwendbar. Die Verordnung über Unterricht, Erziehung und sonderpädagogische Förderung von Schülerinnen und Schülern mit Beeinträchtigungen und Behinderungen (VOSB) regelt die Umsetzung des HSchG in Bezug auf sonderpädagogische Förderung und Unterstützung an der allgemeinen Schule. In Hessen gibt es sog. „Modellregionen Inklusive Bildung". Diese Schulträgerbereiche zeichnen sich dadurch aus, dass inklusive Angebote für jeden Förderschwerpunkt in jeder Schulform vorgehalten werden. Die allgemeinen Schulen erhalten im inklusiven Unterricht sonderpädagogische Unterstützung. Zum inklusiven Unterricht gehören vorbeugende Maßnahmen und inklusive Beschulung. Beratung und Förderung im inklusiven Unterricht werden von den Lehrkräften der allgemeinen Schule gemeinsam mit Förderschullehrkräften organisiert, verantwortet und gestaltet sowie von Fachberaterinnen und Fachberatern Inklusion unterstützt.

33   Die Finanzierung von Schulen in freier Trägerschaft erfolgt grundsätzlich nach der Ersatzschulverordnung. Die Schule erhält einen erhöhten Fördersatz bei festgestelltem Förderbedarf.

Niedersachsen

34   Der Niedersächsische Landtag hat am 20.3.2012 das Gesetz zur Einführung der inklusiven Schule vom 23.3.2012 verabschiedet, gemäß § 4 Schulgesetz Niedersachsen (NSchG) wird die inklusive Schule zum Schuljahresbeginn 2013/14 verbindlich einge-

führt. Für Schulen in freier Trägerschaft ist gemäß § 141 Abs. 1 NSchG der § 4 NSchG anwendbar. Auch alle niedersächsischen Schulen in freier Trägerschaft sollen aufgrund des ausdrücklichen Verweises auf § 4 SchulG nach dem Willen des Gesetzgebers zu inklusiven Schulen werden. Da das Schulsystem künftig als inklusives System ausgestaltet ist, hat dies unabhängig von dem Recht der Schule in freier Trägerschaft auf Auswahl des Vertragspartners jedenfalls Auswirkungen auch für diese Schulen. Die Förderschulen arbeiten zugleich als sonderpädagogische Förderzentren. Unter anderem planen, steuern und koordinieren sie den Einsatz der Förderschullehrkräfte in den allgemeinen Schulen. Kinder mit besonderem Förderbedarf erhalten eine speziell für ihre Schwäche individuell entwickelte Förderung. Wie diese erfolgt, ist in der Verordnung zum Bedarf an sonderpädagogischer Unterstützung (SoPädFV ND) vom 22.1.2013 geregelt. Danach ist ein spezieller Feststellungsantrag bzw. ein Gutachten über die Förderung Voraussetzung für eine spezielle sonderpädagogische Förderung.

Die Finanzierung erfolgt nach den §§ 149, 150 NSchG. Danach erhöht sich im Falle der inklusiven Beschulung der finanzielle Zuschuss um den Satz für die Förderschulen.

Nordrhein-Westfalen

In Nordrhein-Westfalen werden derzeit die Regelungen zur Inklusion im SchulG NRW neu gefasst. Gegenüber der bisherigen Rechtslage wird das gemeinsame Lernen von Schülern mit und ohne Behinderung zum gesetzlichen Regelfall. Der im Gesetzentwurf des 9. Schulrechtsänderungsgesetzes vorgesehene § 2 Abs. 5 SchulG NRW erweitert den gesetzlichen Bildungs- und Erziehungsauftrag der Schulen um die inklusive Bildung und Erziehung. Die Geltung des § 2 Abs. 5 SchulG NRW für Schulen in freier Trägerschaft ist gesetzlich normiert.[7]

Die §§ 19 und 20 SchulG NRW gewährleisten ein subjektiv-öffentliches Recht auf Inklusion. Eltern können sich gegen die Zuweisung zur Förderschule künftig rechtlich zur Wehr setzen. Förderschulen sind als Förderorte im SchulG weiterhin vorgesehen, da den Eltern auch nach dem Änderungsgesetz die Möglichkeit erhalten bleiben soll, dass ihr Kind eine Förderschule besucht. Durch die Festlegung von Mindestschülerzahlen an Förderschulen wird aber die Intention des Gesetzgebers zur stufenweisen Abschaffung der Förderschulen deutlich.[8]

Die ausführenden Bestimmungen zur Feststellung des sonderpädagogischen Förderbedarfs und der Feststellung des geeigneten Förderortes finden sich in der „*Ausbildungsordnung sonderpädagogische Förderung*" – AO-SF. Die derzeit geltende Fassung der AO-SF stimmt mit den Vorgaben der Gesetzesänderung nicht überein. Nach dem Inkrafttreten des 9. Schulrechtsänderungsgesetzes wird eine Überarbeitung der ausführenden Verordnungen erfolgen.

Rheinland-Pfalz

In Rheinland-Pfalz wurden mit den neuen Regelungen zur Inklusion sogenannte Schwerpunktschulen eingerichtet. Die Schwerpunktschule ist ein möglicher Lernort für Schülerinnen und Schüler, bei denen sonderpädagogischer Förderbedarf festgestellt wurde. Schwerpunktschulen werden seit dem Schuljahr 2001/02 in jedem Schuljahr vom Ministerium für Bildung, Wissenschaft, Jugend und Kultur (MBWJK) ernannt. Die

---

7 http://www.schulministerium.nrw.de/BP/Inklusion_Gemeinsames_Lernen/Gesetzentwurf.pdf.
8 http://www.schulministerium.nrw.de/BP/Inklusion_Gemeinsames_Lernen/Entwurf_Verordnung_ueber_Schulgroessen.pdf.

Aufsichts- und Dienstleistungsdirektion (ADD) als Schulbehörde ermittelt für jedes Schuljahr den Bedarf an neuen Schwerpunktschulen. Dabei fließt auch mit ein, an welchen Schulstandorten wie viele Eltern integrativen Unterricht wünschen. Die Schwerpunktschulen haben einen erweiterten **pädagogischen Auftrag**: Sie bieten gemeinsamen Unterricht für Schülerinnen und Schüler mit und ohne Behinderung an und erweitern so das Angebot an inklusivem Unterricht in Rheinland-Pfalz. Schwerpunktschulen entwickeln ein schuleigenes Konzept zur individuellen Förderung eines jeden Kindes und Jugendlichen. Bei diesem Prozess unterstützen die Fachberaterinnen und Fachberater für Integration die Schulen. Im Rahmen eines zieldifferenten Unterrichts können auch die besonderen Schulabschlüsse erworben werden, die an Förderschulen erreicht werden können. Unabhängig hiervon haben alle Schulen gemäß § 10 Schulgesetz Rheinland Pfalz (SchulG RP) eine besondere Verantwortung zur individualisierenden Förderung. Im gesetzlich geregelten Verfahren zur Feststellung des sonderpädagogischen Förderbedarfs wird festgestellt, ob, in welchem Umfang und in welchem Förderschwerpunkt Schülerinnen und Schüler sonderpädagogische Förderung benötigen. Die Waldorfschulen haben es durch Verhandlungen der Regionalen Arbeitsgemeinschaft ermöglicht, eine eigene Regelung mit dem Ministerium über Form und Finanzierung von Inklusion für ihre besondere Schulform zu erhalten. Damit ist Inklusion in diesem Bundesland vergleichbar gut bezuschusst.

Hamburg

40 Im Oktober 2009 hat die Hamburgische Bürgerschaft einstimmig eine Änderung von § 12 des Hamburgischen Schulgesetzes (SchulG HH) beschlossen, das u.a. die Integration von Schülerinnen und **Schülern mit sonderpädagogischem Förderbedarf** regelt. Der Senat hat seinen Aktionsplan zum Thema Inklusive Bildung an Hamburgs Schulen in einer aktuellen Drucksache (Drucksache 20/3641) veröffentlicht. Die Eltern haben derzeit ein Wahlrecht, in welche Schulform ihr Kind eingeschult werden soll. Sokönnen die Sorgeberechtigten seit dem Schuljahr 2010/2011 zwischen dem Besuch einer allgemeinen Schule und einer Sonderschule für ihr Kind wählen. Gegenwärtig ist die Situation gekennzeichnet durch ein Nebeneinander unterschiedlicher Förderformen mit Integrationsklassen, Integrativen Förderklassen und Integrativen Förderzentren. Mit dem Konzept zur Umsetzung der Inklusion soll die Vielzahl und Unterschiedlichkeit der Förderformen an Hamburgs Grundschulen, Stadtteilschulen und Gymnasien nach weitgehend einheitlichen Kriterien erfolgen. Nach der bisherigen Erfahrung hat sich inklusive Pädagogik am besten in einem multiprofessionellen Team von Lehrerinnen und Lehrern, Sonderpädagoginnen und Sonderpädagogen, Erzieherinnen und Erziehern, Sozialpädagoginnen und Sozialpädagogen sowie weiteren pädagogisch-therapeutischen Fachkräften bewährt. Die entsprechende Finanzierung ist im Rahmen der Gesetze möglich. Regelschulen in freier Trägerschaft sind nicht an die zu § 12 SchulG ergangene Übergangsvorschrift gebunden und können in allen Jahrgangsstufen Schülerinnen und Schüler mit sonderpädagogischem Förderbedarf aufnehmen bzw. bereits dort beschulte Kinder und Jugendliche diagnostizieren lassen. Diese Schulen benötigen keine gesonderte Genehmigung für sonderpädagogische Förderangebote, müssen aber der für Schulen in freier Trägerschaft zuständigen Schulaufsicht eine entsprechende Erweiterung des pädagogischen Konzepts und die Einstellung geeigneter Lehrkräfte nachweisen (§§ 6, 8 Absatz 1 des Hamburgischen Gesetzes über Schulen in freier Trägerschaft). Als Ressourcenausstattung erhält die Schule in freier Trägerschaft – ebenso wie in staatlichen Gymnasien – eine schülerbezogene Zuweisung für alle Förderschwerpunkte. Der Förderbedarf muss

durch ein sonderpädagogisches Gutachten von den Regionalen Bildungs- und Beratungszentren erstellt werden. Die Vorbereitung dieser sonderpädagogischen Gutachten kann durch die Schulen in freier Trägerschaft erfolgen. Eine sog. systemische Zuweisung ist mittelfristig möglich, wenn eine Schule kontinuierlich über mehrere Jahre hinweg in einem mit staatlichen Schulen gleicher KESS-Zuordnung (KESS = Kompetenzen und Einstellungen von Schülerinnen und Schülern) vergleichbaren Umfang Schülerinnen und Schüler mit sonderpädagogischem Förderbedarf in den Bereichen Lernen, Sprache sowie soziale und emotionale Entwicklung (LSE) angemessen gefördert hat.

Sofern Schulen in freier Trägerschaft eine **gleichwertige Förderung** anbieten können, erhalten sie für die betreffenden Schülerinnen und Schüler auf der Basis des sonderpädagogischen Feststellungsbescheides den jeweiligen erhöhten Finanzhilfesatz nach § 15 Abs. 3 des Gesetzes über Schulen in freier Trägerschaft (Aufschlag pro Schüler). Diese Finanzhilfesätze für Schülerinnen und Schüler mit sonderpädagogischem Förderbedarf sind im Bereich der Schulen in freier Trägerschaft einheitlich für die allgemeinbildenden Schulformen. Die Zuweisungen für sonderpädagogische Förderung sind hier an die neuen Bedarfsgrundlagen im staatlichen Bereich angepasst. Wird die sonderpädagogische Förderung direkt von einem staatlichen Regionalen Bildungs- und Beratungszentrum geleistet, erhält die Regelschule in freier Trägerschaft nur den regulären Schülerkostensatz. 41

Mecklenburg-Vorpommern

§ 35 Schulgesetz für das Land Mecklenburg-Vorpommern (Schulgesetz – SchulG M-V) regelt den gemeinsamen Unterricht von Schülerinnen und **Schülern mit und ohne sonderpädagogischen Förderbedarf**. Gemäß § 34 SchulG M-V besteht ein grundsätzlicher Anspruch auf sonderpädagogische Förderung. Nach § 34 Abs. 7 SchulG M-V gelten die Vorschriften über die sonderpädagogische Förderung ausdrücklich auch für Schulen in freier Trägerschaft. In § 37 SchulG ist der obersten Schulbehörde übertragen, die weiteren Regelungen des Verfahrens zur Feststellung des sonderpädagogischen Förderbedarfs, das u.a. die Entscheidung über Bildungsgang und Förderort, die inhaltliche und organisatorische Ausgestaltung der Orte der sonderpädagogischen Förderung sowie die Förderschwerpunkte der Förderschulen festzulegen. Diese Regelungskompetenz ist in der Verordnung zur Ausgestaltung der sonderpädagogischen Förderung (Förderverordnung Sonderpädagogik – FöSoVO) umgesetzt worden. 42

Eine Expertenkommission „Inklusion" entwickelt derzeit ein Langzeitkonzept, wie die Beschulung von Kindern mit erhöhtem Förderbedarf schrittweise umgesetzt werden kann. Das Gremium erarbeitet Empfehlungen zur Entwicklung eines inklusiven Bildungssystems in Mecklenburg-Vorpommern mit einer Perspektive bis zum Jahr 2020. Die Finanzierung von Schulen in freier Trägerschaft sind in den §§ 127 ff. SchulG M-V geregelt. 43

Saarland

Im Rahmen des Pilotprojektes "**Inklusive Schule**" werden seit dem Schuljahr 2011/2012 an elf saarländischen Schulen Konzepte für eine inklusive Förderung erarbeitet und erprobt, damit soll ein schrittweiser landesweiter Ausbau des inklusiven Bildungssystems vorbereitet werden. Die Bedingungen sind in dem Erlass zur Einrichtung des Pilotprojekts zur Entwicklung eines inklusiven Förderkonzepts an Regelschulen im Saarland vom 14. Juni 2011 geregelt. § 4 Schulordnungsgesetz (SchoG) regelt die gemeinsame Beschulung von Kindern mit und ohne Behinderung. In der Verordnung über die ge- 44 meinsame Unterrichtung von Behinderten und Nichtbehinderten in Schulen der Regelform (Integrations-Verordnung) sind die weiteren Voraussetzungen zur integrativen Beschulung gefasst. Das Verfahren zur integrativen Beschulung von Kindern oder Jugendlichen ist in der Integrations-Verordnung geregelt. Die Bestimmungen über die Finanzierung von Schulen in freier Trägerschaft sind in §§ 29 ff. Privatschulgesetz (PrivSchG) zu finden.

Sachsen

45 Das sächsische Schulsystem sieht für Schüler mit sonderpädagogischem Förderbedarf integrativen Unterricht an einer Regelschule oder Unterricht an einer allgemeinbildenden Förderschule vor. § 35 a SchulG greift den Grundgedanken der BRK auf, jedes Kind individuell zu fördern. Auf der Grundlage von § 35 a Abs. 1 SchulG ist jede Schule verpflichtet, insbesondere den Unterricht an den individuellen Lern- und Entwicklungsvoraussetzungen auszurichten. Dabei werden nach den weiteren Bestimmungen der individuelle Lernstand ermittelt, Probleme und besondere Schwierigkeiten diagnostiziert und geeignete Fördermaßnahmen festgelegt und umgesetzt. Schulische Inklusion erfolgt auf der Grundlage der Verordnung des Sächsischen Staatsministeriums für Kultus über die integrative Unterrichtung von Schülern in öffentlichen Schulen im Freistaat Sachsen (Schulintegrationsverordnung – SchIVO) vom 3. August 2004. Integrativer Unterricht ist – soweit die personellen und sächlichen Voraussetzungen gegeben sind – als Einzelintegration oder in kooperativen Formen möglich. Eine allgemeinbildende Förderschule kann sich auf der Grundlage von § 13 Abs. 7 SchulG Sa im Rahmen ihres pädagogischen Konzepts zu einem Förderzentrum entwickeln. Die Formen von Integration an allgemeinen Schulen sind in der Schulintegrationsverordnung geregelt. Um eine sonderpädagogische Förderung zu erhalten, ist die Durchführung eines Verfahrens zur Feststellung des sonderpädagogischen Förderbedarfs des Kindes oder Jugendlichen erforderlich. Dieses ist in der Schulordnung Sonderschulen (SOFS, Stand: 1.8.2012) geregelt.

46 Die Finanzierung der Schulen in freier Trägerschaft – auch im Falle der inklusiven Beschulung eines Kindes – richtet sich nach dem Sächsischen Gesetz über Schulen in freier Trägerschaft. Darüber hinaus gewährt der Freistaat Sachsen auf der Grundlage der „Förderrichtlinie des SMK über die Gewährung einer Zuwendung für besondere Maßnahmen zur Integration von behinderten und von Behinderung bedrohten Kindern und Jugendlichen in allgemeinbildenden und berufsbildenden Schulen im Freistaat Sachsen" Zuwendungen an die Schulträger für die Förderung von Maßnahmen integrativer Unterrichtung. Zuwendungsfähig sind neben Sachausgaben auch Personalausgaben, wie z. B. für fachlich qualifizierte Integrationshelfer.

Sachsen-Anhalt

47 Gemäß § 1 Schulgesetz Sachsen-Anhalt (SchulG SA) sollen Schülerinnen und Schüler mit sonderpädagogischem und ohne sonderpädagogischen Förderbedarf gemeinsam unterrichtet werden, wenn die Erziehungsberechtigten der Schülerinnen und Schüler mit sonderpädagogischem Förderbedarf dies beantragen, die personellen, sächlichen und organisatorischen Möglichkeiten vorhanden sind oder nach Maßgabe der Haushalte geschaffen werden können und mit der gemeinsamen Beschulung und Erziehung dem individuellen Förderbedarf entsprochen werden kann. Mit dem neuen Schulgesetz ist als neue Schulform die Gemeinschaftsschule eingeführt, die ab dem Schuljahr 2013/2014 mit dem Schulbetrieb beginnt.

Sachsen-Anhalt hat im Jahr 2009 einen zweijährigen Modellversuch „Grundschulen mit Integrationsklassen" eingerichtet, der den Gemeinsamen Unterricht von Kindern mit festgestelltem sonderpädagogischem Förderbedarf bei pauschaler Zuweisung von Sonderpädagogik-Stunden an 22 Grundschulen des Landes ermöglicht. Die Begleitung erfolgt durch das Landesinstitut für Schulqualität und Lehrerbildung Sachsen-Anhalt (LISA). 48

Jede Grundschule erhält für die Eingangsstufe (Jahrgänge 1 und 2) eine sonderpädagogische Grundausstattung nach Anzahl der Kinder in der Eingangsstufe, ohne dass sonderpädagogischer Förderbedarf festgestellt wird. 49

Förderzentren sind Verbünde aus Förder- und allgemeinen Schulen; mit ihnen soll die Möglichkeit des gemeinsamen Unterrichts gestärkt werden. Neben regionalen Förderzentren besteht ein Netz überregionaler Förderzentren mit dem Schwerpunkt der Beratung von allgemeinen Schulen und regionalen Förderzentren sowie dem Unterricht in eigenen Klassen. § 32 der Verordnung über die sonderpädagogische Förderung regelt die Aufgaben und die Organisation der Förderzentren. 50

Der Umfang und die Voraussetzungen für die Refinanzierung von sonderpädagogischer Förderung ist für die Schulen in freier Trägerschaft insbesondere im § 18 a SchulG SA geregelt. 51

Schleswig-Holstein

In §§ 4, 5 Schulgesetz Schleswig-Holstein (SchulG SH) ist das vorrangige Ziel einer inklusiven Beschulung von Schülerinnen und Schülern normiert. „Gemeinsamer Unterricht" (§ 5 Abs. 2 SchulG) bedeutet in Schleswig-Holstein ein Unterricht, an dem Schülerinnen und Schüler unabhängig von ihrem Förderbedarf teilnehmen. Die gemeinsame Beschulung ist vorrangig zu ermöglichen, soweit es die organisatorischen, personellen und sächlichen Möglichkeiten erlauben und es der individuellen Förderung der Schülerin oder des Schülers entspricht. Wann diese beiden Voraussetzungen erfüllt sind, wird genauer im Zusammenhang mit der Entscheidung der Schulaufsichtsbehörde (§ 7 SoFVO) beschrieben. **Sonderpädagogische Förderung** findet in Schleswig-Holstein in Schulen aller Schularten und in Förderzentren statt. Der Begriff „Sonderschulen" wurde abgeschafft und in „Förderzentren" umbenannt. Die Bezeichnung von Förderzentren wurde an deren Arbeitsschwerpunkt angepasst (z.B. Förderzentrum Lernen). Sonderpädagogische Förderung erfolgt im Gegensatz zur allgemeinen Förderung durch die allgemein bildenden Schulen erst dann, wenn ein sonderpädagogischer Förderbedarf mit Hilfe eines sonderpädagogischen Gutachtens ermittelt und durch eine Schulaufsichtsbehörde festgelegt wurde. § 4 Abs. 1 SoFVO regelt die Voraussetzungen zur Einleitung des Verfahrens. 52

Wenn die Genehmigung einer Schule in freier Trägerschaft auch ein Förderzentrum umfasst, werden die Schüler mit einem festgestellten sonderpädagogischen Förderbedarf entsprechend einem Schüler der entsprechenden Sonderschulart refinanziert, § 122 Abs. 3 SchulG SH. Insgesamt leitet sich aus den Sach- und Personalkosten eines Schülers an einer öffentlichen Schule die Höhe der Refinanzierung eines Schülers an einer Schule in freier Trägerschaft ab. 53

Thüringen

Im Freistaat Thüringen ist der **gemeinsame Unterricht** von Kindern mit und ohne sonderpädagogischem Förderbedarf nach den gesetzlichen Regelungen vorrangig vorgesehen, § 1 ThürFSG. In der Schule der integrierenden Bildung und Förderung wird dem 54 gemeinsamen Unterricht Vorrang gegenüber der Förderung im Förderzentrum gegeben (§ 1 Abs. 2 ThürFSG). Grundsätzlich sind integrative Formen von Erziehung und Unterricht in allen Schularten anzustreben. Gem. § 6 a ThürSchulG ist die Gemeinschaftsschule als neue Schulform geregelt. In § 147 a Thüringer Schulordnung (ThürSchulO) sind weitere Voraussetzungen für den Betrieb einer Gemeinschaftsschule genannt. Die Feststellung von sonderpädagogischem Förderbedarf ist in Thüringen Voraussetzung, um eine entsprechende Förderung zu gewährleisten und ist im ThürSoFöV geregelt. Auf Grundlage eines vorliegenden Sonderpädagogischen Gutachtens benennt der Förderplan, unter Berücksichtigung vorhandener personeller, sächlicher, räumlicher und zeitlicher Bedingungen, individuelle entwicklungsorientierte Förderziele kombiniert mit fachbezogenen Lernzielen aus dem Lehrplan des Bildungsgangs. Den sich ergebenden Förderbedarf erfüllen die Schulen, wenn eine angemessene personelle, räumliche und sächliche Ausstattung vorhanden ist.

55 Die Finanzierung des gemeinsamen Unterrichts an Schulen in freier Trägerschaft erfolgt nach den Vorschriften des ThürSchfTG(§ 18) und den ausführenden Bestimmungen.

4. Kapitel: Schulstatus und Schularten in freier Trägerschaft

4.1. Schule

Schule wird im Rechtssinne verstanden als eine auf Dauer angelegte, unabhängig vom Wechsel der Schüler und Lehrer bestehende Einrichtung, die dazu dient, ihre Schüler im räumlichen Beisammensein von Lehrenden und Lernenden nach einem staatlich genehmigten oder festgesetzten Bildungsplan zu unterrichten und zu erziehen[1]. Bildungs- und Erziehungsziele können von den Bundesländern in Kulturhoheit in den Landesverfassungen und Schulgesetzen geregelt werden. 12 der 16 deutschen Bundesländer haben bereits in ihren Verfassungen den Anspruch einer **werteorientierten Erziehung** aufgenommen[2]. Den Bundesländern ist gemeinsam die Ausrichtung einer ethischen, werteorientierten Bildung zur Schaffung einer freiheitlichen pluralistischen Gesellschaft, was in den einzelnen Schulgesetzen ihren Ausdruck findet. Fünf Bundesländer berufen sich dabei ausdrücklich auf christliche **Erziehungsziele** in ihrer Landesverfassung.

4.2. Ersatzschulen und Ergänzungsschulen in freier Trägerschaft

Schulen in freier Trägerschaft, die als Ersatz für eine im Land vorhandene oder grundsätzlich vorgesehene Schule in staatlicher oder kommunaler Trägerschaft dienen sollen, sind **Ersatzschulen**[3]. Die Schulen, die diese Eigenschaft nicht innehaben, sind **Ergänzungsschulen**. Die verfassungsrechtliche Garantie der Schule in freier Trägerschaft als Institution sichert den Bestand von Ersatzschulen und eine ihrer Eigenart entsprechende Verwirklichung.

Insoweit gilt Art. 7 Abs. 4 Satz 1 GG für Ersatz- und Ergänzungsschulen; Art. 7 Abs. 4 Sätze 2 bis 4 GG gelten jedoch nur für Ersatzschulen[4]. Dies ergibt sich aus der Bedeutung der Gewährleistung sowie aus ihrer besonderen Ausgestaltung in den Sätzen 2 bis 4, mit der das Grundgesetz selbst Voraussetzungen normiert, ohne deren Erfüllung von dem Grundrecht kein Gebrauch gemacht werden kann. Eine vergleichbare sozialstaatliche Einstandspflicht gibt es für die übrigen Schulen in freier Trägerschaft (Ergänzungsschulen) nicht, weil für sie diese Regelungen nicht gelten.

Der Begriff Ersatzschule ist aus Sicht der Schulen in freier Trägerschaft durchaus problematisch. Diese empfinden sich in aller Regel nicht als „Ersatz" für staatliche Schulen (was ja suggeriert, dass nur die staatliche Schule „echt", also das Original und die freie Schule nur „nachgemacht" wäre, so wie Kaffeeersatz gegenüber Kaffee oder Lederimitat gegenüber echtem Leder). Vielmehr haben viele Schulen in freier Trägerschaft originelle eigene pädagogische Konzepte, sowohl inhaltlich als auch methodisch, und oft sind es die staatlichen Schulen gewesen, die Inhalte und Methoden von freien Schulen übernommen haben. Sachlich zutreffender wäre es daher, von den „genehmigungspflichtigen" bzw. „anzeigepflichtigen" Schulen in freier Trägerschaft zu sprechen, da auch die Schulen nach Art. 7 Abs. 4 GG gleichrangig öffentliche Bildungsaufgaben erfüllen. Dennoch wird im Folgenden dieser Begriff verwendet, weil er vom Grundgesetz vorgegeben und in allen Gesetzen und Verordnungen sowie auch in Literatur und Rechtsprechung ausnahmslos verwendet wird.

---

1 Avenarius, Hermann, Einführung in das Schulrecht, Darmstadt 2001.
2 Karl-Jürgen Müller, Täte unsere Bildungspolitik nicht gut daran, sich wieder auf ihre Verfassungsziele zubesinnen? http://www.arbeitskreis-schule-und-bildung.de/resources/Bildung-in-Landesverfassungen.pdf.
3 BVerfGE 27, 195 (201).
4 Vgl. Pieroth, Staatsrecht II, a. a. O. Rn. 737.

4.2.1 Ersatzschulen

5 **Ersatzschulen** können für alle Schularten errichtet werden, die im jeweiligen Schulgesetz eines Bundeslandes vorgesehen sind oder von diesem Bundesland betrieben werden. Sie müssen nach ihrem Gesamtzweck als Ersatz für eine derartige Schule dienen, die im Wesentlichen gleiche Lehrziele vermitteln und zu staatlichen Schulabschlüssen führen. Eine Ersatzschule muss ein „Mindestmaß an Verträglichkeit mit vorhandenen Schulstrukturen" aufweisen, die landesrechtlich geregelt sind[5] (sog. materieller Ersatzschulbegriff). Das erfüllt sie, wenn sie nach dem mit ihrer Errichtung verfolgten Gesamtzweck die **allgemeinen Bildungsziele** und -abschlüsse anstrebt, aber nicht – jedenfalls nicht im Einzelnen – den Anforderungen der staatlichen Schularten entspricht[6]. Nicht durchgesetzt hat sich dagegen zu Recht ein formeller Ersatzschulbegriff, der eine streng akzessorische Abbildung der staatlichen Schulstruktur verlangt.

6 Eine Schule in freier Trägerschaft ist eine Ersatzschule, wenn sie **Bildungsgänge** oder **Abschlüsse** anbietet, die so oder vergleichbar auch an staatlichen Schulen angeboten werden oder zumindest vorgesehen sind. Daher erfüllen Schüler/innen mit dem Besuch einer Ersatzschule auch die gesetzliche **Schulpflicht**. Erworbene Abschlüsse sind denen einer staatlichen Schule gleichwertig. Ersatzschulen stehen unter der Rechtsaufsicht des Staates.

7 Allerdings müssen Ersatzschulen in freier Trägerschaft den entsprechenden staatlichen Schulen nicht **gleichartig** sein, sondern nur „**gleichwertig**", das heißt in der Sprache des Grundgesetzes nicht hinter den staatlichen Schulen „zurückstehen". Dies gilt bzgl. des **Lehrplans** und der **Curricula** ebenso wie bzgl. **Einrichtungen** und der **Organisation**. So hat z.B. für das Land Nordrhein-Westfalen, in dem das Schulgesetz besonders detaillierte Regelungen enthält, kürzlich das OVG Münster entschieden, dass das **Gleichwertigkeitserfordernis** erfüllt ist, wenn eine Ersatzschule entgegen dem Wortlaut des Schulgesetzes NRW statt einem/einer **Schulleiter/in** eine **Kollegiale Schulleitung** bestellt und zur Refinanzierung anmeldet.[7]

8 Grundsätzlich muss jede Ersatzschule vom Staat genehmigt werden. Ersatzschulen erhalten pro Schüler einen **Finanzausgleich** vom Staat, der je nach Bundesland unterschiedlich geregelt ist. In den meisten Bundesländern wird zwischen „anerkannten" und „genehmigten" Ersatzschulen unterschieden. **Anerkannte Ersatzschulen** können staatliche Abschlüsse wie z. B. das Abitur oder die Mittlere Reife selbst vergeben. **Genehmigte Ersatzschulen** dürfen diese Abschlüsse nicht selbst vergeben; ihre Schüler/innen erwerben diese Abschlüsse in externen Prüfungen[8].

4.2.2. Ergänzungsschulen

9 **Ergänzungsschulen** ergänzen die zur Schulpflichterfüllung geeigneten Schulen. An ihnen kann die gesetzliche Schulpflicht grundsätzlich nicht erfüllt werden. Für sie gelten keine Genehmigungsbedingungen.

10 Alle Privatschulen, die nicht Ersatzschulen sind, sind Ergänzungsschulen. Sie bieten Bildungsgänge oder Abschlüsse an, die weder an staatlichen Schulen angeboten werden

---

5 BVerwGE 104, 1, 7.
6 BVerwG a.a.O.; vgl. Musterentwurf für ein Landesschulgesetz § 107 – Schule im Rechtsstaat, DJT 1981, Verlag C.H.Beck.
7 OVG Münster, Urteil v. 24. 9. 2010, 19 A 2511/07.
8 In NRW gibt es nur genehmigte Ersatzschulen; jedoch haben die Schulen besonderer pädagogischer Prägung als solche einen Sonderstatus und sind auch nicht berechtigt, selbst Abschlüsse und Zeugnisse zu vergeben. Für die an ihnen zu erwerbenden Abschlüsse gibt es Sonderregelungen, z. B. die PO Waldorf.

noch vorgesehen sind. Ergänzungsschulen „ergänzen" also das staatliche Schulsystem. Auch mit dem Besuch einer Ergänzungsschule kann – je nach Landesregelung – in vielen Fällen die gesetzliche **Schulpflicht** erfüllt und ein staatlicher Abschluss erworben werden. Die Schulen erhalten zwar keinen Finanzausgleich vom Staat, müssen sich im Gegenzug aber auch nicht an Lehrpläne halten. Daraus ergibt sich für diese Schultypen ein nahezu unbegrenzter Gestaltungsfreiraum. Die Errichtung einer Ergänzungsschule ist nicht genehmigungspflichtig, sie muss dem Staat lediglich angezeigt werden. Für all diese Angaben gibt es Ausnahmen in einigen Bundesländern (z. B. Nordrhein-Westfalen). Ergänzungsschulen finden sich besonders häufig im berufsbildenden Bereich, wo es für manche Berufe keine staatlichen Ausbildungsmöglichkeiten gibt.

4.3. Schularten

Die Vielfalt im öffentlichen Schulsystem spiegelt sich in den verschiedenen **Schularten** bzw. **Schulformen** wieder. 11

4.3.1. Allgemeinbildende Schulen

Allgemeinbildende Schulen sind Schulen, die nicht mit einem **Berufsabschluss** abschließen. Sie vermitteln **Allgemeinwissen** im Gegensatz zur primären Vermittlung von **Fachwissen** an **berufsbildenden Schulen**. Unter den allgemeinbildenden Schulen gibt es allerdings auch zahlreiche Formen, die speziell berufsvorbereitend oder facheinschlägig orientiert sind (so etwa Wirtschaftsgymnasien oder Sportgymnasien). 12

Allgemeinbildende Schule können **Pflichtschulen** (Schulen zur Erfüllung der Schulpflicht) oder **weiterführende Schulen** sein. Sie können **Schulen** in öffentlicher oder **in freier Trägerschaft** sein. 13

Grundschulen sind allgemeinbildende Schulen, in denen wenigstens für einen gewissen Zeitraum ein gemeinsamer Erlebnishorizont für Kinder geschaffen werden soll, der die gewöhnlichen Standes- und sozialen Schichten überbrückt. Insofern gesellt sich zum reinen **Bildungsauftrag** auch ein gesellschaftspolitischer Auftrag zur sozialen Integration. Dieser Gedanke der gemeinsamen Beschulung über einen längeren Zeitraum ohne Beachtung von Herkunft oder Leistungsvermögen stammte ursprünglich aus der Institution der (preußischen) Volksschule, welche die Klassenstufen 1 bis 8 bzw. 9 umfasste. Mit dem Siegeszug des dreigliedrigen Schulsystems in der Bundesrepublik Deutschland während der 50er und 60er Jahre wurde dieser Ansatz der gemeinsamen Beschulung allerdings auf den Primarbereich begrenzt. 14

Private Ersatzschulen müssen daher zusätzlich zu den allgemeinen Genehmigungsbedingungen des Art. 7 Abs. 4 GG zusätzlich gem. Art. 7 Abs. 5 GG entweder ein **besonderes pädagogisches Interesse** nachweisen oder aber als Bekenntnis- oder **Weltanschauungsschule** errichtet werden. Der Verfassungsgeber wollte also die Gründung privater Grundschulen aus dem Gedanken der gemeinsamen Beschulung heraus erschweren. Nach einhelliger Ansicht gilt diese Einschränkung nur für den Primarbereich, obwohl Art. 7 Abs. 5 GG von „Volksschule" spricht. Schulen in freier Trägerschaft, die nach bestimmten reformpädagogischen Ansätzen arbeiten, erfüllen jedenfalls das Erfordernis des Vorliegens eines besonderen pädagogischen Interesses, soweit sie nicht flächendeckend bestehen. Hierzu gehören unter anderem die **Waldorfschulen** und die **Montessorischulen**. 15

Hauptschulen sind im dreigliedrigen Schulsystem die hinsichtlich des Leistungsanspruchs an die Schüler niedrigste Schulart. Sie sollen den Schülern anhand lebensnaher 16

Sachverhalte und Aufgabenstellungen eine grundlegende Bildung vermitteln und einen Schwerpunkt in praktischer Bildungsvermittlung legen. Aktuell werden Hauptschulen in einzelnen Bundesländern abgeschafft bzw. gehen in Realschulen[9] auf.

17 **Realschulen** vermitteln eine erweiterte allgemeine Bildung, die sich an lebensnahen Sachverhalten orientiert und zu deren theoretischer Durchdringung und Zusammenschau führt. Die Realschule sollte ursprünglich diejenige Bildung vermitteln, die für die Berufsbildung als Facharbeiter notwendig war. Durch die Jahre ist ihr Anteil an der Schülerschaft relativ stabil geblieben. Wo die Realschule als eigene Schulform abgeschafft wurde, geschah dies in der Regel im Interesse einer gemeinsamen Beschulung von Schülern unterschiedlicher Leistungsniveaus und als Reaktion auf die allgemeine öffentliche Abwertung der Hauptschule.

18 **Gymnasien** sollen den Schülern eine breite Allgemeinbildung vermitteln und zur Studierfähigkeit führen. Ursprünglich waren die Gymnasien einer Minderheit von Schülern aus dem Bildungsbürgertum vorbehalten; sie sollten die akademische Elite der Bundesrepublik Deutschland bilden. Mittlerweile wechselt im dreigliedrigen Schulsystem rund die Hälfte aller Schüler von der Grundschule auf das Gymnasium. Gymnasien können in einigen Bundesländern auch Schwerpunkte bilden.

19 **Gesamtschulen** versuchen das Prinzip der gemeinsamen Beschulung der Grundschule auf die anderen Schulstufen zu übertragen. Hierdurch sollen Lernräume geschaffen werden, in denen Schüler unterschiedlicher Begabungen und sozialer Herkunft unmittelbar aufeinandertreffen und miteinander leben.

20 Traditionell gibt es die Form der kooperativen Gesamtschule als eine Schulart, die unterschiedliche Schularten räumlich unter einem Dach vereinigt, inhaltlich aber die Trennung nach Bildungsgängen zwischen den Schülern im Unterricht aufrecht erhält, und der integrierten Gesamtschule als eine Schulart, die die Schüler unterschiedlicher Leistungsniveaus und Schularten teilweise gemeinsam unterrichtet, teilweise aber auch getrennt, um die unterschiedlichen Begabungen angemessen fördern zu können. Die **Gemeinschaftsschulen** neuerer Prägung setzen zum Zweck der angemessenen Begabungsförderung nicht mehr auf getrennte Kurse und Unterrichte, sondern auf individuelle Förderung im Rahmen einheitlicher Klassen. Gesamtschulen existieren nicht in allen Bundesländern.

21 In einigen Bundesländern[10] ist neuerdings die sog. **Gemeinschaftsschule** als neue Schulart eingeführt. Die Zielrichtung der Gemeinschaftsschulen ist in den Bundesländern, soweit sie die Gemeinschaftsschule eingeführt haben, sehr unterschiedlich ausgeprägt. In Baden-Württemberg soll durch individuelles Lernen in heterogenen Lerngruppen mehr Chancengleichheit herbeigeführt werden. Kinder mit und ohne Behinderung werden gemeinsam im Rahmen einer Ganztagsbetreuung unterrichtet. Die Schülerinnen und Schüler können alle Abschlüsse erreichen, soweit die Gemeinschaftsschule eine Sekundarstufe II anbietet.

---

9 Z.B. in Baden-Württemberg die Werkrealschulen.
10 Z.B. in Baden-Württemberg oder Thüringen.

4.3.2. Förderschulen[11]

Die **Förderschulen**[12] sollen als spezialisierte Schulen außerhalb des allgemeinen Bildungssystems für Schüler mit Behinderungen eine individuelle, auf die jeweiligen Erfordernisse des Einzelfalls zugeschnittene Förderung sicherstellen.

Historisch wollten die Schulgesetzgeber mit den Förderschulen keine Stigmatisierung oder Ausgrenzung von Schülern mit Behinderung erreichen, sondern durch eine spezialisierte, fachkundige und intensive Individualförderung jungen Menschen einen möglichst guten Start in ihr Leben ermöglichen.

Der Grad der Spezialisierung der Förderschulen nach Arten der Behinderung variiert zwischen den Bundesländern; insgesamt kann aber von einem sehr hohen Spezialisierungsgrad der deutschen Förderschulen gesprochen werden.

Diese Spezialisierung der jeweiligen Sonderschule wird vor allem durch die relativ großen Einzugsbereiche und die geringe Schülerzahl ermöglicht.

Im Laufe der Zeit hat sich, vor allem durch die zunehmende Akzeptanz von Menschen mit Behinderung in der deutschen Gesellschaft, das Bild der Förderschule bei zahlreichen betroffenen Eltern verändert. Galten die Förderschulen früher als willkommene Schutzräume, in denen sich die Schüler angemessen entwickeln konnten, ohne einer Gesellschaft, in der die Behinderung lange Zeit als persönlicher Makel angesehen wurde, ausgesetzt zu sein, wird die von der Schulbehörde angewiesene Einschulung in einer Sonderschule heute von Eltern oftmals als Aussonderung und Isolierung empfunden. Rechtlich wurde diese Anschauung aufgegriffen durch die Verabschiedung der UN-Behindertenrechtskonvention, die das Recht auf gemeinsame Beschulung von Menschen mit und ohne Behinderung als Menschenrecht formuliert.

Wie die **Integration** bzw. **Inklusion** von Schülern mit Behinderung an den allgemeinbildenden Schulen umgesetzt wird, ist eine der aktuellen Fragen der Bildungspolitik.

Ein wesentliches Hemmnis für eine rasche Umsetzung der Inklusion sind nicht nur pädagogische Bedenken, sondern auch ungeklärte Finanzierungsfragen durch den Fiskus. Die Finanzierung der Inklusion, also die Verteilung der Schüler mit Behinderung auf die allgemeinbildenden Schulen bei gleichzeitiger Aufrechterhaltung des bisherigen hohen Förder- und Fachniveaus, ist bislang weitgehend ungeklärt. Dementsprechend zögerlich agieren einige Kultusverwaltungen hinsichtlich der Umsetzung des Anspruchs auf inklusive Beschulung, wie sich aus aktuellen Rechtsverfahren ablesen lässt.

4.3.3. Berufliche Schulen

Hier gibt es Berufsschulen (duales System), Berufsfachschulen und Fachschulen.

Die Beruflichen Schulen sollen den Schülern, die sich in einer beruflichen Ausbildung befinden, zusätzlich eine allgemeine und fachkundige Bildung vermitteln.

Diese Kombination aus schulischer und beruflicher Ausbildung gehört formal bereits zum Bereich der beruflichen Bildung und ist eine deutsche Besonderheit.

Daneben können an den beruflichen Schulen auch bestimmte Schulabschlüsse erworben werden. Die Bezeichnungen und Formen der beruflichen Schulen variieren sehr stark zwischen den einzelnen Bundesländern und weisen unterschiedliche Spezialisierungen auf.

---

11 Der Begriff Förderschule variiert in den einzelnen Bundesländern. Früher war die Bezeichnung „Sonderschule" üblich, die jedoch aufgrund des Sonderungsaspektes von Kindern nicht mehr verwendet wird.

12 In Bremen ist die Förderschule abgeschafft, hier wird der Förderbedarf in Förderzentren unterstützt.

4.3.4. Kollegstufen (Berufskolleg)

32 Das **Berufskolleg** bezeichnet in den einzelnen Bundesländern sehr unterschiedliche Schulsysteme oder Bildungsgänge. In einigen **Bundesländern** sind Berufskollegs lediglich besondere Schularten einer berufsbildenden Schule.

33 In einigen Bundesländern[13] bieten Berufskollegs die Möglichkeit, z. B. in den Bildungsgängen der Gymnasialen Oberstufe (GOS), das Abitur und gleichzeitig eine berufliche Qualifikation zu erwerben.

---

13 Z.B. in NRW.

5. Kapitel: Ganztagsbetreuung in Schule und Hort

Die Vereinbarkeit von Familie, Beruf und Kindern gehört mittlerweile zu den wesentlichen Herausforderungen einer modernen Gesellschaft.

5.1. Ganztagsschule

Die **Ganztagsschule** trägt dem wachsenden Bedarf an ganztätiger schulischer Betreuung der Schüler Rechnung. Nach der Definition der Ganztagsschule durch die Kultusministerkonferenz[1] wird die ganztägige Beschulung und das Erfordernis der Betreuung aufgegriffen. Ganztagsschulen sind danach „Schulen, bei denen im Primar- und Sekundarbereich:

- an mindestens drei Tagen in der Woche ein ganztägiges Angebot für die Schülerinnen und Schüler bereitgestellt wird, das täglich mindestens sieben Zeitstunden umfasst;
- an allen Tagen des Ganztagsschulbetriebs den teilnehmenden Schülerinnen und Schülern ein Mittagessen bereitgestellt wird;[2]
- die Ganztagsangebote unter der Aufsicht und Verantwortung der Schulleitung organisiert und in enger Kooperation mit der Schulleitung durchgeführt werden sowie in einem konzeptionellen Zusammenhang mit dem Unterricht stehen."[3]

Diese Definition trifft grundsätzlich auf alle verschiedenen Formen der Ganztagsschulen in den Bundesländern zu. Allerdings differeren die jeweiligen Bezeichnungen in den Ländern. Organisatorisch und inhaltlich gibt es regionale Unterschiede wie bezüglich der Öffnungszeiten (zwischen drei und fünf Tagen pro Woche und zwischen sieben und neun Stunden pro Tag) oder der Differenzierung von für die Kinder verpflichtenden und freiwilligen Elementen des jeweiligen Angebots oder der Umfang von ergänzenden Ferienangeboten.

Es werden von der KMK die voll gebundene, teilweise gebundene und offene Form der Ganztagsschule unterschieden.

5.1.1. Gebundene Ganztagsschule

In der **gebundenen Ganztagsschule** sind in der voll gebundenen Form *alle* Schülerinnen und Schüler verpflichtet, an mindestens drei Wochentagen für jeweils mindestens sieben Zeitstunden an den ganztägigen Angeboten der Schule teilzunehmen. In der teilweise gebundenen Form verpflichtet sich *ein Teil* der Schülerinnen und Schüler (z. B. einzelne Klassen oder Klassenstufen), an mindestens drei Wochentagen für jeweils mindestens sieben Zeitstunden an den ganztägigen Angeboten der Schule teilzunehmen.

5.1.2. Offene Ganztagsschule

In der **offenen Ganztagsschule** können *einzelne* Schülerinnen und Schüler auf Wunsch an den ganztägigen Angeboten dieser Schulform teilnehmen. Für die Schülerinnen und

---

[1] KMK vom 27.1.2011 Allgemein bildende Schulen in Ganztagsform in den Ländern in der Bundesrepublik Deutschland.
[2] Gezählt werden immer Ganztagsschulen als schulartspezifische Einrichtungen. Die Daten werden nach Schularten untergliedert, d. h. wenn eine Ganztagsschule über einen Haupt- und einen Realschulzweig verfügt, werden beide gesondert ausgewiesen. Die Summe der Einrichtungen nach Schularten ist daher nicht identisch mit der Zahl der Verwaltungseinheiten. Lediglich die Ganztagsschulen Mecklenburg-Vorpommerns werden als Verwaltungseinheiten ausgewiesen, da andere Zahlen noch nicht verfügbar sind.
[3] KMK a. a. O.

Schüler ist ein Aufenthalt, verbunden mit einem Bildungs- und Betreuungsangebot in der Schule, an mindestens drei Wochentagen im Umfang von täglich mindestens sieben Zeitstunden möglich.

7 Die Teilnahme an den ganztägigen Angeboten ist jeweils durch die Schülerinnen und Schüler oder deren Erziehungsberechtigten für mindestens ein Schulhalbjahr zu erklären.

8 Eine Schule kann sowohl Formen der gebundenen als auch der offenen Form von Ganztagsangeboten anbieten.

5.1.3. Beispiele von Ganztagsschule in Baden-Württemberg und Nordrhein-Westfalen

9 Beispielhaft werden an dieser Stelle Regelungen der Bundesländer Baden-Württemberg und Nordrhein-Westfalen dargestellt.

Ganztagsschulen in Baden-Württemberg

10 In Baden-Württemberg ist beabsichtigt, bis zum Schuljahr 2014/15 ein breit angelegtes Netz von Ganztagsschulen aufzubauen, sodass es jedem Schüler möglich sein soll, eine Ganztagsschule in erreichbarer Nähe bei Bedarf besuchen zu können. Ein entsprechendes Gesetzesvorhaben, die Ganztagsschule im Gesetz zu verankern, wurde noch nicht formell umgesetzt, nur in der neuen Schulform der Gemeinschaftsschule das Ganztagsprinzip bereits im Konzept verankert. In Baden-Württemberg gibt es in der Schule verschiedene Formen der Betreuung von schulpflichtigen Kindern außerhalb des klassischen Unterrichts. Eine Form ist die verlässliche Grundschule, in der die Schüler für die Betreuung in sechs Zeitstunden am Vormittag zusätzliche Gelder erhalten können.[4]

11 Ansonsten kennt die Ganztagsschulkonzeption des Landes zwei Formen von Ganztagsschulen:

- **Ganztagsschulen mit besonderer pädagogischer und sozialer Aufgabenstellung** (vgl. gebundene Ganztagsschule), das sind Grundschulen und Werkrealschulen (Hauptschulen) sowie einzelne Förderschulen in enger räumlicher Nähe zu einer solchen Schule.
- **Ganztagsschulen in offener Angebotsform** in Grundschulen und Sekundarstufe I der weiterführenden Schulen.

12 Die Ganztagsschule muss in allen Formen ein vom Schulträger beaufsichtigtes Mittagessen für die Schüler bereitstellen. Die Organisation und Durchführung der Ganztagsangebote steht in der Verantwortung der Schule.

13 Die Ganztagsschulen können auf Antrag auch von Schulen in freier Trägerschaft eingerichtet werden. Alle Schulträger können jährlich zum 1. November (bzw. zum 1. Oktober für das Schulbauförderungsprogramm) einen Antrag auf Einrichtung einer Ganztagsschule für das darauffolgende Schuljahr beim zuständigen Regierungspräsidium einreichen. Im Antragsverfahren sind die formellen Voraussetzungen zu berücksichtigen bzw. zu erfüllen.[5] Bewilligungsbehörde ist je nach Ganztagsschulform das Kultusministerium (gebundene Form), das Regierungspräsidium (offene Form) oder alternativ die Baden-Württemberg Stiftung gemeinnützige GmbH (für das Schulbauförderungsprogramm).

---

4 Verwaltungsvorschrift vom 18.12.07, z.Zt. 458 € je Wochenstunde pro Gruppe.
5 http://www.bw.ganztaegig-lernen.de/Ganztagsschule%20in%20Baden-W%C3%BCrtemberg/Wege%20zum%20Ganztag/antragsformulare-ganztagsschule.

5.1. Ganztagsschule

Ganztagsschulen mit besonderer pädagogischer und sozialer Aufgabenstellung bieten eine Betreuung an mindestens 4 Tagen à 8 Zeitstunden (z.B. 8.00 – 16.00 Uhr) an. Die ganze Schule ist bei dieser Form entweder dauerhaft im Ganztagsbetrieb eingerichtet oder ein Zug bzw. mehrere Klassen(-stufen) nehmen am Ganztagsbetrieb teil.[6] Die zusätzliche Lehrerzuweisung für diese Ganztagsbetreuung liegt zwischen 5 (Werkrealschule) und 8 Lehrerwochenstunden (Grundschulen) je Ganztagsklasse. Diese werden umgerechnet in der Zuschusshöhe auf den Schülerkopfsatz bei entsprechender Bewilligung berücksichtigt. Bei einer Förderschule werden 0,75 Deputate je Schule zugewiesen.

Die Ganztagsschulen in offener Angebotsform bieten an mindestens 4 Tagen à 7 Zeitstunden (z.B. 8.00 – 15.00 Uhr) eine Betreuung für die Schüler der entsprechenden Schulen an. Auch hier muss ein dauerhafter Ganztagsbetrieb für die ganze Schule, einen Zug oder mehrere Klassen(-stufen) gewährleistet sein. Der sukzessive Ausbau ist auch hier möglich mit dem Ziel, dass im Endausbau ein Zug oder mehrere Klassen(-stufen) in der offenen Angebotsform eingerichtet sind.[7] Eine GT-Klasse muss im Endausbau dauerhaft an 4 Tagen die durchschnittliche Klassenstärke je Klassenstufe erreichen. Täglich müssen mind. 20 Schüler am Ganztagsbetrieb teilnehmen, die an 3 oder 4 Tagen angemeldet sind. Um die durchschnittliche Klassenstärke zu erreichen, kann die GT-Klasse mit Schülern aufgefüllt werden, die einen Betreuungsbedarf an 1 oder 2 Tagen haben.[8]

Die Höhe der zusätzlichen Lehrerzuweisung beträgt zwischen einer (Gymnasium/Förderschule) und sechs (Grundschule) Lehrerwochenstunden je Ganztagsklasse. Für die Schulleitung wird zusätzlich eine Lehrerwochenstunde für Schulleiteraufgaben angerechnet (für Schulen in freier Trägerschaft bei Förderschulen zu beachten).

Das sogenannte **Schulbauförderprogramm** ermöglicht eine Betreuung an drei Tagen à 7 Zeitstunden. Auch hier muss der Ganztagsbetrieb dauerhaft eingerichtet sein. Die Teilnahme am Ganztagsbetrieb erfordert in diesem Falle eine Anmeldung, die aus Gründen der Planungssicherheit für ein Schuljahr verbindlich ist. Die Eltern können grundsätzlich drei von vier Tagen für die Ganztagsbetreuung auswählen. Zuschusshöhe ist i.d.R. 33% des zuschussfähigen Bauaufwands. Förderfähig sind für die ganztägigen Angebote an Schulen zusätzlich erforderliche Räume und Flächen für den Essens-, Betreuungs-, Freizeit- und Lehrerbereich. Nicht förderfähig sind dagegen Ausstattungen, Turnhallen, Gymnastikräume u.a.[9]

Die Serviceagentur "Ganztägig lernen" Baden-Württemberg und das Landesinstitut für Schulentwicklung haben einen Leitfaden zum Ganztagsschulkonzept des Landes Baden-Württemberg entwickelt.[10]

Für die Finanzierung von Betreuungsangeboten an Schulen in freier Trägerschaft gilt folgender Grundsatz:

Zunächst werden die zusätzlichen Kosten nach § 18 a Abs. 6 Nr. 9 PrivatschulG einberechnet, die jedoch dann gemäß § 18 a Abs. 9 PrivatschulG nicht berücksichtigt werden

---

6 Ausnahme z.B. Einzügige GS und HS können jahrgangsübergreifende GT-Gruppen mit mind. 20 Schüler/innen einrichten.
7 Ausnahmen: Einzügige GS und WRS können jahrgangsübergreifende GT-Gruppen mit mind. 20 Schülern einrichten. Bei Schulzentren: schulartübergreifende Jahrgangsstufen-GT-Gruppen mit mind. 25 Schülern in der Sekundarstufe möglich.
8 http://www.bw.ganztaegig-lernen.de/sites/default/files/bersicht%20GTS-Konzeption_21-02-2011%20SAG.pdf
9 http://www.bw.ganztaegig-lernen.de/sites/default/files/bersicht%20GTS-Konzeption_21-02-2011%20SAG.pdf
10 http://www.bw.ganztaegig-lernen.de/sites/default/files/Leitfaden_GTS.pdf

(d.h. grundsätzlich keine Berücksichtigung von Kosten für die Ganztagsschule für Schulen in freier Trägerschaft nach Gesetz). Dann gilt jedoch Folgendes: Auf Antrag kann gem. VwVorschrift vom 18.12.2007 i. d. F. vom 1.2.2008 der entsprechende Antrag gestellt werden, in dem die auch die Refinanzierung der Ganztagsbetreuung zumindest berücksichtigt ist.

Gebundene und offene Ganztagsschulen in NRW

21 § 9 SchulG NRW sieht vor, dass Schulen als Ganztagsschulen geführt werden können. Die Entscheidungskompetenz obliegt dem Schulträger. Allerdings bedarf die Entscheidung der Zustimmung der oberen Schulaufsichtsbehörde. Dies gilt auch für Schulen in freier Trägerschaft. Da es sich bei der Entscheidung, die Schule als Ganztagsschule zu führen, um eine die Institution Schule betreffende Entscheidung handelt, liegt eine aufsichtsrechtlich relevante Änderung der Schulgenehmigung vor, welcher die obere Schulaufsichtsbehörde zustimmen muss.

22 Zentrale Regelungen zu den rechtlichen Rahmenbedingungen und zur Ausgestaltung der gebundenen und offenen Ganztagsschulen finden sich in Ausführung zu § 9 SchulG NRW im *„Runderlass des Schulministeriums vom 23.12.2010: Gebundene und offene Ganztagsschulen sowie außerunterrichtliche Ganztags- und Betreuungsangebote im Primarbereich und Sekundarstufe I"*.[11] Der Erlass gilt entsprechend auch für Ersatzschulen.[12] Grundlage der Ganztagschule ist die Zusammenarbeit von Schule, Kinder- und Jugendhilfe, gemeinwohlorientierten Institutionen und Organisationen aus Kultur, Wissenschaft und Handwerk. Hierzu schließt der Schulträger im Regelfall Verträge mit Trägern der öffentlichen und freien Jugendhilfe als Träger der außerunterrichtlichen Angebote.

23 Die Finanzierung des außerunterrichtlichen Angebotes erfolgt in Form von Lehrerstellenzuschlägen auf der einen Seite und durch Grundfestbeträge pro Schüler auf der anderen Seite. Derzeit beträgt der Grundfestbetrag 700,- € pro Jahr pro Schüler bzw. 1.400,- € für Schüler mit sonderpädagogischem Förderbedarf.[13] Die Träger von Ersatzschulen sind als Zuwendungsempfänger in dem Runderlass *„Zuwendungen für die Durchführung außerunterrichtlicher Angebote offener Ganztagsschulen im Primarbereich"* ausdrücklich genannt. Die Erlassregelungen sehen vor, dass die Anmeldung zum Ganztagsangebot für die Dauer eines Schuljahres zur regelmäßigen und täglichen Teilnahme verpflichtet. In NRW führt diese Regelung dazu, dass, wenn die Schulen eine tägliche Teilnahme der Schüler an fünf Tagen in der Woche bis mindestens 15 Uhr nicht nachweisen können, ggf. Landeszuschüsse zurückgefordert werden.

24 Die Träger des **außerunterrichtlichen Ganztagsangebotes** schließen mit den Eltern **Betreuungsverträge** über Umfang und Inhalt der Betreuung ab. Es handelt sich hierbei um einen Dienstvertrag im Sinne des § 631 BGB. Wichtiger Vertragsbestandteil ist die Regelung des Elternbeitrages und des Entgeltes für das Mittagessen. Neben den Zuwendungen des Landes erbringt der Schulträger für die Durchführung der außerunterrichtlichen Angebote der offenen Ganztagsschule einen Eigenanteil, auf welchen die Elternbeiträge angerechnet werden können.[14]

---

11 Runderlass Ganztag, BASS 12-63 Nr. 2.
12 Ziff. 11 Runderlass Ganztag, BASS 12-63 Nr. 2.
13 Runderlass Zuwendungen Ganztag, BASS 11-02 Nr. 19.
14 Ziff. 5.5 Runderlass Zuwendungen Ganztag, BASS 11-02 Nr. 19.

5.2. Horte

Neben den Ganztagsschulen im obigen Sinne gibt es weitere Formen von Ganztagsangeboten für Schülerinnen und Schüler. Wesentlicher Repräsentant dieser Angebote sind die **Kindertageseinrichtungen** für Schulkinder im Sinne von § 45 SGB VIII. Diese Einrichtungen gehören formal nicht zum Schulwesen im schulrechtlichen Sinne, sondern stellen Einrichtungen dersozialrechtlichen Jugendhilfe dar. Anders als die Schulgesetze sind wesentliche Rahmenbedingungen für Horte durch Bundesgesetz geregelt. Die entsprechenden landesrechtlichen Vorschriften konkretisieren diese. Ob dieses Trennsystem angesichts des stark wachsenden Angebots an schulischen Ganztagsveranstaltungen mit Blick auf die unterschiedlichen Verantwortungsbereiche langfristig aufrechterhalten werden wird, bleibt abzuwarten. Jedenfalls treten wegen des Vorliegens eines Betreuungsbedarfes des schulpflichtigen Kindes als Tatbestandsvoraussetzung für den Besuch eines Hortes die Ganztagsschulangebote in eine unmittelbare Konkurrenz zu den kommunalen und freien **Horteinrichtungen**.

6. Kapitel: Genehmigungsvoraussetzungen der Ersatzschule

1   Das Recht zur Errichtung von Privatschulen ist durch den Vorbehalt staatlicher Genehmigung beschränkt. Das **Genehmigungserfordernis** hat nach Ansicht des Bundesverfassungsgerichts den Sinn, die Allgemeinheit vor unzureichenden Bildungseinrichtungen zu schützen[1]. Grundlegende Norm ist Artikel 7 Absatz 4 und 5 GG.

2   Artikel 7 Abs. 4 Satz 3 GG definiert bundeseinheitlich und **abschließend** die Voraussetzungen für die Erteilung der Genehmigung zum Betrieb einer Schule in freier Trägerschaft. Hiernach ist die Genehmigung zwingend zu erteilen, wenn die private Schule in ihren **Lehrzielen**, in ihren Einrichtungen sowie in der wissenschaftlichen Ausbildung der Lehrkräfte nicht hinter den öffentlichen Schulen zurücksteht und eine Sonderung der Schüler nach den Besitzverhältnissen der Eltern nicht gefördert wird. Darüber hinaus ist erforderlich, dass die wirtschaftliche und die rechtliche Stellung der Lehrkräftegenügend gesichert ist.

3   Die Rechtsordnung nimmt hier also eine Abwägung zwischen dem Grundrecht, eine private Schule zur Verwirklichung eigener bildungspolitischer Ziele zu gründen, und dem Recht der Schüler auf eine tragfähige schulische Bildung vor. Diese Abwägung muss auch bei jeder **Einzelfallentscheidung** entsprechend erfolgen, also z.B. bei der Erteilung einer Betriebsgenehmigung für eine private Schule und der Erteilung einer Unterrichtsgenehmigung für einen einzelnen Lehrer.

4   Die landesrechtlichen Vorschriften führen Art. 7 GG weiter aus, dürfen ihm aber im Kern nicht widersprechen. Das Landesrecht bestimmt, welche öffentlichen Schulen es gibt, denen eine Ersatzschule entsprechen kann[2]. Dabei bezieht sich die **Akzessorietät** der Ersatzschulen zu den öffentlichen Schulen nicht notwendigerweise auf eine formale Entsprechung zu den jeweils im Landesrecht typisierten Schularten und -formen, sondern auf eine Entsprechung in deren **Gesamtzweck**[3].

6.1. Bildungsziele

5   Art. 7 Abs. 4 Satz 3 GG verlangt, dass eine Ersatzschule hinter der Gesamtheit der Lehrziele einer öffentlichen Schule nicht zurücksteht[4]. Entscheidend ist für die Bewertung dieser Frage, ob bei insgesamter Betrachtung im Kern eine **Gleichwertigkeit** zum staatlichen Schulwesen vorliegt[5].

6   Unter „Lehrziele" im Sinne des Art. 7 Abs. 4 Satz 3 GG wird nach der Rechtsprechung des Bundesverfassungsgerichts der generelle **Bildungsauftrag** der Schule und die jeweiligen **Bildungsziele** der einzelnen Schularten und Schulstufen – auch des Primarbereichs – verstanden. Entscheidend ist danach, dass **im Kern gleiche Kenntnisse und Fertigkeiten** und **Schulabschlüsse des staatlichen Schulsystems** vermittelt werden, „unbeschadet eines von einer eigenen weltanschaulichen Basis aus eigenverantwortlich geprägten Unterrichts mit darauf abgestellten **Lehrmethoden** und Lehrinhalten"[6]. Damit wird keine Gleichartigkeit mit Schulen in staatlicher Trägerschaft verlangt, sondern eine Gleichwertigkeit[7]. Entscheidend ist, ob am Ende des jeweiligen Bildungsgangs das Niveau des

---

1 BVerfGE 27, 195, 201, 203.
2 BVerfGE 90, 128, 139.
3 BVerfGE 27, 195, 201; BVerfGE 90, 128, 139 f..
4 BVerfG, 1 BvR 759/08 vom 8.6.2011.
5 Vgl. z.B. BVerfGE 90, 107 ff.
6 BVerfG, 1 BvR 759/08 vom 8.6.2011.
7 Vgl. BVerfGE 90, 107, 122.

Bildungsprogramms der öffentlichen Schulen im Ergebnis erreicht wird. Bezüglich der hierzu beschrittenen Wege und eingesetzten Mittel (Methoden) ist den Schulen in freier Trägerschaft weitgehende Freiheit eingeräumt. Dies kann sogar dazu führen, dass Ersatzschulen nach ihrer ganzen Struktur so grundsätzlich verschieden von staatlichen Schulen sind, dass für ihre Schüler vor Abschluss des Bildungsgangs ein nahtloser Wechsel in das staatliche Schulsystem ausscheidet[8].

Wegen der durch Art. 7 Abs. 4 Satz 3 GG gewährleisteten und sich auf Lehrmethode und Lehrinhalte erstreckenden **Gestaltungsfreiheit** der Ersatzschule, die gerade nicht die jederzeitige Durchlässigkeit in das staatliche Schulsystem sicherzustellen hat, muss diese nach eigenem pädagogischen Ermessen entscheiden dürfen, auf welchem Weg und mit welchen Mitteln sie das Gesamtergebnis des gleichwertigen Bildungsprogramms erreichen will[9]. Bezüglich der Qualifikation kommt es danach darauf an, ob die von der Ersatzschule vermittelten fachlichen Kenntnisse und die Allgemeinbildung dem nach geltendem Recht vorgeschriebenen Standard von vergleichbaren Schulen in staatlicher Trägerschaft entsprechen[10]. Relevant hierfür sind die im jeweiligen Landesschulrecht für die betreffende Schulart getroffenen Regelungen über die zu vermittelnde Qualifikation, die jedoch erst bei Abschluss des schulischen Bildungsgangs im Sinne eines Gesamtergebnisses erreicht sein muss.[11]

7

Verfassungsrechtlich geschützt ist dabei auch die Realisierung pädagogisch **eigenständiger einheitlicher Bildungsgänge**, die mehrere Schulformen bzw. -stufen des staatlichen Bildungssystems umfassen. Diese sind einer staatlichen Zwischenkontrolle hinsichtlich der Erreichung des gleichwertigen Bildungserfolges (z.B. in Form von Lernstandserhebungen vor der Abschlussklassenstufe) entzogen[12]. Damit kann in diesen Fällen (z.B. bei Waldorfschulen) die staatliche Schulaufsicht **keine Beteiligung an Lernstandserhebungen** fordern. Auf die Genehmigung eines derartigen abweichenden eigenständigen Bildungsganges kann ein verfassungsrechtlicher Anspruch bestehen.[13]

8

Unter **Lehrzielen** können daher zusammenfassend allgemein die im Schulgesetz oder in eigenen Lehrplänen festgelegten **inhaltlichen Absichten**, denen die Beschulung des Schülers dient, und die **formalen Abschlüsse** verstanden werden.

9

6.2. Einrichtungen

Unter Einrichtung sind zum einen die **Sachmittel** (Gebäude, Unterrichtsmaterial, räumliche Ausstattung), die Beschäftigten im nichtpädagogischen Bereich (Verwaltung) und die betriebliche **Organisation** zu verstehen. Auch diese müssen nur gleichwertig zur staatlichen Einrichtung sein, nicht aber identisch.[14]

10

---

8 BVerfGE 27, 195, 205; BVerfGE 90, 107, 125.
9 BVerwGE 112, 263, 268 f.
10 BVerwGE 112, 263, 267 f.
11 BVerwGE 112, 263, 268 f; vgl. auch BVerfG, Nichtannahmebeschluss vom 08. Juni 2011 – 1 BvR 759/08, 1 BvR 733/09.
12 Vgl. BVerwG vom 13.12.2000, Az. 6 C 5/00; anders nur, wenn der Genehmigung kein eigener Bildungsgang, sondern der staatliche Aufbau zugrunde liegt, vgl. BVerfG vom 8.6.2011, Az. 1 BvR 759/08, 1 BvR 733/09.
13 Vgl. OVG Sachsen vom 15.3.2011, Az. 2 A 273/10.
14 OVG Münster, Urteil v. 24. 9. 2010, 19 A 2511/07.

6.3. Lehrerausbildung

11 Nach Artikel 7 Abs. 4 S. 3 GG darf die wissenschaftliche Ausbildung der Lehrer „nicht hinter derjenigen der staatlichen Schulen zurückstehen", d.h. für die wissenschaftliche Ausbildung der Lehrkräfte ist eine nur im Ergebnis gleichwertige Qualität verlangt, nicht aber eine gleichartige. Die Gleichwertigkeit verlangt eine wissenschaftlich gleichwertige Bildung, die – je nach Bundesland differenziert, aber ähnlich – auch anderweitig nachgewiesen werden kann[15]. Die wissenschaftliche Ausbildung wird in der Regel für jeden Lehrer einzeln geprüft (Unterrichtsgenehmigung). Dies hat in den Ländergesetzen zu unterschiedlicher Formulierung und näherer Ausgestaltung geführt. Dabei finden sich neben der Regelvoraussetzung einer der staatlichen Ausbildung gleichwertigen Ausbildung und Prüfung auch Klauseln, wonach auf diese Voraussetzung verzichtet werden kann, wenn wissenschaftliche Ausbildung und pädagogische Eignung „anderweitig" nachgewiesen werden. In den Landesgesetzen ist damit vielfach die Möglichkeit eröffnet, den Nachweis auch durch praktische Bewährung in der Unterrichtstätigkeit selbst zu erbringen, also ein vollständiger gleichwertiger Ausbildungsnachweis bei Tätigkeitsbeginn noch nicht vorzuliegen braucht[16].

6.4. Hinreichende wirtschaftliche und rechtliche Sicherung der Lehrer

12 Gem. Art. 7 Abs. 4 S. 4 GG ist die Genehmigung zum Betrieb der Schule zu versagen, wenn die rechtliche und wirtschaftliche Stellung der Lehrkräfte nicht genügend gesichert ist.

13 Dabei dient diese Genehmigungsvoraussetzung nach herrschender Meinung nicht in erster Linie dem Schutz des einzelnen Lehrers, sondern dem Ziel, die Schüler an genehmigten Ersatzschulen in freier Trägerschaft vor einer unzureichenden Bildungseinrichtung und einem ungleichwertigen Bildungserfolg zu schützen. Der von dem Gesetzgeber in erster Linie beabsichtigte **Schutz der Allgemeinheit vor unzureichenden Bildungseinrichtungen** setzt voraus, dass in der Privatschule ausreichend qualifizierte und motivierte Lehrkräfte eingesetzt werden. Hiervon kann jedoch nicht mehr ausgegangen werden, wenn das den Lehrkräften gezahlte Entgelt so niedrig ist, dass diese bestrebt sein werden, so bald als möglich eine besser vergütete Beschäftigung zu finden und/oder durch Nebenverdienste ihr Einkommen aufzubessern[17]. Erst in zweiter Linie dient die Regelung auch dem einzelnen Lehrer[18].

14 Wie sich aus der Formulierung ergibt, muss die Lehrkraft sowohl **rechtlich** als auch **wirtschaftlich** hinreichend abgesichert sein.

15 Dies bezieht sich zum einen auf die Höhe der Vergütung, zum anderen auf den rechtlichen Status des Beschäftigungsverhältnisses.

16 Wann genau eine genügend hohe **Vergütung** erreicht ist, ergibt sich nicht unmittelbar aus dem Wortlaut von Art. 7 Abs. 4 S. 4 GG. Nach verbreiteter Ansicht bewegt sich

---

15 Vgl. z.B. § 5 Abs. 3 Privatschulgesetz Baden-Württemberg: *„Die Anforderungen an die wissenschaftliche Ausbildung der Lehrer sind erfüllt, wenn eine fachliche und pädagogische Ausbildung sowie Prüfungen nachgewiesen werden, die der Ausbildung und den Prüfungen der Lehrer an entsprechenden öffentlichen Schulen im Werte gleichkommen. Auf diesen Nachweis kann verzichtet werden, wenn die wissenschaftliche, künstlerische oder technische Ausbildung und die pädagogische Eignung des Lehrers anderweitig nachgewiesen wird."*
16 Vgl. OVG Sachsen vom 26.7.2011, Az. 2 A 856/10.
17 Vgl. VG Dresden vom 28.3.2007, Az. 5 K 1750/06.
18 Vgl. BAG vom 26.4.2006, Az. 5 AZR 549/05.

6.4. Hinreichende wirtschaftliche und rechtliche Sicherung der Lehrer

eine zulässige Vergütung zwischen 80% und 90% des Gehaltes eines vergleichbaren Lehrers an einer öffentlichen Schule[19].

In einigen Bundesländern hat der zuständige Landesgesetzgeber die prozentuale Höhe näher konkretisiert (z.B. Brandenburg). Diese Regelung ist nach der Rechtsprechung zulässig, da der Landesgesetzgeber insoweit in dem von ihm bezuschussten Bereich des Ersatzschulwesens lediglich normkonkretisierend tätig wird[20]. Die Frage der genügenden wirtschaftlichen Sicherung der Lehrkräfte kann auch dann virulent werden, wenn Schulen besonderer Prägung wie z.B. Waldorfschulen eigene Haustarife haben, die ihre pädagogischen und sozialen Anliegen besser als die Tarife des öffentlichen Dienstes abbilden[21].

Nach anderer Auffassung muss die hinreichende Sicherung unabhängig von der Entgelthöhe im staatlichen Schulsystem ermittelt werden. Der Bedarf eines Lehrers an einer Ersatzschule müsse nach den in der jeweiligen Region üblichen **Lebenshaltungskosten** ermittelt werden. Zumindest ist es nicht unmittelbar einleuchtend, dass ein Lehrer im Primarbereich mit einem bestimmten Gehalt hinreichend wirtschaftlich gesichert ist, sein Kollege im Sekundarbereich, der an derselben Schule und in derselben Region arbeitet und lebt, hingegen nicht. Zum Teil sehen die einschlägigen Vorschriften auch Ausnahmen von der Akzessorietät zu den staatlichen Lehrergehältern vor[22]. Derartige Sondervorschriften sind grundsätzlich wegen des Gleichbehandlungsgrundsatzes gem. Art. 3 Abs. 1 GG auf alle Schulträger übertragbar.

Im Einzelfall ist immer genau zu prüfen, welche Lehrkraft im staatlichen Schulwesen gleichwertig mit einer Lehrkraft an einer Ersatzschule wäre. Dies gilt insbesondere für Schulen mit einem besonderen pädagogischen Profil und übergreifenden, im staatlichen Schulsystem nicht bestehenden Schulformen und Aufbau.

Die Anforderungen an die wirtschaftliche Sicherung der Lehrkräfte werden nach allen zitierten Meinungen eigentlich überzogen und entsprechen damit nicht mehr der Garantie der Privatschulfreiheit. Nach richtiger Auffassung dürfte es ausreichen, wenn die Lehrkräfte an Schulen in freier Trägerschaft überhaupt Gehälter (oder Honorare) erhalten, die ihnen eine hauptberufliche Tätigkeit an der Schule ermöglichen[23].

Hinsichtlich der rechtlichen Absicherung der Lehrkräfte geht die herrschende Meinung davon aus, dass jedenfalls der überwiegende Teil der Lehrkräfte in einem sozialversicherungspflichtigen **Anstellungsverhältnis** beschäftigt sein müsse[24]. Es sei zwar nicht erforderlich, dass alle Lehrkräfte im Rahmen eines solchen Verhältnisses tätig werden und der Abschluss von Honorarverträgen generell unzulässig ist, aber die öffentlichen Schulen als Vergleichsmaßstab gäben ein Leitbild vor, nach dem der Unterricht jedenfalls überwiegend durch Lehrkräfte erfolgen muss, die die gleiche wirtschaftliche und rechtliche Stellung besitzen, wie Lehrkräfte an vergleichbaren öffentlichen Schulen. Eine solche gesicherte Stellung vermittelt aber – da das Beamtenverhältnis für den privaten Trä-

---

19 Vgl. OVG Sachsen vom 7.6.2010, Az. 2 BS 96/07, das 60% für deutlich zu niedrig erklärt.
20 Vgl. BAG vom 26.4.2006, Az. 5 AZR 549/05.
21 Dazu gibt es z.B. in NRW für Waldorfschulen einen sogenannten „Haustariferlass", wonach die Tarifgehälter nach TV-L in den Schulen vor Steuern nach internen Haustarifen „umverteilt" werden dürfen, wenn bestimmte Kriterien erfüllt sind, nämlich u.a., dass die Gehälter der Lehrer/innen die in § 4 Abs. 3 Satz 2 ESchVO NRW genannten Mindesttarife (90 % der Tarifgehälter nach TV-L) nicht unterschreiten dürfen, BASS 21-21 Nr. 11. Ob dieser Erlass auch für andere reformpädagogische Schulen anwendbar wäre, ist eine – bisher nicht entschiedene – Auslegungsfrage, die vermutlich wegen des Gleichheitsgebots zu bejahen wäre.
22 Vgl. z.B. Art. 97 Abs. 1 BayEUG für die kirchlichen Genossenschaften.
23 So auch Vogel, Gutachten für die Arbeitsgemeinschaft Waldorfpädagogik NRW.
24 Vgl. VG Potsdam vom 22.1.2010, Az. 12 K 1534/09.

ger einer Schule grundsätzlich nicht zur Verfügung steht[25] – nur ein Angestelltenverhältnis.

22 Diese Auffassung stützt sich auch maßgeblich auf den Umstand, dass die Schulen in freier Trägerschaft staatlicherseits stark bezuschusst werden und der Staat ihnen daher entsprechende Vorschriften bezüglich der Mittelverwendung machen dürfe.

23 Unabhängig von dieser herrschenden Meinung in Literatur und Rechtsprechung wäre aber auch denkbar, dass Schulen in freier Trägerschaft in Form einer Gesellschaft (z.B. GmbH oder Genossenschaft[26]) mit den tätigen Lehrkräften als **Gesellschaftern** betrieben würden, die als Gesellschafter dann natürlich auch das unternehmerische Risiko voll tragen, aber auch entscheidend bestimmen würden. Dies war bislang kein Gegenstand einer Gerichtsentscheidung oder auch nur der einschlägigen Kommentarliteratur. Jedoch sind keine durchgreifenden juristischen Bedenken sichtbar, die gegen die verfassungsrechtliche Zulässigkeit einer solchen Gestaltung sprechen. Denn das Risiko ist bei eigener unternehmerischer Verantwortung der Lehrkräfte für die Schule nicht höher als bei Fremdverantwortung durch Vorstände oder Geschäftsführer. Im Gegenteil: Die Lehrkräfte haben selbst jederzeit den Überblick über die Finanzen. Den notwendigen Sachverstand dafür können sie sich genauso „einkaufen", wie es andere Schulträger in der Regel auch tun.

24 Da es sich bei der genügenden rechtlichen und wirtschaftlichen Sicherung der Lehrkräfte um eine Genehmigungsvoraussetzung handelt, verlangt die Rechtsprechung, dass diese von Anfang der Aufnahme des Schulbetriebs an erfüllt wird, da ein Zurückbleiben hinter den Genehmigungsvoraussetzungen auch während der verfassungsrechtlich zulässigen **Wartefrist** nicht gestattet werden könne[27].

25 Ob diese Annahme tatsächlich zutrifft, darf bezweifelt werden. Da während der Wartefrist keine oder allenfalls völlig unzureichende staatliche Zuschüsse gezahlt werden, kann die Schule in freier Trägerschaft ohnehin nicht alle Genehmigungsvoraussetzungen einhalten. Die staatliche Bezuschussung ist gerade eine Folge der Pflicht zur Verwirklichung der an sich widerstreitenden Genehmigungsvoraussetzungen, einerseits eine in ihrer Qualität dem öffentlichen Schulwesen nicht zurückstehende Schule zu betreiben, andererseits aber gleichzeitig von den Schülern als praktisch einziger zuverlässiger Einnahmequelle keine Schulgelder zu erheben, die eine nach den Besitzverhältnissen sondernde Wirkung entfalten[28]. Von daher ist davon auszugehen, dass die bezuschussungsfreie Wartefrist – soweit man sie überhaupt für zulässig hält – eine Sondersituation darstellt, in der von allen an der Gründung beteiligten Personen, somit auch von den **Gründungseltern**, ein besonderes Bildungsengagement erwartet werden kann und muss[29]. Soweit der Landesgesetzgeber seiner Pflicht zum Ausgleich der während der

---

25 Außer in NRW: Dort gibt es als Option auch für Schulen in freier Trägerschaft den sogenannten „Planstellenvertrag", mit dem der Lehrkraft eine „Quasibeamtenstellung" verschafft wird. Diese Möglichkeit ist für Lehrkräfte recht attraktiv, wegen der damit verbundenen größeren Sicherheit. Sie wird jedoch von Schulen in freier Trägerschaft- mit Ausnahme der kirchlichen Schulen – kaum noch genutzt, was damit zusammenhängt, dass die Schulen die Eigenleistung für die beamtenähnlichen Pensionsansprüche noch viele Jahre nach der Pensionierung selbst aufbringen müssten, und auch damit, dass der beamtenähnliche Status mit Unkündbarkeit der Stellung von Lehrkräften an selbstverwalteten Schulen in freier Trägerschaft, die eine gewisse unternehmerische Komponente erfordert, widerspricht.
26 Vgl. Art. 97 Abs. 1 BayEUG.
27 Vgl. OVG Sachsen vom 7.6.2010, Az. 2 BS 96/07.
28 Vgl. BVerfG vom 8.4.1987, Az. 1 BvL 8/84, 1 BvL 16/84.
29 Vgl. BVerfG vom 9.3.1994, Az. 1 BvR 682, 712/88.

Wartefrist entgangenen Zuschüsse nach Ende der Wartefrist in der Praxis nachkommt[30], mag dies zu rückwirkenden Vergütungsansprüchen führen.

6.5. Sonderungsverbot

Gem. Art. 7 Abs. 4 S. 3 GG ist die Erteilung der Schulbetriebsgenehmigung davon abhängig, dass eine **Sonderung** der Schüler nach den Besitzverhältnissen der Eltern nicht gefördert wird. 26

Das Bundesverfassungsgericht hat das Genehmigungserfordernis, dass eine Sonderung der Schüler nach den Besitzverhältnissen der Eltern **nicht gefördert** wird, dahingehend ausgelegt, dass die Ersatzschule in dem Sinne allgemein zugänglich sein muss, dass sie grundsätzlich ohne Rücksicht auf die Wirtschaftslage des Schülers und seiner Eltern besucht werden kann. Damit erteilt das Grundgesetz der Errichtung von „Standes- oder Plutokratenschulen" eine eindeutige Absage[31]. 27

Weniger eindeutig ist dahingegen die Antwort auf die Frage, ab wann genau das Sonderungsverbot verletzt wird. 28

In der **Praxis** sind die Verweigerung der Genehmigung oder ihr Entzug aufgrund einer Verletzung des Sonderungsverbotes sehr selten, kommen aber vor[32]. Angedroht worden ist dies Seitens der Schulverwaltung jedoch schon öfter. Der meistens mögliche Nachweis einer zu geringen staatlichen Finanzhilfe beseitigt derartige Anforderungen jedoch schnell, denn da das Schulgeld oftmals die einzige Möglichkeit darstellt, die Finanzierungslücke zwischen Realkosten und der staatlichen Finanzhilfe zu schließen, würde die Feststellung eines zu hohen Schulgeldes denklogisch eine Erhöhung der staatlichen Finanzhilfe nach sich ziehen müssen. 29

Als gesichert kann angesehen werden, dass das Sonderungsverbot ganz generell die Erhebung eines **Schulgeldes nicht verbietet**. Hätte das Grundgesetz die Erhebung eines Entgeltes für den Besuch einer Ersatzschule verbieten wollen, hätte es ein ausdrückliches Schulgelderhebungsverbot formuliert[33]. Landesrechtliche Regelungen, die die Genehmigung oder die Gewährung von für den genehmigungsfähigen Betrieb notwendigen staatlichen Zuschüssen (Finanzhilfe) von der Nichterhebung von Schulgeld abhängig machen[34] oder die Erhebung von Schulgeld generell verbieten[35], sind verfassungsrechtlich bedenklich und spielen in der Praxis aufgrund zahlreicher behördlich geduldeter Umgehungs- und Gestaltungsmöglichkeiten keine Rolle. 30

Ferner gilt als sicher, dass unter dem nichtsondernden Schulgeld nur diejenigen Entgeltanteile zu verstehen sind, die unmittelbar als Gegenleistung für die Beschulung (also im Wesentlichen für die Teilnahmemöglichkeit am Unterricht) gezahlt werden. Nicht hinzu gehören daher darüber hinaus gehende Leistungen wie Verpflegung, Ganztagsbetreuung oder Internatsunterbringung[36]. 31

---

30 Wie dies etwa in Hamburg oder Hessen der Fall ist.
31 Vgl. BVerfG vom 8.4.1987, Az. 1 BvL 8/84, 1 BvL 16/84.
32 Vgl. VG Stuttgart vom 2.2.2010, Az. 13 K 3238/09, Versagung der Genehmigung bei einem Regelschulgeld von 300 EUR pro Monat mit einer Reduktionsmöglichkeit auf 204 EUR und lediglich bei Bezug von Leistungen nach SGB XII auf 75 EUR.
33 Vgl. VGH Baden-Württemberg vom 14.7.2010, Az. 9 S 2207/09.
34 Vgl. z.B. § 28 PSchG Rheinland-Pfalz.
35 Wie in Art. 9 Abs. 1 LV NRW: Schulgeld wird nicht erhoben.
36 Vgl. VGH Baden-Württemberg vom 14.7.2010, Az. 9 S 2207/09; fraglich aber, wenn der Bezug dieser Leistungen zwingend an den Schulbesuch gekoppelt ist.

32 Der Umstand, dass ein Schulgeld gleich welcher Höhe zumindest diejenigen Teile der Bevölkerung vom Besuch einer Ersatzschule abhalten wird, die im Bezug von Leistungen zur Grundsicherung[37] stehen, steht einer Erhebung eines **Mindestschulgeldes** nicht entgegen. Der Bedarf an Beschulung für Kinder aus am sozialrechtlichen Existenzminimum angesiedelten Verhältnissen wird durch das staatliche Schulangebot befriedigt, eine Übernahme des notwendigen Schulgeldes durch die Solidargemeinschaft kann daher nicht verlangt werden[38] und folglich auch nicht der zu einer wirtschaftlichen Haushaltsführung verpflichteten Ersatzschule aufgebürdet werden. Angesichts des im letzten Jahrzehnt erheblich angestiegenen Anteils von Menschen in der Bevölkerung, der am oder nahe des sozialrechtlichen Existenzminimums lebt, wird der faktische Ausschluss dieser Bevölkerungsgruppe vom Besuch der Schule in freier Trägerschaft kaum noch zu rechtfertigen sein, ohne zuzugeben, dass ein Teil der Bevölkerung von einem grundgesetzlich geschützten Schulwahlrecht abgeschnitten ist.

33 Eine gewisse Abmilderung dieser sozialpolitisch fragwürdigen Härte findet sich in einigen Bundesländern, die den Ersatzschulen einen Ausgleich für aus sozialen Gründen gewährten Schulgeldverzicht leisten.

34 Die herrschende Meinung stellt zur Ermittlung eines nichtsondernden Schulgeldes auf ein **durchschnittliches Schulgeld**, das auf der Grundlage einer nach Einkommensverhältnissen gestaffelten Schulgeldordnung erhoben wird, ab[39]. Die dabei genannten Beträge bewegen sich dabei zwischen rund 110 EUR und 150 EUR im Monat, sind aber in der Regel vor dem Hintergrund einer anderen rechtlichen Fragestellung[40] erörtert worden.

35 Auf Grundlage eines empirischen Sozialgutachtens[41] hat der Verwaltungsgerichtshof von Baden-Württemberg unter Aussparung der von Grundsicherung lebenden Personenkreise das zulässige nichtsondernde (Mindest-)Schulgeld auf 70 EUR bestimmt[42]. Ob und inwieweit diese Feststellungen durch die Aufhebung[43] und Neuentscheidung[44] relativiert wurden, ist bislang nicht abschließend geklärt.

36 Die **Schulverwaltung** ist in der Praxis sogar noch großzügiger[45].

37 Eine **Obergrenze** für zu erhebendes **Schulgeld** besteht nicht, soweit hinreichende angemessene Nachlässe für einkommensschwache Eltern vorgesehen sind. Das Sonderungsverbot schützt lediglich die freie Zugänglichkeit, dient aber nicht dem Schutz reicher Eltern.

38 Da das Sonderungsverbot aufgrund eines Mindestschulgeldes und dem höchstens erzielbaren durchschnittlichen Schulgeld pro Schüler zugleich faktisch als **Begrenzung der Einnahmemöglichkeiten** einer Ersatzschule in freier Trägerschaft wirkt, ist der Staat verpflichtet, das Ersatzschulwesen zu schützen und zu fördern, damit das Recht auf Er-

---

37 Diese Leistungen nach SGB II bzw. SGB XII wurden aufgrund eines das Existenzminimum sichernden Verbrauchsbedarfs ermittelt und enthalten keinen Anteil für Schulgeld.
38 Vgl. BVerwG vom 13.8.1992, Az. 5 C 70/88; diese sozialpolitisch und mit Blick auf das Elternwahlrecht des Art. 6 GG sehr fragwürdige Ergebnis findet nur gelegentlich eine Durchbrechung, etwa wenn es im Rahmen einer durch das Jugendamt organisierten Vollzeitpflege durch Pflegeeltern notwendig ist, das Pflegekind an derselben Ersatzschule wie die leiblichen Kinder beschulen zu lassen.
39 Vgl. BVerwG vom 21.12.2011, Az. 6 C 18/10 mit weiteren Nachweisen, dem folgend VGH Mannheim vom 11.4.2013, Az. 9 S 233/12.
40 Der der staatlichen Finanzhilfe.
41 Vgl. Bernd Eisinger u.a., „Grenzen der Belastbarkeit privater Haushalte mit Schulgeld", Steinbeis-transferzentrum, 2007.
42 Vgl. VGH Baden-Württemberg vom 14.7.2010, Az. 9 S 2207/09.
43 Vgl. BVerwG vom 21.12.2011, Az. 6 C 18/10.
44 Vgl. VGH Mannheim vom 11.4.2013, Az. 9 S 233/12.
45 So geht die Berliner Schulverwaltung von der Zulässigkeit einer gestaffelten Schulgeldordnung, beginnend mit 100 EUR aus.

richtung einer Ersatzschule nicht zu einem hohlen und praktisch inhaltsleeren Grundrecht verkommt[46]. Näheres hierzu im Kapitel über die Finanzhilfe.

6.6. Art. 7 Abs. 5 GG

Der Vorrang von Schulen in staatlicher Trägerschaft im Grundschulbereich tritt nach Art. 7 Abs. 5 GG unter anderem dann zurück, wenn die Unterrichtsverwaltung ein "**besonderes pädagogisches Interesse**" anerkennt.

Ein solches liegt vor, wenn mit der Grundschule eine sinnvolle **Alternative** zum bestehenden Schulangebot besteht, „welche die pädagogische Erfahrung bereichert und der Entwicklung des Schulsystems insgesamt zu Gute kommt; das Konzept braucht dabei weder neu, noch einzigartig zu sein. Es muss grundsätzlich ausreichen, dass ein pädagogisches Konzept wesentliche neue Akzente setzt oder schon erprobte Konzepte mit neuen Ansätzen von einigem Gewicht kombiniert. Für die Frage, ob darin ein hinreichendes Maß an Erneuerung zu finden ist, kommt es auf eine Gesamtbetrachtung an. Da **Art. 7 Abs. 5 GG keine Einmaligkeit** des pädagogischen Konzepts verlangt, ist deshalb nicht ausgeschlossen, dass es in einer größeren Zahl privater Grundschulen erprobt und durchgeführt wird."[47]

Angesichts des freiheitsrechtlichen Charakters des **Art. 7 Abs. 4 Satz 1 in Verbindung mit Abs. 5 GG** ist das „besondere pädagogische Interesse" als eine objektive Voraussetzung für die Genehmigung von Grundschulen in freier Trägerschaft zu werten. Liegt es vor, besteht für die Unterrichtsverwaltung eine grundgesetzliche **Pflicht zur Anerkennung**. In diesem Zusammenhang bedeutet das Erfordernis der „Anerkennung" zunächst nur, dass ein auf die Prüfung dieser Voraussetzungen gerichtetes behördliches Verfahren stattfindet, wobei es landesrechtlicher Regelung vorbehalten bleibt, wie der (notwendige) Zusammenhang zu dem in **Art. 7 Abs. 4 Satz 2 GG** angesprochenen Genehmigungsverfahren hergestellt wird. Die Darlegungslast liegt dabei beim Antragsteller: Er muss das von ihm entwickelte Konzept auf das konkrete Vorhaben bezogen so substantiiert darlegen, dass der Unterrichtsverwaltung ein Vergleich mit bestehenden pädagogischen Konzepten und eine prognostische Beurteilung seiner Erfolgschancen für die Entwicklung der Schüler ohne weiteres möglich ist.[48] Dabei ist entscheidend, ob das staatliche Schulwesen hinreichende entsprechende Angebote macht. Ob ein solches Interesse besteht, beurteilt sich nach fachlichen Maßstäben, wobei auf die gesamte Bandbreite pädagogischer Lehrmeinungen Rücksicht zu nehmen ist[49]. Im Streitfalle muss die Frage des Vorliegens eines besonderen pädagogischen Interesses durch einen unabhängigen Gutachter festgestellt werden[50].

Der Anerkennung eines „besonderen pädagogischen Interesses" steht auch nicht entgegen, dass ein langfristiges **Nebeneinander** der Schulen in staatlicher und freier Trägerschaft zu erwarten ist. Beide entwickeln ihre pädagogischen Konzepte stetig fort und reagieren auf Veränderungen in den allgemeinen Lebensverhältnissen und auf Fortschritte in der Pädagogik.

Die „Besonderheit" eines pädagogischen Konzepts entfällt nicht, wenn Landesgesetze und staatliche Planungen bestimmte Veränderungen im öffentlichen Schulwesen zwar

---

46 Vgl. u. a. BVerwG vom 22.9.1967, Az. VII C 71.66.
47 BVerfGE 88, a.a.O.
48 BVerfGE 88, a.a.O.
49 Vgl. HA-Sten.Ber., S. 545, 563 f.
50 Vgl. BVerfGE 88, a.a.O.

vorsehen, diese aber noch nicht verwirklicht sind. Maßstab ist der **tatsächliche Zustand** des öffentlichen Schulwesens[51]. Den in Art. 7 Abs. 5 GG normierten Vorrang der öffentlichen Grundschule sieht das Bundesverfassungsgericht allerdings verletzt, wenn flächendeckend Grundschulen in freier Trägerschaft zugelassen werden[52]. Flächendeckend kann nur in dem Fall angenommen werden, wenn eine überall vorhandene örtliche Präsenz von Schulen in freier Trägerschaft bestünde. Jedenfalls reicht eine größere Zahl von Grundschulen in freier Trägerschaft nicht aus, wenn eine Schule in staatlicher Trägerschaft in zumutbarer Weise noch erreichbar ist[53].

44 Wenn neben den weiteren Genehmigungsvoraussetzungen ein **besonderes pädagogisches Interesse** anerkannt ist oder wenn die Grundschule als Gemeinschaftsschule, als Bekenntnis- oder Weltanschauungsschule (**alternative Genehmigungsvoraussetzungen**) errichtet werden soll und eine öffentliche Volksschule dieser Art in der Gemeinde nicht besteht, so ist die Grundschule zu genehmigen. Darauf besteht ein Anspruch, der nicht in das Ermessen der Verwaltung gestellt ist[54]. Art. 7 Abs. 5 GG gibt also eine zusätzliche Genehmigungsvoraussetzung für Grundschulen, die gerichtlich weitgehend überprüfbar ist, wenn auch die Letztentscheidung Sache der Verwaltung ist[55]. Wenn daher z.B. eine Montessori- oder Waldorfschule einen Antrag auf Genehmigung stellt und das besondere pädagogische Interesse wird plötzlich nicht mehr anerkannt, bedarf es einer Begründung der Verwaltung, wenn es mit gleichem Inhalt vorher anerkannt wurde.[56]

45 Unter **Weltanschauungsschulen** im Sinne von **Art. 7 Abs. 5 GG** sind nur solche Schulen zu verstehen, in denen eine Weltanschauung die Schule sowie ihren gesamten Unterricht prägt. „Dabei wird eine Weltanschauung im Sinne des **Art. 4 Abs. 1 GG** vorausgesetzt, also ein subjektiv verbindliches Gedankensystem, das sich mit Fragen nach dem Sinnganzen der Welt und insbesondere des Lebens der Menschen in dieser Welt befasst und das zu sinnentsprechenden Werturteilen führt. Überzeugungen zu einzelnen Teilaspekten des Lebens genügen nicht."[57] Eine Schule wird daher von einer Weltanschauung geprägt, wenn deren ganzheitliches Gedankensystem für die Gestaltung von Erziehung und Unterricht in den verschiedenen Fächern **nicht nur methodisch**, sondern auch **inhaltlich** von einer gemeinsamen weltanschaulichen Überzeugung von Eltern, Lehrern und Schülern geprägt ist oder sie diese annehmen wollen; dies muss durch ein Minimum an Organisationsgrad der **Weltanschauungsgemeinschaft** gewährleistet sein[58]. Diese Vorgaben erfüllen heute praktisch keine Schule mehr; auch Waldorfschulen, die gelegentlich als solche klassifiziert wurden, sind keine Weltanschauungsschulen, weil es ihrem pädagogischem Ethos widerspricht und sie daher bewusst davon Abstand nehmen, die Weltanschauung der Anthroposophie in irgendeiner Form dem Unterricht zugrunde zu legen, ganz abgesehen davon, dass es an einer gemeinsamen weltanschaulichen Überzeugung ihrer Elternschaft fehlt.

46 Unabhängig davon wird meist übersehen, dass Erziehung und Unterricht ohne weltanschauliche Stellungnahme in irgendeiner Form nicht möglich ist und es deshalb auch eine angeblich weltanschauliche Neutralität des Schulwesens nicht geben kann[59].

---

51 BVerfGE 88, a.a.O., BVerfGE 88, 40, 52.
52 BVerwG, Urteil vom 08. September 1999 – 6 C 21/98 –, juris.
53 Vogel, DÖV a.a.O. (590); BVerfGE 88 a.a.O.
54 So aber immer noch § 15 Abs. 4 Satz 3 Schulgesetz Schleswig-Holstein.
55 BVerfGE 88 a.a.O.
56 Vogel, DÖV a.a.O.
57 BVerwGE 89, 368 ff.
58 BVerwGE a.a.O.
59 Vgl. Eckart Meinberg, „das Menschenbild der modernen Erziehungswissenschaft" 1988, sowie Günter Holstein, AdöR, NF 12. Band 1927 S. 245.

7. Kapitel: Unterrichtsgenehmigungen

7.1. Allgemeine Rechtslage

Ersatzschulen in freier Trägerschaft haben das Recht, ihre Lehrer selbst auszuwählen. Dabei müssen die Ausbildungen der Lehrkräfte gemäß Art. 7 Abs. 4 GG nicht identisch sein mit denen der entsprechenden Lehrkräfte an staatlichen Schulen, sondern dürfen diesen gegenüber in ihrer Ausbildung lediglich nicht zurückstehen, müssen mithin eine gleichwertige Ausbildung[1] vorweisen. Grundsätzlich kann der Staat daher im Rahmen seiner verfassungsrechtlich verankerten Aufsichtskompetenz überprüfen, ob die an einer Schule in freier Trägerschaft tätigen Lehrkräfte in ihrer wissenschaftlichen Ausbildung nicht hinter den Lehrkräften des staatlichen Schulsystems zurückstehen (also gleichwertig sind). Dabei ist zu berücksichtigen, dass die Schulen in freier Trägerschaft gleichberechtigt mit staatlichen Schulen dem öffentlichen Bildungsauftrag dienen und damit dem pluralistischen Geist der Verfassung entsprechen und die den individuellen Grundrechten der Bürger entsprechende Vielfalt im Schulwesen verwirklichen[2].

Das Nichtzurückstehen in der wissenschaftlichen Ausbildung der Lehrer soll die Allgemeinheit, insbesondere die Schüler, vor unqualifizierter Schule und unzureichenden Bildungserfolgen schützen, d.h. es darf keine Substituierung staatlicher Schulen durch unzulängliche Ersatzschulen geben[3]. Das Nichtzurückstehen gewährleistet zugleich das Recht der Ersatzschule auf eine gleichwertige Abweichung und im Falle der Lehrkräfte das Recht auf Einstellung von wissenschaftlich und pädagogisch befähigten Persönlichkeiten mit gegenüber der staatlichen Lehrerbildung abweichendem Werdegang[4]. Das besondere Anforderungsprofil der Schule ist nach einem Urteil des OVG Münster[5] dabei nicht maßgeblich. Wenn keine Zuordnung der Schulform, etwa der der Waldorfschule, zu einer staatlichen Schulform möglich sei, seien die Anforderungen mehrerer entsprechender staatlicher Ausbildungen zugrunde zu legen[6]. Auch die freien Leistungen seien am Maßstab der staatlichen Lehrerausbildung zu beurteilen[7]. Diese freien Leistungen können unterschiedlichste Nachweise sein und sie können sich auf alle Phasen der Vorleistungen beziehen. Entscheidend sei allein das Nichtzurückstehen hinter der staatlichen Ausbildung[8].

Die Frage einer Unterrichtsgenehmigung für Lehrer freier Schulen spielt besonders für diejenigen Schulen, die auch Lehrer gewinnen möchten, die nicht die übliche Lehrerausbildung mit 2. Staatsexamen durchlaufen haben, eine erhebliche Rolle, so etwa, weil sie wie die Waldorfschulen eine eigene Lehrerbildung unterhalten oder weil sie in Zeiten von Lehrerknappheit auf anders ausgebildete Personen zurückgreifen müssen oder dies aus grundsätzlichen Erwägungen wollen. So ist verschiedentlich gefordert worden, auch

---

1 Unter dem Begriff „wissenschaftliche Ausbildung" versteht die h. M. sowohl die theoretisch-fachliche, als auch die praktische Ausbildung der Lehrkraft.
2 BVerfGE 75, 40 ff.
3 BVerwGE vom 13.4.1988, SPE 240, 45 ff.
4 BVerwGE 17, 236 vom 6.4.1990; OVG NRW vom 7.4.1992, SPE 240, 30 ff.; Vogel, „Zur Problematik der Unterrichtsgenehmigung für Lehrer an Ersatzschulen" in Erbguth/Müller/Neumann, Rechtstheorie und Rechtsdogmatik in Austausch, Berlin 1999, 372.
5 OVG Münster vom 20.3.1992, SPE 240, 20 ff.
6 OVG Münster a.a.O.
7 OVG Münster vom 7.4.1992, SPE 240, 30 ff.
8 Diese teilweise restriktiven Interpretationen des Nichtzurückstehens der wissenschaftlichen Ausbildung gründen vor allem auf der Interpretation der Formulierung durch die Ländervereinbarung der Kultusministerkonferenz (KMK) vom August 1951, OVG Münster vom 7.4.1992, a. a. O., vgl. den ausführlichen Nachweis von Vogel, a.a. O. Seite 373 ff. Dieser sich einer Gleichartigkeit annähernden Lesart von Art. 7 Abs. 4 GG ist aus verfassungsrechtlichen Gründen mit Zurückhaltung zu begegnen.

Lehrer aus anderen Berufsfeldern mit besonderer Lebenserfahrung oder Berufserfahrung heranziehen zu können, um etwas aus dieser Erfahrung in den Unterricht einzubringen und so Lebenswirklichkeiten für die Schüler unmittelbar erlebbar zu machen.

4 Schon der Nestor des deutschen Bildungswesens in der Nachkriegszeit, Hellmut Becker, hat es stets als kennzeichnend und als Gewinn gewürdigt, dass freie Schulen sich gerade in der Lehrerwahl von staatlichen Schulen deutlich unterscheiden und der Altmeister des deutschen Privatschulrechts Hans Heckel schloss aus dem Recht der freien Lehrerwahl, „dass die Schulbehörde gerade hier (bei der Unterrichtsgenehmigung) mit jeder denkbaren Großzügigkeit vorzugehen habe". Die Verwaltungspraxis der Länder ist dem vielfach nicht gefolgt, so dass freie Schulträger häufig Schwierigkeiten hatten, die von ihnen ausgewählten Lehrer, soweit sie nicht die übliche staatliche Lehrerausbildung absolviert hatten, anzustellen.

5 Die Vorgabe des Art. 7 IV S. 3 GG, wonach die wissenschaftliche Ausbildung der Lehrer „nicht hinter derjenigen der staatlichen Schulen zurückstehen darf", hat zwar in den Ländergesetzen in unterschiedlicher, aber doch ähnlicher Weise ihre Ausprägung und nähere Ausgestaltung gefunden. Dabei finden sich neben der Regelvoraussetzung einer der staatlichen Ausbildung gleichwertigen Ausbildung und Prüfung auch Klauseln, wonach auf diese Voraussetzung verzichtet werden kann, wenn wissenschaftliche Ausbildung und pädagogische Eignung „anderweitig" nachgewiesen werden. Die Anforderung der pädagogischen Eignung bereitet kaum Schwierigkeiten in der Praxis, weil in den Landesgesetzen vielfach die Möglichkeit eröffnet ist, den Nachweis auch durch praktische Bewährung in der Unterrichtstätigkeit selbst zu erbringen, also ein Ausbildungsnachweis bei Tätigkeitsbeginn noch nicht vorzuliegen braucht.

6 So sieht etwa das **bayerische EUG (Art. 94)** vor, dass die pädagogische Eignung in der Tätigkeit nachgewiesen werden kann. Hierfür wird eine befristete Unterrichtsgenehmigung erteilt, vor deren Ablauf die Schulverwaltung sich durch einen oder mehrere Unterrichtsbesuche von der pädagogischen Eignung überzeugen kann, so dass dann eine unbefristete Genehmigung erteilt wird. Denkbar ist auch, dass ein Plan über die künftige pädagogische Einarbeitung und Fortbildung vorgelegt wird, etwa über Betreuung durch einen Mentor an der Schule und Besuch berufsbegleitender Fortbildungen, wie es in der Praxis ohnehin nicht selten geschieht.

7 Ein möglicher Weg ist auch, zunächst ein Assistenzlehrerverhältnis zu begründen, in dem der Berufsanfänger schon voll unterrichten kann wie ein Lehrerreferendar, jedoch unter der wie auch immer gestalteten Aufsicht eines Mentors an der Schule steht, der die Verantwortung für den Unterricht übernimmt. Mit der erfolgreich absolvierten 1- oder 2-jährigen Assistenzlehrerzeit, die durch ein Abschlusszeugnis der Schule dokumentiert wird, ist ein zusätzliches Qualifikationselement geschaffen, das vermeintliche oder tatsächliche fachliche oder pädagogische Defizite des vorausgegangenen Ausbildungsverlaufs ausgleichen kann, insbesondere wenn zugleich noch eine berufsbegleitende theoretische Ausbildung bescheinigt werden kann.

8 Das Assistenzlehrerverhältnis hat für die Schulen den erheblichen Vorteil, eine Lehrkraft zur Verfügung zu haben, für die noch nicht eine Unterrichtsgenehmigung beantragt werden muss, weil sie noch als in Ausbildung befindlich gilt. Mit der zusätzlichen Qualifizierung des Assistenzlehrerzeugnisses kann nicht nur die pädagogische, sondern auch die fachlich-inhaltliche Seite der Lehrerausbildung vervollständigt oder verbessert und damit eine Grundlage für die Unterrichtsgenehmigung geschaffen werden.

9 Die Problematik fokussiert sich in der Praxis meist auf den Nachweis der wissenschaftlichen Ausbildung, also die erste Phase der Lehrerausbildung, wenn eine andere als die

7.1. Allgemeine Rechtslage

übliche staatliche Lehrerausbildung absolviert ist. Da nicht näher ausgeführt ist, wie der „anderweitige Nachweis" freier Leistungen aussehen kann, werden die damit gegebenen Möglichkeiten in der Regel einschränkend interpretiert, weil die Vorstellung verbreitet ist, in den andersartigen Ausbildungen oder Befähigungen müssten sich weitgehend Wissensäquivalente der staatlichen Lehrerbildung wiederfinden, um von einer Gleichwertigkeit ausgehen zu können. Diese Vorstellung, die an einen input-output Vorgang für das Lernen und die Wiedergabe des Gelernten erinnert, greift jedoch zu kurz, um der Vielfältigkeit, in der sich Unterricht gerade an freien Schulen vollzieht bzw. vollziehen kann, gerecht zu werden.

Freie Schulen sind bekannt dafür, dass sie sich stärker als es in herkömmlichen „Wissensschulen" geschieht, u.a. um die Bildung sozialer Kompetenzen, Gestaltungsfähigkeiten und auch handwerklich-künstlerischer Sensibilitäten bemühen. Das verlangt einerseits ein breiteres, im Einzelfall auch unterschiedliches Spektrum in den Vorbildungen der Lehrer, andererseits z.T. auch den bewussten Verzicht auf bestimmte Teile der weitgehend normierten staatlichen Lehrerbildung. 10

Die „wissenschaftliche Ausbildung" wird im Regelfall durch ein abgeschlossenes Hochschulstudium (Diplom, Magister, Master u. ä.) für das angestrebte Unterrichtsfach nachgewiesen[9]. Dagegen sind, wie zuletzt in **Mecklenburg-Vorpommern**, Anforderungen der Schulverwaltung, denen freie Schulen gelegentlich ausgesetzt sind, wonach nur Lehrer mit 1. oder 2. Staatsexamen zugelassen werden dürfen, etwa für die oberen Klassen, für die Sekundarstufe II oder für das 13. Schuljahr der Waldorfschulen, rechtlich nicht haltbar. Selbst für Abschlussprüfungen an den freien Schulen ist dies nicht zwingend. So hat sich vielerorts, so etwa in **Baden-Württemberg**, die langjährig geübte und anerkannte Praxis herausgebildet, auch Lehrer mit andersartiger Vorbildung, also ohne Staatsexamen, für die Abschlussprüfungen zuzulassen, wenn diese sich 2 oder 3 Jahre im Oberstufenunterricht bewährt haben. 11

Für den Nachweis der wissenschaftlichen Ausbildung kann auch ein dem Unterrichtsfach **nicht ganz fernstehendes** Studienfach ausreichen, insbesondere dann, wenn noch andere Elemente hinzutreten wie praktische Erfahrungen oder andere Ausbildungen[10]. Sofern auch das nicht vorliegt und der Papierform nach **erhebliche** tatsächliche Wissensdefizite bestehen, muss auf die Möglichkeit des Nachweises „gleichwertiger freier Leistungen" durch praktische Bewährung zurückgegriffen werden. In den meisten Bundesländern kann dieser Nachweis ausweislich der gesetzlichen Formulierungen in den Schulgesetzen auch durch Bewährung in der unterrichtlichen Praxis erbracht werden – in der gleichen Weise wie beim Nachweis der pädagogischen Eignung (s.o.). 12

So heißt es im **Berliner** Schulgesetz § 98 III Ziff. 2, „die wissenschaftliche und pädagogische Eignung der Lehrkräfte" könne „durch gleichwertige freie Leistungen" nachgewiesen werden. Deshalb kann eine Unterrichtsgenehmigung nach § 98 V S. 2 befristet erteilt werden, wenn die fachliche Eignung durch gleichwertige freie Leistungen nachgewiesen werden soll. Die „fachliche Eignung" bezieht sich offensichtlich auf den wissenschaftlichen Teil der Ausbildung, so dass ein entsprechendes fachliches Hochschulstudi- 13

---

9   Da derartige Anforderungen z. B. für Waldorfschulen von besonderer Bedeutung sind, wurden eigene Lehrerbildungsstätten gegründet, die u.a. als Hochschulen staatlich anerkannt und deren Studiengänge gleichwertig mit der staatlichen Lehrerausbildung sind. Der Zugang von Absolventen einer andersartigen Lehrerausbildung zum Lehrerberuf an Schulen in freier Trägerschaft ist dadurch erheblich erleichtert.
10 Selbst in dem sonst eher restriktiven Bayern kommt es nur darauf an, dass das wissenschaftliche Studium „nach Art, Niveau und Qualität einem Lehrstudium", nicht aber dem Inhalt nach entspricht (so Kiesl-Stahl, Das Schulrecht in Bayern, Abschnitt 11.94, R-Ziff. 8). Eine solche Entsprechung wäre nach Wolters-Kluger auch etwa bei Juristen und technischen Ausbildungen gegeben".

Bader/Keller/Krampen

um jedenfalls nicht zwingend vorausgesetzt wird. Die wissenschaftliche Ausbildung bzw. Eignung kann also im Gegensatz zur **bayerischen** Regelung, wo dies nur für den pädagogischen Teil der Ausbildung möglich ist, auch durch Bewährung in der Unterrichtspraxis erbracht werden[11]. Mithin ist ein breites Feld der Möglichkeiten für diesen Nachweis eröffnet, der jedoch – anders als beim häufig anzutreffenden Nachweis der pädagogischen Eignung – im Hinblick auf die restriktive Sichtweise der Schulverwaltung (s. o.) nur selten genutzt wird und so die Flexibilität, die das Recht der freien Schulen insoweit bietet, verschenkt.

14 In den anderen Bundesländern finden sich ähnliche Formulierungen wie im **Berliner** Schulgesetz, während in **Niedersachsen und Sachsen-Anhalt** der Nachweis der Eignung durch Bewährung an der Schule auf den pädagogischen Teil der Ausbildung beschränkt ist.

15 Nicht ganz eindeutig ist insoweit § 5 Abs. 3 S. 2 Privatschulgesetz **Baden-Württemberg** formuliert, wenn es dort heißt, auf den Nachweis könne verzichtet werden, „wenn die wissenschaftliche, künstlerische oder technische Ausbildung und die pädagogische Eignung des Lehrers anderweitig nachgewiesen wird."

16 Wie die RVO der Landesregierung über die Waldorfschulen vom 13.11.1973 zeigt, ist aber auch hier gemeint, dass der Nachweis erst später in der Tätigkeit erbracht werden kann. Nach § 4 der RVO ist es ausreichend, „wenn die fachliche Ausbildung und die pädagogische Eignung nachgewiesen werden wird", er liegt also bei Antragstellung noch in der Zukunft.

17 Dagegen zeigt sich besonders restriktiv **Nordrhein-Westfalen**, wo die Regelvoraussetzungen einer gleichwertigen Ausbildung besonders ausführlich beschrieben werden, der anderweitige Nachweis gleichwertiger freier Leistungen auf „besondere Ausnahmefälle" beschränkt wird und zudem besondere Verordnungen über die Genehmigungserfordernisse bestehen. Liberal ist das **schleswig-holsteinische** Schulgesetz formuliert, wo die Lehrkräfte lediglich eine wissenschaftliche Ausbildung, die nicht hinter derjenigen der staatlichen Lehrer zurücksteht, nachweisen „sollen". Allgemein und unspezifisch verlangt das **sächsische** Schulgesetz lediglich eine „gleichwertige fachliche und pädagogische Ausbildung". Die Praxis ist dort bisher ohne Einzelfallgenehmigung ausgekommen. Restriktiver und mit dem Wortlaut des Schulgesetzes von **Sachsen-Anhalt** nicht vereinbar, ist dagegen die Ersatzschulverordnung vom 16.12.2008, die für Waldorfschulen in § 4 Abs. 1 Ziff. 1 neben einer wissenschaftlichen Ausbildung auch eine waldorfeigene Zusatzausbildung fordert, während § 16 Abs. 1 Satz 2 des Gesetzes auch den Nachweis der pädagogischen Eignung an der Schule ermöglicht. Ebenso geht § 4 Abs. 3 der Verordnung mit seiner Forderung einer „schulformbezogenen" Qualifikation ab Klasse 9 der Waldorfschulen an der Sache vorbei, da Waldorfschulen eine eigene Schulform darstellen und daher nicht einer einzigen Schulform nach § 3 Schulgesetz zuzuordnen sind.

18 In den meisten Ländergesetzen ist für Lehrer an freien Schulen nicht ausdrücklich eine Unterrichtsgenehmigung für jeden einzelnen Lehrer vorgesehen, vielmehr werden die Bildungsvoraussetzungen der Lehrer nur als eine der Bedingungen für die Erteilung der Schulgenehmigung genannt. Eine Unterrichtsgenehmigung im Einzelfall ist daher nicht

---

11 „Eine gleichwertige freie Leistung" liegt aber auch in Bayern dann vor, wenn ein nicht abgeschlossenes Studium (also ohne Prüfung) mit entsprechend langer wissenschaftlicher Tätigkeit im Beruf, z.B. in der Wirtschaft, absolviert wurde. So Wolters-Kluger Das Schulrecht in Bayern, Abschnitt 11.94, R-Ziff.13."

erforderlich, wenn dies nicht ausdrücklich im Gesetz vorgesehen ist. Das hat für **Baden-Württemberg** der VGH Mannheim hervorgehoben[12].

Da die Schulverwaltung berechtigt ist, die Einhaltung der Genehmigungsbedingungen des Art. 7 IV GG zu überprüfen, müssen die Schulen in der Regel eine Anzeige über die Anstellung neuer Lehrer machen. Hier hat die Schulverwaltung die Möglichkeit, nachzuhaken und die Bildungsvoraussetzungen zu prüfen. Die Schulbetriebsgenehmigung kann sie jedoch schon aus Verhältnismäßigkeitsgründen nur in extremen Fällen und jedenfalls nicht wegen eines einzelnen Falles einer Lehrerqualifikation in Frage stellen, zumal ihr auch noch andere Mittel zur Verfügung stehen, wie etwa der Erlass einer Verbotsverfügung hinsichtlich der Tätigkeit eines Lehrers. Das ergibt sich schon daraus, dass die Vorschrift des GG über das Nicht-Zurückstehen der Lehrer in der wissenschaftlichen Ausbildung bedeutet, dass der Lehrkörper der Ersatzschule insgesamt nicht hinter dem Stand der staatlichen Schule zurückstehen darf, so dass nicht alle Mitglieder des Lehrkörpers die vorgesehenen Voraussetzungen erfüllen müssen. Aus diesem Grund sind auch die oben erörterten Ausnahmeregeln über die sogenannten freien Leistungen gerechtfertigt, die u.a. den oft schwierigen Entscheid der Frage, ob eine von den üblichen Formen abweichende Vorbildung der staatlichen Lehrerbildung gleichwertig ist, erleichtern. Grundsätzlich kann sich die Schulaufsicht immer von der ausreichenden Qualifikation des Lehrers überzeugen, entweder durch einen oder mehrere Hospitationen oder durch Leistungsberichte des Schulleiters oder des Mentors. Diese können sich auf die Überprüfungen der pädagogischen wie auf die fachlichen Fähigkeiten erstrecken.

Sollen Unterrichtshospitationen stattfinden, sind diese vorher anzukündigen. Da es sich in erster Linie um eine Maßnahme der Rechtsaufsicht handelt, hat der Schulträger das Recht, einen Beauftragten an der Hospitation teilnehmen zu lassen. Das kann bei Differenzen über die Beurteilung der gezeigten Leistungen wichtig werden, vor allem bei Schulen, die besondere pädagogische Methoden verfolgen, wie etwa den Waldorfschulen, und der Hospitierende über unzureichende Kenntnisse dieser Methoden verfügt. Beruht eine eventuelle negative Entscheidung darauf, ist sie rechtlich angreifbar. Für den Beauftragten der Schule besteht daher auch ein Recht auf Einsicht in das regelmäßig anzufertigende Protokoll einer Unterrichtshospitation, das die entsprechenden Bewertungen enthält.

Bei der Beschäftigung ausländischer Lehrkräfte taucht immer wieder die Frage auf, ob die mitgebrachten ausländischen Lehrerausbildungen für eine Tätigkeit in Deutschland von der **Zentralstelle für die Anerkennung der Abschlüsse** anerkannt werden muss. Diese Anerkennung bezieht sich auf die Frage, ob die ausländische Lehrerausbildung mit einer deutschen Lehrerausbildung gleichgestellt werden kann. Das ist häufig, besonders bei Ausbildungen osteuropäischer Staaten nicht der Fall. Für freie Schulen ist jedoch eine solche Gleichstellung bzw. Anerkennung nicht erforderlich, da wie ausgeführt, eine deutsche staatliche Lehrerausbildung nicht gefordert werden darf. Die Anerkennung wird beispielsweise bereits dann verweigert, wenn nicht für mindestens zwei Unterrichtsfächer, wie bei der staatlichen Lehrerausbildung, eine Qualifikation erworben wurde – eine Anforderung, die für eine Tätigkeit an freien Schulen generell nicht gestellt werden darf. Im Übrigen besteht bei der Feststellung der Gleichwertigkeit im Hinblick auf Dauer und Inhalt der Ausbildung eine größere Flexibilität, insbesondere dann, wenn – wie es häufig der Fall ist – bereits eine mehrjährige Unterrichtspraxis in den

---

12 Urteil v. 14.3.2007 AZ: 9 S 1673/06.

Heimatländern vorliegt oder eine Zusatzausbildung, etwa eine Waldorfausbildung, absolviert wurde. Sofern derartige Gleichstellungen generell auch für freie Schulen verlangt werden (so in NRW), ist das nach dem Ausgeführten rechtsfehlerhaft und muss nicht hingenommen werden.

22 Dezidierte normierte bzw. veröffentlichte Regelungen hinsichtlich der erforderlichen Lehrerqualifikation für inklusiv beschulende Lehrkräfte an allgemeinen Schulen in freier Trägerschaft bestehen in keinem der Bundesländer. Maßstab ist daher grundsätzlich die Gleichwertigkeit der Qualifikation des inklusiv unterrichtenden Lehrers mit den Qualifikationen der inklusiv unterrichtenden Lehrer an staatlichen Schulen entsprechend den allgemeinen Grundsätzen.

23 Nach dem – allerdings rechtlich nicht bindenden – Beschluss der KMK vom 20.10.11 ist für inklusive Beschulung ein Zusammenwirken unterschiedlicher Berufsgruppen erforderlich, d. h. nicht nur Lehrerinnen und Lehrer unterschiedlicher Lehrämter und Ausbildungen, sondern auch Mitarbeiterinnen und Mitarbeiter anderer Berufsgruppen tragen zum Gelingen von Inklusion bei. Dies ist jedoch keine bindende Vorgabe für Schulen in freier Trägerschaft, da freie Schulen noch weitergehende Gestaltungsmöglichkeiten haben.

7.2. Die Rechtslage in Baden-Württemberg

24 In Baden-Württemberg erfolgt die Überprüfung im Rahmen der Aufsichtskompetenz im Wege des sog. Anzeigeverfahrens, da ein ausdrücklicher Genehmigungsvorbehalt im Schulgesetz nicht angelegt ist. Die Schule in freier Trägerschaft teilt somit der Aufsichtsbehörde die Tätigkeit eines Lehrers mit; bis zum Zeitpunkt einer Unterrichtsuntersagung kann der Lehrer dann tätig sein.

25 Die Genehmigungsbedingungen für Schulen in freier Trägerschaft sind in § 5 Abs. 1 PSchG geregelt. Dort heißt es in § 5 Abs. 1 lit. a PSchG, dass die Schulbetriebsgenehmigung zu erteilen ist, „wenn die Schule in ihren **Lehrzielen** und Einrichtungen sowie in der wissenschaftlichen Ausbildung ihrer Lehrkräfte nicht hinter den bestehenden öffentlichen Schulen zurücksteht". Diese Formulierung gilt für alle Ersatzschulen und nimmt als grundsätzlichen Bezugspunkt für den Maßstab der Lehrbefähigung die Ausbildung der an staatlichen Schulen tätigen Lehrkräfte.

26 Weiter heißt es für die Freien Waldorfschulen als Schulart sui generis in § 5 Abs. 1 lit. b PSchG, dass die Genehmigung zu erteilen ist, „wenn die Schule die Bildungsziele nach dem Waldorflehrplan erfüllt sowie der Unterricht grundsätzlich von Lehrkräften mit einer abgeschlossenen fachlichen und pädagogischen Ausbildung erteilt wird; dabei kann auf den Nachweis entsprechender Prüfungen verzichtet werden, wenn eine gleichwertige fachliche Ausbildung und pädagogische Eignung anderweitig nachgewiesen wird". Diese gesetzliche Formulierung weicht deutlich von der zuvor dargestellten für alle anderen Ersatzschulen geltenden Formulierung ab; insbesondere verzichtet sie ausdrücklich auf eine unmittelbare Bezugnahme auf die Ausbildung der Lehrkräfte an staatlichen Schulen.

27 Zunächst wird nach § 5 Abs. 1 lit. a. und b. PSchG also nur der Abschluss einer gleichwertigen fachlichen und pädagogischen Ausbildung verlangt. Damit distanziert sich das Gesetz deutlich von dem (zum Teil in der Verwaltung immer wieder zitierten) Erfordernis eines Lehrerstaatsexamens. Maßstab des Ausbildungsniveaus ist nicht das auf den staatlichen Lehrplan ausgerichtete Lehramtsstaatsexamen, sondern die Eignung für eine

Unterrichtung auf der Grundlage der Bildungsziele, wie sich aus der Gesamtschau dieser Norm ergibt.

Das Gesetz stellt mit seiner Formulierung auch deutlich klar, dass die fachliche und pädagogische Ausbildung nicht zwingend einheitlich erworben sein muss; vielmehr können fachliche und pädagogische Ausbildung auch in getrennten (Ausbildungs-)Gängen erworben sein.

Ebenfalls eine deutliche Abweichung gegenüber der staatlichen Lehrerausbildung stellt die Verzichtsmöglichkeit auf den Nachweis von Prüfungen dar. Die fachliche Ausbildung kann somit zum Beispiel durch freie, nicht formale Aus- und Weiterbildungsaktivitäten der Lehrkraft nachgewiesen werden, während für den freien Nachweis der pädagogischen Eignung insbesondere die schulpraktische Bewährung im Unterrichtseinsatz in Frage kommt. Hierdurch können auch notfalls fachliche Defizite in der formalen Ausbildung überbrückt werden.

Diese Möglichkeit zum Nachweis durch **freie Leistungen** entspringt letztlich Art. 7 Abs. 4 GG unmittelbar und gilt daher grundsätzlich für alle Ersatzschulen[13].

Maßstab für die durch freie Leistungen nachzuweisenden Fähigkeiten und Kenntnisse ist auch hier die Anforderung an die Unterrichtsgestaltung zum Zweck der Erreichung der Bildungsziele nach dem entsprechenden Lehrplan und nicht die staatliche Lehrerausbildung.

Darüber hinaus legt die Verordnung der Landesregierung über die Waldorfschulen vom 13.11.1973 durch die Wortwahl „werden wird" in § 5 fest, dass die erforderliche Eignung nicht in jedem Fall schon beim Beginn der Unterrichtstätigkeit an der Schule vorliegen muss, sondern auch durch Bewährung in der Tätigkeit selbst nachgewiesen werden kann. Diese Bedingungen gelten auch für die Klasse 13 der Freien Waldorfschulen. Die Klasse 13 dient nämlich gem. § 3 Abs. 2 S. 1 PSchG der Vorbereitung auf die Hochschulreifeprüfung. Dies tut sie aufbauend auf den Klassen 1 bis 12 des Waldorflehrplans. Insoweit besteht ein enger systematischer Zusammenhang zwischen der Klasse 13 und den Klassen 1 bis 12. Eine Einschränkung kann sich daraus ergeben, dass die in Klasse 13 eingesetzten Lehrkräfte zugleich im Rahmen der Abiturprüfung tätig sein sollen; das formale Berechtigungswesen ist nach der ständigen Rechtsprechung Kernbereich der staatlichen Kompetenz. Aber auch auf Grundlage dieser Kompetenz kann keine volle Gleichartigkeit der Lehrkräfte verlangt werden, sondern allenfalls eine fachwissenschaftliche Ausbildung.

Schließlich ergibt sich aus dem Wort „grundsätzlich", dass die eben dargestellten Nachweise sogar in Ausnahmefällen gänzlich unterbleiben können.

Eine gleichwertige Ausbildung liegt somit für die Lehrkraft vor, wenn sie durch freie und formale Ausbildungsleistungen einen entsprechenden Wert nachweisen kann. Dabei müssen aber keinesfalls alle Punkte in genau den angegebenen Aspekten erreicht werden; Gleichwertigkeit bedeutet ein hohes Maß von wertender Betrachtung. Insbesondere müssen nicht zwei Lehrfächer nachgewiesen werden; vielmehr kann bei vorliegen nur eines Faches der angestrengte Gesamtwert sogar noch unterschritten werden.

Vorgehen in der Praxis: Bei Prüfung der Genehmigungsfähigkeit sollte die Schule vorab bereits alle in Frage kommenden Nachweise sammeln, sichten und vorbereiten. Ergibt sich bei der schulinternen Abschätzung, dass ein Bewerber voraussichtlich noch nicht

---

13 Vgl. OVG Sachsen vom 26.7.2011.

genug Ausbildungsnachweise vorlegen kann, sind noch weitere Überprüfungen anzuraten:

36 Zum einen existieren oftmals noch nachweisbare freie berücksichtigungsfähige Ausbildungen; insofern hilft nachhaltiges Nachfragen beim Bewerber.

37 Zum anderen können noch theoretische und praktische Nachqualifikationen erfolgen, um fehlende Ausbildungsanteile nachzuholen. Hierfür stehen in vielen Fällen berufsbegleitende Veranstaltungen zur Verfügung. Parallel dazu kann ein Lehrer auch schon zur Bewährung als Assistenz einer anderen, bereits angezeigten Lehrkraft tätig sein. Es ist zulässig, einen Assistenzlehrer auch selbständig im Unterricht arbeiten zu lassen; auch Referendare können und müssen selbständig Unterricht erteilen. Insofern können für Schulen in freier Trägerschaft keine strengeren Maßstäbe angelegt werden.

7.3. Die Rechtslage in Nordrhein-Westfalen

38 Gerade weil die Praxis der Unterrichtsgenehmigungen für Ersatzschulen in Nordrhein-Westfalen besonders restriktiv gehandhabt wird, bedarf es hierzu genauerer Ausführungen:

39 Soweit Lehrkräfte die staatliche Lehrerausbildung und das zweite Staatsexamen absolviert haben, bedürfen sie keiner Unterrichtsgenehmigung, sondern ihre Tätigkeit ist der Schulaufsicht nur anzuzeigen, § 102 Abs. 1 Satz 2 SchulG NRW. Nur bei atypischen Bildungsgängen stellen sich Probleme. Dies betrifft verständlicherweise insbesondere Schulen besonderer Prägung wie Waldorfschulen oder andere reformpädagogische Schulen, die – jedenfalls zum Teil – auf Lehrkräfte mit besonderen, auf die jeweilige Schulform zugeschnittenen Qualifikationen bzw. Zusatzqualifikationen angewiesen sind. Für solche Bewerber ist die Rechtslage wie folgt:

40 § 102 Abs. 2 Schulgesetz NRW lautet:

> Die Anforderungen an die wissenschaftliche Ausbildung der Lehrerinnen und Lehrer sind erfüllt, wenn eine fachliche, pädagogische und unterrichtliche Vor- und Ausbildung sowie die Ablegung von Prüfungen nachgewiesen werden, die der Vor- und Ausbildung und den Prüfungen der Lehrerinnen und Lehrer an den entsprechenden öffentlichen Schulen im Wert gleichkommen. Auf diesen Nachweis kann in besonderen Ausnahmefällen verzichtet werden, wenn die Eignung der Lehrerinnen oder des Lehrers durch gleichwertige freie Leistungen nachgewiesen wird.

41 Für **Ersatzschulen eigener Art** von besonderer Bedeutung sind die Urteile des OVG Münster vom 20.3.1992 und vom 7.4.1992[14], die beide **Waldorflehrer** betreffen. Aus diesen Urteilen lassen sich die nachfolgenden Leitsätze entnehmen:

42 Die damals geltende Vorschrift des § 37 Abs. 3 b Schulordnungsgesetz (weitgehend wortgleich mit der heute gültigen Vorschrift des § 102 Abs. 2 Schulgesetz) stellt keine unzulässige Verschärfung der Qualifikationsanforderungen des Artikel 7 Abs. 4 S. 3 GG dar, sondern lediglich eine Konkretisierung. Insbesondere das Zusammenspiel der Sätze 1 und 2 dieser Vorschrift (wie bei § 102 Abs. 2 S. 1 und S. 2) wahre die Interessen der Privatschulen, bei der Auswahl ihrer Lehrkräfte auch Personen berücksichtigen zu können, die eine vom öffentlichen Schulwesen abweichende Ausbildung erfahren haben.

43 Maßstab der **Gleichwertigkeit** sei allerdings für beide Sätze die Ausbildung der Lehrer an öffentlichen Schulen. Das Ausbildungsniveau des Ersatzschullehrers sei an dem des Lehrers an der öffentlichen Schule auszurichten, deren Schulform die Ersatzschule entspricht. Lasse sich die Ersatzschule – wie bei Waldorfschulen – nicht ohne weiteres

---

14 OVG Münster vom 7.4.1992, SPE 240, 30 ff.

einer öffentlichen Schule zuordnen, müsse zum Vergleich nötigenfalls die staatliche **Lehrerausbildung** für verschiedene Schulstufen und die am ehesten entsprechende Schulform herangezogen werden. Für **Klassenlehrer** an Waldorfschulen, die in den Klassen 1 bis 8 unterrichten, biete sich insoweit ein Vergleich mit den Primarstufen und den ersten vier Klassen der Sekundarstufe I an.

Ersatzschulen, die – wie Waldorfschulen im Klassenlehrerbereich – nicht ohne Weiteres auf die staatlich ausgebildeten Lehrer zurückgreifen können, obliege es, durch eine eigenständige Ausbildung von entsprechendem wissenschaftlichen Rang bzw. Zusatzausbildung sicherzustellen, dass die von ihr benötigten Lehrkräfte den Anforderungen des Gesetzes genügen. Das Gericht konkretisiert an dieser Stelle allerdings nicht, welche Vergleichskriterien im Einzelnen für die Feststellung des entsprechenden wissenschaftlichen Ranges der Ausbildung anzuwenden seien. 44

Bei Prüfung der **Gleichwertigkeit freier Leistungen** müsse die Schulaufsichtsbehörde **individuelle Leistungen** des Ersatzschullehrers, die zudem ganz untypisch sein können, auf ihre fachliche und pädagogische Relevanz und Qualität hin bewerten und mit der Ausbildung der Lehrer an öffentlichen Schulen vergleichen. Dabei können Defizite in einem Bereich der Ausbildung durch freie Leistungen in anderen Bereichen kompensiert werden. Eine Anerkennung freier Leistungen komme nur dann nicht mehr in Betracht, wenn die Vor- und Ausbildung des Unterrichtsbewerbers in ihrer Gesamtheit **eindeutig** hinter dem Standard der Ausbildung von Lehrern an öffentlichen Schulen zurückstehe. 45

Im Rahmen der **Gleichwertigkeitsfeststellung** habe die Genehmigungsbehörde folgende Hinweise des Gerichts zu beachten: 46

Das Vorliegen eines „triftigen Grundes" zur Voraussetzung für eine Gleichwertigkeitsfeststellung zu machen, sei sachfremd. 47

Die Forderung, die Anerkennung der Gleichwertigkeit müsse sich auf mindestens zwei Fächer erstrecken, sei eine den Berufszugang in unzulässiger Weise beschränkende Regelung. 48

Der Gleichwertigkeitsfeststellung stehe nicht zwingend entgegen, dass ein Unterrichtsbewerber nicht im Besitz der **allgemeinen Hochschulreife** sei. Diese sei zwar ein starkes Indiz für ausreichende Allgemeinbildung und daher eine geeignete Regelvoraussetzung, könne jedoch nicht als ausschließliche Eignungsgrundlage angesehen werden. 49

Sinn und Zweck der Anerkennung **freier Leistungen** sei es, Ersatzschulen die Einstellung wissenschaftlich und pädagogisch befähigter Persönlichkeiten auch bei einem vom normalen Weg abweichenden Werdegang zu ermöglichen. Es reiche daher für die Annahme eines besonderen Ausnahmefalles aus, dass der Bewerber zunächst – sei es aufgrund äußerer Umstände oder aufgrund einer mehroder weniger autonomen Lebensplanentscheidung – einen anderen Berufsweg als den eines Lehrers an der entsprechenden öffentlichen Schule eingeschlagen hat und gegangen ist. 50

Die Prüfung der Gleichwertigkeit einer Ausbildung zum Waldorflehrer dürfe sich nicht auf die Inhalte und Methoden der Ausbildung beziehen. Vielmehr sei die Gleichwertigkeit des wissenschaftlichen Niveaus an äußeren Kriterien zu messen, wie zum Beispiel Zugangsvoraussetzungen, Dauer der Ausbildung, Umfang der zeitlichen Beanspruchung während der Ausbildung und Prüfungsanforderungen. 51

Unabhängig von allen rechtstheoretischen und verfassungsrechtlichen Erwägungen zum Thema Unterrichtsgenehmigung gilt in NRW Folgendes: 52

7. Kapitel: Unterrichtsgenehmigungen

53 Wenn ein Bewerber eine Unterrichtsgenehmigung erstrebt, muss in folgender Reihenfolge geprüft werden:

54 Hat der Bewerber eine Ausbildung, die genau der staatlichen Lehrerausbildung entspricht, also erstes und zweites Staatsexamen in den Fächern, in denen er auch eingesetzt werden soll?

55 Wenn das der Fall ist, benötigt er gem. § 102 Abs. 1 S. 2 Schulgesetz überhaupt keine Unterrichtsgenehmigung, sondern seine Tätigkeit muss der Schulaufsichtsbehörde nur angezeigt werden.

56 Hat die Lehrkraft eine Ausbildung absolviert, die als der staatlichen Lehrerausbildung gleichwertig anerkannt ist, z. B. auf einer ausländischen Hochschule, ist sie gem. § 102 Abs. 2 S. 1 Schulgesetz anzuerkennen. Bisher wird davon ausgegangen, dass die spezifischen Waldorflehrerausbildungsinstitute nicht der staatlichen Lehrerausbildung gleichwertig seien. Allerdings ist diese Frage höchstrichterlich in Nordrhein-Westfalen bisher nicht abschließend geklärt.

57 In allen anderen Fällen muss die Lehrkraft gleichwertige Leistungen nachweisen und sich einem Feststellungsverfahren unterziehen. Dies ist im Einzelnen in den §§ 5 und 6 Ersatzschulverordnung geregelt.

58 Für Bewerber mit abgeschlossenem Hochschulstudium gilt: Gemäß § 5 Abs. 2 ESchVO wird zu einem Feststellungsverfahren zugelassen, wer

- eine Erste Staatsprüfung für ein Lehramt der angestrebten Schulform oder für das
- Lehramt für Sonderpädagogik,
- eine als Erste Staatsprüfung anerkannte Hochschulabschlussprüfung oder
- eine Hochschulabschlussprüfung in einem Fach, das ein Unterrichtsfach der jeweiligen Schulform und Schulstufe ist,

nachweisen kann.

Solche Bewerber erhalten eine auf 3 Jahre befristete Unterrichtsgenehmigung, um die notwendigen pädagogischen Fähigkeiten zu erwerben. Diese Zeit wird auf 2 Jahre reduziert, wenn die Bewerber den erfolgreichen Abschluss einer mindestens einjährigen, auf die besonderen pädagogischen Zielsetzungen der jeweiligen Schule ausgerichteten theoretisch-schulpraktischen Ausbildung nachweisen.

59 Gemäß § 5 Abs. 4 wird für eine Tätigkeit im Rahmen sonderpädagogischer Förderung zum Feststellungsverfahren zugelassen, wer eine nicht auf die Lehramtsbefähigung für **Sonderpädagogik** bezogene Lehramtsbefähigung sowie zusätzlich eine **sonderpädagogische Zusatzausbildung** mit einem Mindestumfang von 60 Semesterwochenstunden nachweist.

60 Gemäß § 5 Abs. 5 werden auch andere wissenschaftlich und pädagogisch gleichwertig qualifizierende Ausbildungen oder eigene wissenschaftliche oder künstlerische Studien anerkannt, allerdings nur jeweils unter der Voraussetzung, dass der Bewerber „eine dieser Qualifikation im Wesentlichen entsprechende mindestens vierjährige außerschulische Berufserfahrung" hat.

Hier ist streitig, ob die Forderung nach einer vierjährigen **außerschulischen Berufserfahrung** rechtens ist. Dies wurde vom Verwaltungsgericht Gelsenkirchen[15] ausdrücklich in Zweifel gezogen. Wörtlich heißt es im Terminsprotokoll: *„Soweit § 7 Abs. 2 d Ersatzschulverordnung (heute § 5 Abs. 5 Ziffer 2 Ersatzschulverordnung) eine mindestens*

---

[15] Im Verfahren 4 K 5733/92 laut Verhandlungsprotokoll vom 3.7.1996.

sechsjährige außerschulische Berufserfahrung (heute vierjährige außerschulische Berufserfahrung) für die Zulassung zum Feststellungsverfahren voraussetzt, bestehen verfassungsrechtliche Bedenken gegen die Wirksamkeit der Vorschrift. Sie knüpfen sowohl an das Erfordernis einer Berufserfahrung als solcher, an deren Dauer und an den Umstand an, dass eine schulische Berufserfahrung danach nicht genügt. Die Beteiligten werden darauf hingewiesen, dass für die Entscheidung des vorliegenden Falles schon ausreichend sein dürfte, zu entscheiden, ob die Beschränkung auf die außerschulische Berufserfahrung gerechtfertigt ist. Weder die Ermächtigungsnorm – § 37 Abs. 3 d S. 2 Schulordnungsgesetz (heute § 102 Abs. 2 S. 2 Schulgesetz) – noch der Sinn des freien Leistungsnachweises sprechen dafür, eine solche Voraussetzung aufzustellen."

§ 6 ESchVO regelt ein auf die Besonderheiten der Waldorfschule zugeschnittenes vereinfachtes Zulassungsverfahren für Waldorf-Klassenlehrer (Klassen 1 bis 8). 61

Eine einmal erteilte Unterrichtsgenehmigung kann durch die obere Schulaufsichtsbehörde nur unter sehr engen Voraussetzungen wieder **zurückgenommen** werden. Diese definiert § 102 Abs. 4 SchulG: Hiernach ist die Unterrichtsgenehmigung nur zurückzunehmen, wenn aufgrund von Tatsachen bei Lehrkräften im öffentlichen Schuldienst eine Beendigung des Dienstverhältnisses oder eine Entfernung aus dem Dienst gerechtfertigt wäre. Gleiches gilt für eine aufgrund vorhandener Lehramtsbefähigung nur angezeigte Unterrichtstätigkeit einer Lehrkraft und die Beendigung dieser. 62

Erteilt die Schulaufsichtsbehörde eine beantragte Unterrichtsgenehmigung rechtswidriger Weise nicht, hat die Schule ein Recht zur Klage hiergegen. Dies folgt daraus, dass die rechtswidrige Nichterteilung einer Unterrichtsgenehmigung das Recht der Schule auf freie Lehrerauswahl beeinträchtigt. 63

8. Kapitel: Staatliche Berechtigungen an Ersatzschulen

8.1. Genehmigte und staatlich anerkannte Ersatzschulen in freier Trägerschaft

8.1.1. Genehmigte Schulen in freier Trägerschaft

1 **Genehmigte** Schulen in freier Trägerschaft dürfen in ihrer Struktur deutlich von den staatlichen Vorbildern abweichen. Sie dürfen lediglich nicht in ihren **Lehrzielen** hinter den staatlichen Schulen zurückstehen und müssen zu einem im staatlichen Schulsystem vorgesehenen Schulabschluss führen. Ziel der staatlichen Aufsicht gem. Art. 7 Abs. 1 GG ist nicht die Bewahrung der inhaltlichen Einheit des Schulwesens, sondern der Schutz der Schüler vor einem ungleichwertigen Schulerfolg bzw. der Allgemeinheit vor unzureichenden Bildungseinrichtungen[1].

2 Zahlreiche Vorschriften des staatlichen Schulwesens gelten nicht für Schulen in freier Trägerschaft. Dazu gehören vor allem die Vorschriften über die innere Organisation des Schulbetriebes. Auch die Vorschriften hinsichtlich der pädagogischen Methoden, bis hin zur Frage der Koedukation, finden keine Anwendung auf Schulen in freier Trägerschaft. Damit steht im Kern der Privatschulfreiheit die **Freiheit der Methoden-, Lehr- und Formenwahl**.

3 Aufgrund der Unverbindlichkeit zahlreicher schulrechtlicher Regelungen genießen Schulen in freier Trägerschaft deutlich größere **Gestaltungsfreiräume**, als dies im staatlichen Schulsystem der Fall ist. Hieraus resultiert auch ihre Möglichkeit, das Bildungswesen weiterzuentwickeln. Alternative **reformpädagogische Ansätze** haben ihre weitestgehenden Ausformungen im privaten Schulbereich entwickeln können. Von diesen Vorbildern konnte das (politisch gelenkte) Staatsschulsystem zahlreiche Neuerungen und Ideen für die eigene pädagogische Praxis aufgreifen[2].

8.1.2. Staatlich anerkannte Schulen in freier Trägerschaft

4 Schulen können durch **Anpassung** an die Vorgaben des staatlichen Schulsystems und Aufgabe von Gestaltungsfreiräumen den Status der staatlichen Anerkennung erhalten. Mit Ausnahme von Nordrhein-Westfalen[3] bestehen in allen Bundesländern Regelungen, die die Anerkennung von Schulen in freier Trägerschaft zulassen.

5 Damit sind in der Regel die Übernahme der jeweiligen Versetzungsordnung des staatlichen Schulsystems sowie die Erfüllung der an eine entsprechende staatliche Schule gestellten Anforderungen verbunden. Es verbleiben dabei allerdings **eingeschränkte Gestaltungsfreiräume** im Bereich der Inhalte, Methodik, des Schulprofils, zusätzlicher Unterrichtsangebote und des Angebots verschiedener Bildungsgänge, soweit sich diese in die Rahmenbedingungen des als Vorbild dienenden staatlichen Schulsystems eingliedern lassen.

6 Es bestehen auch **deklaratorische Formen** der staatlichen Anerkennung, insbesondere für Ersatzschulen besonderer pädagogischer Prägung[4]. Diese an sich systemwidrigen Anerkennungen sind bundesweit sehr verschieden in den einzelnen Bundesländern aus-

---

1 Vgl. BVerwG vom 30.1.2013, Az. 6 C 6/12.
2 So haben die zum Schuljahr 2012/2013 in Baden-Württemberg eingeführten Gemeinschaftsschulen ausweislich der Presseerklärung des Kultusministeriums wesentliche konzeptionelle Elemente der Waldorfschulen übernommen.
3 Vgl. Art. 8 Abs. 4 S. 2 nwVerf; hier entsprechen genehmigte Ersatzschulen den in anderen Bundesländern anerkannten, abweichende Schulen werden als Schulen eigener Art genehmigt.
4 So können Waldorfschulen in Baden-Württemberg als Waldorfschulen anerkannt werden, in Berlin können Waldorfschulen eine Art Anerkennung im Sekundar-I-Bereich erlangen.

geprägt; ihnen gemeinsam ist aber, dass sie in der Regel die pädagogischen Besonderheiten berücksichtigen und gleichzeitig nicht dieselben Rechte vermitteln, wie eine Anerkennung einer entsprechenden staatlichen Schule.

Aus Art. 7 GG ergibt sich **kein verfassungsrechtlicher Anspruch** auf die Schaffung des privilegierenden Instituts der Anerkennung für Ersatzschulen. Daher haben die Bundesländer weitgehenden Gestaltungsspielraum, ob und unter welchen Bedingungen sie die staatliche Anerkennung an eine Ersatzschule verleihen. Existiert in einem Bundesland das Institut der staatlichen Anerkennung, so gilt aber in jedem Fall der allgemeine Gleichbehandlungsgrundsatz gem. Art. 3 Abs. 1 GG. Die **Grenze der Gestaltungskompetenz** der Bundesländer liegt dort, wo die mit den anerkannten Ersatzschulen konkurrierenden (lediglich) genehmigten Ersatzschulen aufgrund der Vorteile der Anerkennung einem in der Sache nicht gebotenen Anpassungsdruck ausgesetzt werden[5].

8.2. Rechtswirkung

Wesentliche Rechtswirkung der staatlichen (vollen) Anerkennung einer Ersatzschule ist die Verleihung des Rechtes, selbst Prüfungen mit hoheitlicher Wirkung durchzuführen und **Abschlüsse** zu erteilen (Beleihung[6]), die die gleichen Rechte verschaffen wie Abschlüsse von staatlichen Schulen. In gewisser Weise wird durch die Anpassung der inneren Gestalt einer Ersatzschule an staatliche Vorgaben das Privileg, nach staatlichen Regelungen Rechtsakte mit Außenwirkung zu erzeugen, erkauft.

Damit kann die Schule in freier Trägerschaft je nach Schulart **selbständig** Handlungen mit hoheitlicher Wirkung vornehmen, etwa Zeugnisse erteilen, Versetzungen und Aufnahmen nach der geltenden Versetzungsordnung vornehmen oder einen Hochschulzugang vermitteln[7]. Bewegt sie sich in diesem Bereich, handelt sie insoweit öffentlich-rechtlich, wodurch nicht der Zivilrechtsweg, sondern der Verwaltungsrechtsweg für daraus resultierende Streitigkeiten statthaft ist[8].

Dagegen können Schulabschlüsse an lediglich genehmigten Ersatzschulen nur im Wege einer **externen Abschlussprüfung**, der sogenannten Nichtschüler- oder Schulfremdenprüfung, erworben werden. Das gesamte Berechtigungswesen obliegt dem Staat und ist nach herrschender Meinung nicht unmittelbar mit dem Recht auf Errichtung einer nichtstaatlichen Ersatzschule verbunden[9]. Allerdings darf, da mit dem Besuch einer Ersatzschule auch stets die Erwartung verbunden ist, einen schulischen Abschluss zu erlangen, Schülern von Ersatzschulen die Teilnahme an entsprechenden Abschlussprüfungen nicht versagt werden. In der Literatur wird teilweise die Ansicht vertreten, dass „auf dem Umweg über die Prüfungsbefugnis das Recht auf Gründung einer Privatschule mit eigenverantwortlich geprägtem und gestaltetem Unterricht, insbesondere mit besonderen Erziehungszielen, Lehrmethoden und Lehrinhalten ausgehöhlt und zu dem Recht denaturiert, die Bildungsinhalte der staatlichen Lehrpläne unter privater Trägerschaft zu vermitteln[10].

---

5   Vgl. BVerfG vom 14.11.1969, Az. 1 BvL 24/64.
6   BVerwGE 68, 185, 187.
7   Vgl. BVerfGE 27, 195, 204; Kritisch hierzu Pieroth, Staatsrecht II, Rn. 740: Damit Privatschulen im eigentlichen Sinne als Ersatz für öffentliche Schulen fungieren können, gehört die Erteilung von Berechtigung in den Regelungsgehalt des Art. 7 GG.
8   Vgl. BVerwG vom 18.10.1963, Az. VII C 45.62.
9   Vgl. BVerfG vom 14.11.1969, Az. 1 BvL 24/64.
10 Vgl. etwa Stein-Roell: Handbuch des Schulrechts, S. 105.

8.3. Jahreszeugnisse

11 Während den Schuljahreszeugnissen anerkannter Ersatzschulen grundsätzlich **dieselben Rechtswirkungen** zukommen wie den Schuljahreszeugnissen entsprechender staatlicher Schulen, bleibt diese Wirkung bei den Zeugnissen genehmigter Ersatzschulen aus.

12 Dies mag im Einzelfall den Wechsel von einer lediglich genehmigten Ersatzschule auf eine staatliche Schule aufgrund der dort geltenden Versetzungsordnung und dem **Fehlen einer rechtlich wirksamen Versetzung** im Rahmen der Schullaufbahn an der genehmigten Ersatzschule erschweren. Dies ist aber hinzunehmen, da die genehmigte Ersatzschule im Gegenzug dafür das Recht erhält, innerhalb ihres Bildungsganges[11] nach eigener Methode und Lehrplan pädagogisch zu arbeiten, ohne staatliche Aufsichtskontrollen hinsichtlich der Lehrzielerreichung vor Abschluss des Bildungsganges hinnehmen zu müssen[12].

13 Um Schülern von genehmigten Ersatzschulen mit Blick auf Art. 12 GG und das Recht zur Wahl der Ausbildungsstätte immer noch den Weg in ein von Versetzungsordnung geprägtes Schulsystem offen zu halten, besteht für solche Schüler in der Regel ein Anspruch, an der angestrebten Schule eine **Aufnahmeprüfung** zu absolvieren.

14 Neben den Notenzeugnissen können sowohl genehmigte als auch anerkannte Ersatzschulen **Wortgutachten** über den Leistungsstand und die Entwicklung des Schülers erteilen. Zu diesen Gutachten zählen auch Notenzeugnisse einer insoweit lediglich genehmigten Ersatzschule.

8.4. Abschlusszeugnisse

15 Aufgrund der Abstimmungen der Bundesländer im Rahmen der **Kultusministerkonferenz** sind die formalen schulischen Abschlüsse in der Bundesrepublik Deutschland weitgehend in den Voraussetzungen ihrer Erlangung und ihren rechtlichen Wirkungen gleichwertig. Die Bundesländer anerkennen wechselseitig schulische Abschlüsse. Herausgebildet haben sich im Kern vier bzw. fünf Arten von schulischen Abschlüssen: der Hauptschulabschluss[13], der Realschulabschluss[14], die Fachhochschulreife[15], die fachgebundene[16] und die allgemeine Hochschulreife[17]. Daneben existiert noch eine Vielzahl an unmittelbar berufsqualifizierenden Schulabschlüssen.

16 Alle diese **formalen Abschlüsse** können von genehmigten und anerkannten Ersatzschulen je nach Schulart oder -form vermittelt werden. Eine Verwehrung dieser Möglichkeit durch den Staat wäre ein unzulässiger Eingriff in die Schulgründungs- und Schulbetriebsfreiheit gem. Art. 7 GG, da in diesem Fall das Ersatzschulwesen in seiner wesentlichen Bandbreite in Ermangelung von Schülern zum Erliegen käme.

17 Neben diesen formalen Abschlüssen können Ersatzschulen auch zusätzlich noch weitere nicht mit rechtlichen Wirkungen behaftete **Abschlüsse eigener Art** verleihen. Die Schulen sind dabei in der Wahl von Inhalt und Form weitgehend frei; lediglich eine Verwechslungsgefahr mit den oben genannten formalen Abschlüssen muss ausgeschlossen werden.

---

11 Der durchaus von der 1. bis zur 13. Klasse führen kann.
12 Vgl. BVerwG 13.12.2000, Az. 6 C 5/00.
13 Auch als Berufs- oder Berufsschulreife bezeichnet.
14 Auch als mittlere Reife bezeichnet, im Niveau ähnlich die Fachschulreife.
15 In Bayern und Sachsen wird dieser Abschluss nicht angeboten.
16 Kürzer als Fachabitur bezeichnet, regelmäßig verwechselt mit der Fachhochschulreife.
17 Das Abitur.

8.5. Abschlussprüfungen

Während die für den Abschlusserwerb erforderlichen Prüfungen an staatlich anerkannten Ersatzschulen in der Regel analog zu den **staatlichen Prüfungsregularien** erfolgen, gelten für die Nichtschüler- oder Schulfremdenprüfungen an genehmigten Ersatzschulen ganz eigene Regelungen.

Ein wesentliches Merkmal der Nichtschüler- bzw. Schulfremdenprüfung ist das grundsätzliche **Fehlen der Anrechnung von Vorleistungen** des Schülers. Damit gilt das Alles-oder-Nichts-Prinzip. Die Schule kann den Schüler insoweit nur auf die Prüfungen vorbereiten, rechtlich erheblich sind nur die Leistungen während der Prüfungsphase.

Ein zweites Merkmal ist der fehlende Einfluss der Lehrer auf den Gegenstand und die Durchführung der Prüfung bei genehmigten Ersatzschulen. Sowohl der Prüfungsgegenstand als auch die Prüfungskommission werden von einer staatlichen Stelle (zumeist eine entsprechende staatliche Schule) festgesetzt[18]. Diese Festsetzungen berücksichtigen nur in den seltensten Fällen die pädagogisch-methodischen Besonderheiten der jeweiligen genehmigten Ersatzschule. Insofern fällt hier der **Unterschied zwischen Lehrenden und Prüfenden, zwischen Gelehrtem und Geprüften** noch weit stärker aus, als dies im staatlichen Schulsystem durch die Einführung der zentralen Abschlussprüfungen der Fall war.

Die Folge dieses Auseinanderfallens von Unterrichts- und Prüfungsmethode und Inhalten und dem Abstellen auf eine zeitlich kurze Leistungsverfassung des Schülers am Ende seiner Schulzeit wird auch außerhalb der Ersatzschulen als **pädagogische und rechtliche Härte** angesehen.

Um dem entgegen zu wirken, haben die einzelnen Bundesländer zahlreiche **Modifikationen** der Regelungen über die Nichtschüler- bzw. Schulfremdenprüfungen vorgenommen. So werden in einigen Bundesländern z.B. die spezifischen Fächer der reformpädagogisch arbeitenden Waldorfschulen prüfungsmäßig besonders berücksichtigt[19]. Ferner wurden in einigen Bundesländern die Voraussetzungen für die staatliche Anerkennung im Sekundarstufe-I-Bereich soweit modifiziert, dass aufgrund einer schuleigenen Versetzungsordnung zumindest der unterste Schulabschluss verliehen werden kann[20]. In Baden-Württemberg wurde für Waldorfschulen eine besondere Prüfungsmöglichkeit für den Erwerb der Fachhochschulreife geschaffen, deren inhaltliche Ausgestaltung und Prüfungsdurchführung weitgehend unter staatlicher Beaufsichtigung überlassen wurde.

Lediglich im Bereich der Abiturverleihung sind derartige Tendenzen kaum bis gar nicht zu erkennen; dem werden in der Praxis jedoch keine rechtlichen, sondern politische Argumente („besondere Stellung des Abiturs unter den schulischen Abschlüsse") entgegen gestellt[21].

Solange allerdings weiterhin der eklatante Unterschied zwischen Lehrendem und Prüfendem und zwischen Unterrichtetem und Geprüften bei der Nichtschüler- oder Schulfremdenprüfung fortbesteht, kann von einer **Gleichberechtigung** und einer **Gleichheit der Chancen** für Schüler von genehmigten Ersatzschulen nur schwerlich die Rede sein.

---

18 Nur der Vollständigkeit halber sei hier daran erinnert, dass sich das staatliche Schulsystem durchaus in einem Konkurrenzverhältnis mit den genehmigten Ersatzschulen im Wettbewerb um die weniger werdenden Schüler befindet, und schlechte Prüfungsergebnisse für die ausbildende Schule einen Wettbewerbsnachteil darstellen.
19 Vgl. PO Waldorf und PO Waldorf Sek I/BASS Nordrhein-Westfalen.
20 Vgl. Sek-I-VO Berlin.
21 Vor diesem Hintergrund ist die Tendenz, den Hochschulzugang verstärkt in die Verantwortung der Hochschulen selbst zu legen und damit die Bedeutung der inhaltlichen schulischen Ausbildung gegenüber dem formalen schulischen Abschluss zu stärken, bildungspolitisch hoch interessant.

Es entspricht nicht den pädagogischen Erkenntnissen, wenn Prüflinge von unbekannten Personen in für sie neuem Stil geprüft werden.

25 Die **Verwirklichung des Ersatzschulwesens als Institution**, in der ein eigenverantwortlich geprägter und gestalteter Unterricht erteilt wird, insbesondere im Hinblick auf die Erziehungsziele, die weltanschauliche Basis, die Lehrmethode und die Lehrinhalte und die Umsetzung der Absage an ein staatliches Schulmonopol und der darin auf der Grundlage der freiheitlich demokratischen Grundordnung enthaltenden entsprechenden Entscheidung gegen eine Benachteiligung gleichwertiger Ersatzschulen im Verhältnis zu staatlichen Schulen allein wegen ihrer andersartigen Erziehungsformen und -inhalt[22], stößt an ihre Grenzen, wenn die Prüfungsinhalte keine Rücksicht auf die Besonderheiten der Ersatzschule nehmen, da die Praxis stets eine Rückwirkung der Prüfungsinhalte auf die Lehrinhalte, die Prüfungsmethode auf die Lehrmethode aufzeigt. Abschlussrelevante Niveauäquivalenz lässt sich auch bei Wahrung inhaltlicher und methodischer Besonderheiten sicherstellen, wie die oben angeführten praktischen Beispiele belegen.

26 Vor diesem Hintergrund erscheint es verfassungsrechtlich angezeigt, die Durchführung von Prüfungen rechtlich stärker unmittelbar mit der Ersatzschulfreiheit zu verknüpfen und auch den genehmigten Ersatzschulen das Prüfungswesen anzuvertrauen. Erst hierdurch werden sie vollwertig in den Stand gesetzt, ihren eigentlichen verfassungsrechtlichen Auftrag zu erfüllen[23].

27 Erst dann würde gelten: Geprüft wird, was gelehrt wird.

---

22 Vgl. BVerfG vom 8.4.1987, Az. 1 BvL 8/84, 1 BvL 16/84.
23 Vgl. Pieroth, Staatsrecht II, Rn. 740.

9. Kapitel: Finanzhilfe für Ersatzschulen in freier Trägerschaft

9.1. Grundgesetzlicher Finanzhilfeanspruch

Die Frage nach der Förderpflicht des nichtstaatlichen Bildungswesens durch den Staat ist im Grunde so alt wie das freie Schulwesen selbst. Vom kirchlich dominierten Schulwesen der Voraufklärung bis hin zur Festschreibung des staatlichen Bildungsauftrages in der Weimarer Reichsverfassung taucht die Frage der Finanzierung der Bildungsanstrengungen immer wieder an zentraler Stelle auf.

Im Rahmen der Genese des Grundgesetzes, also noch vor der Gründung der Bundesrepublik, wurde diese Frage ebenfalls diskutiert. Hierbei existierte der Vorschlag, in Art. 7 GG neben der Errichtungsfreiheit für Ersatzschulen auch zugleich einen öffentlichen Finanzhilfeanspruch aufzunehmen. Dieser Vorstoß fand jedoch keine Mehrheit; nicht aber, weil sich der **Parlamentarische Rat** in inhaltlicher Opposition zu den privaten Schulen bewegte, sondern um dem Staat nicht ein billiges Hintertürchen zu offerieren, sich aus seiner Pflicht zur Gewährleistung eines guten öffentlichen Schulsystems zu verabschieden[1].

Entsprechend dieser Entstehungsgeschichte und dem Vorbild der Ländervereinbarung von 1928 hatte die **Kultusministerkonferenz** in der am 10./11. August 1951 beschlossenen „Vereinbarung über das Privatschulwesen"[2] bestimmt:

„Aus Art. 7 GG und aus dieser Vereinbarung können Ansprüche auf Unterstützung privater Schulen aus öffentlichen Mitteln nicht hergeleitet werden. Es bleibt den Ländern unbenommen, im Rahmen ihrer rechtlichen und finanziellen Möglichkeiten die Privatschulen unmittelbar oder mittelbar zu fördern und ihnen die gleichen Vergünstigungen zu gewähren wie den öffentlichen Schulen."

Aus Sicht der Landesregierungen lag es somit im politischen Belieben eines jeden Bundeslandes, ob und in welcher Höhe es einer Schule in freier Trägerschaft Unterstützung gewähren wollte.

Mit dem wirtschaftlichen Aufschwung der „Wirtschaftwunderjahre" der 50er und 60er Jahre der BRD konnten die Bundesländer als Träger der Schulhoheit das öffentliche Schulsystem qualitativ in einem Maße ausbauen und entsprechend dem Sozialstaatsprinzip gem. Art. 20 Abs. 1 GG die Zugangshürden auch für Kinder aus armen Familien abbauen (Gewährung von Schulgeld- und Lehrmittelfreiheit, Unterstützung von Familien und Schülern während der Schulzeit durch Studienbeihilfen), wie es zum Zeitpunkt der Gründung der BRD nicht abzusehen gewesen war.

Mit diesen staatlichen **Ausgabesteigerungen** ging jedoch unmittelbar ein Prozess einher, der einen Niedergang des nichtstaatlichen Schulwesens befürchten lassen musste: Die freien Ersatzschulen mussten zum einen qualitativ und somit auch kostenmäßig mit dem staatlichen Schulwesen Schritt halten, um weiterhin die Genehmigungsbedingungen des Art. 7 Abs. 4 und 5 GG zu erfüllen und den eigenen Schülern ein im Vergleich mit dem staatlichen Bildungsangebot inhaltlich attraktives Bildungsangebot machen zu

---
1 In der 21. Hauptausschusssitzung vom 7. Dezember 1948 hat der Abgeordnete Seebohm die Aufnahme einer Bestimmung in das Grundgesetz beantragt, wonach die den öffentlichen Erziehungsanstalten durch die Tätigkeit der Privatschulen ersparten Kosten zu ersetzen seien. Gegen diesen Antrag hat sich in der 43. Sitzung des Hauptausschusses vom 18. Januar 1949 der Abgeordnete Heuss gewandt, weil den Privatschulen damit der Leistungscharakter der Freiwilligkeit genommen werde und der Staat von "seiner verdammten Pflicht, für das Bildungswesen der Deutschen nach bestem Gewissen zu sorgen, allzu sehr entlastet" werde. In der 3. Lesung erhielt Art. 7 GG sodann auf Grund eines Vorschlages des Fünferausschusses seine endgültige Fassung.
2 Sammlung der Beschlüsse der Ständigen Konferenz der Kultusminister in der Bundesrepublik Deutschland, Leitzahl 484, § 10.

können. Zum anderen durften und konnten die Schulen in freier Trägerschaft aufgrund des (sozialstaatlich intendierten) Sonderungsverbotes des Art. 7 Abs. 4 S. 3 GG nicht endlos die stetig steigenden betrieblichen Kosten im Wege des Schulgeldes auf die eigenen Schüler bzw. Eltern umlegen. Die Ersatzschulen in freier Trägerschaft drohten somit von den aus Steuermitteln reichlich finanzierten staatlichen Schulen schlicht durch Einsatz von Finanzmitteln wegkonkurriert zu werden und in der Lücke zwischen der eigenen Finanzkraft und den wachsenden qualitativen Ansprüchen an den Betrieb einer Schule unterzugehen.

9.1.1. Grundsätzlicher Finanzhilfeanspruch: Vom Aufwendungsersatz zum Institutionsschutz

7 Vor dieser Gemengelage hatte das Bundesverwaltungsgericht erstmals über die Frage des Bestehens eines Finanzhilfeanspruchs zugunsten von Schulen in freier Trägerschaft zu entscheiden[3]. Das Bundesverwaltungsgericht bejahte hierin erstmals einen Finanzhilfeanspruch dem Grunde nach unter dem Gesichtspunkt der Gleichbehandlung von Schulen in freier Trägerschaft mit staatlichen Schulen und der **Erstattung** derjenigen Kosten, die dem Staat durch den Betrieb einer freien Ersatzschule erspart blieben. Gleichzeitig betonte es aber auch, dass weder das Sozialstaatsgebot noch die Gesichtspunkte der Chancengleichheit und der Erledigung öffentlicher Aufgaben durch Private einer jeden Privatschule einen konkret bezifferten Anspruch auf Finanzhilfe gewährten. Vielmehr sei es gem. Art. 70 Abs. 1 GG eine Aufgabe der Länder, für entsprechende Regelungen zu sorgen.

8 Diese Rechtsprechung sah sich in der Folge einer starken Kritik ausgesetzt, so dass sich das Bundesverwaltungsgericht gezwungen sah, sich bereits kurze Zeit später selbst zu ergänzen[4]. In diesem Urteil bejahte das Bundesverwaltungsgericht weiterhin das Bestehen eines grundsätzlichen Förderanspruches zugunsten privater Ersatzschulen gegenüber dem jeweiligen Bundesstaat, begründete dies aber nun nicht mehr so sehr über den Rechtsgedanken der Gleichbehandlung und der Erstattung von Aufwendungen im Rahmen der Wahrnehmung einer (grundsätzlich) öffentlichen Aufgabe, sondern leitete den Förderanspruch dem Grunde nach unmittelbar aus Art. 7 Abs. 4 S. 1 GG ab.

9 Das Grundgesetz habe mit der ausdrücklichen Einräumung der Schulgründungsfreiheit in Art. 7 Abs. 4 GG eine Absage an ein staatliches Schulmonopol erteilt; daher sei es zwingend geboten, Ersatzschulen, welche mit dem öffentlichen Schulwesen nicht mehr Schritt halten könnten, wirtschaftlich zu unterstützen, da sonst über kurz oder lang das gesamte Ersatzschulwesen zum Erliegen käme. Eine derartige Entwicklung sei nicht vorauszusehen gewesen, als das Grundgesetz geschaffen wurde. Sein Anliegen sei aber sowohl die Erhaltung des Privatschulwesens, insbesondere der Einrichtung der Ersatzschulen, als auch die Erhaltung ihres fachlichen und wirtschaftlichen Leistungsniveaus. Daher lägen hier die Voraussetzungen vor, in denen sich ausnahmsweise aus einem Freiheitsrecht ein Förderanspruch gegen den Staat ergibt, um die drohende Lahmlegung und Aushöhlung des Freiheitsrechtes abzuwenden.

10 In dieser Entscheidung taucht erstmals als Rechtsgrund für eine staatliche Förderpflicht zugunsten nicht-staatlicher Ersatzschulen der Gedanke des **Schutzes der Institution des Ersatzschulwesens** auf.

---

[3] Vgl. BVerwG vom 11.3.1966, Az. VII C 194.64.
[4] Vgl. BVerwG vom 22.9.1967, Az. VII C 71.66.

Diese rechtliche Figur der evidenten Gefährdung der Institution des Ersatzschulwesens als Anspruchsgrundlage für eine staatliche Förderung privater Schulen wurde vom Bundesverwaltungsgericht in der Folge noch weiterentwickelt und anspruchseinschränkend verschärft[5].

Zum einen legte das Gericht fest, dass Art. 7 Abs. 4 GG **keine individuelle Bestandsgarantie** zugunsten einer einzelnen Schule beinhalte, sondern lediglich das private Ersatzschulwesen insgesamt als Institution schütze.

Zum anderen leitete es aus dem „herkömmlichen, der Regelung des Art. 7 Abs. 4 GG zugrundeliegenden Bild der Privatschule" ab, dass diese stets über Träger und Gründer verfüge, welche aus ideellem Engagement in eigener, auch wirtschaftliche Gesichtspunkte berücksichtigender Initiative und unter Inkaufnahme der damit verbundenen Risiken, den grundgesetzlich gewährleisteten Freiheitsraum in Form der Ersatzschulfreiheit des Art. 7 Abs. 4 GG ausfüllen. Dieser Umstand rechtfertige es, den Ersatzschulen eine ihren Interessen an der Verfolgung eigener Ziele und Vorstellungen angemessene **Eigenleistung** und ein dementsprechendes Unternehmerrisiko aufzubürden. Diese Eigenleistung müsse durch die Gründer aufgebracht werden; sind sie dazu nicht im Stande, bestehe auch kein Anspruch auf staatliche Förderung (die ein Ausgleich für die seit Gründung der Bundesrepublik Deutschland erfolgten kostensteigernden Verbesserungen im staatlichen Schulsystem darstellt).

9.1.2. Wartefrist vor Einsetzen der Finanzhilfe

In der Folgezeit bestätigte und verschärfte das Bundesverwaltungsgericht diese Rechtsprechung noch[6]. Ein einzelner Schulträger habe danach keinen individuellen Leistungsanspruch; er könne nur verlangen, dass der Landesgesetzgeber ein gesetzliches Förderungssystem schaffe, das eine evidente Gefährdung der Institution des Ersatzschulwesens verhindere und dessen Existenz sichere. Der Schulträger habe dann einen Anspruch, nach diesen landesgesetzlichen Vorschriften bezuschusst zu werden. Außerdem sei es nicht Aufgabe des Staates, Schulgründer von ihrem Unternehmerrisiko zu entlasten; vielmehr gehöre dies zur eigenverantwortlichen Ausübung von Grundrechten dazu. Der Schulgründer müsse im Wettbewerb mit dem staatlichen Schulsystem zuerst die Tragfähigkeit und Leistungsfähigkeit des von ihm verfolgten Konzeptes praktisch nachweisen; daher setze die Pflicht zur Förderung einer derartigen noch nicht bewährten Schule noch nicht mit Aufnahme des Schulbetriebes, sondern erst zu einem späteren Zeitpunkt ein. Damit legitimierte das Bundesverwaltungsgericht erstmals eine zuschussfreie **Wartefrist** als sogenannte Bewährungsphase. Eine evidente Gefährdung des Ersatzschulwesens als Institution läge nur vor, wenn diese zuschussfreie Karenzzeit zu einer faktischen Gründungssperre führt und das Ersatzschulwesen dadurch „versteinert". Schließlich wies es dem Gesetzgeber im Rahmen seiner Gesetzgebung einen weiten Ermessensspielraum hinsichtlich der Prognose einer Gefährdungslage zu, der von den Gerichten lediglich auf seine Vertretbarkeit oder seine eindeutige Fehlerhaftigkeit hin überprüft werden könne.

---

5 Vgl. BVerwG vom 30.11.1984, Az. 7 C 66/82.
6 Vgl. BVerwG vom 17.3.1988, Az. 7 C 99/86.

9.1.3. Schulterschluss zwischen Bundesverfassungsgericht und Bundesverwaltungsgericht

15 Aufgrund einer richterlichen Vorlage musste das Bundesverfassungsgericht sich ebenfalls mit der Frage der staatlichen Förderung des freien Schulwesens auseinandersetzen[7]. In seinem Urteil stellte es ebenfalls das Bestehen eines **Bedarfes an staatlichem Beistand** für nicht-staatliche Schulen fest.

16 Die Garantie der Privatschule als Institution sichere dieser verfassungskräftig ihren Bestand und eine ihrer Eigenart entsprechende Verwirklichung. Kennzeichnend für die Privatschule sei, dass in ihr ein eigenverantwortlich geprägter und gestalteter Unterricht erteilt wird, insbesondere im Hinblick auf die Erziehungsziele, die weltanschauliche Basis, die Lehrmethode und die Lehrinhalte. Die darin zum Ausdruck kommende Absage an ein staatliches Schulmonopol enthalte zugleich eine der freiheitlich demokratischen Grundordnung entsprechende Entscheidung gegen eine Benachteiligung gleichwertiger Ersatzschulen im Verhältnis zu staatlichen Schulen allein wegen ihrer andersartigen Erziehungsformen und -inhalte.

17 Es sei angesichts der Kostenentwicklung nicht möglich, alle **Genehmigungsvoraussetzungen gleichzeitig und auf Dauer** ohne staatliche Förderung zu erfüllen. Einer kostendeckenden Schulgelderhebung stehe das Sonderungsverbot entgegen, die Bildung reiner „Standes- oder Plutokratenschulen" sei unzulässig. Dazu reiche es nicht aus, wenn die Schulträger nur in Ausnahmefällen für besonders begabte oder besonders arme Kinder Schulgeldstipendien gewähren, zumal sie diese wiederum nur zu Lasten der anderen Schüler finanzieren könnten.

18 Solle Art. 7 Abs. 4 Satz 1 GG nicht zu einem wertlosen Individualgrundrecht auf Gründung existenzunfähiger Ersatzschulen und zu einer nutzlosen **institutionellen Garantie** verkümmern, so müsse diese Verfassungsnorm zugleich als eine Verpflichtung des Gesetzgebers verstanden werden, die privaten Ersatzschulen zu schützen und zu fördern.

19 Ob sich daneben ein Zuschussanspruch auch aus dem Gesichtspunkt des Aufwendungsersatzes ergeben könnte[8], ließ das Bundesverfassungsgericht ausdrücklich offen.

20 Dem Landesgesetzgeber räumte das Bundesverfassungsgericht einen **weiten Gestaltungsspielraum** ein, eine Beanstandung sei erst zulässig, wenn andernfalls unter Zugrundelegung einer Gesamtschau aller Umstände der Bestand des Ersatzschulwesens als **Institution evident gefährdet** wäre.

21 Auch eine Vollfinanzierung durch den Staat sei angesichts des unternehmerischen Risikos, das die Schulgründer zu tragen hätten, nicht geboten. Vielmehr genüge die Gewährung eines das **Existenzminimum** sichernden Zuschusses zu den eigenen Anstrengungen der Schulgründer, der die Erfüllung der Genehmigungsvoraussetzungen auf Dauer ermöglicht.

22 Als zusätzlichen Aspekt betonte das Bundesverfassungsgericht, dass es grundsätzlich mit dem **Gleichbehandlungsgebot** des Art. 3 Abs. 1 GG vereinbar sei, wenn der Staat aus sachlichen Gründen, etwa zur Wiedergutmachung von Verfolgungen während des Dritten Reiches oder zur Unterstützung besonderer, als sozialpolitisch förderungswürdig erachteter pädagogischer Konzepte, eine zwischen den einzelnen Ersatzschulen differenzierende Finanzhilfe gewähre. Diese Differenzierung müsste aber auch stets im Verhältnis zueinander stehen; erhebliche Bevorzugungen oder Benachteiligungen einzel-

---

[7] Vgl. BVerfG vom 8.4.1987, Az. 1 BvL 8/84, 1 BvL 16/84.
[8] Wie noch in BVerwG vom 11.3.1966, Az. VII C 194.64 vertreten.

ner Formen oder Arten von Ersatzschulen gegenüber anderen ohne sachlichen Grund seien unverhältnismäßig und gleichheitswidrig.

Schließlich komme es für die (für die Förderung allein maßgebliche) Ersatzschuleigenschaft auch nicht darauf an, ob die beschulten Schüler noch der Schulpflicht unterliegen oder nicht. 23

Wenig später hatte sich das Bundesverfassungsgericht mit der Zulässigkeit der zuschussfreien **Wartefrist** auseinander zu setzen[9]. In dieser Entscheidung billigte es unter besonderer Betonung des Gestaltungsspielraums des Landesgesetzgebers einerseits und der unternehmerischen Verantwortung des Schulgründers andererseits grundsätzlich die Existenz einer zuschussfreien zehnjährigen[10] Bewährungszeit für eine neu gegründete Schule. Allerdings betonte das Bundesverfassungsgericht auch, dass angesichts der erheblichen Länge der Wartefrist die bloße Kompensation durch freiwillige Leistungen in hälftiger Höhe der regulären Zuschüsse bedenklich wäre, da hieraus dem Schulträger keine Planungssicherheit erwachse. 24

Der gerichtliche Rechtsschutz beziehe sich nur auf die Prüfung einer Untätigkeit, einer groben Vernachlässigung und eines ersatzlosen Abbaues getroffener Maßnahmen. 25

Es bestehe ein Anspruch einer einzelnen Schule darauf, dass der Gesetzgeber ein Finanzhilfesystem schaffe; einen unmittelbaren Anspruch aus Art. 7 Abs. 4 GG, noch dazu in bestimmter Höhe, lehnte das Bundesverfassungsgericht dagegen ab. Ferner stehe die Förderpflicht unter dem Vorbehalt dessen, was vernünftigerweise von der Gesellschaft erwartet werden kann; für die Bestimmung dessen Inhalts sei aber der politische Landesgesetzgeber zuständig. 26

Das Sonderungsverbot stünde den hohen wirtschaftlichen Belastungen der Gründungselterngeneration nicht entgegen, da zwischen Schulgeld und Beiträgen zur Eigenleistung (zur Verwirklichung eigener bildungspolitischer Zwecke) zu unterscheiden sei. Letztere dienten nicht dem Zugang zu einer privaten Schule, sondern ihrer Ingangsetzung. 27

Allerdings müsse den Gründern die **Aussicht auf spätere Förderung** bleiben, da andernfalls eine Errichtungssperre aufgrund von Entmutigung drohe. 28

Am Ende der Wartefrist müsse ein wie auch immer gearteter **Ausgleich** für die Nichtbezuschussung während der Wartefrist erfolgen, da der Zweck der Wartefrist die Bewährung eines schulischen Konzeptes sei und der Schutz der öffentlichen Finanzen vor Fehlinvestitionen in ein von Eltern nicht gewünschtes Schulkonzept (aber nicht etwa vor Zuschüssen überhaupt). 29

Insofern schwenkte das Bundesverfassungsgericht weitgehend auf die vom Bundesverwaltungsgericht[11] vorgezeichnete **Rechtsprechungslinie** ein. 30

9.1.4. Kostenberücksichtigende Bezuschussung und Begrenzung der Folgen der Wartefrist

Zeitgleich mit diesem Beschluss entschied das Bundesverfassungsgericht aber auch, dass zum einen wesentliche Kostenfaktoren des Schulbetriebes wie die **Baukosten** nicht vernachlässigt werden dürften, zum anderen die Folgen der Wartefrist auf die Gründungszeit begrenzt werden müssten[12]. 31

---

9 Vgl. BVerfG vom 9.3.1994, Az. 1 BvR 682/88, 1 BvR 712/88.
10 Diese sehr lange Wartefrist wurde nur deshalb gebilligt, weil zugleich eine nach Ansicht des Gerichtes großzügige Förderung des Grundschulbereiches erfolgte; eine zehnjährige Wartefrist hielt das BVerfG selbst für rechtlich zweifelhaft.
11 Vgl. BVerwG vom 17.3.1988, Az. 7 C 99/86.
12 Vgl. BVerfG vom 9.3.1994, Az. 1 BvR 1369/90.

32 Unzulässig sei es, wenn die Kosten für die Beschaffung von mit staatlichen Schulen gleichwertigen Räumlichkeiten vollständig aus der Finanzhilfe ausgeblendet werden. Zwar sei es nicht Aufgabe der öffentlichen Zuschüsse, private Vermögensbildung zu subventionieren, jedoch gebe es hierfür genügend gesetzliche Möglichkeiten, dies zu vermeiden (z.B. durch Werterstattung im Fall der Schulaufgabe).

33 Zwar erklärt das Bundesverfassungsgericht die Wartefrist weiterhin für zulässig und betont erneut den weiten gesetzgeberischen Spielraum, stellt aber auch klar, dass ein Zuschusssystem, das nicht nur die Gründungseltern, sondern (etwa in Form von Tilgungszahlungen aus Baudarlehen aus der Gründungszeit) auch die späteren Nutzereltern belastet, verfassungsrechtlich bedenklich ist.

9.1.5. Herkömmliches Bild der Privatschule

34 Mit einer weiteren Entscheidung erweiterte das Bundesverfassungsgericht die notwendige Eigenleistungspflicht auch für die der Gründerphase folgenden Nutzergenerationen[13].

35 Der Schulträger könne seine Eigenleistung außer durch Schulgeldeinnahmen beispielsweise durch Spenden, Zuschüsse hinter ihm stehender und die Schule in einem weiteren Sinne tragender finanzstarker Kräfte oder durch Aufnahme von Krediten erbringen. Um die Erschließung solcher Finanzmittel müsse er sich bemühen; er könne nicht erwarten, dass der Staat sämtliche Kosten übernimmt, die jenseits grundgesetzkonformer Schulgeldeinnahmen zu decken sind. Art. 7 Abs. 4 Satz 1 GG gehe von dem **herkömmlichen Bild der Privatschule** aus, die ihre Existenz dem ideellen und materiellen Engagement ihrer Gründer und Träger verdankt. Diese füllten einen ihnen eingeräumten Freiheitsraum in eigener Initiative aus, die auch die wirtschaftlichen Grundlagen einschließt; sie müssen bereit sein, die damit verbundenen Risiken in Kauf zu nehmen. Der Staat dürfe erwarten, dass der Schulträger seinem Interesse an der Verwirklichung eigener Ziele und Vorstellungen im schulischen Bereich eigenes finanzielles Engagement folgen lässt. Er beteilige sich nur an diesem zuvörderst privaten Engagement.

9.1.6. Landeskinderklausel

36 Basierend auf der Figur der evidenten Gefährdung der Institution des Ersatzschulwesens als objektiver Förderpflicht erklärte das Bundesverfassungsgericht auch die Nicht-Förderung des Schulbesuchs von Schülern nichtstaatlicher Schulen mit Wohnsitz außerhalb des fördernden Bundeslandes (Landeskinderklausel) für mit Art. 7 Abs. 4 GG vereinbar[14]. Weder das vorlegende Verwaltungsgericht, noch der klagende Schulträger konnten nach Auffassung des Bundesverfassungsgerichtes den Nachweis führen, dass die **Landeskinderklausel** die Institution des Ersatzschulwesens evident gefährde.

37 Eine bloß mögliche Gefahr sei für den Nachweis einer evidenten Gefährdung letztlich nicht ausreichend[15].

---

13 Vgl. BVerfG vom 4.3.1997, Az. 1 BvL 26/96, 1 BvL 27/96.
14 Vgl. BVerfG vom 23.11.2004, Az. 1 BvL 6/99.
15 Das vorlegende VG Bremen hatte sich sehr umfangreich und intensiv mit der Frage auseinandergesetzt und mit guten Gründen die Verfassungswidrigkeit der Wartfristenregelung bejaht.Interessanter Weise hatte auch das Bundesverwaltungsgericht in einer vorab eingeholten Stellungnahme für die Rechtswidrigkeit der Landeskinderklausel plädiert, ist dem aber in späteren Entscheidungen nicht mehr entgegen getreten.

9.1.7. Ausweitung des gesetzgeberischen Spielraums

Das Bundesverwaltungsgericht hat den politischen Handlungsspielraum des Gesetzgebers nochmals vergrößert[16]. Unter Betonung der **Gesamtschau** aller maßgeblichen Umstände und der erneuten Beschränkung des Rechtsschutzes auf eine Überprüfung des Vorliegens einer Untätigkeit, einer groben Vernachlässigung des Schutzes der Institution des Ersatzschulwesens und eines ersatzlosen Abbaus getroffener Maßnahmen durch den Gesetzgeber hob er eine Entscheidung der Vorinstanz auf, die dem Kläger einen teilweisen Ausgleichsanspruch für sozial gerechtfertigte Schulgeldbefreiungen gewährt hatte und wies die Sache an die Vorinstanz zur weiteren Tatsachenermittlung zurück. 38

Ein einziger Rechtsfehler zulasten des Klägers lasse noch nicht den Schluss zu, dass eine evidente Gefährdung des Ersatzschulwesens vorgelegen habe. 39

Es bestehe ferner **keine Pflicht** des Gesetzgebers, die existenznotwendigen Aufwendungen in einem **transparenten** und sachgerechten Verfahren zu bemessen. Insbesondere müsse der Landesgesetzgeber nicht die Kosten des öffentlichen Schulwesens, die er als Vergleichsgröße für die Bemessung seiner Förderung heranziehen will, zwingend nach einem Bruttokostenmodell ermitteln. 40

Im Rahmen des gerichtlichen Rechtsschutzes könne nur geprüft werden, ob die Entscheidung des Gesetzgebers bei Zugrundelegung der maßgeblichen tatsächlichen Umstände **vertretbar oder eindeutig fehlerhaft und widerlegbar** ist. 41

Schließlich dürfe der Staat bei der Ermittlung des Eigenbeitrages der Schuleltern auf einen wirtschaftlichen Mischsatz abstellen, der sich aus dem maximal Zumutbaren für geringverdienende und besserverdienende Eltern ergäbe. Der Schulträger könne auf den Umstand der unterschiedlichen Leistungsfähigkeit seiner Elternhäuser durch ein **gestaffeltes Schulgeldsystem** reagieren, ohne dabei das Sonderungsverbot zu verletzen. 42

Die einer herkömmlichen privaten Schule beistehenden finanzstarken Kreise und die über das Schulgeld hinausgehenden Eigenleistungen der Schuleltern seien nicht nur für die Anfangsfinanzierung und die Investitionskosten aufzubringen. 43

9.1.8. Zusammenfassung

Nach nun mehr als 45 Jahren höchstrichterlicher Rechtsprechung zur Frage eines **Finanzhilfeanspruches** für Ersatzschulen in nichtstaatlicher Trägerschaft kann das Bestehen eines solchen Anspruches als gesichert angesehen werden. Insofern haben Bundesverwaltungsgericht und Bundesverfassungsgericht die Annahme der Kultusministerkonferenz, es stünde im Belieben jedes Bundeslandes, ob es Ersatzschulen eine staatliche Förderung zukommen lässt, nicht bestätigt. 44

Die Bundesländer sind verpflichtet, durch Schaffung eines entsprechenden Fördersystems ein hinreichendes Existenzminimum für Ersatzschulen zu gewährleisten. Existenzminimum bedeutet dabei genau den Betrag, der notwendig ist, um wirtschaftlich tragfähig eine Ersatzschule zu betreiben, die alle Genehmigungsvoraussetzungen gem. Art. 7 Abs. 4 GG auf Dauer erfüllen kann. 45

Zwar hat die Rechtsprechung diesen Grundanspruch für die Anfangsphase einer Schule unter dem Gesichtspunkt der konzeptionellen Bewährung eingeschränkt, aber zugleich das Recht auf einen wie auch immer gearteten **Ausgleich** festgestellt[17]. Dieser Recht- 46

---

16 Vgl. BVerwG vom 21.12.2011, Az. 6 C 18/10, dem folgend und sich selbst aufhebend: VGH Mannheim vom 11.4.2013, Az. 9 S 233/12.
17 Vgl. BVerfG vom 9.3.1994, Az. 1 BvR 682/88, 1 BvR 712/88.

sprechung sind bislang noch nicht alle Landesgesetzgeber vollumfänglich gerecht geworden[18].

47 Berechtigte **Kritik**[19] besteht noch an der Ermittlung der rechtlich gebotenen Höhe der Zuschüsse. So wirft die gegenwärtige Rechtsprechung insbesondere eine Reihe von Fragen hinsichtlich des effektiven Rechtsschutzgebotes gem. Art. 19 Abs. 4 GG in Verbindung mit der Schulerrichtungs- und Schulbetriebsfreiheit gem. Art. 7 Abs. 4 GG auf.

48 So führt die Formel von der evidenten Gefährdung der Institution des Ersatzschulwesens letztlich zu einer immanenten **Unbestimmtheit** und einer **Überspannung der prozessualen Darlegungslasten** für einen einzelnen klagenden Schulträger.

49 Es ist in der Rechtsprechung bislang **ungeklärt**, was genau das vor einer Gefährdung zu behütende **Schutzobjekt** ist. Zum Teil stellt die Rechtsprechung tatsächlich auf einzelne Schultypen oder Schularten in nichtstaatlicher Trägerschaft ab[20], zum Teil wird nur lapidar von den herkömmlichen Privatschulen gesprochen[21], zum Teil wird es in die Regelungsmacht des Gesetzgebers gestellt[22]. Der Inhalt des geschützten Rechtsgutes schwankt also zwischen der strukturellen Existenzgefährdung von Ersatzschulen eines bestimmten Schultyps und aller Ersatzschulen.

50 Solange aber das geschützte Rechtsgut in seinem Kern nicht geklärt ist, kann kaum ein Schulträger einen rechtssicheren Zeitpunkt ausfindig machen, ab dem er mit Erfolg eine Klage anzustrengen vermag; die unbestimmte Angst vor einem Prozessverlust führt zu einer Entmutigung, das Recht einzufordern.

51 Mit der Einführung der Formel von der evidenten Gefährdung der Institution des Ersatzschulwesens wurde die die Ausübung eines individuellen Grundrechtes schützende staatliche Förderpflicht bedenklich nahe an eine abstrakte, im konkreten Einzelfall nicht mehr belegbare **Leerformel** entwickelt. Es genügt unter diesen Bedingungen für den Anspruchsinhaber nicht, nur Tatsachen der eigenen Rechts- und Betriebssphäre darzulegen und zu beweisen, sondern ein klagender Schulträger muss gleichzeitig auch eine strukturelle Existenzgefährdung vieler anderer Schulträger nachweisen. In deren wirtschaftliche Hintergründe hat er aber in der Regel keinerlei Einblick. Durch diese Überspannung der Darlegungslast droht sich das individuelle Grundrecht auf Schulerrichtungsfreiheit unter dem Gesichtspunkt der wirtschaftlich-faktischen Ausübungsmöglichkeit in eine entsubjektivierte, bloß objektiv wirkende Staatszielbestimmung zu verwandeln.

52 Die einseitige Verteilung der Darlegungslast auf die Ersatzschulen führt dazu, dass sich der Landesgesetzgeber bislang erfolgreich hinter dem vermeintlichen oder tatsächlichen Wachstum des Ersatzschulwesens argumentativ verschanzen konnte. Dabei gerät rasch aus dem Blickpunkt, dass hier die Gefahr besteht, dass dieses Wachstum durch eine **Verletzung von Genehmigungsvoraussetzungen** (insbesondere Sonderungsverbot und angemessene Lehrervergütung) erkauft wird und dass trotz Wachstum das nichtstaatli-

---

18 Nur in wenigen Bundesländern wie Hessen und Hamburg besteht ein gesetzlicher Ausgleichsanspruch, wenngleich nur in hälftiger Höhe und über 10 Jahre gestreckt.
19 Beispielhaft: Vogel/Hufen in „Keine Zukunftsperspektiven für Schulen in freier Trägerschaft?", Duncker & Humblot, Berlin, 2006.
20 Vgl. VGH Mannheim vom 14.7.2010, Az. 9 S 2207/09 für die Freien Waldorfschulen gem. § 3 Abs. 2 PSchG Baden-Württemberg.
21 Vgl. BVerfG vom 4.3.1997, Az. 1 BvL 26/96, 1 BvL 27/96.
22 VGH Mannheim vom 3.5.2013, Az. 9 S 233/12.

che Schulwesen noch immer gegenüber dem staatlichen Schulwesen weit im Hintertreffen liegt[23].

Ebenso schwer nachvollziehbar bleibt die richterlich angestellte und wiederholte **Vermutung der Existenz finanzstarker Kreise** vor dem Bild der herkömmlichen Privatschule, die fördernd hinter jeder Ersatzschule bereit stünden, die vom Staat vorgegebenen und im Rahmen der Gleichwertigkeit zu erfüllenden Genehmigungsbedingungen zu finanzieren. 53

Diese Vermutung stimmt heutzutage nicht einmal mehr für Schulen in kirchlicher Trägerschaft. Völlig vorbei geht diese Vermutung an der Realität der in Elternträgerschaft (sei es als Verein, Genossenschaft oder anderer Rechtsform) befindlichen Ersatzschulen. 54

Die Zumutung besonderer **Eigenleistung neben dem Schulgeld** durch Eltern der Schule konterkariert in offensichtlicher Weise die Einhaltung des Sonderungsverbotes; eine derartige Aufteilung von Eltern in Schulgeldzahler und Eigenleister mag juristisch gerade noch nachvollziehbar sein, wirtschaftlich ist eine derartige Unterscheidung haltlos. Den ernstzunehmenden obergerichtlichen Versuch[24], auf der Grundlage einer sozialempirischen Untersuchung[25] eine nichtsondernde Schulgeldstruktur zu finden, hat das Bundesverwaltungsgericht mit Hinweis auf das in letzter Konsequenz die freie, nichtsondernde Zugänglichkeit zu einer Ersatzschule verneinende gestaffelte Schulgeldsystem verworfen[26]. 55

Ebenso zweifelhaft ist die Legitimation der **Wartefrist** gemessen an der tatsächlichen Entwicklung des freien Schulwesens geblieben. Sachlich wurde vom Bundesverfassungsgericht und später den Landesgesetzgebern die Wartefrist mit der Notwendigkeit einer pädagogischen Bewährung des von einer Ersatzschule praktizierten Schulkonzeptes begründet. Der Staat müsse sparsam mit öffentlichen Mitteln umgehen und dürfe diese nicht für Schulen verausgaben, für die es praktisch in der Bevölkerung gar keine Nachfrage gebe, bzw. die langfristig keinen gleichwertigen Bildungserfolg gewährleisten[27]. 56

Diese Rechtfertigungsansicht begegnet unter drei Gesichtspunkten erheblichen rechtlichen **Bedenken**. Zum einen ist die Zahl derjenigen Ersatzschulen, die nach Gründung und Genehmigung ihren Betrieb wegen fehlenden Zuspruchs aus der Bevölkerung wieder einstellen mussten, extrem gering. Insofern findet die Vermutung für die Notwendigkeit einer Bewährungszeit in der Realität keinen ernstzunehmenden Anhaltspunkt. Zum anderen wären die Zuschüsse auch dann nicht vergebens aufgewendet worden, wenn die Ersatzschule tatsächlich zu einem späteren Zeitpunkt schließen müsste, da in diesem Fall die Zuschüsse der Beschulung von Schülern zu Gute gekommen ist, somit die Zuschüsse zumindest unter dem Gesichtspunkt der Aufwandsentschädigung für die Wahrnehmung öffentlicher Aufgaben gerechtfertigt wären. Schließlich ist auch zu berücksichtigen, dass kein Bundesland einen vollständigen Ausgleich für die während der Wartefrist entgangenen Zuschüsse geschaffen hat. Dies legt den Verdacht nahe, dass es bei der Schaffung der Wartefrist nicht um die Bewährung eines vom staatlichen Schulangebot abweichenden Angebotes geht, sondern um eine Möglichkeit, Zuschüsse einzusparen und wirtschaftliche Errichtungshindernisse zu kreieren. 57

---

23 Im Schuljahr 2010/2011 betrug der Anteil der Schüler an Schulen in freier Trägerschaft 8,1%; Quelle: Institut für Bildungsökonomie, Mannheim.
24 Vgl. VGH Mannheim vom 14.7.2010, Az. 9 S 2207/09.
25 Vgl. Bernd Eisinger u.a., „Grenzen der Belastbarkeit privater Haushalte mit Schulgeld", Steinbeistransferzentrum, 2007.
26 Vgl. BVerwG vom 21.12.2011, Az. 6 C 18/10, dem folgend VGH Mannheim vom 11.4.2013, Az. 9 S 233/12.
27 Vgl. BVerfG vom 9.3.1994, Az. 1 BvR 682/88, 1 BvR 712/88.

58 Die **zeitliche Entgrenzung** der Eigenleistungspflicht neben dem Schulgeld über die Gründungsphase hinaus[28] führt unter eindeutigem Widerspruch zu Wortlaut und Grundintention zu einer faktischen Beseitigung des Sonderungsverbotes. Angesichts wachsender Teile der Bevölkerung, die auf eine sozialstaatliche Grundsicherung zur Bestreitung ihres Lebensunterhaltes angewiesen sind, scheint es sehr fragwürdig, dass das Erfordernis einer derartigen Eigenleistungspflicht langfristig noch in Einklang mit der grundsätzlichen Rechtsprechung des Bundesverfassungsgerichtes zu bringen ist, wenn das in Art. 7 Abs. 4 GG ausdrücklich normierte **Sonderungsverbot** gerade sicherstellen soll, dass nichtstaatliche Ersatzschulen grundsätzlich allen Bürgern ohne Rücksicht auf ihre persönlichen finanziellen Verhältnisse offenstehen[29].

59 Es mag rechtsdogmatisch unter dem Gesichtspunkt der Gewaltenteilung für die höchstrichterliche Rechtsprechung streiten, dass Bundesverfassungsgericht und Bundesverwaltungsgericht in ihren Entscheidungen den politischen Handlungsspielraum der Landesgesetzgeber betont haben und den gerichtlichen Rechtsschutz auf die Prüfung einer Untätigkeit, einer groben Vernachlässigung und eines ersatzlosen Abbaues getroffener Maßnahmen beschränkt haben. Sie erlagen insoweit nicht der Versuchung, Ersatzgesetzgeber zu spielen.

60 Rechtspolitisch dagegen erweist es sich für die **Verwirklichung** der grundgesetzlichen **Absage an ein staatliches Schulmonopol** und die Weiterentwicklung des Bildungswesens durch verstärkte Vielfalt als wenig förderlich, wenn die Entscheidung über die Förderung so nahezu völlig konturlos an den Landesgesetzgeber oder die Landesregierung übertragen wird. Durch diese einseitige Zuweisung wird eine **kooperative Grundrechtsverwirklichung** zusätzlich erschwert, das Innovationspotential der Schulen in freier Trägerschaft für das gesamte Bildungswesen wird nicht ausgeschöpft.

61 Während noch zu Beginn der 80-er Jahre ein Prozentsatz von 85 % der Kosten eines staatlichen Schülers als Berechnungsgrundlage für den Schülerprokopfsatz des Zuschusses für freie Schulen zugrunde gelegt wurde, hat sich seitdem mit dem Wachstum der Anzahl freier Schulen die Tendenz der Schulverwaltung und Politik verstärkt, finanzielle Hürden aufzubauen, um dieses Wachstum, das nicht selten als Eingriff in die Planungshoheit des Staates für das Bildungswesen empfunden wurde, zu begrenzen. Neben der Erfindung der oben geschilderten Wartefrist und der Landeskinderklausel hat sich dies vor allem auf die Höhe der Prozentsätze konzentriert; so nahm man etwa in Baden-Württemberg die Bemessungsgrundlage auf 80 % als angeblich „angemessene Finanzhilfe" zurück, nachdem die tatsächliche Finanzhilfehöhe noch einen historischen Höchststand von 92 % im Jahre 1979 erreicht hatte[30]. Dem haben sich verschiedene Länder angeschlossen und sind seitdem dabei geblieben. Ein wesentliches Hindernis, das die Rückkehr zu 85 % trotz entsprechender politischer Zusagen verhindert hat, ist die Tatsache, dass eine 80 %ige Finanzhilfe eine recht gute Finanzierung freier Schulen zu sein scheint, während in Wirklichkeit die Berechnung des 80 %igen Kostensatzes zum Teil verschiedene Kostenbestandteile des staatlichen Schulwesens, wie etwa die Altersversorgung der staatlichen Lehrer, nicht oder nur unvollkommen berücksichtigt und dadurch zu einer Verzeichnung der wahren Kosten eines staatlichen Schülers führt. Aufgrund von Untersuchungen des Steinbeis-Transferzentrums Heidenheim hat sich dann auch herausgestellt, dass der 80 %ige Zuschuss nur ca. 60 % der tatsächlichen Kosten eines staatlichen Schülers umfasst (in der Grundschulstufe sogar noch weniger), so dass auch

---

28 Vgl. BVerwG vom 21.12.2011, Az. 6 C 18/10.
29 Vgl. BVerfG vom 8.4.1987, Az. 1 BvL 8/84, 1 BvL 16/84.
30 Vgl. Gesetzentwurf der FDP Baden-Württemberg vom 17.7.1989, LT-Drks. 10/1933.

eine Rückkehr zu einem 85%-Satz noch nicht einmal zwei Drittel der Kosten eines staatlichen Schülers erreichen würde.

Erst in den letzten Jahren deutet sich unter dem Eindruck dieser Untersuchungen und dem gewachsenen Bewusstsein von der Bedeutung eines freien Schulwesens eine Umkehr an. So hat als erstes Bundesland Hamburg eine stufenweise Rückkehr zum 85%-Satz gesetzlich verankert, ebenso Mecklenburg-Vorpommern und auch das Saarland erreichen unter den dortigen andersartigen Gegebenheiten einen ähnlichen Satz, andere Bundesländer planen dies. 62

Die Frage der Finanzierung einer Privatschule durch den Staat ist kein begrenzendes Merkmal der Freiheitsgewährung des Art. 7 Abs. 4 GG, sondern die Folge einer Freiheitsgewährung schützenden und fördernden zusätzlichen Verantwortung des Staates[31]. Faktisch liegt aber die Gefahr nahe, dass der Landesgesetzgeber den Abbau oder das Einfrieren der staatlichen Finanzhilfe dazu gebraucht, die als „Wildwuchs" empfundene und die **staatliche Schulplanung störende Vielfalt** im Ersatzschulwesen zu beschneiden. 63

Es bedarf hier zur Sicherung der Grundrechte einer gesellschaftlichen **Veränderung** der bestehenden Grundstimmung, aus der sowohl Politik, als auch die Rechtsprechung einen Antrieb für die Veränderung ihrer Grundhaltungen gewinnen können. Es muss ein Klima vorherrschen, in dem die Schulen in freier Trägerschaft als pädagogische Bereicherung des Bildungswesens im Kontext einer pluralistischen Gesellschaft anerkannt sind und in **konstruktiver Koexistenz** mit dem staatlichen Bildungsangebot stehen. Schulen in staatlicher und nichtstaatlicher Trägerschaft können gegenseitig voneinander lernen und gemeinsam die gesamtgesellschaftliche Aufgabe des Schulwesens wahrnehmen. 64

Dass dies dem Bildungssystem insgesamt zugute kommt, haben erst kürzlich wieder verschiedene wissenschaftliche Studien erwiesen, insbesondere die von dem renommierten Bildungsökonomen Ludger Wößmann vom Münchner Ifo-Institut und Martin West von der Harvard Universität, USA, veröffentlichte Studie[32] über 29 OECD-Staaten, nach der sich die Qualität des Bildungswesens mit steigendem Anteil freier Schulen bei gleichzeitig sinkenden Bildungsausgaben verbessert, wenn es funktionierenden Wettbewerb zwischen staatlichen und freien Schulen gibt. 65

Unter diesen Voraussetzungen entfällt die politische Ambition, Schulen in nichtstaatlicher Trägerschaft als „lästige Konkurrenten" um knapper werdende Schüler zu verdrängen.

9.2. Landesrechtliche Regelungen[33]

Aufgrund des weiten Gestaltungsspielraums, den Bundesverwaltungsgericht und Bundesverfassungsgericht dem Landesgesetzgeber einräumen, hat sich zwischen den 16 66

---

31 Vgl. VG Freiburg vom 25.3.2009, Az. 2 K 1638/08 mit Hinweis auf BVerfG vom 9.3.1994, Az. 1 BvR 682/88.
32 HTTP://WWW.CESIFO-GROUP.DE/DE/IFOHOME/CESIFO-GROUP/IFO/IFO-MITARBEITER/CVIFO-WOESSMANN_L/LUDGER-WOESSMANN--PROJECTS.HTML; Gutachten des Ifo-Institutes in Zusammenarbeit mit der Harvard Universität, USA: Martin R. West, Ludger Wößmann, „Every Catholic Child in a Catholic School": Historical Resistance to State Schooling, Contemporary Private Competition, and Student Achievement across Countries in: economic journal 2010, S. 229 – 255, vgl. Auch FAZ v. 29.9.2010, S. N 3.
33 Vgl. Übersicht über die Finanzierung der Privatschulen in den Ländern der Bundesrepublik Deutschland, Zusammenstellung des Sekretariats der Kultusministerkonferenz (Beschluss der Kultusministerkonferenz vom 12.3.2004 i. d. F. vom 5.10.2012), vereinfachte Darstellung.

Bundesländern ein sehr **ausdifferenziertes Fördersystem** ausgebildet, das jeweils landesspezifisch aufgebaut ist und Besonderheiten aufweist.

67 Die Umsetzung der Grundsätze der höchstrichterlichen Rechtsprechung in den Ländergesetzen vollzog sich nur schleppend. So hat Rheinland-Pfalz bis heute einen gesetzlichen Finanzhilfeanspruch für genehmigte Ersatzschulen nicht umgesetzt und viele Bundesländer gewähren die vom Bundesverfassungsgericht als verpflichtenden Kostenbestandteil charakterisierten Baukosten noch immer nur als Ermessensleistung nach Maßgabe des Haushalts. Auch die als Abmilderung der Wartefrist gedachten Ausgleichszahlungen nach Ende der Wartefrist sind bisher erst von Hamburg, Hessen und dem Saarland umgesetzt.

68 Dies schränkt auch die Vergleichbarkeit der Fördersysteme ein, da einige Fördersysteme deutlich zwischen einzelnen Betriebskostenarten (Personalkosten, Baukosten, Sachkosten usw.) unterscheiden, andere dahingegen alle diese Kostengesichtspunkte in einem einzigen Zuschussposten umfassen wollen.

69 Grundsätzlich lassen sich zwei **Hauptmodelle** der Bezuschussung feststellen:

70 Auf der einen Seite besteht das sogenannte **Betriebskostenerstattungsmodell**. Hierbei werden sämtliche nachgewiesene tatsächlichen notwendigen Betriebskosten einer Schule erstattet, zumeist begrenzt auf denjenigen Betrag, der einer vergleichbaren staatlichen Schule im Haushalt zustünde, abzüglich eines bestimmten Anteils als Eigenleistung des Schulträgers.

71 Auf der anderen Seite besteht das sogenannte **Schülerkopfsatzmodell**. Dabei erhält die Schule pro beschultem Schüler[34] einen bestimmten oftmals nur aufgrund abstrakter Berechnung festgesetzten Geldbetrag, mit dem sie den gesamten Schulbetrieb finanzieren muss.

72 In der Praxis der Bundesländer haben sich zumeist **Mischmodelle** durchgesetzt, teilweise auch differenziert nach Schulart, -form oder -typ.

73 **Modifikationen** erfahren diese Fördersysteme dann noch durch weitere Aspekte wie z. B. Wartefristen, Landeskinderklauseln, freiwillige Sonderleistungen usw.

74 In der Regel besteht ein **Antragserfordernis**. In den meisten Bundesländern muss der Schulträger auf gemeinnütziger Grundlage arbeiten.

75 Auf die nur im weiteren Sinne zur Ersatzschulfinanzierung gehörende Schülerfahrkostenerstattung wird in gesondertem Kapitel eingegangen.

Baden-Württemberg[35]

76 Die allgemeinbildenden Regelschulen (Grundschulen, Haupt- und Werkrealschulen, Realschulen, Gymnasien, Gemeinschaftsschulen, berufliche Gymnasien, Fachschulen für Sozialpädagogik, Berufsfachschulen, Fachschulen, Berufskollegs, Freie Waldorfschulen) erhalten einen nach Schulart differenzierten Schülerkopfsatz als Zuschuss.

77 Die Sonderschulen erhalten einen Zuschuss in Höhe der tatsächlichen Personalkosten, begrenzt durch die Personalkosten einer entsprechenden staatlichen Schule. Hinzu kommt ein pauschalierter Sachkostenzuschuss entsprechend der Sachkosten einer entsprechenden staatlichen Schule.

78 Daneben können Bauzuschüsse bis zu 37 % der erstattungsfähigen Kosten beantragt werden.

---

34 Vgl. OVG Lüneburg vom 4.7.2012, Az. 2 LB 239/11.
35 §§ 17, 18, 19 PSchG Baden-Württemberg.

9.2. Landesrechtliche Regelungen

Die Schulen des zweiten Bildungsweges (Abendrealschulen, Abendgymnasien, Kollegs) erhalten die tatsächlichen Personalkosten nach Maßgabe der Bestimmungen für die Vergütung nebenberuflichen Unterrichts an staatlichen Schulen, klassenbezogene Zuschüsse hinsichtlich Schulleitung und Verwaltung sowie Erstattung der notwendigen Miet-, Bewirtschaftungs- und sächlichen Kosten. 79

Bayern[36]

Die Volksschulen (entsprechen Grundschulen und Hauptschulen in anderen Bundesländern) und die Klassen 1 bis 4 der Freien Waldorfschulen erhalten nach Ablauf einer zweijährigen Wartefrist Zuschüsse zu den Personalkosten und Lehrerwochenstunden sowie eines festgesetzten Schülerkopfsatzes für den Sachaufwand. Während der Wartefrist erfolgt lediglich ein Zuschuss zu den Personalkosten in Höhe von 65 % des nach Ablauf der Wartefrist Gewährtem. 80

Daneben können Baumaßnahmen nach Maßgabe des Haushalts mit 70 % bzw. 80 % (bei anerkannten Ersatzschulen) bezuschusst werden und Zuschüsse zu den Kosten der Lernmittelfreiheit gewährt werden. 81

Für Schulen in kirchlicher Trägerschaft bestehen Sonderregelungen. 82

Förderschulen erhalten einen Zuschuss entsprechend dem notwendigen Personalaufwand, sowie einen Sachaufwand in Höhe von 80 % bzw. 100 %. 83

Darüber hinaus werden auch hierbei Zuschüsse zur Förderung von Baumaßnahmen und den Kosten der Lernmittelfreiheit gewährt. 84

Realschulen, Abendrealschulen, Gymnasien, die Klassen 5 bis 13 der Freien Waldorfschulen und Abendgymnasien erhalten als anerkannte Ersatzschulen nach vollem Ausbau der Schule in aufsteigenden Jahrgangsstufen und erfolgreicher Ablegung von Abschlussprüfungen in zwei aufeinanderfolgenden Jahren (mindestens 2 Drittel der Schüler bestehen die Prüfung) einen Betriebskostenzuschuss basierend auf den pauschalierten Personalkosten und den zuschussfähigen Lehrerwochenstunden. 85

Darüber hinaus werden auch hierbei Zuschüsse zur Förderung von Baumaßnahmen und den Kosten der Lernmittelfreiheit, sowie ein Schulgeldersatz gewährt. 86

Berufliche Schulen (Berufsfachschulen, Wirtschaftsschulen, Fachschulen, Fachoberschulen, Berufsoberschulen, Fachakademien) erhalten als anerkannte Ersatzschulen nach vollem Ausbau und erfolgreichen Abschlussprüfungen einen Betriebszuschuss basierend auf den pauschalierten Personalkosten. 87

Darüber hinaus werden auch hierbei Zuschüsse zur Förderung von Baumaßnahmen und den Kosten der Lernmittelfreiheit, sowie ein Schulgeldersatz gewährt. 88

Berlin[37]

Allgemeinbildende Schulen und berufliche Schule erhalten nach Abschluss einer mindestens dreijährigen Aufbauphase einen Betriebszuschuss in Höhe von 93 % der Personalkosten einer entsprechenden staatlichen Schule, unter Zugrundelegung der Schülerzahl der Ersatzschule. Bei den beruflichen Schulen wird dieser Zuschuss durch die volle Höhe der tatsächlich entstandenen Personalkosten der Ersatzschule begrenzt. 89

Bei Sonderschulen erhöht sich der Betriebszuschuss auf 115 % der Personalkosten einer entsprechenden staatlichen Schule. 90

---

36 Art. 7, 17, 29, 30, 31, 32, 33, 34, 38, 41 bis 47, 58 BaySchFG.
37 § 101 SchulG Berlin.

9. Kapitel: Finanzhilfe für Ersatzschulen in freier Trägerschaft

Brandenburg[38]

Die Ersatzschulen erhalten nach einer dreijährigen Wartefrist (Verkürzung auf zwei Jahre bei bewährten Trägern möglich) einen Betriebszuschuss als Schülerkopfsatz auf der Basis der Kosten eines entsprechenden Schülers an einer staatlichen Schule, modifiziert um Zuschlagfaktoren wegen Sachkosten.

91 Zusätzliche Zuschüsse sind möglich für Ganztagsangebote, die Organisation des Unterrichts in der flexiblen Eingangsstufe, die Betreuung der praktischen Ausbildung, den Einsatz von sonstigem pädagogischen Personal im Unterricht für Schüler mit sonderpädagogischem Förderbedarf.

Bremen[39]

92 Ersatzschulen erhalten nach Ablauf einer dreijährigen Wartefrist einen nach Schulart divergierenden festgelegten Schülerkopfsatz als Betriebszuschuss.

93 Im Fall der Übernahme bestimmter besonderer Verpflichtungen durch die Schule erhöhen sich diese Beträge.

94 Zuschüsse werden nur für Bremer Schüler gewährt, es besteht eine Landeskinderklausel.

Hamburg[40]

95 Ersatzschulen erhalten nach einer dreijährigen Wartefrist (Ausnahmen in den Fällen der Übernahme einer bereits bezuschussten Ersatzschule, der Neugründung durch einen bewährten Träger, des Überflüssigwerdens der Errichtung einer staatlichen Schule, der Genehmigung einer Sonderschule) für jeden Schüler mit Wohnsitz in Hamburg (Landeskinderklausel) einen Schülerkopfsatz, der 85 % der Gesamtkosten eines entsprechenden staatlichen Schülers laut Landeshaushalt ausmacht.

96 Bei Sonderschulen gelten 100 %.

97 Investitionszuwendungen nach Maßgabe der Landeshaushaltsordnung bei mindestens 10%iger Eigenbeteiligung sind möglich.

Nach Ablauf wird die Hälfte der während der Wartefrist entgangenen Zuschüsse in 10 gleichen Jahresraten nachgezahlt.

Hessen[41]

Ersatzschulen erhalten nach Ablauf einer dreijährigen Wartefrist eine Regelbeihilfe in Höhe von 85 %[42] (Förderschulen 90 %) der Personalkosten eines Schülers an einer entsprechenden staatlichen Schule für jeden Schüler, sowie u. U. eine Zusatzbeihilfe für vor dem 1.1.2002 als besondere Schule bestätigte Bestandsschulen in Höhe von 12,5 %, sowie einem Sachkostenbeitrag durch die Gebietskörperschaft in Höhe von 75 % des Gastschulbeitrages je Schüler, sowie einen Investitionskostenanteil je Schüler und Jahr.

---

38 § 124 SchulG Brandenburg.
39 §§ 17, 17 a PSchG Bremen.
40 §§ 14, 15, 16, 17, 18, 19, 22 HambSfTG.
41 §§ 1, 2, 3, 4, 8 ESchFG Hessen.
42 Bei Redaktionsschluss wurde bekannt, dass der hessische Landtag eine Erhöhung der Finanzhilfe für freie Schulträger schrittweise über zehn Jahre auf 85 % aller staatlichen Schulkosten beschlossen hat. Das neue Berechnungsmodell erfasst erstmals die Schulkosten des Landes und der Kommunen nahezu vollständig Die Förderschulen sollen 90 % erhalten. vgl. http://www.faz.net/aktuell/rhein-main/hessen/hessen-mehr-geld-fuer-privatschulen-12244226.html sowie http://www.waldorfschule-hessen.de/.

Nach Ablauf wird die Hälfte der während der Wartefrist entgangenen Zuschüsse in 10 gleichen Jahresraten nachgezahlt. 98

Mecklenburg-Vorpommern[43]

Ersatzschulen erhalten nach einer dreijährigen Wartefrist einen Personalkostenzuschuss in Form von Schülerkopfsätzen, die sich nach den Kosten eines entsprechenden staatlichen Schülers ermitteln. 99

Der Finanzhilfesatz beträgt für die allgemeinbildenden Schulen 85 %, für die beruflichen Schulen zwischen 50 % und 80 %. Hinzu kommen Förderbedarfssätze für sonderpädagogischen Förderbedarf und besondere pädagogische Angebote. 100

Bei Schulen für Erziehungsschwierige mit Förderschwerpunkt emotionale und soziale Entwicklung, Schulen zur individuellen Lebensbewältigung mit dem Förderschwerpunkt geistige Entwicklung sowie bei entsprechend diagnostizierten Schüler in einem integrativen Unterricht beträgt der Finanzhilfesatz 100 %. 101

Es besteht die Möglichkeit der Übernahme von Schulkostenbeiträgen für die Schüler der Ersatzschule, sowie ein Baukostenzuschuss nach Maßgabe des Landeshaushaltes. 102

Niedersachsen[44]

Anerkannte Ersatzschulen und Ersatzschulen von besonderer pädagogischer Bedeutung erhalten nach einer dreijährigen Wartefrist einen Betriebszuschuss in Form eines Schülerkopfsatzes, der sich nach den Kosten eines Schülers an einer entsprechenden staatlichen Schule ermittelt, begrenzt durch die tatsächlichen zuschussfähigen Personalkosten der Ersatzschule.

Dazu wird ein Zuschuss zu den Sozialversicherungen und zu einer Zusatzversorgung gewährt. 103

Während der Wartefrist können Zuwendungen gewährt werden. 104

Es besteht die Möglichkeit von Zuwendungen zu den Kosten von Bauten und der Erstausstattung. 105

Nordrhein-Westfalen[45]

In Nordrhein-Westfalen erfolgt die Bezuschussung von Ersatzschulen nach einem **Defizitdeckungssystem** (eine besondere Form der Betriebskostenerstattung). Maßstab der **Refinanzierung** ist dabei immer die finanzielle Ausstattung vergleichbarer staatlicher Schulen, sowohl hinsichtlich Personalkosten als auch hinsichtlich Sachkosten. Diese ist Obergrenze der Refinanzierung für Ersatzschulen nach dem sogenannten **Ausgabenbegrenzungsgebot**, § 105 Abs. 1 Satz 3 SchulG NRW. Das bedeutet für alle reformpädagogischen Schulen (z.B. Waldorf, Montessori, Freinet, Wild oder Mischformen), dass die von staatlichen **Lehrplänen** abweichenden Unterrichtsinhalte frei finanziert werden müssen. 106

Ersatzschulen in NRW erhalten in diesem Rahmen gemäß § 106 Abs. 5 SchulG NRW entweder 94 % der Kosten vergleichbarer staatlicher Schulen oder 87 % zuzüglich ortsüblicher Miete. Sie haben insoweit ein Wahlrecht, das sie aber nur einmal ausüben dürfen. Das sogenannte „**Mietmodell**" wählen vor allem solche Schulen, die über keine geeigneten eigenen Gebäude verfügen, sondern solche erst errichten müssen. Letzteres er- 107

---

43 §§ 127 bis 130 SchulG Mecklenburg-Vorpommern.
44 §§ 149, 150, 151 NSchG.
45 §§ 105 bis 115 SchulG Nordrhein-Westfalen.

folgt in diesen Fällen über Fördervereine oder –gesellschaften, die die von ihnen finanzierten Gebäude an die jeweiligen Schulträger vermieten und dadurch die von ihnen aufzuwendenden Zins- und Tilgungsleistungen amortisieren. Dieses Modell wurde in den vergangenen Jahrzehnten von vielen Schulen gewählt, weil es in NRW keine bzw. nur eine (weil an einen Haushaltsvorbehalt des Landes gebundene) theoretische Bezuschussung von **Investitionskosten** für Ersatzschulen gibt.

108 Wegen der Bindung der Refinanzierung der Personal- und Sachkosten an die Ausgaben staatlicher Schulen, was sehr akribisch und aufwendig für jedes Haushaltsjahr geprüft wird, bedeuten die Prozentsätze von 94 % bzw. 87 % plus Miete im Ergebnis für reformpädagogische Ersatzschulen eine tatsächliche **Kostendeckung** von ca. 65 bis 70 %. Der Grundsatz der tatsächlichen Betriebskostenerstattung wird durch einige **Kostenpauschalen** durchbrochen, so z.B. die Personalbedarfspauschale für Unterrichtsmehrbedarf, die Personalnebenkostenpauschale, die Sachkostenpauschale sowie die Bewirtschaftungspauschale

109 Der Rest der tatsächlichen Aufwendungen (Personal-, Sach- und Investitionskosten) muss von den Schulträgern als **Eigenleistung** selbst aufgebracht werden. Dabei ist aber zu berücksichtigen, dass in NRW die Landesverfassung **Schulgeldfreiheit** garantiert, Art. 9 Abs. 1 und 2 LV NRW. Sämtliche Einnahmen Dritter, die das Defizit der Schule mindern, sind von der Bezuschussung abzuziehen. Das würde wegen der Schulgeldfreiheit auch für **Elternbeiträge** oder **Schulgeld** gelten.

110 Daher können Ersatzschulen in NRW die Finanzierungslücke von ca. 30 bis 35 % nur durch **freiwillige Leistungen der Eltern zur Eigenleistung** generieren. Dies lösen die meisten Schulen dadurch, dass sie den Eltern mit Richtsätzen und/oder Beitragstabellen zur Selbsteinschätzung Anhaltspunkte für die angemessene Beteiligung der einzelnen Elternhäuser an der Eigenleistung geben.

111 Im Einzelfall und in Notsituationen kann auf die Anrechnung einer zumutbaren Eigenleistung durch den Schulträger bei Ermittlung des Haushaltsfehlbetrages verzichtet werden.

112 Schulen, die nicht oder noch nicht alle **Genehmigungsvoraussetzungen** erfüllen, können für eine Übergangszeit von längstens vier Jahren vorläufig anerkannt werden (§ 101 Abs. 2 SchulG NRW) und erhalten für diese Zeit 50 % der Zuschüsse (§ 105 Abs. 3 SchulG NRW). Früher war die **vorläufige Genehmigung** bei neuen Schulen der Regelfall und wurde von der Schulaufsicht als eine Art „Wartefrist" gehandhabt; nachdem dies von der Rechtsprechung – im Falle der ersten in NRW genehmigten Freien Alternativschule, der Freien Schule Bochum – für unzulässig erklärt wurde[46], kommt der Fall der vorläufigen Genehmigung in NRW kaum noch vor.

Rheinland-Pfalz[47]

113 Anerkannte Ersatzschulen erhalten nach einer in der Regel dreijährigen Wartefrist (Verkürzung für Grund-, Haupt-, Realschulen plus und Förderschulen möglich) einen Zuschuss zu den Personalkosten, basierend auf den Lehrerstellen und dem tariflichen Durchschnittsgehalt bzw. der Durchschnittsbesoldung eines entsprechenden staatlichen Lehrers, zuzüglich des Beihilfe- oder Arbeitgeberbeitrags.

Hinzu kommen Zuschläge für die Alters- und Hinterbliebenenversorgung sowie Beiträge zu den Sachkosten in Höhe von 10% des Beitrags zu den Personalkosten.

---

46 VG Gelsenkirchen Urteil vom 14.8.1985, 4 K 3551/81.
47 §§ 28 bis 31 PSchG Rheinland-Pfalz.

9.2. Landesrechtliche Regelungen

Lediglich genehmigte Ersatzschulen (insbesondere Freie Waldorfschulen) erhalten einen Zuschuss als Schülerkopfsatz nach Maßgabe des Haushaltsplanes. 114

Saarland[48]

Ersatzschulen, die einer Hauptschule, einer Schule für Behinderte oder einer Schule mit besonderer pädagogischer Prägung (Grundschulbereich) entsprechen, erhalten ab der Anerkennung einen Zuschuss zu den notwendigen Personal- und Sachkosten, der sich nach dem Aufwand der staatlichen Schulen bestimmt. 115

Alle übrigen Ersatzschulen erhalten ab dem Zeitpunkt der Anerkennung einen Zuschuss aufgrund der tatsächlichen fortdauernden Ausgaben, begrenzt durch die Höhe der Aufwendungen einer entsprechenden staatlichen Schule, reduziert um eine 10%ige Eigenleistung. 116

Vor der Anerkennung können die Ersatzschulen einen Zuschuss in Höhe von 25% der fortdauernden Ausgaben beanspruchen. Nach der Anerkennung erhalten sie nochmals 25% der fortdauernden Ausgaben, die ihnen seit der Genehmigung bis zur Anerkennung entstanden sind. 117

Ferner besteht ein Zuschussanspruch in Höhe von 80 % der notwendigen Baukosten. 118

Sachsen[49]

Ersatzschulen erhalten nach Ablauf einer vierjährigen Wartefrist (die verkürzt werden kann, wenn durch die Ersatzschulgründung der Bedarf für die Gründung einer staatlichen Schule entfällt) je Schüler einen Zuschuss als Schülerkopfsatz, berechnet auf Grundlage der Kosten eines Schülers an einer entsprechenden staatlichen Schule.

Nach Maßgabe des Haushalts können Bauzuschüsse gewährt werden, wenn am Betrieb der Ersatzschule ein besonderes öffentliches Interesse besteht. 119

Sachsen-Anhalt[50]

Ersatzschulen und Ersatzschulen von besonderer pädagogischer Bedeutung erhalten nach Ablauf einer dreijährigen Wartefrist einen Zuschuss in Form eines Schülerkopfsatzes, der sich aus den Personalkosten und den Sachkosten ermittelt. 120

Darüber hinaus besteht ein Zuschuss zum Schülerkopfsatz für eine sonderpädagogische Förderung im gemeinsamen Unterricht. 121

Ersatzschulen in der Wartefrist können eine vorzeitige Finanzhilfe erhalten, wenn ein öffentliches Interesse besteht oder der Träger sich bereits bewährt hat. Diese beträgt 75 % der Regelzuschüsse. 122

Es erfolgt eine angemessene Beteiligung an Investitionsförderprogrammen für öffentliche Schulen. 123

Schleswig-Holstein[51]

Ersatzschulen erhalten nach zweijähriger Wartefrist einen Zuschuss aufgrund des Fehlbetrages der laufenden Kosten je Schüler mit Wohnsitz in Schleswig-Holstein (Landeskinderklausel) oder wenn das Land für diesen Schüler Erstattungen erhält. Der Zuschuss ist begrenzt auf 80 % der Kosten eines Schülers an einer entsprechenden staatli-

---

48 §§ 28 bis 32 a PSchG Saarland.
49 §§ 14, 15, 16 SächsFrTrSchulG.
50 §§ 18, 18 a SchulG Sachsen-Anhalt.
51 §§ 119 bis 123 SchulG Schleswig-Holstein.

chen Schule. Nach dreimaliger voller Ausschöpfung dieser Grenze erhält die Ersatzschule ohne besonderen Einzelnachweis einen Schülerkopfsatz, der sich aus den Sach- und Personalkosten eines Schülers an einer entsprechenden staatlichen Schule ermittelt. Dabei wird ein Eigenanteil in Höhe von mindestens 15 % zugrunde gelegt.

124 Bei Förderzentren für geistige Entwicklung ist die Höchstgrenze auf 100 % erhöht und es wird kein Eigenanteil vorausgesetzt.

125 Die Schulen der dänischen Minderheit erhalten unabhängig vom nachgewiesenen Bedarf einen Zuschuss in Höhe von 85 % der staatlichen Schülerkopfsätze.

126 Allen Ersatzschulen können Zuschüsse zu Bauinvestitionen gewährt werden.

Thüringen[52]

Ersatzschulen erhalten nach einer dreijährigen Wartefrist (Verkürzungen sind nur unter engen Voraussetzungen wie z.B. der Betriebserweiterung möglich) je beschultem Schüler einen Schülerkopfsatz, der sich aus den durchschnittlichen Personal- und Sachkosten eines Schülers an einer entsprechenden staatlichen Schule ermittelt.

127 Begrenzt werden diese pauschalen Zuschüsse durch die tatsächlich entstanden Schulbetriebskosten.

128 Im Einzelfall kann eine höhere Finanzhilfe bei Vorliegen eines öffentlichen Interesses gewährt werden.

129 Staatliche Finanzhilfe zu Baumaßnahmen erfolgt nach Maßgabe des Landeshaushaltes bei Vorliegen eines besonderen öffentlichen Interesses am Betrieb der Ersatzschule.

---

52 §§ 17, 18 ThürSchfTG.

10. Kapitel Schülerfahrkostenerstattung

Schülerfahrkosten sind die Aufwendungen für den Schulweg, die den Schülern für den Besuch der Schule notwendig entstehen. Für die Schüler an Schulen in freier Trägerschaft hat die Erstattung der Aufwendungen eine nicht geringe Bedeutung, da diese häufig nicht fußläufig erreichbar sind und öffentliche Verkehrsmittel, Privat-PKW und Taxen genutzt werden. Die Erstattung der Aufwendungen ist dem Grunde nach in allen Bundesländern geregelt, die Voraussetzungen und Zuständigkeiten weichen erheblich voneinander ab. Anspruchsberechtigt sind jeweils die Schülerinnen und Schüler. Allen Regelungen ist gemeinsam, dass Leistungen nur gewährt werden, wenn die Beförderungskosten notwendig sind.[1]

Die Regelungen in den einzelnen Bundesländern:

Baden-Württemberg

In Baden-Württemberg liegt die Organisation und Durchführung der Schülerbeförderung in den Händen der Landkreise. § 18 des Gesetzes über den kommunalen Finanzausgleich enthält die Regelungen zu den Schülerbeförderungskosten. Die Stadt- und Landkreise erstatten den Trägern öffentlicher Schulen und privater Ersatzschulen, für die das Kultusministerium oberste Schulaufsichtsbehörde ist, die notwendigen Beförderungskosten. Danach können die Stadt- und Landkreise durch Satzung den Umfang und die Abgrenzung der notwendigen Beförderungskosten einschließlich der Festsetzung von Mindestentfernungen, Höhe und Verfahren der Erhebung eines Eigenanteils oder der Gewährung eines Zuschusses, Pauschalen oder Höchstbeträge für die Kostenerstattung sowie Ausschlussfristen für die Geltendmachung von Erstattungsansprüchen bestimmen. Die Eltern haben entsprechende Anträge bei den Landkreisen und Gemeinden zu stellen, welche dann entsprechend den dort erlassenen Satzungen Erstattungen vornehmen. Im Schulgesetz ist lediglich geregelt, dass sowohl die Schulkonferenz wie Klassenpflegschaft Stellungnahmen zur Durchführung der Schülerbeförderung abgeben können (vgl. § 47 sowie § 56).[2]

Bayern

In Bayern sind die Schülerfahrkosten im Gesetz über die Kostenfreiheit des Schulwegs (Schulwegkostenfreiheitsgesetz – SchKfrG) geregelt. Anspruchsberechtigt sind Schüler auf dem Schulweg bei öffentlichen Volks- und Förderschulen, öffentlichen oder staatlich anerkannten privaten Realschulen, Gymnasien, Berufsfachschulen (ohne Berufsfachschulen in Teilzeitform), zweistufigen Wirtschaftsschulen und drei- bzw. vierstufigen Wirtschaftsschulen bis einschließlich Jahrgangsstufe 10. Zuständig für die Organisation und Finanzierung sind die Gemeinden und Schulverbände, für die übrigen Schulen die Landkreise und kreisfreien Städte, in denen der Schüler seinen gewöhnlichen Aufenthalt hat. Die Eltern beantragen daher bei den Gemeinden/Landkreisen die Übernahme der Schülerfahrkosten. Notwendig ist die Beförderung im Sinne des Gesetzes für den Besuch der nächstgelegenen Schule der gewählten Schulart, und ggf. Ausbildungs- und Fachrichtung, sofern der Schulweg für Schüler der Jahrgangsstufen 1 bis 4 länger als 2 km und für Schüler der Jahrgangsstufen 5 bis 10 länger als 3 km ist. Ausnahmen sieht das Gesetz vor für Schüler, die wegen einer dauernden Behinderung auf eine Beförderung angewiesen sind. Diese werden unabhängig von der Entfernung kostenlos be-

---

1 Avenarius, Schulrecht, 8. Aufl., S. 515.
2 http://www.leu.bw.schule.de/bild/SchG.pdf.

fördert. Ebenso kann bei unter diesen Kilometergrenzen liegenden Schulwegen die Beförderung übernommen werden, wenn nach Überprüfung durch den Aufgabenträger der Schulweg besonders beschwerlich oder besonders gefährlich ist. Gymnasiasten der Oberstufe ab Jahrgangsstufe 11, Fachoberschüler, Berufsoberschüler und Teilzeit-Berufsschüler haben keinen Anspruch auf die Erstattung von Beförderungskosten, es sei denn bei einer Familie überschreiten die Gesamtkosten für die notwendige Beförderung dieser Schüler einen Betrag von derzeit 420,- Euro (ab 1. August 2012) im Schuljahr.

Berlin

5 In Berlin gibt es keine allgemeine gesetzliche Regelung zur Schülerbeförderung. Eine Ausnahme sieht § 36 der Verordnung über die sonderpädagogische Förderung (Sopäd-VO) vor. Hiernach können Schülern mit Hauptwohnsitz in Berlin, die wegen ihrer Behinderung nicht in der Lage sind, die Schule auf dem üblichen Wege zu besuchen, auf Antrag für den Schulweg zur nächstgelegenen geeigneten aufnahmefähigen Schule besondere Beförderungsmittel zur Verfügung gestellt werden. Dies gilt auch, wenn die Behinderung vorübergehend ist. Ein Rechtsanspruch auf Beförderung besteht nicht. Weitere Regelungen finden sich im Rahmen des Bildungs- und Teilhabepaketes für Kinder von Leistungsempfängern nach dem SGB II und SGB XII. Zuständig sind hier die jeweiligen Sozialleistungsträger (Jobcenter/Agentur für Arbeit).

Brandenburg

6 Die Landkreise und kreisfreien Städte sind Träger der Schülerbeförderung für die Schülerinnen und Schüler an Schulen in öffentlicher Trägerschaft und an Ersatzschulen, die in ihrem Gebiet ihren Wohnsitz haben (§ 112 des brandenburgischen Schulgesetzes). Die Landkreise und kreisfreien Städte regeln in Satzungen die Ausführung der Erstattung. Gesetzliche Regelungen gibt es hierzu nicht. Individuelle Ansprüche von Schülerinnen und Schülern auf Schülerbeförderung oder Schülerfahrkostenerstattung bestehen deshalb ausschließlich auf Grund der Satzung, nicht auf Grund des brandenburgischen Schulgesetzes.

Bremen

7 Die Übernahme von Fahrkosten bei der Benutzung öffentlicher Verkehrsmittel für Schülerinnen und Schüler allgemeinbildender Schulen und bestimmter Förderzentren in der Stadtgemeinde Bremen ist geregelt in der Fahrkostenrichtlinie vom 17. Februar 2005. Diese berücksichtigt Schülerfahrkosten nur bei Leistungsberechtigung nach dem SGB II oder SGB XII. Bei Vorliegen der Voraussetzungen erfolgt die Erstattung der tatsächlich erforderlichen Aufwendungen durch Aushändigung eines „Schüler-Tickets Bremen", welches in Verbindung mit einer gültigen Schülerkundenkarte genutzt werden kann. Die Ausstellung der Kundenkarte erfolgt auf Antrag über die jeweils besuchte Schule an die Senatorin für Bildung, Wissenschaft und Gesundheit. Auch in Bezug auf die Nutzung von Schulbussen bestehen keine besonderen Richtlinien.

Hamburg

8 In Hamburg findet sich keine gesetzliche Regelung zur Schülerbeförderung. Eine Erstattung ist hier nur im Rahmen des Bildungs- und Teilhabepaketes für Sozialhilfeempfänger vorgesehen. Hierzu erteilt die Behörde für Bildung und Sport, Presse- und Öffentlichkeitsarbeit/PA 11-1, Hamburger Straße 31, 22083 Hamburg nähere Auskunft.

Hessen

Die Rechtsgrundlage findet sich in § 161 HSchG. Die Schülerbeförderung ist Aufgabe der kommunalen Schulträger. Ansprechpartner ist das kommunale Schulamt. Für Schulen in freier Trägerschaft gelten die gleichen Grundsätze wie für die öffentlichen Schulen. Die Schulträger sind für die Durchführung und Organisation der Schülerbeförderung als Selbstverwaltungsaufgabe eigenverantwortlich zuständig. Grundsätzlich haben alle Schülerinnen und Schüler, die im Gebiet des Schulträgers wohnen, einen Anspruch auf Schülerbeförderung. Eine Kostenübernahme für die Schülerbeförderung kommt jedoch erst bei einer Mindestlänge des Schulwegs in Betracht: Der Schulweg der Grundschüler muss über 2 Kilometer lang sein, bei Schülern ab der Jahrgangsstufe 5 muss dieser eine Länge von über 3 Kilometer haben. Nur wenn der Schulweg eine besondere Gefährdung darstellt für Schüler mit Behinderung, kann auch eine Kostenerstattung für eine kürzere Wegstrecke erfolgen. Anspruch haben die Schüler der Grundschule sowie der Mittelstufe (Sekundarstufe I). Alle Schüler der Oberstufe (Sekundarstufe II) haben keinen Anspruch auf Schülerbeförderung. In der Regel hat der Schulträger die Schülerbeförderung über den ÖPNV abzuwickeln. Erstattet werden die Kosten für den Weg von der Wohnung zur zuständigen Schule. Für die Schüler der weiterführenden Schulen werden die Kosten für den Schulweg zur nächstgelegenen Schule, an welcher der gewünschte Abschluss am Ende der Mittelstufe erreicht werden kann, erstattet. Entscheiden sich die Eltern für den Besuch einer anderen als der zuständigen bzw. nächstgelegenen Schule, so werden maximal die Kosten erstattet, die beim Besuch der zuständigen bzw. nächstgelegenen Schule entstanden wären.

Keine Gründe für die Bewilligung der Übernahme der Schülerbeförderungskosten sind:
- Fremdsprachenfolge
- Besuch der Förderstufe
- Ganztagsbetreuungsangebot
- spezielle Unterrichtsangebote
- konfessionelle Ausrichtung
- Besuch einer Realschule, eines Gymnasiums
- die Empfehlung z. B. der Grundschule, eine bestimmte Schule ab der Jahrgangsstufe 5 zu besuchen

Die Bewilligung oder Ablehnung erfolgt einkommensunabhängig.

Mecklenburg-Vorpommern

Nach § 113 SchulG M-V sind die Landkreise Träger der Schülerbeförderung. Die Schülerbeförderung zählt zu ihrem eigenen Wirkungskreis. Die Landkreise haben für die in ihrem Gebiet wohnenden Schüler vom Beginn der Schulpflicht bis zum Ende der Jahrgangsstufe 12 der allgemeinbildenden Schulen sowie der Jahrgangsstufe 13 des Fachgymnasiums eine öffentliche Beförderung für Schüler der örtlich zuständigen Schulen durchzuführen oder für den Fall, dass eine solche nicht durchgeführt wird, die notwendigen Aufwendungen dieser Schüler oder ihrer Erziehungsberechtigten für den Schulweg zur örtlich zuständigen Schule zu tragen. Schüler, die eine in kommunaler Trägerschaft stehende Schule oder eine Schule in freier Trägerschaft besuchen, die jedoch nicht die örtlich zuständige Schule ist, können kostenlos an der öffentlichen Schülerbeförderung zur örtlich zuständigen Schule teilnehmen, sofern eine solche eingerichtet ist. Eine Erstattung der notwendigen Aufwendungen für diese Schülerinnen und Schüler findet nicht statt. Die Landkreise bestimmen für die Schülerbeförderung die Mindestentfernungen zwischen Wohnung und Schule. Sie haben dabei die Belastbarkeit der Schüler und die Sicherheit des Schulwegs zu berücksichtigen. Die Schülerbeförderung soll möglichst zeitnah an den Unterricht oder an die Angebote der Ganztagsschule anschließen.

Niedersachsen

12 Grundlage der Schülerbeförderung sind die §§ 63, 114 NSchG. Danach haben die Landkreise und kreisfreien Städte als Träger der Schülerbeförderung die in ihrem Gebiet wohnenden Schülerinnen und Schüler der im Gesetz genannten Schulformen unter zumutbaren Bedingungen zur Schule zu befördern oder ihnen oder ihren Erziehungsberechtigten die notwendigen Aufwendungen für den Schulweg zu erstatten. Die Schülerbeförderung gehört somit zum eigenen Wirkungskreis der Landkreise und kreisfreien Städte. Sie ist keine staatliche Aufgabe. Einzelheiten zur Durchführung der Schülerbeförderung haben die Landkreise und kreisfreien Städte in eigenen Satzungen verankert.

Nordrhein-Westfalen

13 In NRW sind die Schülerfahrkosten in der Schülerfahrkostenverordnung (SchfkVO) geregelt. Diese basiert auf der gesetzlichen Regelung des § 97 SchulG NRW. Die Zuständigkeit liegt beim Schulträger. Der Schulträger der Ersatzschule entscheidet über die Anträge des Schülers unter Heranziehung der SchfkVO über die Gewährung von Schülerfahrkosten. Er enthält für die Schülerfahrkosten eine Refinanzierung vom Land. Die Anwendungsvorschrift für Ersatzschulen findet sich in § 17 SchfkVO. Der Ersatzschulträger hat die Voraussetzungen der SchfkVO zu prüfen. Hinweise zur Anwendung enthalten die von der Bezirksregierung Münster herausgegebenen Prüfschritte „Ansprüche nach der SchfkVO". Die Verordnung sieht eine Deckelung der Kosten pro Schüler auf 100,- € pro Monat vor. Hiervon ausgenommen sind Schüler mit sonderpädagogischem Förderbedarf.Nur die wirtschaftlichste Beförderung ist erstattungsfähig. Die SchfkVO geht zunächst von einer Regelbeförderung mit öffentlichen Verkehrsmitteln aus, soweit dies nicht möglich oder unzumutbar ist, kann ein Schülerspezialverkehr vom Schulträger eingerichtet werden. Ist ein Schülerspezialverkehr nicht eingerichtet, so kommt die Beförderung mit Privatfahrzeugen oder im Ausnahmefall die Beförderung mit Einzeltaxen in Betracht (vgl. hierzu: VG Düsseldorf, Urteil vom 02.12.201, AZ.: 12 K 4571/19). Soweit eine Beförderung mit öffentlichen Verkehrsmitteln aus gesundheitlichen Gründen nicht möglich ist, haben die Schüler dies durch geeignete ärztliche Atteste nachzuweisen. Die Bezirksregierung prüft im Rahmen der Refinanzierung, ob der Schulträger die Schülerfahrkosten unter Beachtung des SchfkVO bewilligt hat.

Rheinland-Pfalz

14 Den Landkreisen und kreisfreien Städten obliegt es als Pflichtaufgabe der Selbstverwaltung für die Beförderung der Schülerinnen und Schüler zu sorgen, wenn die Schülerinnen und Schüler ihren Wohnsitz in Rheinland-Pfalz haben und ihnen der Schulweg ohne Benutzung eines Verkehrsmittels nicht zumutbar ist. Näheres ist im § 69 des Landesgesetzes über die Schulen in Rheinland-Pfalz nachzulesen. Für die Schulen in freier Trägerschaft regelt § 33 PrivatschulG, dass für die Beförderung der Schüler von Schulen, die Beiträge nach § 28 erhalten, § 69 des Schulgesetzes entsprechend gilt. Für die Freien Waldorfschulen gilt dies entsprechend mit der Maßgabe, dass bei Schülern der Klassenstufe 5 bis 13 Kosten insoweit übernommen werden, als sie bei der Fahrt zur jeweils nächstgelegenen öffentlichen Realschule, Realschule plus, Integrierten Gesamtschule oder zum jeweils nächstgelegenen Gymnasium, bei Schülern mit festgestelltem sonder-

pädagogischen Förderbedarf zur jeweils nächstgelegenen öffentlichen Förderschule der jeweiligen Schulform entstehen würden.

Saarland

Im Saarland tragen die Schulträger die Kosten der Schulbeförderung und sind verantwortlich für die Organisation. Die Regelungen finden sich im dritten Teil des Schulordnungsgesetz (SchoG), § 44 in Verbindung mit § 45. Die Schulträger übernehmen die Beförderungskosten, die notwendig durch den Besuch der Grundschule und den Pflichtbesuch des Schulkindergartens entstehen, die Beförderungskosten, die notwendig durch den Besuch von Förderschulen entstehen, die infolge der Behinderung einer Schülerin oder eines Schülers, die oder der eine Schule der Regelform besucht, entstehen. § 32 d PrivatschulG regelt für die Schulen in freier Trägerschaft, dass für den Besuch einer Grundschule oder Schule für Behinderte, für den Besuch der Ersatzschulen besonderer pädagogischer Prägung in den entsprechenden Klassenstufen des Grundschulbereichs, für die staatliche Finanzhilfe geleistet wird, das Land dem Schulträger auf Antrag die notwendigen Beförderungskosten im Sinne der für öffentliche Schulen geltenden Vorschriften für die Schüler erstattet, höchstens jedoch bis zu dem Betrag, der durch den Besuch der zuständigen öffentlichen Grundschule oder Schule für Behinderte zu erstatten wäre.

15

Sachsen

Die Schülerbeförderung in Sachsen ist in § 23 Absatz 3 Schulgesetz für den Freistaat Sachsen (SächsSchulG) geregelt. Träger sind die Landkreise und kreisfreien Städte, in deren Gebiet sich die Schule befindet. Sie regeln die Einzelheiten der Schülerbeförderung in Satzungen mit einem weiten Gestaltungsspielraum im Rahmen der Gesetze. Die Landkreise und kreisfreien Städte als Träger der Schülerbeförderung erhalten eine indirekte Refinanzierung der Kosten im Rahmen des Finanzausgleichs. Die Schülerbeförderung kann grundsätzlich mit den unterschiedlichsten Verkehrsmitteln erfolgen. Die konkrete Organisation, einschließlich der Wahl des Verkehrsmittels, ist abhängig von den örtlichen Gegebenheiten, dem vorhandenen öffentlichen Personennahverkehr und dem jeweiligen Schülerklientel. Überwiegend wird die Schülerbeförderung im Linienverkehr durchgeführt. In einigen Fällen erfolgt die Schülerbeförderung im freigestellten Schülerverkehr. Insbesondere für behinderte Schüler werden Spezialfahrzeuge eingesetzt.

16

Sachsen-Anhalt

In Sachsen-Anhalt findet sich eine ausführliche Regelung zu den Schülerfahrkosten in § 71 SchulG LSA. Die Landkreise und kreisfreien Städte sind Träger der Schülerbeförderung. Anspruchsberechtigt sind Schüler der allgemeinbildenden Schulen bis einschließlich des 10. Schuljahrganges; die der Förderschulen darüber hinaus, des schulischen Berufsgrundbildungsjahres und des Berufsvorbereitungsjahres und des ersten Schuljahrganges derjenigen Berufsfachschulen, zu deren Zugangsvoraussetzungen kein mittlerer Schulabschluss gehört. Dabei ist es Aufgabe der Landkreise und Städte, Schüler unter zumutbaren Bedingungen zur Schule zu befördern oder ihren Erziehungsberechtigten die notwendigen Aufwendungen für den Schulweg zu erstatten. Die Beförderungs- oder Erstattungspflicht besteht nur für die Wegstrecke zwischen der Wohnung der Schülerin oder des Schülers und der nächstgelegenen Schule der von ihr oder ihm gewählten Schulform. Bei der Ermittlung der nächstgelegenen Schule werden Schulen in freier Trägerschaft dann nicht berücksichtigt, wenn die Schülerin oder der Schüler eine

17

10. Kapitel Schülerfahrkostenerstattung

öffentliche Schule besucht. Die Beförderungs- oder Erstattungspflicht besteht in jedem Fall, wenn Schülerinnen und Schüler wegen einer körperlichen oder geistigen Behinderung befördert werden müssen.

18 Darüber hinaus haben die Träger der Schülerbeförderung die in ihrem Gebiet wohnenden Schüler der Schuljahrgänge 11 und 12 der Gymnasien und der Schuljahrgänge 11 bis 13 der Gesamtschulen und Freien Waldorfschulen bei Benutzung des öffentlichen Personennahverkehrs oder des freigestellten Schülerverkehrs von den Fahrkosten zu entlasten. Die Entlastung erfolgt in Form der wirtschaftlichsten Beförderung abzüglich einer Eigenbeteiligung von 100 Euro je Schuljahr. Bei der Ermittlung der nächstgelegenen Schule der gewählten Schulform werden bei Freien Waldorfschulen für die Schuljahrgänge 1 bis 4 die Grundschulen, für die Schuljahrgänge 5 bis 10 die Sekundarschulen und für die Schuljahrgänge 11 bis 13 die Gymnasien herangezogen, sofern nicht eine Freie Waldorfschule die nächstgelegene Schule ist.

Schleswig-Holstein

19 Die Schulträger der in den Kreisen liegenden öffentlichen Schulen sind Träger der Schülerbeförderung für Schüler, die Grundschulen, Klassenstufen fünf bis zehn der weiterführenden allgemeinbildenden Schulen sowie Förderschulen besuchen. § 114 des Schulgesetzes von Schleswig-Holstein sieht ausdrücklich vor, dass Träger der öffentlichen Schulen zugleich zuständig für die Organisation und Finanzierung der Schülerbeförderung sind. Die Durchführung und Finanzierung der Schülerbeförderung an Schulen in freier Trägerschaft obliegt diesem als Schulträger. Er hat aber gemäß §§ 120 Abs. 1, 48 Abs. 1 S. 2 und Abs. 2 Nr. 8 SchulG einen Anspruch auf Refinanzierung der geleisteten Zuschüsse durch das Land, soweit es sich hierbei um Kosten handelt, die für einen Schüler einer vergleichbaren Schule des öffentlichen Schulwesens vom Schulträger aufzuwenden sind. Das ist dann der Fall, wenn der private Schulträger die Vorgaben des § 114 SchulG bei der Bewilligung von Schülerfahrkosten beachtet hat.

Thüringen

20 Nach § 4 Abs. 1 Satz 2 des Thüringer Gesetzes über die Finanzierung der staatlichen Schulen (ThürSchFG) in der Fassung vom 30. April 2003 sind in der Regel die Landkreise und kreisfreien Städte Träger der Schülerbeförderung für die in ihrem Gebiet wohnenden Schüler. Ihnen obliegt die Organisation und Durchführung des Schülertransports in eigener Verantwortung. Gemäß § 4 Abs. 3 Satz 4 ThürSchFG sind hierbei vorrangig die öffentlichen Verkehrsmittel zu nutzen.Das Thüringer Gesetz über Schulen in freier Trägerschaft (ThürSchfTG) regelt in § 22 die Schülerbeförderung für Schulen in freier Trägerschaft. Hier heißt es, dass bei der Schülerbeförderung für den Besuch von Schulen in freier Trägerschaft, an denen die Schulpflicht erfüllt werden kann, die Bestimmungen des § 4 ThürSchFG mit der Maßgabe gelten, dass der Landkreis oder die kreisfreie Stadt am Wohnsitz des Schülers nicht zur Organisation des Schülertransports verpflichtet ist. Die Organisation liegt daher beim Schulträger der Ersatzschule.

11. Kapitel: Staatliche Schulaufsicht

11.1. Allgemeine Fragen der staatlichen Schulaufsicht

Das gesamte Bildungswesen unterliegt der **staatlichen Aufsicht**. Die Aufsicht im Bereich des Schulwesens liegt grundsätzlich bei den Kultusministerien und den nachgeordneten Behörden.

Der Staat bedarf für sein Handeln immer einer **Ermächtigungsgrundlage**, also einer gesetzlichen Handlungskompetenz, um in die Grundrechte einzugreifen. Ein Eingriff, der ohne eine gesetzliche Grundlage oder der nicht auf Grund eines Gesetzes erfolgt, ist rechtswidrig.

Und alle Gesetze, Verordnungen, Erlasse gelten für Schulen in freier Trägerschaft nur, wenn dies ausdrücklich vom Gesetz und nachfolgend in den jeweiligen Regelungen vorgesehen ist.

Außerdem müssen alle Eingriffe in Grundrechte, gemessen am vom Staat verfolgten Zweck seines Handelns, in einem angemessenen **Verhältnis** zur Schwere des Eingriffs stehen. Ein rechtswidriger Eingriff stellt immer eine Grundrechtsverletzung dar.

11.2. Dienst-/Fachaufsicht

Im Bereich der staatlichen Schulen übt die Kultusverwaltung durch die staatlichen Schulämter, die Mittelbehörden (soweit vorhanden) und das Kultusministerium die Aufsicht über ihre eigenen Schulen aus. Insoweit üben die Aufsichtsbehörden die Fachaufsicht aus, d.h. sie können die Entscheidungen der Schule nicht nur rechtlich, sondern auch auf ihre Zweckmäßigkeit hin überprüfen. Ebenso obliegt den Schulbehörden die Dienstaufsicht, hierarchisch geordnet vom Ministerium bis hinunter zur Schulleitung.

11.3. Rechtsaufsicht gegenüber Schulen in freier Trägerschaft

Gegenüber den Ersatzschulen in freier Trägerschaft sind die Aufsichtsmöglichkeiten deutlich begrenzter. Den Aufsichtsbehörden obliegt nur die **Rechtsaufsicht** hinsichtlich der Erfüllung der Genehmigungsvoraussetzungen des Art. 7 Abs. 4 und Abs. 5 GG.

Kritik an der Methode und der Zweckmäßigkeit von schulischen Entscheidungen steht den Aufsichtsbehörden nicht zu. Dies folgt aus den grundrechtlich geschützten Freiräumen der Ersatzschulen in freier Trägerschaft.

Hinsichtlich der abschließend aufgezählten Genehmigungsbedingungen des Art. 7 Abs. 4 GG darf die Aufsichtsbehörde nur prüfen, ob die Ersatzschule insoweit nicht zurücksteht hinter den staatlichen Schulen, also mit ihnen gleichwertig ist; Gleichheit ist aber auch bezüglich der Genehmigungsbedingungen nicht verlangt.

Die Privatschulfreiheit verbietet es den Behörden zum Beispiel, den Schulen in freier Trägerschaft ein bestimmtes **Organisationsmodell** oder bestimmte **Unterrichtsmaterialien** (beides kann unter den Begriff „Einrichtungen" fallen) zu verwenden. Wenn die Schule bewusst auf bestimmte Reformmodelle des Staates verzichtet (z.B. die Mengenlehre in der Mathematik) kann der Staat dies nicht verbieten, wenn die Schule gleichwertige Alternativen hat.

Die **Dienstaufsicht** gegenüber Schulen in freier Trägerschaft obliegt nicht den staatlichen Schulbehörden, sondern allein dem Schulträger.

Und die **Fachaufsicht** wird ebenfalls vom Schulträger ausgeübt, es sei denn, es gäbe Anhaltspunkte dafür, dass die Gleichwertigkeit der Schule gefährdet wäre.

11.4. Kollisionen

12 Erfahrungsgemäß ergeben sich teilweise Schwierigkeiten aus dieser doppelten Tätigkeit als Aufsichtsbehörde über die staatlichen und die Schulen in freier Trägerschaft.

13 Zum einen legen die Aufsichtsbehörden gelegentlich für private und staatliche Schulen die gleichen Vorschriften und Maßstäbe zugrunde. Damit aber verletzen sie die Grundrechte der Schulen in freier Trägerschaft, wenn Vorschriften angewandt werden sollen, die nicht zwingend der Einhaltung der Genehmigungsvoraussetzungen dienen.

14 Zum anderen wird die Konstruktion der doppelten Aufsichtstätigkeit dem rechtsstaatlichen **Neutralitätsgebot** der Verwaltung nicht gerecht. Der Staat ist Betreiber, Verwalter, Planer und Organisator des staatlichen Schulwesens. Die staatliche Schulaufsicht ist nicht nur Beobachter des staatlichen Schulsystems, sie ist zugleich auch Ratgeber, der staatlichen Schulen und Teil der staatlichen Schulverwaltung; sie steht gewissermaßen immer tendenziell auf Seiten der staatlichen Schulen und fühlt sich für deren Wohlergehen verantwortlich.[1]

15 Im Wettbewerb um weniger werdende Schüler kann dies zu einem Problem werden: Staatliche Aufsichtsbehörden könnten in Versuchung geraten, Schulen in freier Trägerschaft durch überzogene und rechtswidrige Maßnahmen an der Gründung zu hindern oder ihnen den Betrieb erschweren, um die bestehenden staatlichen Schulen zu schützen.

16 Ein möglicher Lösungsansatz für diese beiden Probleme wird in der Aufteilung der Schulaufsicht in eine Aufsicht über das staatliche Schulwesen und in eine Schulaufsicht über die Schulen in freier Trägerschaft gesehen. So sollen die notwendige fachliche Spezialisierung gewahrt und Interessenkonflikte vermieden werden.

17 Ein deutlich weitergehender Vorschlag sieht vor, dass der Staat durch Beleihung seine Aufsichtskompetenz auf eine demokratische, selbstverwaltete Organisation überträgt. Diese Organisation würde dann die Rechtsaufsicht ausüben. Dem steht Art. 7 Abs. 1 GG auch nicht entgegen, da der Staat selbst entscheiden kann, wer seine Aufsichtskompetenz ausübt. Die dem Staat obliegende Aufsicht über die Straßenverkehrssicherheit wird zum Teil durch den privatrechtlichen „Technischen Überwachungsverein" (TÜV) ausgeübt, ohne dass hiergegen verfassungsrechtliche Bedenken bestünden. Die Aufsicht über Schulen in freier Trägerschaft durch staatliche Behörden begründet sich allein aus der historischen Tradition, nicht aber aus zwingenden sachlichen Gründen.

---

1 BVerfGE 88, 40 ff.

12. Kapitel: Rechtsformen für Schulträger

12.1. Vorbemerkung

Jede Schule bedarf, um den notwendigen Rechtsverkehr mit ihrer Umwelt aufnehmen zu können, eines **Schulträgers**. Bei staatlichen Schulen ist Schulträger zumeist eine Kommune oder ein Landkreis. Bei Schulen in freier Trägerschaft sind Schulträger entweder **Körperschaften des öffentlichen Rechts** (Kirchen) oder **Körperschaften des privaten Rechts**, z.B. Vereine, Genossenschaften oder GmbHs.

In staatlichen Schulen sind sämtliche Lehrkräfte Angestellte oder Beamte des Staates, und auch das pädagogische Konzept wird in Form von Richtlinien und **Lehrplänen** von der staatlichen Schulverwaltung vorgegeben. Der Schulträger, also die Kommune oder der Landkreis, hat zumeist nur die Aufgabe, die Gebäude vorzuhalten, gegebenenfalls zu errichten und instand zu halten. Dafür muss er gegebenenfalls das erforderliche Personal stellen.

Ganz anders ist das Verhältnis zwischen Schule und Schulträger im Bereich der Schulen in freier Trägerschaft.

Hier hat der Schulträger eine weit größere Verantwortung: Ihm obliegt die Verantwortung für das pädagogische Konzept der Schule, für ihre Finanzierung und für die Bereitstellung der geeigneten Schulräume. Er schließt die Anstellungsverträge mit den Lehrkräften und sonstigen Mitarbeitern sowie die Schulverträge mit den Elternhäusern der Schülerinnen und Schüler ab.

Demgegenüber bleibt die Schule als rechtlich selbständige Einheit innerhalb des Schulträgers bestehen. Die Schule ist als solche keine Körperschaft, aber eine **Rechtsgestalt eigener Art**. Die Schule besteht im Kern aus den Lehrkräften einerseits und den Schülerinnen und Schülern andererseits. Sie wird repräsentiert durch die **Schulleitung**.

Die Schulen und ihre Repräsentanz, die Schulleitung, sind verantwortlich für den ordnungsgemäßen Schulbetrieb und die Pädagogik, während der Schulträger für alle äußeren rechtlichen und wirtschaftlichen Gegebenheiten zuständig ist.

Die seit Anfang des 20. Jahrhunderts gegründeten allgemeinbildenden **Reformschulen** haben traditionell jeweils einen Verein als Träger, bisweilen jedoch auch eine GmbH oder eine Genossenschaft, in Ausnahmefällen auch eine Stiftung. Dagegen sind die privaten berufsbildenden Schulen meist in Form einer GmbH organisiert[1], seltener in Form eines Vereins, und es kommt auch noch vor, dass solche Schulen von Einzelpersonen getragen werden, letzteres insbesondere, wenn nicht die **Gemeinnützigkeit** und der Status einer Ersatzschule angestrebt werden.[2]

Neu ist seit einigen Jahren, dass Schulen in Form von **Franchise-Systemen** mit einer AG als Muttergesellschaft gegründet werden. In diesen Fällen fungiert als „Konzernmutter" eines solchen Systems eine Aktiengesellschaft, die an den einzelnen im Rahmen des Systems betriebenen Schulen, die wiederum in Form von GmbHs betrieben werden, beteiligt ist.

12.2. Körperschaft und Personengesellschaft

Schulen werden in der Regel von **Körperschaften** getragen, selten oder fast nie von **Personengesellschaften**. Das dürfte damit zusammenhängen, dass in vielen Bundesländern

---
[1] Vogel, Das Recht der Schulen und Heime in freier Trägerschaft, Darmstadt und Neuwied 1984, S. 168.
[2] Vogel (Fn. 1), S. 165.

inzwischen die Gemeinnützigkeit unverzichtbare Voraussetzung für die Genehmigung einer Ersatzschule ist.[3] Denn Einzelpersonen und Personengesellschaften können nach herrschender Meinung nicht gemeinnützig sein, sondern nur Körperschaften und Stiftungen.[4] Ferner haften Einzelunternehmer sowie die Gesellschafter von OHG und GbR persönlich mit ihrem gesamten Vermögen. Und schließlich sind die Strukturen von Personengesellschaften nicht auf die Trägerschaft von Unternehmungen mit einer Vielzahl von Beteiligten ausgerichtet. Körperschaften dagegen sind unabhängig vom Bestand ihrer Mitgliedschaft rechtsfähig. Rechtsfähigkeit bedeutet, selbst Träger von Rechten und von Pflichten zu sein. Die Rechtsfähigkeit einer Körperschaft stellt sie rechtlich auf eine Stufe mit einer natürlichen Person. Weil die Wandlung einer Personenvereinigung zu einer rechtsfähigen Person sich mit Hilfe einer vom Gesetz geschaffenen, also juristischen Konstruktion vollzieht, werden Körperschaften, z.B. Verein, GmbH, AG und Genossenschaft – als „juristische Person" (im Gegensatz zum Menschen als natürlicher Person) bezeichnet. Als juristische Person ist die Körperschaft selbst Rechtssubjekt. Sie besitzt daher Grundbuchfähigkeit, kann also selbst (nicht die einzelnen Mitglieder) als Eigentümer oder beispielsweise Grundschuldgläubiger in das Grundbuch eingetragen werden. Sie ist in einem Prozess parteifähig, kann folglich klagen und verklagt werden. Sie ist vermögensfähig, kann eigenes Vermögen erwerben, Erbe oder Vermächtnisnehmer werden. Das Vermögen einer Körperschaft kann Gegenstand der Zwangsvollstreckung sein. Sie kann selbst Verbindlichkeiten eingehen, das heißt Verträge schließen, aus denen Zahlungs- oder sonstige Verpflichtungen entstehen, für die regelmäßig nur das Vermögen der Körperschaft (nicht der Mitglieder) haftet. Das alles schafft für die Institution, um deren Trägerschaft es geht, eine größere Sicherheit und Kontinuität, als wenn sie nur von einzelnen Personen oder Personengemeinschaften getragen würde.

10 Aus den vorstehenden Gründen wird die weitere Darstellung darauf fokussiert, die Körperschaften zu untersuchen, die für die Trägerschaft einer Schule in erster Linie in Betracht kommen.

12.3. Der eingetragene Verein (e. V.)

11 Im Gesetz ist nicht definiert, was unter einem **Verein** zu verstehen ist. Das Gesetz setzt diesen Begriff vielmehr voraus. Nach der Rechtsprechung ist ein Verein definiert als „auf gewisse Dauer angelegter, körperschaftlich organisierter Zusammenschluss einer Anzahl von Personen, die ein gemeinschaftliches Ziel verfolgen."[5] Dies ist der Fall, wenn die sich zusammenschließenden Einzelpersonen als eine Einheit auftreten wollen, die einen Gesamtnamen führt, durch einen Vorstand vertreten wird und die ihren Willen grundsätzlich durch Beschlussfassung der Angehörigen nach Stimmenmehrheit äußert. Erforderliches Merkmal des Vereines ist weiter, dass ein Wechsel im Mitgliederbestand stattfinden kann, ohne dass sich der Verein selbst verändert (§ 58 Nr. 1 BGB).[6]

12 Der **eingetragene Verein** ist der Prototyp des Trägers für gemeinnützige Einrichtungen in Deutschland.

13 Gemeinnützige Einrichtungen oder – neudeutsch – non-profit-Unternehmen sind ein unverzichtbarer Bestandteil der globalen **Zivilgesellschaft**. Ohne sie gäbe es nur die Duali-

---

3 Z.B. § 105 Abs. 5 SchulG NRW.
4 § 51 AO in Verbindung mit § 1 KStG.
5 Sauter/Schweyer, Der eingetragene Verein, 16. Aufl. Mchn 1997, Randziffer 1.
6 A.a.O.

tät von Staat (verantwortlich für das Gemeinwohl) und Einzelnem (nur verantwortlich für das eigene Wohl).

In gemeinnützigen Einrichtungen in aller Welt beweisen täglich und stündlich Millionen Menschen, dass sich einzelne sehr wohl verantwortlich für die Gesellschaft fühlen und dementsprechend handeln. Sie sind – wie es im Gemeinnützigkeitsrecht treffend heißt[7] – „selbstlos tätig" und verfolgen „nicht in erster Linie eigenwirtschaftliche Zwecke".

Je mehr Staaten und ihre Repräsentanten einerseits und nunmehr auch Banken und Konzerne andererseits an Glaubwürdigkeit verlieren, desto wichtiger wird die Funktion gemeinnütziger Einrichtungen und der in ihnen tätigen Menschen. Desto wichtiger wird es auch, für gemeinnützige Einrichtungen die heute angemessenen und praktikablen Rechtsformen zu wählen. Traditionell werden gemeinnützige Einrichtungen in Deutschland seit vielen Jahrzehnten in der Form eines gemeinnützigen Vereins betrieben. Dies hat sich durchaus bewährt, zumal es kaum eine Rechtsform gibt, die so flexibel wie der Verein ist: verwendbar für Einrichtungen aller Art, vom Taubenzüchterverein über Bundesligaclubs bis zu Schulen oder Altenheimen. Grund der Beliebtheit dieser Trägerform ist ihre organisatorische Anpassungsfähigkeit an die Bedürfnisse des Trägers und der Schule sowie die Möglichkeit der Formalisierung zur juristischen Person bei nur geringem bürokratischem Aufwand.[8]

Und von allen Körperschaften ist der Verein von den bestehenden gesetzlichen Vorgaben her auch die mit Abstand flexibelste. Nach den gesetzlichen Vorschriften (§§ 57, 58 BGB) muss die Satzung zwingend lediglich den Zweck des Vereins, seinen Namen und seinen Sitz enthalten sowie bestimmen, dass er in das Vereinsregister eingetragen ist oder werden soll[9]. Ferner gehören in die Satzung Bestimmungen über den Eintritt und Austritt der Mitglieder, darüber, ob und ggf. welche Beiträge zu leisten sind, über die Bildung des Vorstands, über die Voraussetzungen, unter denen die Mitgliederversammlung einzuberufen ist sowie über die Form der Einberufung und über die Beurkundung der gefassten Beschlüsse. In allem anderen, insbesondere darin, welche Organe der Verein außer dem Vorstand und der Mitgliederversammlung haben soll und welche Rechte und Pflichten diese Organe im Einzelnen haben sollen, sind die Verfasser einer Vereinssatzung frei. Es bestehen auch keine Bedenken, Aufgaben der Mitgliederversammlung, z. B. die Bestellung des Vorstands oder Beschlüsse über Satzungsänderungen auf andere Vereinsorgane zu übertragen.[10]

Von seiner Struktur her ist allerdings der Verein auf zwei Grundpfeiler gebaut, die heute beim Betrieb gemeinnütziger Unternehmungen ab einer bestimmten Größe nicht oder nicht mehr uneingeschränkt sinnvoll sind:

- die Ehrenamtlichkeit und
- das Demokratiegebot

Die **Ehrenamtlichkeit** ist selbstverständlich nach wie vor eine wichtige Basis der modernen Bürgergesellschaft. Ohne den zum Teil sehr erheblichen Einsatz vieler ehrenamtlich tätiger Menschen könnten gerade auch gemeinnützige Vereine nicht überleben. Aber das betrifft die tatsächliche Tätigkeit, und gerade nicht die verantwortliche Repräsentanz von gemeinnützigen Vereinen. Denn Vereine als Träger kleinerer oder größerer gemeinnütziger Einrichtungen stehen heute – ob das gewollt ist oder nicht – im Wettbe-

---

7 § 55 Abs. 1 AO.
8 Vogel (Fn. 1), S. 166.
9 Sauter/Schweyer, a.a.O., Randziffer 41.
10 Sauter/Schweyer/Waldner, Der eingetragene Verein, 17. Auflage, Randziffern 130 und 135.

werb mit anderen Unternehmen, und damit unter Erfolgszwang und Qualitätskontrolle. Das bringt es mit sich, dass auch gemeinnützige Vereine, jedenfalls wenn sie Schulen, Kindergärten und Heime aller Art oder andere Unternehmen betreiben, erheblichem wirtschaftlichem Druck ausgesetzt sind, und dass auch non-profit-Unternehmen in Insolvenzgefahr geraten können. Es bringt ferner mit sich, dass die in Vereinen tätigen Menschen, insbesondere Organmitglieder, für Fehlverhalten zur persönlichen Haftung herangezogen werden, auch wenn sie nur ehrenamtlich tätig sind.

19 Gemeinnützige Einrichtungen leben nach wie vor auch vom Einsatz vieler ehrenamtlich tätiger Menschen, wenn sie ihre erfolgreiche Arbeit fortsetzen wollen. Hier gilt es daher heute, die Trägerschaft und die Organe gemeinnütziger Einrichtungen so zu gestalten, dass die Arbeit einerseits effektiv weitergeführt werden kann und den notwendigen Leistungskontrollen stand hält, und dass andererseits die vielen ehrenamtlich Tätigen vor unvertretbaren **Haftungsrisiken** geschützt werden. Dazu erfolgen weiter unten nähere Hinweise.

12.4. Die Gesellschaft mit beschränkter Haftung (GmbH)

20 Eine **GmbH** ist gemäß § 1 GmbH-Gesetz „für jeden gesetzlich zulässigen Zweck" möglich, also natürlich auch zum Betrieb einer Schule oder einer anderen gemeinnützigen Einrichtung.[11] Grundlegend anders als beim Verein gestaltet sich bei der GmbH die Position der **Gesellschafter** im Hinblick auf das Gesellschaftsvermögen. Der einzelne Geschäftsanteil besitzt einen Vermögenswert und ist grundsätzlich übertragbar und vererblich. Die Übertragbarkeit kann allerdings durch den Gesellschaftsvertrag eingeschränkt werden.[12] Die Übertragung von Anteilen bedarf – ebenso wie der Ein- und Austritt von Gesellschaftern – der notariellen Beurkundung, was die GmbH insoweit schwerfälliger macht.

21 Hinsichtlich der Willensbildung in der GmbH gibt es Parallelen, aber auch Unterschiede zum Verein. Hier wie dort bestimmen die Gesellschafter über die **Gesellschafterversammlung** bzw. die Mitglieder über die Mitgliederversammlung die Geschicke der Körperschaft. Die Gesellschafter der GmbH können ihre Geschäftsführung ebenso jederzeit mehrheitlich ein- bzw. absetzen wie die Mitglieder des Vereins ihren Vorstand, können Handlungsvorgaben machen und Aufgabenbereiche zuordnen. Aber anders als beim Verein ist bei der GmbH aufgrund der üblicherweise relativ kleinen Anzahl von Gesellschaftern (gegenüber einer regelmäßig recht großen Anzahl von Vereinsmitgliedern) eine tatsächliche Steuerung der Geschäftsführung durchaus möglich.

22 Auch die GmbH ist im Hinblick auf ihre rechtlichen Grundstrukturen noch recht flexibel. Insbesondere können – wie beim Verein – weitere Organe neben Gesellschafterversammlung und Geschäftsführung eingesetzt werden. So ist es bei der GmbH üblich, einen **Aufsichtsrat** als Kontrollorgan der Geschäftsführung vorzusehen. Auch Änderungen des **Gesellschaftsvertrages** sind unproblematisch möglich, wenn auch immer nur wirksam nach notarieller Beurkundung.[13]

23 Die Kapitalausstattung der GmbH muss 25.000 € betragen[14]. Im Gegensatz zum Verein hat die GmbH eine gesetzlich vorgesehene Bilanzierungspflicht und muss sich – je nach

---

11 Baumbach/Hueck, Kommentar zum GmbH-Gesetz, 17. Aufl. München 2000, § 1, Randziffer 12.
12 § 15 Abs. 5 GmbH-Gesetz.
13 § 53 GmbH-Gesetz.
14 § 5 GmbH-Gesetz.

Größe – durch einen Wirtschaftsprüfer, einen vereidigten Buchprüfer oder einen Steuerberater prüfen lassen[15] ,was nicht unerhebliche Kosten verursachen kann.

12.5. Die eingetragene Genossenschaft (e. G.)

Eine **Genossenschaft** ist eine Vereinigung, die einen wirtschaftlichen Zweck verfolgt, nämlich die „Förderung des Erwerbs oder der Wirtschaft ihrer Mitglieder mittels gemeinschaftlichen Geschäftsbetriebs"[16] Das lässt sie von ihrem gesetzlichen Urbild her für den Betrieb einer gemeinnützigen Einrichtung zunächst einmal nicht unbedingt geeignet erscheinen[17]. Sie kann aber sehr wohl gemeinnützig sein und von ihrer Satzung her einigermaßen den Bedürfnissen einer Schule angepasst werden[18]. Attraktiv dürfte für Schulen in freier Trägerschaft vor allem die Möglichkeit sein, dass mittels der Genossenschaftsanteile eine Grundausstattung mit Eigenkapital schon mit der Gründung veranlagt ist.

Die Genossenschaft ist eine Art „Mittelding" zwischen Verein und GmbH: Wie beim Verein gibt es Mitgliedschaftsrechte, aber wie bei der GmbH gibt es Kapitalbeteiligungen. Nur sind bei der Genossenschaft nicht die Mitgliedschaften (Gesellschafterstellung) selbst übertragbar, sondern das Geschäftsguthaben, also die Genossenschaftsanteile, und zwar sowohl ganz als auch teilweise.

Die Geschäftsführung der Genossenschaft obliegt einem Vorstand, der ebenso wie der – bei der e. G. gesetzlich vorgesehene[19] – Aufsichtsrat von der Generalversammlung gewählt wird. Letzteres kann allerdings per Satzung abgeändert werden.[20] Die Willensbildung erfolgt in der sogenannten Generalversammlung, die aus allen Mitgliedern besteht. Da im Regelfall – auch dies kann allerdings per Satzung variiert werden[21] – alle Mitglieder unabhängig von der Höhe ihrer Einlage gleiches Stimmrecht haben, ist die idealtypische Genossenschaft in besonderem Maße demokratisch, jedoch damit zugleich auch schwerer zu steuern als z.B. GmbH oder Aktiengesellschaft.

Eine Mindestkapitalausstattung wie bei der GmbH gibt es nicht. Wie beim Verein und bei der GmbH ist die Haftung auf das Vermögen der Körperschaft beschränkt. Allerdings kann fakultativ eine sogenannte Nachschusspflicht der Genossen in Höhe einer per Satzung festzulegenden Haftsumme vorgesehen werden.[22] Bei der Genossenschaft fallen sowohl für die Gründung als auch für den fortlaufenden Betrieb recht hohe Kosten an, insbesondere wegen der Prüfungspflicht durch einen der eigens dafür zugelassenen Prüfungsverbände.[23]

Verein (e.V.), Gesellschaft mit beschränkter Haftung (GmbH) und Genossenschaft (e.G.) werden in der als Anhang beigefügten Synopse mit allen Vor- und Nachteilen gegenübergestellt.

---

15 §§ 316 ff. HGB in Verbindung mit § 57 f Abs. 3 GmbH-Gesetz.
16 § 1 GenG.
17 Vogel (Fn. 1), S. 169, 39 .
18 Vogel (Fn. 1), S. 170.
19 § 9 Abs. 1 GenG.
20 § 24 Abs. 2 GenG.
21 § 43 GenG mit mehreren Varianten; immer bleibt jedoch das Prinzip erhalten, dass das Stimmrecht an die Person gebunden ist, nicht an die Einlage.
22 § 22 a GenG.
23 § 54 GenG.

12. Kapitel: Rechtsformen für Schulträger

12.6. Die Aktiengesellschaft (AG)

29 Wie bei der GmbH besitzen auch die Anteile der Gesellschafter einer AG (Aktien) Vermögenswert und können grundsätzlich übertragen werden. Im Gegensatz zur GmbH ist die Übertragung unkompliziert, sie bedarf nicht – wie bei der GmbH – der notariellen Form. Bei Namensaktien kann die Übertragung von der Zustimmung der Gesellschaft abhängig gemacht werden.[24]

30 Im Vergleich zur GmbH und zur Genossenschaft ist der Einfluss der Gesellschafter (Aktionäre) auf die Geschäftsführung gering. Die Geschäfte der **Aktiengesellschaft** werden durch den Vorstand geführt. Dieser wird vom Aufsichtsrat bestellt und überwacht, welcher seinerseits in der Hauptversammlung durch die Aktionäre bestimmt wird.

31 Vorteil der AG ist die breite Kapitalstreuung, durch die eine Vielzahl von Kapitalgebern für die Finanzierung erreicht werden kann. Wie bei GmbH, e.G. und Verein sind Satzungsänderungen unproblematisch möglich. Das erforderliche Gründungskapital beträgt 50.000 €.[25] Der Prüfungs- und sonstige Kostenaufwand ist eher noch höher als bei der Genossenschaft. Auch bei der AG ist die Haftung auf das Gesellschaftsvermögen beschränkt.[26]

12.7. Die rechtsfähige (selbstständige) Stiftung

32 Die **Stiftung** als Rechtsform ist in jeder Hinsicht ein Sonderfall: Sie ist weder Personengesellschaft noch Körperschaft, sondern schlicht eine **Vermögensmasse**.[27] Als solche ist sie eine rechtsfähige Einrichtung, die einen vom Stifter bestimmten Zweck mit Hilfe eines dazu gewidmeten Vermögens dauernd fördern soll. Zunächst benötigt die Stiftung daher (wie auch der Verein) einen Zweck.[28] Wesentliche Voraussetzung für die Errichtung einer Stiftung ist aber das Vorhandensein eines Stiftungsvermögens. Grundsätzlich muss die Zweckerfüllung mit den Erträgen des Stiftungsvermögens möglich sein.[29]

33 Der Stifter gibt das gestiftete Vermögen aus der Hand, er kann anschließend nicht mehr über die konkrete Verwendung der Mittel bestimmen. Einfluss kann der Stifter nur noch über seine Mitwirkung in den Stiftungsorganen nehmen.[30]

34 Die Stiftung benötigt eine Stiftungsorganisation, d.h. eine Satzung, in der die Organe der Stiftung (meist Vorstand und Stiftungsrat oder Kuratorium) und ihre Kompetenzen geregelt werden.

35 Im Gegensatz zu Vereinen und anderen Gesellschaften gibt es bei der Stiftung keine Mitglieder oder Gesellschafter, die die Stiftung tragen, sondern nur Mitglieder der das Stiftungsvermögen verwaltenden Gremien. Hinzu kommen Destinatäre, d. h. Empfänger der Stiftungsleistungen. Die Stiftung gehört damit sich selbst. Bei der Stiftung steht daher die Zweckverwirklichung durch das Vermögen im Vordergrund, bei dem Verein die Zweckverwirklichung durch eine größere Mitgliederzahl.

36 Die Stiftung wird durch die staatliche **Stiftungsaufsicht** kontrolliert.[31] Im Gegensatz zu einem Verein, bei dem die Mitglieder frei sind, über Mitgliederzahl, Satzung, Zweck und auch Auflösung des Vereines zu entscheiden, geht dies bei einer Stiftung nur unter

---

24 § 68 Abs. 2 AktG.
25 § 7 AktG.
26 § 1 Abs. 1 Satz 2 AktG.
27 Seifart/von Campenhausen, Stiftungsrechtshandbuch, 3. Aufl. München 2009, § 1, Rn .6 ff.
28 Seifart/von Campenhausen, a.a.O. Rn. 9.
29 A. a. O. Rn. 12.
30 A. a. O. Rn. 8 mit weiteren Nachweisen.
31 § 80 Abs. 1 BGB, Seifart/von Campenhausen, a.a.O. § 21, Rn. 5.

Mitwirkung der Aufsichtsbehörde. Der Stiftungsaufsicht sind auch jährliche Jahresrechnungen und Vermögensübersichten vorzulegen. Sie kontrolliert die Mittelverwendung und die Erfüllung des Stiftungszweckes. Zusammensetzung sowie Änderungen der vertretungsberechtigten Organe sind ihr ebenso anzuzeigen wie erhebliche Vermögensänderungen und -belastungen.

12.8. Für welche Schule welche Rechtsform?

Der Vorteil der Rechtsform **Aktiengesellschaft** ist im Fall einer Schule in freier Trägerschaft auch zugleich ihr größter Nachteil: Die freie Verfügbarkeit über die Anteile (Aktien) bewirkt, dass die von ihr betriebene Einrichtung sich im Extremfall ständig auf neue Eigentümerinteressen einstellen muss. Jede Schule braucht aber Stabilität und Kontinuität. Außerdem steht bei den Aktionären – gerade wenn sie auch außerhalb des engeren Umkreises der Schule rekrutiert werden – die Gewinnerzielungsabsicht im Vordergrund und muss befriedigt werden. Das aber widerspricht dem eigentlichen Bildungsanliegen einer Schule. 37

Aktiengesellschaften dürften daher als Träger von Schulen kaum in Betracht kommen, und als „Konzernmutter" nur im Falle von Franchise-Unternehmen, deren Aktionäre mit Schule Geld verdienen wollen. 38

Aber auch die **Genossenschaft** dürfte als Träger für Schulen in freier Trägerschaft eher die Ausnahme bleiben: Zwar ist es für die einzelne Schule verlockend, von allen Eltern, Angehörigen etc durch die Zeichnung von Genossenschaftsanteilen ein ansehnliches Eigenkapital zu bekommen. Aber dieser Vorteil ist nur kurzfristig. Dagegen ist der Nachteil der Genossenschaft, nämlich die immensen Kosten für Verwaltung und Prüfung, langfristig und wiegt daher schwer. Wer allerdings sehr große Bildungseinrichtungen betreiben möchte, dem kann die e.G. als Rechtsform durchaus empfohlen werden, weil sich dann die Kosten ja relativieren. Einige mehrzügige Waldorfschulen scheinen mit der Rechtsform Genossenschaft ganz zufrieden zu sein, da sie schon seit längerer Zeit mit ihr leben.[32] 39

Im Gegensatz zu Aktiengesellschaft, Genossenschaft und Verein ist die **GmbH** nicht auf eine Vielzahl von Mitgliedern ausgerichtet. Ihr Vorteil ist die Flexibilität und die leichte Steuerbarkeit, ihr Nachteil sind die formalen Erfordernisse wie das der notariellen Beurkundung in vielen Fällen. Sie wird daher vor allem für solche Schulen in Betracht kommen, die entweder sehr klein sind oder von einer eher geringen Anzahl von Menschen betrieben und verantwortet werden. Neben einigen kleineren allgemeinbildenden Schulen sind es vor allem berufsbildende Schulen, die als GmbH organisiert sind und damit offensichtlich ganz gut zurechtkommen. Die Grenze der Tauglichkeit der Rechtsform GmbH für Schulen liegt dort, wo die Mitwirkung und die Beteiligung einer Vielzahl von Eltern an der Schule gewünscht sind. Das kann sie nicht leisten. 40

Gleiches gilt für die **Stiftung**: Um eine Stiftung handlungsfähig und effektiv zu gestalten, kann in den Organen sinnvoller Weise nur eine beschränkte Zahl von Personen mitwirken. Die Stiftung kommt daher eher nicht zum Betrieb einer solchen Schule in Frage, die ausdrücklich eine Vielzahl von Personen (Elternschaft) in die Arbeit einbeziehen will. Sollen jedoch nur einige wenige Personen an der konkreten Stiftungsarbeit beteiligt sein, kann eine entsprechend strukturierte Stiftung auch eine sinnvolle Gesellschaftsform als Träger der Einrichtung sein. 41

---

32 Z. B. die Schulen in Hitzacker, Ismaning, Karlsruhe, Offenburg, Überlingen.

42 In jedem Fall kann eine Stiftung sehr gut zur Beschaffung finanzieller Mittel für eine gemeinnützige Einrichtung genutzt werden. Sie kommt deshalb zusätzlich zu einem oder anstelle eines Fördervereines in Betracht.

12.9. Der zeitgemäß ausgestaltete Verein als Schulträger

43 Der Verein ist die verbreitetste und in vielen Fällen auch geeignetste aller Rechtsformen für den Träger einer Schule in freier Trägerschaft: Seine enorme Flexibilität ermöglicht es, ihn für jede Schule genau so auszugestalten, wie es für die individuelle Schule richtig ist; die Authentizität und Originalität von Schulen wird damit herausgefordert. Seine einfache Handhabbarkeit erfordert wenig Verwaltungsaufwand und geringe Kosten. Und er gewährleistet die Beteiligung aller am Prozess der Willensbildung innerhalb der Schulgemeinschaft und kann zugleich die heute unbedingt notwendige Professionalität der Verantwortlichen gewährleisten. Daneben können – je nach Art und Größe der Schule – auch die Genossenschaft oder die GmbH als Träger in Betracht kommen. Bleibt der oben erwähnte Nachteil, dass der Verein als Rechtsform vom Urbild der Ehrenamtlichkeit seiner Organe ausgeht, und dass das für Schulen in freier Trägerschaft heute sicher nicht mehr das richtige Bild ist. Wie also können die Vorteile des Vereins erhalten und dieser Nachteil gleichzeitig ausgeglichen werden?

44 Für Vereine als Träger von Schulen bietet sich insoweit an, dass die nach dem Gesetz vorgesehene Geschäftsführung – also der Vorstand – entgegen dem herkömmlichen Bild des Vereins hauptamtlich besetzt wird, und dass die bisherigen ehrenamtlichen Repräsentanten eine Aufsichtsfunktion in Form eines **Beirates** oder **Aufsichtsrates** übernehmen. Damit werden Tätigkeit und Verantwortung (Haftung) wieder synchronisiert. Zurzeit haften ehrenamtliche Vorstände für die Tätigkeit von **Geschäftsführer/innen** oder Vorstandskolleg/innen, die sie in aller Regel nicht überblicken können. Bei hauptamtlicher Besetzung des Vorstands haften diejenigen, die die tatsächliche Arbeit machen und daher auch verantworten können und müssen, und die Ehrenamtler haften – was für sie fachlich und zeitlich möglich ist – für eine verantwortungsvolle Aufsicht.

45 Die Einsetzung eines zusätzlichen Vereinsorgans Beirat oder Aufsichtsrat hat auch einen weiteren Vorteil, nämlich den des zeitgemäßen Umgangs mit dem **Demokratiegebot**, das der Rechtsform des Vereins immanent ist: Nicht alle gemeinnützigen Unternehmen können sich so weitgehend demokratischer Kontrolle und Diskussion der gesamten Mitgliedschaft unterwerfen, wie es das herkömmliche Bild des Vereins vorgibt, ohne dadurch „am Markt" schwerfällig und unbeweglich zu werden. Deswegen bietet es sich an, dass zusätzliche Organe zwischen Mitgliederversammlung und Vorstand (Geschäftsführung) satzungsmäßig verankert werden, durch die die Entscheidungsmacht der Mitgliederversammlung, die oft zufälligen Mehrheiten und/oder Stimmungen unterworfen sein kann, gefiltert wird und nicht unmittelbar auf die Geschäftsführung durchschlagen kann. Wie die Satzung eines – im Sinne der modernen Bürgergesellschaft von Eltern und Lehrkräften gebildeten – Schulträgervereins heute aussehen könnte, wird durch die im Anhang abgedruckte „Mustersatzung" veranschaulicht. Aber dabei sei Folgendes beachtet:

46 Diese „Mustersatzung" enthält neben den bereits erwähnten gesetzlich vorgeschriebenen Bestandteilen nur solche, die für das Funktionieren eines Vereins unbedingt erforderlich sind. Selbstverständlich ist es sinnvoll und erforderlich, die Satzung im Einzelfall entsprechend den konkreten Gegebenheiten zu ergänzen, insbesondere im Hinblick auf die Aufgabenstellung und ggf. weitere Organe. Auch hinsichtlich der Aufnahme und des

Ausschlusses von Mitgliedern können ergänzende Bestimmungen sinnvoll sein, insbesondere wenn die Mitgliedschaft an bestimmte Voraussetzungen geknüpft werden soll. Sämtliche genannten Zahlen und Zahlenverhältnisse sind nur Beispiele. Sämtliche Namen – mit Ausnahme der traditionellen vereinsrechtlichen Namen Vorstand und Mitgliederversammlung – können verändert werden: Z. B. sind die Begriffe Beirat, Aufsichtsrat, Kuratorium etc. durchaus austauschbar.

In der Mustersatzung wird die hauptamtliche Geschäftsführungstätigkeit als Normalfall unterstellt. Die bisherige ehrenamtliche Tätigkeit von Vorständen wird übernommen vom Organ Aufsichtsrat – in Konsequenz dessen, dass auch bisher die Tätigkeit ehrenamtlicher Vorstandsmitglieder wenig mehr als beratende und kontrollierende Funktion hatte. 47

Voraussetzung dafür, dass Vorstandsmitglieder hauptamtlich tätig sein dürfen, ist im Rahmen eines gemeinnützigen Vereins, dass die Satzung eine hauptamtliche Tätigkeit von Vorstandsmitgliedern vorsieht[33] und die Vergütung angemessen ist. Sonst könnte der Verlust der Gemeinnützigkeit drohen. 48

Von allen Rechtsformen, die zum Betrieb einer Schule in freier Trägerschaft zur Verfügung stehen, ist der Verein also – insbesondere in der Variante mit **hauptamtlichem Vorstand** plus ehrenamtlichem Kontrollorgan – diejenige Rechtsform, die für die Trägerschaft einer allgemeinbildenden Schule in der heutigen Bürgergesellschaft in aller Regel am besten passt, weil mit dem Verein sowohl alle Beteiligten am Unternehmen Schule sinnvoll in die Trägerstruktur einbezogen werden können als auch zugleich die heute unbedingt notwendige Professionalität der Verantwortlichen gewährleistet werden kann. Generell gilt: Alle Schulgründer und Schulbetreiber sollten sich erst einmal klarmachen, was sie erreichen wollen und danach dann die Rechtsform auswählen.[34] Leider läuft es oft umgekehrt, und das führt dann nicht selten zu sozialen Problemen innerhalb und außerhalb der Schulgemeinschaft. 49

12.10 Eintragungsfähigkeit des Vereins mit Zweckbetrieb

Eine seltsame Rechtsprechung zur **Eintragungsfähigkeit des Vereins** mit Zweckbetrieb hat sich in Berlin entwickelt. Dort vertritt das Kammergericht die Auffassung, dass ein Verein, der nach seiner Satzung einen **Zweckbetrieb** betreibt, wie z.B. eine Schule oder eine **Kindertagesstätte**, nicht als **Idealverein** im **Vereinsregister** eintragungsfähig sei.[35] Nach Auffassung des Kammergerichts sei es unerheblich, dass ein Zweck verfolgt werde, der ideeller Natur oder sogar gesellschaftlich begrüßenswert sei. Durch eine Kombination von Inanspruchnahme staatlicher Subventionen und dem Anbieten entgeltlicher Leistungen könne ein **wirtschaftlicher Geschäftsbetrieb** entstehen, der einer Eintragung als Idealverein entgegenstehe. Deswegen sei auch der planmäßige, auf Dauer angelegte entgeltliche Betrieb von Kinderbetreuung grundsätzlich eine entgeltliche unternehmerische Betätigung. Auf eine Gewinnerzielungsabsicht (die ja bei gemeinnützigen Vereinen mit Zweckbetrieben nie vorliegen kann) komme es nicht an. Damit widerspricht das Kammergericht der bisherigen herrschenden Meinung in Literatur und Rechtspre- 50

---

33 Beschluss des Bundesfinanzhofs vom 8. August 2001, BFH/NV 2001 S. 1536; inzwischen auch gesetzlich geregelt durch das Gesetz zur Stärkung der Ehrenamtlichkeit in § 27 Abs. 3 BGB.
34 Brüll/Krampen, Merkmale der Selbstverwaltung im Bildungsbereich, in: Fuchs/Krampen, Selbstverwaltung macht Schule, Fallstudien zur Freiheit im Bildungswesen, Frankfurt 1992, S. 162.
35 KG Berlin vom 18.1.2011, 25 W 14/10, DNotZ 2011, 632 ff.

chung,[36] die davon ausgeht, dass Vereine mit Tätigkeiten auf dem Gebiet der Bildung und Erziehung in der Regel nicht wirtschaftliche Zwecke im Sinne des § 21 BGB verfolgen.

51 In einer neueren Entscheidung hat dementsprechend auch das OLG Schleswig[37] klargestellt, dass bei einem Verein, der kein Wirtschaftsgut im engeren Sinne anbiete, sondern dessen Satzungszweck in erster Linie Bildung, Betreuung oder Erziehung sei, die Erhebung von Mitgliedsbeiträgen nur Mittel zum Zweck sein könne, der nicht auf einen wirtschaftlichen Geschäftsbetrieb ausgerichtet sei. Ferner erinnert das OLG Schleswig zu Recht daran, dass zu prüfen sei, ob dem jeweiligen Verein nicht auch das sogenannte „**Nebenzweckprivileg**" zu Gute komme. Eine „Wirtschaftstätigkeit des Vereins hindert seine Eintragungsfähigkeit nicht, solange das Vereinsleben infolge des Einflusses übereinstimmender Mitgliederinteressen durch nicht-wirtschaftliche Interessen bestimmt bleibt.[38]

52 Absurd ist die Entscheidung des Kammergerichts Berlin deswegen, weil sie gerade die freien Bildungs- und Erziehungseinrichtungen, die **Elterninitiativen** und die Stadtteilinitiativen, in einen Topf mit kommerziellen Anbietern wirft. Damit unterstellt das Gericht, dass Vereine, die freie Kindertagesstätten oder Schulen in freier Trägerschaft betreiben, am „Markt" in „Konkurrenz" zu anderen „Anbietern" treten wollten. Nichts liegt aber den Betreibern solcher freier Bildungseinrichtungen ferner: Sie wollen nur – wie das OLG Schleswig richtig erkannt hat – gemeinsam als Mitglieder zum Wohl ihrer Kinder das ihnen zustehende Recht zur Errichtung freier Bildungs- und Erziehungsstätten wahrnehmen. Vielleicht wollte das Kammergericht ja vorsorglich den wirklich kommerziell orientierten Anbietern den Zugang zum Idealverein versperren. Das wäre zu verstehen, träfe aber gerade diese Anbieter nicht, die sich ja bereits von vornherein als GmbH oder Aktiengesellschaft organisieren. Die Initiativen, die sich – das hätte das Kammergericht auch bedenken müssen – als Verein konstituieren, wollen die Mitgliedschaft und das Mitspracherecht aller Beteiligten, und das schließt von vornherein eine kommerzielle Absicht Einzelner sehr wirkungsvoll aus.

---

36 Stöber/Otto, Handbuch zum Vereinsrecht, 10. Aufl. Rn. 79 Unterpunkt 20, Reichert, Vereins- und Verbandsrecht, Kap. 4.1.4 Rn. 114; OLG Hamburg OLGE 15, 323.
37 Beschluss vom 18.9.2012, 2 W 152/11, S. 10.
38 Reuter in Münchner Kommentar zum BGB, 6.Aufl. § 22 Rn. 20, zitiert nach OLG Schleswig, a.a.O., S. 11.

13. Kapitel: Die rechtliche Ausgestaltung des Schulträgers

13.1 Die Organe

Gleichgültig, welche Rechtsform man wählt: Es muss und wird immer mindestens ein Organ geben, das die operative Verantwortung für die Tätigkeit des Schulträgers hat. Das ist beim Verein und bei der Genossenschaft der **Vorstand**, bei der GmbH die **Geschäftsführung**. Fakultativ kann es, wie oben dargestellt, ein oder mehrere **Aufsichtsorgane** geben, z. B. einen **Aufsichtsrat** oder ein **Kuratorium**. Und schließlich gibt es für jeden Rechtsträger (mit Ausnahme der Stiftung) notwendigerweise ein oberstes Organ der Mitglieder: beim Verein und bei der Genossenschaft die **Mitgliederversammlung**, bei der GmbH die **Gesellschafterversammlung**. Die Funktionen der jeweiligen operativen Organe und die Funktionen der Mitglieder-/Gesellschafterversammlungen sind jeweils für alle Rechtsformen fast identisch, so dass nachstehend nur die Rechtslage für die gebräuchlichste Rechtsform, nämlich den Verein, dargestellt werden muss.

13.2. Beispiel: Die Organe im Verein

Beim Verein sieht das Gesetz nur zwei Organe vor: Den Vorstand einerseits, die Mitgliederversammlung andererseits.

13.2.1. Der Vorstand

Während der Vorstand nach der gesetzlichen Konzeption die Geschäfte führt und den Verein vertritt, ist die Mitgliederversammlung für die Entscheidungsfindungen und damit die Steuerung des Vereins vorgesehen.

Da aber die gesetzlichen Vorgaben für die Organe wie im übrigen Vereinsrecht nur sehr spärlich vorhanden sind, herrscht hier große Flexibilität und Gestaltungsfreiheit, die den dynamischen und freiheitlichen Charakter des Vereins ausmacht. So ist es ohne weiteres möglich – und im Übrigen auch gängige Praxis –, dass in der Satzung weitere Organe bestellt werden. Besonders häufig finden sich Organe wie Aufsichtsrat, Trägerkreis, erweiterter Vorstand etc., deren Kompetenzen recht frei gestaltet werden können.

Zwingend aufzunehmen ist in die Satzung eines Vereins lediglich der Zweck des Vereins, sein Name, sein Sitz sowie die Tatsache, dass er in das Vereinsregister eingetragen werden soll. Außerdem gehören in die Satzung Bestimmungen über den Eintritt und Austritt der Mitglieder, darüber, ob und ggf. welche Beiträge zu leisten sind, über die Bildung des Vorstandes, über die Voraussetzungen, unter denen die Mitgliederversammlung einzuberufen ist sowie über die Form der Einberufung und die Beurkundung der gefassten Beschlüsse.

In allem anderen, insbesondere darin, welche Organe der Verein neben dem Vorstand und der Mitgliederversammlung haben soll und welche Rechte und Pflichten diese Organe haben sollen, sind die Verfasser der Vereinssatzung frei. So können etwa Aufgaben der Mitgliederversammlung (mit ein paar wenigen Ausnahmen wie etwa die Bestellung des Vorstandes oder die Änderung der Satzung) auf andere Organe übertragen werden.

Dies kann insbesondere bei Vereinen wichtig sein, die trotz ihrer Gemeinnützigkeit auch wirtschaftlich tätig sind, wie dies etwa bei freien Schulen oder sozialen Einrichtungen der Fall ist. Das grundsätzlich demokratisch ausgestaltete gesetzliche Bild von Vereinen kann für die vorgenannten Vereine mit erheblicher Schwerfälligkeit und mangelnder Flexibilität und Handlungsfähigkeit verbunden sein. Dem kann mit weiteren, mit verschiedenen Kompetenzen versehenen Organen begegnet werden, die letztlich jeweils eigene Verantwortungsbereiche abdecken. Diese fassen in der für dieses Organ vorgesehenen Weise ihre Beschlüsse in eigener Verantwortung, ohne dass die Mitgliederversammlung beteiligt werden müsste.

13.2.2. Die Mitgliederversammlung

8   Unabdingbar und unverzichtbar als Organ ist die Mitgliederversammlung. Zwar kann in der Satzung – wie eben beschrieben – eine Beschränkung der Rechte der Mitgliederversammlung vorgenommen werden, eine Beseitigung ist jedoch ausgeschlossen. Sie ist zentrales Organ der Willensbildung und setzt in Ergänzung zur Satzung dem Vorstand und allen anderen Organen diejenigen Grenzen, binnen derer gehandelt werden darf.

9   Nach der gesetzlichen Konzeption werden alle Angelegenheiten des Vereins, sofern sie nicht anderen Organen zugewiesen sind, durch Beschlussfassungen in der Mitgliederversammlung geregelt.

10 Bestimmte Aufgaben können der Mitgliederversammlung nicht entzogen werden. Nicht zuständigkeitshalber anderweitig vergeben werden dürfen insbesondere die Auflösung des Vereins (§ 41 BGB) sowie in bestimmten Fällen die Bestimmung des Anfallberechtigten bei Auflösung des Vereins (§ 45 II 2 BGB).

11 Der Grundsatz der Vereinsautonomie erfordert, dass der Mitgliederversammlung die „Letztzuständigkeit" für alle grundlegenden Vereinsangelegenheiten nicht entzogen werden darf.[1]

13.3. Die Organe in anderen Rechtsformen

12 Vorstehendes gilt analog auch für die anderen möglichen Rechtsformen. Die Funktionen der Organe sind gleich oder sehr ähnlich, nur die Namen variieren: So heißt der Vorstand bei der GmbH Geschäftsführung und die Mitgliederversammlung Gesellschafterversammlung. Bei der Aktiengesellschaft kommt zwingend, bei GmbH und Genossenschaft fakultativ ein Organ Aufsichtsrat hinzu (das aber – wie schon erwähnt – auch beim Verein möglich ist). Die Einzelheiten zu den möglichen Rechtsformen ergeben sich aus der im Anhang abgedruckten Synopse.

---

[1] Sauter/Schweyer/Waldner 19.Aufl., S. 86, Rn. 156.

14. Kapitel: Die Haftung im Rahmen des Schulträgers am Beispiel des Vereins

14.1. Die Mitglieder

Eine Haftung der Mitgliederversammlung oder einzelner Mitglieder für Verbindlichkeiten des Vereins ist gesetzlich nicht vorgesehen. Insoweit haftet der Verein nur mit seinem **Vereinsvermögen**. 1

14.2. Der Vorstand

Der Vorstand führt die Geschäfte des Vereins (§ 27 Abs. 3 BGB). Das heißt, er ist für alle operativen Angelegenheiten zuständig, die sich die Mitgliederversammlung nicht vorbehalten hat. 2

Infolgedessen ergeben sich für den Vorstand auch eine Reihe von möglichen **Haftungsfragen**, die nachstehend dargestellt werden. Grundsätzlich gilt, dass Vorstandsmitglieder für Verbindlichkeiten des Vereins nicht persönlich haften, sondern Haftungsgrundlage allein das **Vereinsvermögen** ist. 3

Etwas anderes gilt jedoch in den nachfolgend bezeichneten Fällen, wobei die Haftungserleichterung nach § 31 a BGB, wonach ehrenamtliche Vorstandsmitglieder[1] nur bei Vorliegen von Vorsatz oder grober Fahrlässigkeit haften, allein die Innenhaftung des Vorstands gegenüber dem Verein bzw. den Vereinsmitgliedern betrifft. 4,5

14.2.1. Die Haftung für unerlaubte Handlungen, §§ 823, 840 Abs. 1 BGB

Vorstandsmitglieder und sonstige Vereinsrepräsentanten haften für vorsätzlich oder fahrlässig von ihnen begangene Schädigungen dritter Personen, für sogenannte „**unerlaubte Handlungen**". Hierunter ist beispielsweise die Verletzung oder Nichtwahrnehmung von Vorstandspflichten zu verstehen, die zu einer Schädigung des Dritten oder des Vereines selbst führen. 6

Unter anderem unterliegt der Vorstand verschiedenen **Organisationspflichten** (Pflicht, für bestimmte wichtige Aufgabengebiete, deren Überwachung und Leitung ein besonderes Maß an Verantwortung erfordert, ein Mitglied des Vorstandes oder einen besonderen Vertreter, beispielsweise einen „leitenden Angestellten", zu bestellen) und **Verkehrssicherungspflichten** (Pflicht, geschaffene Gefahrenquellen abzusichern). Die Verletzung dieser Pflichten führt bei Schadenseintritt zur Haftung des Vorstands. Die Organisationspflicht schließt auch die Pflicht des Vorstands ein, den bestellten „leitenden Angestellten", bspw. Geschäftsführer, ordnungsgemäß auszuwählen und zu überwachen. Weist der eingesetzte leitende Angestellte nicht die erforderliche Qualifikation auf und/oder bewältigt die Aufgaben nicht, führt allein die **mangelhafte Auswahl** und **Überwachung** zu einer Haftung des Vorstands. 7

14.2.2. Die Haftung wegen Verschleppung des Insolvenzantrages, § 42 Abs. 2 Satz 2 BGB

Der Vorstand ist gesetzlich verpflichtet, bei **Zahlungsunfähigkeit** oder **Überschuldung** die Eröffnung des **Insolvenzverfahrens** gemäß §§ 13, 15 Abs. 1 Insolvenzordnung 8

---

[1] Dies gilt nach dem Gesetz zur Stärkung des Ehrenamtes vom 21.03.2013 (BGBl. 2013 Teil I Nr. 15, S. 556) nunmehr allgemein für alle Organmitglieder sowie für die besonderen Vertreter nach § 30 BGB. Ab dem 01.01.2015 wird zusätzlich der Grundsatz der unentgeltlichen Tätigkeit von Vorstandsmitgliedern in § 27 Abs. 3 Satz 2 BGB kodifiziert sein.

(InsO) zu beantragen, § 41 Abs. 2 Satz 1 BGB. Diese Pflicht trifft jedes Vorstandsmitglied einzeln, auch wenn Gesamtvertretung besteht.

9 **Zahlungsunfähigkeit** wird angenommen, wenn ein Verein nicht in der Lage ist, die fälligen Zahlungspflichten zu erfüllen; Indiz hierfür ist die Zahlungseinstellung (§ 17 Abs. 2 InsO). **Überschuldung** liegt vor, wenn das Vermögen des Vereins die Verbindlichkeiten nicht mehr deckt (§ 19 Abs. 2 InsO). Grundsätzlich sind bei der Feststellung der Überschuldung die Gegenstände des Vermögens mit Liquidationswerten anzusetzen. Im Falle einer positiven Überlebensprognose für das Unternehmen darf das Vermögen aber ausnahmsweise mit Fortführungswerten (Wiederbeschaffungswerten abzüglich neu für alt) bewertet werden.

10 Sofern die verzögerte Antragstellung zu Nachteilen für Gläubiger führt, sind die Vorstandsmitglieder den Gläubigern zum **Schadenersatz** verpflichtet.

11 Die Haftung umfasst bei Altgläubigern den sogenannten Quotenschaden (Unterschiedsbetrag zwischen der Quote, die bei rechtzeitiger Antragstellung erzielt worden wäre und derjenigen Quote, die aufgrund verzögerter Antragstellung noch erreicht werden kann) und bei Neugläubigern je nach Rechtsprechung möglicherweise den gesamten Schaden.

12 Die Vorstandsmitglieder haften insoweit für jedes Verschulden, das heißt für **Vorsatz** (wissentliches und willentliches Handeln) sowie für jede Form der **Fahrlässigkeit** (Außer-Acht-Lassen der im Verkehr erforderlichen Sorgfalt).

13 Neben der Haftung gegenüber den Gläubigern haftet der Vorstand bei Verschleppung des Insolvenzantrages auch gegenüber dem Verein, wenn durch die verspätete **Insolvenzanmeldung** ein Schaden eintritt, beispielsweise ein Sanierungsversuch zu spät kommt und daher fehlschlägt.

14.2.3. Die Haftung für Steuerschulden §§ 34, 69 AO

14 Diese Vorschriften definieren eine Haftung für den Fall, dass Ansprüche aus dem Steuerschuldverhältnis infolge Verletzung der dem Vorstand auferlegten Pflichten nicht erfüllt werden oder Steuererstattungen ohne rechtlichen Grund gezahlt werden. Dem Vorstand obliegt beispielsweise die Pflicht zur Abgabe der Steuererklärung, die Buchführungspflicht, sowie Auskunfts- und Vorlagepflichten. Bei Verstößen gegen diese Pflichten ist der Vorstand schadenersatzpflichtig, falls ein Schaden eintritt. Die Schadenersatzpflicht umfasst sowohl die Hauptforderung als auch eventuelle Säumniszuschläge etc.

15 Der Vorstand haftet im Rahmen dieser Vorschriften nur für Vorsatz und grobe Fahrlässigkeit.

14.2.4. Die Haftung für Lohnsteuer, §§ 42 d EStG, 34, 35 AO

16 Diese Haftung trifft grundsätzlich den Verein als Arbeitgeber selbst, gemäß §§ 34, 35 AO aber auch den Vorstand, sofern die Vorstandsmitglieder ihnen auferlegte Pflichten vorsätzlich oder grob fahrlässig verletzen und hierdurch ein Schaden eintritt. Die Haftung tritt wegen nicht abgeführter Lohnsteuer und Verkürzung der Lohnsteuer wegen fehlerhafter Angaben im Lohnkonto oder in der Lohnsteuerbescheinigung ein.

17 Gemäß § 266 a StGB ist außerdem die Nichtentrichtung von Sozialversicherungsbeiträgen strafbar. Da der Verein selbst sich mangels Handlungsfähigkeit nicht strafbar machen kann, trifft diese Strafbarkeit allein die verantwortlichen Repräsentanten und Vorstandsmitglieder.

14.2.5. Die Haftung im Zusammenhang mit Spenden, § 10 b Abs. 4 Satz 2 EStG

Eine Haftung nach dieser Vorschrift trifft grundsätzlich den Verein als Aussteller der Spendenquittung, gemäß §§ 34, 35, 69 AO entsteht aber unter den dort genannten Bedingungen (siehe oben) auch die Haftung des Vorstandes. Eine Haftung kommt in Betracht, wenn

- **Spendenbescheinigungen** falsch ausgestellt werden (beispielsweise Bescheinigung eines überhöhten Wertes bei Sachspenden etc.). Hier haftet der Vorstand bei vorsätzlichem oder grob fahrlässigem Handeln.

oder

- die Spenden nicht zu den steuerbegünstigten Zwecken verwendet werden. Dies ist ein Fall der Gefährdungshaftung, d. h. jede steuerschädliche Verwendung der Spende führt auch ohne Verschulden des Vorstandes sofort zur Annahme der Haftung.

Der Haftungsumfang beträgt pauschal 30 % des zugewendeten Betrages.

Auch die nachträgliche, rückwirkende Aberkennung der Gemeinnützigkeit bewirkt, dass die während des nachträglich nicht mehr gemeinnützigen Zeitraumes ausgestellten Spendenquittungen falsch waren und daher eine Vorstandshaftung entsteht.

14.3. Geschäftsführer/Repräsentanten

Manche Schulträgervereine haben hauptamtliche Geschäftsführer/innen, die nicht Vorstandsmitglied sind. Dann gilt für deren Haftung Folgendes:

Der/die **Geschäftsführer/in** ist Angestellte/r des Vereines. Er/sie ist nicht Organ des Vereines, das heißt er vertritt diesen nicht nach außen. Der Vorstand behält auch bei der Beschäftigung eines Geschäftsführers grundsätzlich die Leitung des Vereines in der Hand und bleibt daher gleichzeitig weiter haftbar. Ist der Geschäftsführer gleichzeitig auch Vorstandsmitglied, gilt für ihn nichts Anderes. Er haftet dann in seiner Eigenschaft als Vorstand – wie oben ausgeführt – und zusätzlich als Geschäftsführer, wie im Folgenden beschrieben:

14.3.1. Die Haftung für unerlaubte Handlungen, § 823 BGB

Auch der Geschäftsführer haftet – je nach Sachlage zusammen mit oder anstelle der Vorstandsmitglieder – für persönlich begangene unerlaubte Handlungen (siehe oben).

Denkbar sind beispielsweise folgende Situationen:

- weitere Verwaltung des bzw. Verfügung über das Vermögen des Vereins nach Insolvenzeröffnung (§§ 80 InsO, 136 StGB),
- schuldhafte Verletzung von Geschäftsführerpflichten (bspw. Verkehrssicherungspflichten) mit Schadenseintritt für den Verein und/oder einen Dritten: bspw. Unfall aufgrund unterlassener Absicherung von defekten Spielgeräten auf dem Schulhof.

Die weiteren Ausführungen zur Haftung des Vorstandes für unerlaubte Handlungen gelten hier entsprechend.

14.3.2. Die Haftung für verspätet gestellten Insolvenzantrag

Nach dem Wortlaut des § 42 Abs. 2 BGB trifft den Geschäftsführer, sofern er nicht Vorstandsmitglied ist, zwar keine Pflicht zur rechtzeitigen Stellung des Insolvenzantrages. Für vergleichbare Situationen bei GmbH und AG ist jedoch in Rechtsprechung und Literatur anerkannt, dass die Pflicht zur Stellung des Insolvenzantrages nicht nur den gesetzlich vorgesehenen Vertreter der Gesellschaft (Geschäftsführer bzw. Vorstand), sondern auch denjenigen trifft, der tatsächlich wie ein solches Organ tätig wird, ohne als Organ oder Organmitglied bestellt zu sein.

25 Nach diesen Grundsätzen kann eine Haftung des Geschäftsführers eines Vereines in Betracht kommen, wenn er durch nach außen hervortretendes, der Geschäftsführung zurechnendes Handeln aktiv die Geschicke des Vereins steuert, und nicht nur intern auf die satzungsmäßigen Vertreter einwirkt.

26 Im Übrigen gilt das bei der Vorstandhaftung zu § 42 Abs. 2 Satz 2 BGB Gesagte entsprechend.

14.3.3. Die Haftung für Steuerverpflichtungen, §§ 69, 34, 35 AO

27 Hier gelten die obigen Ausführungen zur Haftung des Vorstands entsprechend.

14.3.4. Haftung aus dem Arbeitsvertrag

Eine solche Haftung entsteht, wenn der Geschäftsführer vorsätzlich oder fahrlässig seine arbeitsvertraglichen Pflichten als Geschäftsführer verletzt und hierdurch ein Schaden für den Verein oder Dritte eintritt. Der Geschäftsführer haftet dem Verein und gegebenenfalls auch Dritten gegenüber.

14.3.5. Haftung sonstiger Repräsentanten

28 Die Ausführungen zur Geschäftsführerhaftung gelten auch für sonstige Repräsentanten im Rahmen der ihnen übertragenen Aufgaben, beispielsweise für eine ausdrücklich bestellte Schulleitung, sofern die Voraussetzungen für die Annahme einer Repräsentantenstellung vorliegen.

14.3.6. Arbeitsrechtlicher Freistellungsanspruch gegenüber dem Verein

29 Der Geschäftsführer kann zwar Arbeitnehmer des Vereins sein (dies ist im Einzelfall fraglich, da er als sog. „leitender Angestellter" auch im Wesentlichen weisungsunabhängig und eigenverantwortlich tätig ist (vgl. §§ 14 Abs. 2 KSchG, 5 Abs. 3 BetrVG: „zur selbständigen Einstellung oder Entlassung von Arbeitnehmers berechtigt"), so dass für ihn an sich auch die Grundsätze der beschränkten Arbeitnehmerhaftung gelten. Sofern der Geschäftsführer aber Repräsentant des Vereines ist, was meist der Fall sein dürfte, gelten für ihn diese Grundsätze nicht, weil er Vorstandmitgliedern gleichgestellt ist. Haftungsmilderungen treten für den Geschäftsführer dann nicht ein.

30 Für einen Geschäftsführer, der nicht Repräsentant ist, außerdem für alle anderen ehrenamtlich[2] oder hauptamtlich tätigen Mitglieder des Vereines gilt eine begrenzte Arbeitnehmerhaftung, soweit ein Fall der sog. betrieblich veranlassten Tätigkeit gegeben ist:

31 Danach haftet der Arbeitnehmer bei leichtester Fahrlässigkeit gar nicht, bei mittlerer Fahrlässigkeit anteilig, bei grober Fahrlässigkeit regelmäßig und bei Vorsatz immer in voller Höhe. Im Zuge der Bildung einer Haftungsquote bei anteiliger Haftung, d.h. insbesondere bei mittlerer/normaler Fahrlässigkeit, greift die Rechtsprechung auf alle erdenklichen, im konkreten Einzelfall geeigneten Umstände zurück; hiernach kommt es sowohl auf die Versicherbarkeit der Schäden durch den Arbeitgeber/Verein, die Höhe des Verdienstes des Arbeitnehmers, das Vorverhalten des Arbeitnehmers, dessen soziale Verhältnisse, die Art der Arbeit als auch Anleitung und Gestaltung der Arbeitsabläufe

---

2 Das ist allerdings umstritten, weil ehrenamtliche Mitarbeiter, die keine Vergütung erhalten, möglicherweise überhaupt nicht unter den Begriff des „Arbeitnehmers" fallen (zuletzt BAG v. 29. August 2012 – 10 AZR 499/11)

sowie Überwachung durch den Arbeitgeber an. Aufgrund dessen ist das Ergebnis eines Haftungsprozesses zwischen Arbeitnehmer und Arbeitgeber nur schwer vorhersehbar.

14.4. Haftung im Rahmen anderer Rechtsträger

Hier gelten die oben unter 14.2 dargestellten Haftungsregeln für Vorstände entsprechend; allerdings gilt das Haftungsprivileg für ehrenamtliche Vereinsvorstände nach § 31 a BGB nicht für ehrenamtliche Vorstände von Aktiengesellschaften und Genossenschaften oder für Geschäftsführer/innen einer GmbH, ebenso wenig für angestellte Geschäftsführer/innen und sonstige Repräsentanten in AG, Genossenschaft, GmbH und Stiftung.

32

15. Kapitel: Steuerrechtliche Grundlagen – Die Gemeinnützigkeit

15.1. Steuerrechtliche Grundlagen der Gemeinnützigkeit

1 Der Gesetzgeber will mit der Zuerkennung der steuerrechtlichen **Gemeinnützigkeit** die Verfolgung bestimmter Zwecke, die er als gesellschaftlich besonders wertvoll einstuft, fördern. Diese Zwecke sind in der Abgabenordnung (AO) geregelt. Letztlich handelt es sich also um eine politisch-gesetzgeberische Entscheidung des für die Verabschiedung der AO zuständigen Bundestages, welche Zwecke steuerrechtlich privilegiert werden; sie sind zum Teil historisch gewachsen und unterliegen immer wiederkehrenden Diskussionen. Insbesondere die Ausweitung der privilegierten Zwecke im Zusammenhang mit dem Aufkommen neuer gesellschaftlicher Anliegen (z.B. der Tierschutz oder die Stärkung von Bürgerinitiativen) stellt den Gesetzgeber vor immer neue Novellierungsforderungen.

2 Schulen in freier Trägerschaft prägen das bestehende Bildungsangebot der deutschen Schullandschaft und dienen damit dem steuerrechtlich anerkannten **Zweck der Erziehung und der Bildung**[1]. Aus diesem Grund werden die Rechtsträger[2] von Schulen in freier Trägerschaft steuerrechtlich besonders behandelt, wenn sie auch die übrigen Voraussetzungen der Gemeinnützigkeit im Sinne von § 51 Abs. 1 AO erfüllen.

3 Das setzt zum einen voraus, dass die Förderung **selbstlos** und für die **Allgemeinheit** zugänglich erfolgt; eine Förderung der Allgemeinheit ist nicht gegeben, wenn der Kreis der Personen, dem die Förderung zugute kommt, fest abgeschlossen ist, zum Beispiel Zugehörigkeit zu einer Familie oder zur Belegschaft eines Unternehmens, oder infolge seiner Abgrenzung, insbesondere nach räumlichen oder beruflichen Merkmalen, dauernd nur klein sein kann.

4 **Selbstlosigkeit** liegt vor, wenn dadurch nicht in erster Linie eigenwirtschaftliche Zwecke – zum Beispiel gewerbliche Zwecke oder sonstige Erwerbszwecke – verfolgt werden[3]. Darüber hinaus muss die Körperschaft sicherstellen, dass:

a) Die Mittel der Körperschaft nur für die **satzungsmäßigen Zwecke** verwendet werden. Dabei stellt es bereits einen Verstoß dar, wenn mit den Mitteln andere, grundsätzlich zwar ebenfalls gemeinnützige, aber nicht in der Satzung erwähnte Zwecke verfolgt werden. Die Mitglieder oder Gesellschafter (je nachdem, welche Rechtsform die die Schule betreibende Körperschaft hat) dürfen keine Gewinnanteile und in ihrer Eigenschaft als Mitglieder auch keine sonstigen Zuwendungen aus Mitteln der Körperschaft erhalten; dies verbietet jedoch nicht, dass Personen, die gleichzeitig Mitglied der Körperschaft sind, auf Grundlage eines anderweitigen Vertragsverhältnisses (z.B. eines Arbeitsvertrages) von der Körperschaft etwas erhalten (z.B. Vergütungslohn). Eine besondere Rolle spielt dabei die zeitbezogene Aufwandsentschädigung von Vereinsvorständen; die h. M. geht zum einen davon aus, dass eine Entschädigung für aufgewendete Lebenszeit eine lohnartige Vergütung darstellt und zum anderen das Vorstandsamt in einem Idealverein grundsätzlich ein Ehrenamt sei[4]. Daher müsse, um die Gemeinnützigkeit zu erhalten, die Satzung zumindest die Möglichkeit der angemessenen Vergütung der Vorstandsmitglieder einräumen; diese dürfe sich in ihrer Höhe aber nur nach der Tätigkeit für den

---

1 § 52 Abs. 2 Nr. 7 AO
2 Körperschaften im steuerrechtlichen Sinne
3 § 55 Abs. 1 AO
4 BGH vom 14.12.1987, Az. II ZR 53/87,

Verein und nicht etwa nach etwaig entgangener anderweitiger Erwerbsmöglichkeit bemessen[5]. Nach aktueller Ansicht der Finanzbehörden sind hierbei je nach den Fällen des Einzelfalles Entschädigungen bis zu 50,- EUR je Stunde und höchstens 17.500,- EUR im Jahr umsatzsteuerrechtlich zulässig[6]. Daneben kann aber noch Entschädigung für Sachaufwände (Fahrtkosten, Übernachtungen usw.) auch in pauschalisierter Form erfolgen. Die Körperschaft darf ihre Mittel weder für die unmittelbare noch für die mittelbare Unterstützung oder Förderung politischer Parteien verwenden. Diese Regelung soll verhindern, dass über den Weg der Gemeinnützigkeit eine (schwer nachvollziehbare) Parteienfinanzierung außerhalb der Rahmenbedingungen der speziellen Gesetze stattfindet. Daraus ergibt sich aber kein Verbot, einen gemeinnützigen Zweck zu verfolgen, den eine politische Partei verfolgt.

b) Die Mitglieder bei ihrem Ausscheiden oder bei Auflösung oder Aufhebung der Körperschaft nicht mehr als ihre eingezahlten Kapitalanteile und den gemeinen Wert ihrer geleisteten Sacheinlagen zurückerhalten. Damit sollen ähnlich wie unter (1.) Gewinnausschüttungen verhindert werden.

c) Die Körperschaft keine Person durch Ausgaben, die dem Zweck der Körperschaft fremd sind, oder durch unverhältnismäßig hohe Vergütungen begünstigt. Diese Regelung verhindert zum einen, dass **sachfremde** Dienste oder Leistungen eingekauft werden, zum anderen, dass niemand sich durch überzogene Vergütungen an den Mitteln der Körperschaft unverhältnismäßig bereichert. Wann eine unverhältnismäßige Vergütung vorliegt, bestimmt sich nach den Umständen des jeweiligen Einzelfalls; in der Regel ist angemessen dasjenige, was marktüblich ist. Hierbei bestehen, insbesondere bei eindeutig auf die Anforderungen der Körperschaft zugeschnittenen Dienstleistungen erhebliche Spielräume.

d) Bei Auflösung oder Aufhebung der Körperschaft oder bei Wegfall ihres bisherigen Zwecks das Vermögen der Körperschaft, soweit es die eingezahlten Kapitalanteile der Mitglieder und den gemeinen Wert der von den Mitgliedern geleisteten Sacheinlagen übersteigt, nur für steuerbegünstigte Zwecke verwendet wird (Grundsatz der **Vermögensbindung**). Diese Voraussetzung ist auch erfüllt, wenn das Vermögen einer anderen steuerbegünstigten Körperschaft oder einer juristischen Person des öffentlichen Rechts für steuerbegünstigte Zwecke übertragen werden soll. Hiermit wird gewährleistet, dass das einmal für gemeinnützige Zwecke erworbene Vermögen weiterhin auch nur für solche verwendet und nicht bei Wegfall der Gemeinnützigkeit zu privaten oder gewerblichen Zwecken eingesetzt wird.

e) Die Körperschaft ihre Mittel grundsätzlich **zeitnah** für ihre steuerbegünstigten satzungsmäßigen Zwecke verwenden. Verwendung in diesem Sinne ist auch die Verwendung der Mittel für die Anschaffung oder Herstellung von Vermögensgegenständen, die satzungsmäßigen Zwecken dienen. Eine zeitnahe Mittelverwendung ist gegeben, wenn die Mittel spätestens in dem auf den Zufluss folgenden Kalender- oder Wirtschaftsjahr für die steuerbegünstigten satzungsmäßigen Zwecke verwendet werden.

Das Gebot der zeitnahen Mittelverwendung soll sicherstellen, dass für gemeinnützige Zwecke gewidmete Finanzmittel auch tatsächlich für eben diese Zwecke in überschaubarer Zeit eingesetzt werden und dem verfolgten Ziel so zu Gute kommen. Insofern versucht das Steuerrecht an dieser Stelle einen steten Kreislauf zwischen dem Teil der Gesellschaft, der durch seine erwerbswirtschaftliche Tätigkeit die Mittel erzeugt, und dem

---
5 FG München vom 21.11.2000, Az. 7 V 4116/00
6 Vgl. Anwendungserlass des Bundesfinanzministeriums für das Umsatzsteuergesetz i. d. F. v. 22.01.2013

15. Kapitel: Steuerrechtliche Grundlagen – Die Gemeinnützigkeit

Teil der Gesellschaft, der für die Verwirklichung besonderer nützlicher, aber mit dem Wirtschaftsleben nicht in Zusammenhang stehender Zwecke eintritt und dabei eben diese Mittel direkt oder indirekt wieder an die Wirtschaft zurückgibt, zu gewährleisten.

6 Als Ausnahmeregelung zum Gebot der zeitnahen Mittelverwendung lässt § 58 Nrn. 6, 7, 11 und 12 AO zu, dass eine Körperschaft unter bestimmten Voraussetzungen ihre Mittel ganz oder teilweise einer **Rücklage** bzw. ihrem Vermögen zuführt. Hierfür ist keine Ermächtigung durch die Satzung der Körperschaft erforderlich[7].

7 Die (gebundene) Rücklagenbildung ist zulässig, wenn sie erforderlich ist, um die steuerbegünstigten satzungsmäßigen Zwecke nachhaltig erfüllen zu können. Die Mittel müssen für konkret bestimmte Zweckverwirklichungsmaßnahmen angesammelt werden. Für die Durchführung müssen konkrete Zeitvorstellungen bestehen. Kann für ein bestimmtes Vorhaben noch kein genauer Zeitpunkt für die Durchführung festgelegt werden, ist eine Rücklagenbildung nur zulässig, wenn die Durchführung glaubhaft und bei den finanziellen Verhältnissen der Körperschaft in einem angemessenen Zeitraum möglich ist. Nicht ausreichend ist dahingegen das Bestreben, ganz allgemein die Leistungsfähigkeit der Körperschaft zu erhalten.

8 Die Rücklagenbildung muss sorgfältig dokumentiert und ausgewiesen werden. Besteht eine Bilanzierungspflicht, müssen die gebildeten Rücklagen gesondert in der Bilanz erscheinen, bei nichtbilanzierenden Körperschaften muss neben der Einnahmen-Ausgaben-Aufzeichnung zumindest eine gesonderte Aufstellung erfolgen.

9 Die **freie Rücklage** kann gebildet werden, indem eine Körperschaft höchstens ein Drittel des Überschusses der Einnahmen über die Unkosten aus Vermögensverwaltung und darüber hinaus höchstens 10 % ihrer sonstigen zeitnah zu verwendenden Mittel einer freien Rücklage zuführt. Zu den Einnahmen aus Vermögensverwaltung zählen z.B. neben Zinserträgen aus Spareinlagen und Dividenden aus Wertpapieren auch Miet- und Pachteinnahmen der Körperschaft. Zu den sonstigen Mitteln zählen Überschüsse bzw. Gewinne aus steuerpflichtigen wirtschaftlichen Geschäftsbetrieben und Zweckbetrieben sowie die Bruttoeinnahmen aus dem ideellen Bereich. Die Bildung einer freien Rücklage führt nicht zu einer Aufhebung der ideellen Vermögensbindung.

10 Daneben bestehen noch Sonderfälle, in denen die gemeinnützige Körperschaft zur Bildung von Vermögen berechtigt ist, ohne hierbei gemeinnützigkeitsrechtliche Rechtsfolgen auszulösen[8].

11 Zum anderen muss der Rechtsträger den gemeinnützigen Zweck **unmittelbar** verfolgen[9].

12 Eine Körperschaft verfolgt unmittelbar ihre steuerbegünstigten satzungsmäßigen Zwecke, wenn sie **selbst** diese Zwecke verwirklicht.

---

7 Verfügung der OFD Frankfurt vom 20.02.2012, Az. S 0177 A-1-St 53
8 Ansammlung von Mitteln zum Erwerb von Gesellschaftsrechten zur Erhaltung der prozentualen Beteiligung an Kapitalgesellschaften; Zuführung von Mitteln zum Vermögen im Fall von Zuwendungen von Todes wegen (Erbschaften), wenn der Erblasser keine Verwendung für den laufenden Aufwand der Körperschaft vorgeschrieben hat, von Zuwendungen, bei denen der Zuwendende ausdrücklich erklärt, dass sie zur Ausstattung der Körperschaft mit Vermögen oder zur Erhöhung des Vermögens bestimmt sind, von Zuwendungen auf Grund eines Spendenaufrufs der Körperschaft, wenn aus dem Spendenaufruf ersichtlich ist, dass Beträge zur Aufstockung des Vermögens erbeten werden, von Sachzuwendungen, die ihrer Natur nach zum Vermögen gehören, sowie wenn eine Stiftung im Jahr ihrer Errichtung und in den zwei folgenden Kalenderjahren Überschüsse aus der Vermögensverwaltung und die Gewinne aus wirtschaftlichen Geschäftsbetrieben ganz oder teilweise ihrem Vermögen zuführt.
9 § 55 AO

15.1. Steuerrechtliche Grundlagen der Gemeinnützigkeit

D. h., dass der Rechtsträger selbst die Schule als Zweckbetrieb betreiben muss, wenn ihm dieser Betrieb als gemeinnützige Zweckverfolgung zugerechnet werden soll. Damit ist zum Beispiel nach aktueller Ansicht der Finanzbehörden nicht vereinbar, wenn ein Rechtsträger ausschließlich Gebäude erwirbt, erbaut und unterhält und diese dann an einen anderen Rechtsträger für dessen gemeinnützigen Schulbetrieb vermietet oder ihm überlässt. Dieser Vorgang sei zwar grundsätzlich gemeinnützigkeitsrechtlich nicht schädlich[10], begründet aber selbst für die Immobilienkörperschaft keine Gemeinnützigkeit. 13

Aufgrund dieser Sichtweise sind in der jüngeren Vergangenheit verschiedene Schulen in freier Trägerschaft in Probleme geraten, wenn sie (zum Teil schon vor sehr langer Zeit) die Trennung von der das Gebäudeeigentum innehabenden Körperschaft und der den gemeinnützigen Zweckbetrieb unterhaltenden Körperschaft vollzogen hatten, teilweise aus rein organisatorischen Gründen, teilweise aber auch aus Gründen der öffentlichen Finanzhilfe im Sinne von Art. 7 Abs. 4 GG. 14

In einer derartigen Situation muss die Immobilienkörperschaft darauf hinwirken, dass entweder die getrennte Konstruktion aufgehoben wird, oder aber dazu übergehen, unmittelbar den gemeinnützigen Zweck verfolgende Veranstaltungen selbst zu tätigen. 15

Die Zweckverfolgung seitens der Körperschaft kann auch durch **Hilfspersonen** geschehen, wenn nach den Umständen des Falles, insbesondere nach den rechtlichen und tatsächlichen Beziehungen, die zwischen der Körperschaft und der Hilfsperson bestehen, das Wirken der Hilfsperson wie eigenes Wirken der Körperschaft anzusehen ist. Die Beziehung zwischen Körperschaft und Hilfsperson muss so ausgestaltet sein, dass diese hinsichtlich der zweckverfolgenden Veranstaltungen vollständig der Weisungs- und Herrschaftsbefugnis der Körperschaft unterliegt; mit anderen Worten: Die Körperschaft muss ein umfassendes **Bestimmungsrecht** bezogen auf die Zweckverfolgung haben. 16

Dabei ist als Möglichkeit zum einen an eine gesellschaftsrechtliche, zum anderen eine zivilvertragliche Lösung zu denken. 17

Bei der **gesellschaftsrechtlichen Lösung** verfügt die die Gemeinnützigkeit anstrebende Körperschaft über ein institutionalisiertes Kontroll- und Bestimmungsrecht gegenüber einer anderen als Hilfsperson fungierenden Körperschaft. Denkbar wäre dabei zum Beispiel eine Besetzung der Geschäftsführungsorgane durch Mitglieder der eigenen Geschäftsführung oder aber durch Sicherung der gesellschaftlichen Mehrheitsrechte im Falle einer Gesellschaft mit unmittelbar von den Gesellschaftern abhängiger Geschäftsführung[11]. Inwieweit eine derartige institutionelle Fremdbestimmung im Vereinsrecht zulässig ist, ist umstritten. Die Einwirkungsrechte Dritter auf die Vorstandsbildung dürfen jedenfalls nicht so weit gehen, dass der Verein als Sonderverwaltung des Dritten erscheint[12]. 18

Die Durchführung einer einem gemeinnützigen Zweck dienenden Veranstaltung durch eine Hilfsperson im oben genannten Sinne begründet für die Hilfsperson selbst keine Gemeinnützigkeit, so dass die institutionelle Lösung möglicherweise im konkreten Einzelfall nur zu einer Verlagerung des steuerrechtlichen Problems auf eine andere Körperschaft (nämlich die der Hilfsperson) führt. 19

Dagegen begegnet die **zivilvertragliche Lösung** wesentlich weniger Bedenken. Dabei wird zwischen der Körperschaft und der Hilfsperson (dabei kann es sich um eine natür- 20

---

10 § 58 Nr. 4 AO
11 Zum Beispiel einer GmbH (§ 46 Nr. 5 GmbHG)
12 Vgl. Palandt-Ellenberger, 72. Auflage, § 27 Rn 1

liche Person oder aber ebenfalls um eine juristische Person handeln) ein auf die jeweilige gemeinnützigen Zwecken dienende Veranstaltung oder Tätigkeit bezogener Vertrag (zum Beispiel Dienst-, Werk- oder auch Arbeitsvertrag) geschlossen, in dem sich die Körperschaft gegenüber der Hilfsperson sämtliche Bestimmungs- und Weisungsrechte zugestehen lässt, so dass sie allein bestimmen kann, wie die Veranstaltung oder Tätigkeit durchgeführt wird (ein typisches Beispiel sind die Arbeitsverträge mit den Lehrern an einer Schule).

21 Eine gewisse Besonderheit gilt für eine Körperschaft, in der steuerbegünstigte Körperschaften zusammengefasst sind. Zu denken ist hier zum Beispiel an **Interessenverbände**. Eine solche Körperschaft wird durch Gesetz einer Körperschaft gleichgestellt, die unmittelbar steuerbegünstigte Zwecke verfolgt.

22 Einen weiteren bei der gemeinnützigkeitsrechtlichen Prüfung zu berücksichtigen Punkt stellt die Unterscheidung zwischen **ideellem Zweckbetrieb** und **wirtschaftlichem Geschäftsbetrieb** dar.

23 Das Vorliegen eines Zweckbetriebes setzt Folgendes voraus:

a) Der wirtschaftliche Geschäftsbetrieb in seiner Gesamtrichtung muss dazu dienen, die steuerbegünstigten satzungsmäßigen Zwecke der Körperschaft zu verwirklichen. Er darf also nicht (auch nicht nebenher) noch andere als die in der Satzung genannten gemeinnützigen Zwecke verfolgen. Dies führt sogar dann zu Problemen, wenn mit dem Betrieb Zwecke verfolgt würden, die zwar grundsätzlich gemeinnützigkeitsrechtlich anerkannt werden könnten, aber nicht in der Satzung erwähnt sind.

b) Der Geschäftsbetrieb muss zwingend notwendig für die Erreichung der satzungsmäßigen Zwecke sein. Kann der Zweck auch genauso gut ohne den Betrieb erreicht werden, ist der Betrieb nicht notwendig und es liegt somit kein Zweckbetrieb, sondern allenfalls ein wirtschaftlicher Geschäftsbetrieb[13] vor.

c) Der wirtschaftliche Geschäftsbetrieb des Zweckbetriebes darf zu nicht begünstigten Betrieben derselben oder ähnlicher Art nicht in größerem Umfang in Wettbewerb treten, als es bei Erfüllung der steuerbegünstigten Zwecke unvermeidbar ist. Mit dieser Regelung will der Gesetzgeber eine Wettbewerbsverzerrung aufgrund unterschiedlicher Steuerregime verhindern. Aufgrund dieser Regelung muss für sämtliche betriebliche Veranstaltungen separat geprüft werden, ob die jeweilige Veranstaltung wirklich unmittelbar und notwendig der Erfüllung der satzungsmäßigen Zwecke dient und zwingend mit dem Charakter einer den satzungsmäßigen Zweck verfolgenden Einrichtung verbunden ist. Unter Anwendung dieser Vorschrift begegnen zum Beispiel wirtschaftliche Unternehmungen, die zwar möglicherweise aus der Schulgemeinschaft heraus inspiriert sind und auch von dieser durchgeführt werden, aber wirtschaftlich relevante Ausmaße annehmen, rechtlichen Bedenken, wenn sie nicht unmittelbar der pädagogischen Aufgabenstellung der Schule dienen. Hierzu können zum Beispiel Weihnachts- und Flohmärkte gehören, die von der Schulgemeinschaft oder einzelnen Klassen organisiert werden, aber rechtlich unter dem Dach des Schulträgers durchgeführt werden.

24 Handelt es sich bei dem Betrieb tatsächlich um einen Zweckbetrieb, so nimmt dieser an der durch die Gemeinnützigkeit bedingten Steuervergünstigung teil.

25 Handelt es sich dahingegen nicht um einen Zweckbetrieb, so handelt es sich um einen steuerrechtlich grundsätzlich nicht privilegierten wirtschaftlichen Geschäftsbetrieb des Rechtsträgers. Eine Ausnahme hiervon besteht, wenn sämtliche wirtschaftliche Ge-

---

13 § 14 AO

schäftsbetriebe, die keine Zweckbetriebe sind, einschließlich Umsatzsteuer zusammen nicht mehr als jährlich 35.000 EUR an Einnahmen erzeugen; in diesem Fall unterliegen die diesen Geschäftsbetrieben zuzuordnenden Besteuerungsgrundlagen (Einkünfte, Umsätze, Vermögen) nicht der Körperschaftsteuer und der Gewerbesteuer[14].

Diese Freibeträge können durch Umlagerung von in sich abgeschlossenen wirtschaftlichen Geschäftsbetrieben und wirtschaftlichen Veranstaltungen auf einen anderen Rechtsträger (zum Beispiel einen Förderverein) vermehrt werden. Allerdings gehen die Finanzämter gegen derartige Konstruktionen vor, wenn sie den Eindruck gewinnen müssen, dass es sich hierbei um eine künstliche Aufspaltung nur zum Zweck der Vermehrung der Freibeträge handelt (sog. Gestaltungsmissbrauch). 26

15.2. Folgen der Gemeinnützigkeit

Liegen die Voraussetzungen für die Anerkennung der Gemeinnützigkeit vor, so muss das zuständige Finanzamt die Gemeinnützigkeit feststellen. Mit der Anerkennung der Gemeinnützigkeit gehen verschiedene Folgen einher. 27

15.2.1. Körperschaftsteuer

Die unmittelbare Folge der Gemeinnützigkeit ist, dass die gemeinnützige Körperschaft von der Körperschaftsteuer befreit ist, mithin keine Steuern auf ihre jährlichen Überschüsse bzw. Gewinne zu entrichten hat[15]. Somit können alle von der Körperschaft im Rahmen des Zweckbetriebes eingeworbenen Mittel dem als gemeinnützig anerkannten Zweck zugeführt werden. 28

15.2.2. Umsatzsteuer

Die unmittelbar dem Schul- und Bildungszweck dienenden Leistungen von staatlich anerkannten oder genehmigten Schulen in freier Trägerschaft und anderer allgemeinbildender oder berufsbildender Einrichtungen sind umsatzsteuerfrei[16]. 29

Ebenso umsatzsteuerbefreit sind die unmittelbar dem Schul- und Bildungszweck dienenden Unterrichtsleistungen selbständiger Lehrer an Hochschulen im Sinne der §§ 1 und 70 des Hochschulrahmengesetzes und staatlichen allgemeinbildenden oder berufsbildenden Schulen oder an Schulen und anderen allgemeinbildenden oder berufsbildenden Einrichtungen in freier Trägerschaft, wenn sie staatlich anerkannt oder genehmigt sind[17]. 30

Betreibt der gemeinnützige Schulträger noch zusätzlich einen Hort oder einen Kindergarten, so sind auch dessen Leistungen umsatzsteuerbefreit[18]. 31

Ganz generell gilt, dass die ehrenamtlichen Tätigkeiten für gemeinnützige Einrichtungen umsatzsteuerbefreit sind, wenn das Entgelt für diese Tätigkeiten nur in Auslagenersatz und einer angemessenen Entschädigung für Zeitversäumnis besteht[19]. Angemessen ist die Entschädigung, wenn sie 50,- EUR je Stunde und 17.500,- EUR im Jahr nicht überschreitet; Ehrenamtlichkeit setzt voraus, dass es sich nicht um eine berufliche Hauptta- 32

---

14 § 64 Abs. 3 AO
15 § 5 Abs. 1 Nr. 9 KStG
16 § 4 Nr. 21 a UStG
17 § 4 Nr. 21 b UStG
18 § 4 Nr. 18, 25 UStG
19 § 4 Nr. 26 b UStG

tigkeit handelt. Neben der Entschädigung für Zeitversäumnis ist stets eine Entschädigung für Aufwendungen, auch in pauschalierter Form, zulässig[20].

15.2.3. Spendenfähigkeit

33 An als gemeinnützig anerkannte Körperschaften getätigte Zuwendungen (Spenden und Mitgliedsbeiträge) können in einem bestimmten Umfang als Sonderausgaben im Rahmen der Erhebung der Einkommensteuer berücksichtigt werden[21].

34 Zu beachten ist hierbei jedoch, dass die zur Förderung des gemeinnützigen Zweckes gewährten Zuwendungen freiwillig und ohne Gegenleistung erfolgen müssen. Hierbei sehen die Finanzämter dann Probleme, wenn eine als „Spende" bezeichnete Zuwendung durch den Schüler bzw. seine Eltern oder andere sehr nahe stehende Personen erfolgt und die Zuwendungsmittel notwendig sind, um den laufenden Haushalt des Schulbetriebes zu sichern. In diesem Fall erscheint die „Spende" eher als ein erforderliches Leistungsentgelt (Schulgeld)[22].

35 Dahingegen können freiwillige Zuwendungen für einmalige, auch für intensive und für die Schulentwicklung sehr förderliche Projekte (z. B. Schulneubauten) Spenden im steuerrechtlichen Sinne sein.

15.2.4. Steuerfreibeträge

36 Wer sich ehrenamtlich für eine gemeinnützigen Zwecken dienende Körperschaft engagiert, kann hierfür u. U. eine auf den Zeitaufwand bezogene Entschädigung erhalten, für die keine Einkommensteuer anfällt.

37 Hierzu gehören die sogenannte Übungsleiterpauschale[23] in Höhe von 2.400 EUR im Jahr für Einnahmen aus nebenberuflichen Tätigkeiten als Übungsleiter, Ausbilder, Erzieher, Betreuer oder vergleichbaren nebenberuflichen Tätigkeiten, aus nebenberuflichen künstlerischen Tätigkeiten oder der nebenberuflichen Pflege alter, kranker oder behinderter Menschen, sowie die allgemeine Ehrenamtspauschale in Höhe von 720 EUR pro Jahr[24].

38 Darüber hinaus kann 30 % des für ein Kind an den Schulträger entrichteten Schulgeldes in Höhe von bis zu 5.000 EUR als Sonderausgabe einkommensteuerrechtlich geltend gemacht werden[25].

15.2.5. Öffentliche Finanzhilfe

39 Schließlich wird in einigen Bundesländern die Gewährung der Finanzhilfe vom Vorliegen der Gemeinnützigkeitsanerkennung abhängig gemacht[26]. Die dahinter stehende Überlegung ist, dass ein auf Gewinn abzielender Geschäftsbetrieb nicht der öffentlichen Subventionierung bedarf.

---

20 Vgl. Erlass des BMF vom 27.03.2013, Az. IV D 3 – S 7185/09/10001-04
21 § 10 b EStG
22 BFH v. 12.08.1999, Az. XI R 65/98
23 § 3 Nr. 26 EStG
24 § 3 Nr. 26 a EStG
25 § 10 Nr. 9 EStG
26 Z.B. Rheinland-Pfalz, § 28 Abs. 2 PSchG

16. Kapitel: Schulvertragsrecht

16.1. Allgemeines

Die Rechtsbeziehung zwischen der Schule in freier Trägerschaft und den Schülern/ Eltern richtet sich nach dem Privatrecht. Der Schulvertrag ist ein Dienstvertrag gemäß §§ 611 ff. BGB. Er beinhaltet die Verpflichtung des Schulträgers zur Unterrichtung und Erziehung des Schülers, sowie die Verpflichtung der Eltern zur Zahlung eines Schulgeldes bzw. zur Beteiligung an der Aufbringung der Trägereigenleistung.

Im Regelfall handelt es sich um einen Formularvertrag, der zugleich die Allgemeinen Geschäftsbedingungen der Schule enthält und sich an den gesetzlichen Vorschriften zu den Allgemeinen Geschäftsbedingungen der §§ 305 bis 310 BGB messen lassen muss. Die Zulässigkeitsgrenze der vertraglichen Regelungen liegt in einer nach Treu und Glauben unangemessenen Benachteiligung der Schüler und Eltern. Daher muss bei der Gestaltung des Schulvertrages auf der einen Seite eine für den Schulträger möglichst klare Regelung der Rechte und Pflichten angestrebt werden, um die notwendige Planungs- und Organisationssicherheit zu erhalten. Auf der anderen Seite dürfen die Rechte und Pflichten der Schüler und Eltern nicht unangemessen eingeschränkt werden. Die gesetzlichen Bestimmungen der §§ 305 bis 310 BGB dienen ausschließlich dem Schutz des Verbrauchers, hier dem Schutz der Schüler/Eltern. Zweifel bei der Auslegung des Vertrages gehen stets zu Lasten des Schulträgers.

16.2. Vertragsparteien des Schulvertrages

16.2.1. Regelfall

Vertragsparteien sind der Schulträger auf der einen und die Eltern oder volljährigen Schüler auf der anderen Seite. Die Schule selbst ist also nicht Vertragspartei, sondern der Rechtsträger der Einrichtung Schule (Schulträger). Je nach Rechtsform des Schulträgers ist der Schulvertrag von dem jeweils zuständigen Organ durch den/die vertretungsberechtigt/n Person/en zu unterzeichnen.

Die Eltern schließen den Vertrag über die Beschulung ihres Kindes ab bzw. bei Abschluss mit dem volljährigen Schüler über seine eigene Beschulung. Damit sind die Eltern bzw. der Schüler Vertragspartner des Schulträgers und zur Einhaltung der vertraglichen Regelungen verpflichtet. Regelmäßig beinhaltet der Schulvertrag die Pflicht, den Schulbesuch zu gewährleisten, die Schulordnung einzuhalten sowie den finanziellen Verpflichtungen nachzukommen.

Die Unterzeichnung durch beide Elternteile ist deswegen sinnvoll, da nur in diesem Fall beide Elternteile aus dem Vertrag berechtigt und verpflichtet sind. Dies gilt zum einen für nicht verheiratete oder getrennt lebende Elternteile. Aber auch beim Zusammenleben der Ehegatten schließt der eine Ehegatte den Schulvertrag nicht automatisch mit Wirkung für den anderen Ehegatten ab. Der Abschluss eines Schulvertrages gehört nicht zu den Geschäften zur Deckung des Lebensbedarfes im Sinne von § 1357 BGB, im Rahmen derer eine Erklärung mit Wirkung für den Ehegatten abgegeben wird.[1] Unterschreibt nur ein Elternteil den Schulvertrag, wie es regelmäßig der Fall sein wird, wenn dieser das alleinige Sorgerecht innehat, so ist der Vertrag zwar uneingeschränkt wirksam, berechtigt und verpflichtet aber nur den Unterzeichner.

---

1 Palandt, 71. Aufl. 2012, § 1357, Rz.: 13.

16. Kapitel: Schulvertragsrecht

16.2.2. Volljährigkeit des Schülers

6 Wird der Schüler während der Vertragslaufzeit volljährig, so wirkt sich dies auf den Schulvertrag aus. Die elterliche Sorge endet mit dem Erreichen der Volljährigkeit.[2] Zwar bleiben die Eltern weiterhin als unmittelbare Vertragspartei aus dem Vertrag berechtigt und verpflichtet. Durch den Wegfall der elterlichen Sorge ist der Schüler aber mit dem Eintritt der Volljährigkeit selbst für den Schulbesuch verantwortlich. Die Eltern können daher ihre Pflicht, den regelmäßigen Schulbesuch des Schülers zu gewährleisten, nicht mehr wirksam erfüllen.

7 Bei Eintritt der Volljährigkeit des Schülers ist daher eine Anpassung des Vertrages erforderlich. Möglich ist zum einen, eine Zusatzvereinbarung vorzuhalten, die bei Eintritt der Volljährigkeit von dem Schüler unterzeichnet wird. Die Zusatzvereinbarung beinhaltet, dass der (nunmehr) Volljährige dem Vertrag beitritt und selbständiger Inhaber der sich aus dem Vertragsverhältnis ergebenden Rechte und Pflichten ist. Eltern und Schüler haften dem Schulträger dann als Gesamtschuldner.

8 Möglich ist auch eine Zusatzvereinbarung dahingehend, dass der volljährige Schüler den Vertrag selbständig übernimmt und in der Folge statt seiner Eltern aus dem Vertrag berechtigt und verpflichtet ist. Da der volljährige Schüler im Regelfall über kein eigenes Einkommen verfügt, besteht regelmäßig jedoch ein berechtigtes Interesse des Schulträgers, die Eltern weiter an die vertraglichen Pflichten zu binden.

16.3. Die Regelungen im Schulvertrag

9 Im Folgenden werden die wichtigsten schulvertraglichen Regelungen einzeln erläutert. Musterformulierungen finden sich im Anhang.

16.3.1. Präambel/Vorbemerkung

10 Präambeln oder Vorbemerkungen geben mit einleitenden Worten die wesentlichen Zielvorstellungen der vertraglichen Vereinbarung wieder. Sie können eine wichtige Hilfestellungen leisten, wenn sich ein Vertrag im Nachhinein als unklar oder widersprüchlich erweist und deshalb eine ergänzende Vertragsauslegung erforderlich ist. Auch die Frage, was Vertragsgrundlage sein soll, lässt sich unter Umständen leichter beantworten, wenn man aus einer Vorbemerkung Rückschlüsse auf das grundlegende Konzept des Schulträgers ziehen kann.

11 Da die Schulen in freier Trägerschaft sich durch ein besonderes pädagogisches, religiöses oder weltanschauliches Interesse auszeichnen, sollte dieses als Vorbemerkung dem Schulvertrag zusammen mit den allgemeinen Grundsätzen der Zusammenarbeit vorangestellt werden.

16.3.2. Laufzeit des Vertrages/Probezeit

12 Die Vertragslaufzeit des Schulvertrages ist zeitlich unbefristet. Eine Befristung ist nicht zu empfehlen, da hierdurch die Kündigungsmöglichkeiten erheblich eingeschränkt werden.[3] Die Vertragslaufzeit beginnt mit einem durch den Schulträger festzusetzenden Datum. Das Vertragsende ist zeitlich unbestimmt. Der Natur der Sache nach geht der Vertrag regelmäßig über die gesamte Schulzeit bis zum Erreichen des angestrebten Bildungsabschlusses. Bei den allgemeinbildenden Schulen in freier Trägerschaft läuft der

---

2 Palandt, 71. Aufl. 2012, § 1626, Rz.: 26.
3 Prof. Dr. Köpcke-Duttler in RuB 2011, Heft 1, S. 15.

Vertrag im Regelfall über 12 Jahre, in Einzelfällen aber auch über weniger oder mehr Jahre.

Es empfiehlt sich für Schulen, die nach 13 Jahren die Allgemeine Hochschulreife als Abschluss anbieten, für das 13. Schuljahr einen neuen Vertrag abzuschließen, der auch die Zulassungsvoraussetzungen zum Abitur regelt.

In den Schulverträgen sollte eine angemessene Probezeit vereinbart werden.[4] Im ersten Schuljahr bzw. in dem ersten Jahr nach einem Schulwechsel müssen Besonderheiten gelten, die eine zügige Lösung vom Vertrag ermöglichen. Zwar kennen die Eltern die Eigenschaften ihres Kindes. Es ist ihnen jedoch nicht möglich, die Persönlichkeit des Kindes so zu kennen, dass sie dessen Anpassungsfähigkeit an künftige, neue Lebensbedingungen sicher beurteilen können. Dieser Unsicherheit ist durch Einräumung einer Probezeit Rechnung zu tragen. Innerhalb der Probezeit können beide Vertragsparteien den Vertrag unter Einhaltung einer festgelegten kurzen Kündigungsfrist ohne Begründung kündigen. Fehlt eine Probezeitregelung, so ist nach der Rechtsprechung den Vertragsparteien ein zusätzliches Kündigungsrecht einzuräumen.[5] Die Länge der Probezeit bestimmt sich nach deren Angemessenheit. Jedenfalls die Vereinbarung von bis zu 12 Monaten ist wirksam.[6] Eine kürzere Probezeitvereinbarung mit Verlängerungsoption ist ebenfalls möglich.

In besonders begründeten Ausnahmefällen – so z. B. in Inklusionsfällen – ist eine Probezeit ggf. auch über den Zeitraum von 12 Monaten hinaus verlängerbar. Hierzu bedarf es – neben dem Vorliegen eines besonderen Grundes – auch einer ausreichenden Begründung der Verlängerungsentscheidung. Gerichtsentscheidungen, welche die Prüfung einer Probezeit von mehr als 12 Monaten zum Gegenstand hatten, gibt es bislang nicht. Die Rechtssicherheit einer solchen formularmäßigen Regelung ist daher als offen zu bezeichnen.

16.3.3. Schulgeld/Beitrag zur Trägereigenleistung

Die Regelungen zur Zahlung eines regelmäßigen Schulgeldes variieren in den einzelnen Bundesländern. In den meisten Bundesländern ist es den Schulen in freier Trägerschaft gesetzlich erlaubt, Schulgeld zu erheben, soweit sie nicht gegen das Sonderungsverbot verstoßen. Die entsprechenden Regelungen in den Schulverträgen sehen die Erhebung eines Schulgeldes vor.

Entweder beinhaltet die vertragliche Regelung unmittelbar die Höhe des Schulgeldes und die weiteren Zahlungsmodalitäten oder der Vertrag verweist auf die Beitragsordnung der Schule. Soweit die Beitragsordnung Vertragsbestandteil werden soll, ist ein ausdrücklicher Verweis erforderlich und die Beitragsordnung muss als Anlage dem Vertrag beigefügt werden. Da sich die Höhe des Schulgeldes im Laufe der Schulzeit verändern kann, was im Regelfall durch Änderung der Beitragsordnung erfolgt, ist der Verweis auf die Beitragsordnung in ihrer jeweils geltenden Fassung empfehlenswert. Erfolgt eine Änderung der Beitragsordnung, so ist diese den Eltern mitzuteilen. Die Änderung bewirkt zugleich eine Änderung der Allgemeinen Geschäftsbedingungen und ist nur dann wirksam, wenn sie den Eltern bekannt gemacht wird und diese der Änderung zugestimmt bzw. nicht widersprochen haben.[7]

---

4 BGH NJW 1985, S. 2585 ff.
5 BGH NJW 1985, S. 2585 ff.
6 LG Mönchengladbach, Urteil vom 17.12.2007, Az.: 10 O 245/07.
7 Palandt, 71. Aufl., § 305, Rz.: 47.

18 Eine Ausnahme bildet Nordrhein-Westfalen. Hier gilt der Grundsatz der Schulgeldfreiheit auch für Schulen in freier Trägerschaft. Nichtsdestotrotz sind die Schulen in freier Trägerschaft auch in Nordrhein-Westfalen auf die finanzielle Unterstützung der Eltern zur Finanzierung der Schule angewiesen. Die übliche Form einer Vereinbarung verpflichtet die Eltern zur – freiwilligen – Beteiligung an der Aufbringung der Trägereigenleistung. Neben der schulvertraglichen Erklärung der Eltern, sich an der Aufbringung zu beteiligen, unterschreiben diese eine gesonderte Verpflichtungserklärung zur Höhe der Zahlung und den Zahlungsmodalitäten. Durch einen Verweis auf die Verpflichtungserklärung im Schulvertrag wird diese Bestandteil der vertraglichen Regelungen. Voraussetzung ist auch hier, dass die Verpflichtungserklärung dem Vertrag als Anlage beigefügt ist.

16.3.4. Beendigung des Schulverhältnisses

19 Eine wesentliche Regelung im Schulvertrag betrifft die Beendigungsmöglichkeiten von Seiten des Schulträgers sowie von Seiten der Eltern. Dem Grundsatz nach wird der Schulvertrag für den gesamten Bildungsgang der Schule geschlossen. Eine vorherige Auflösung des Schulvertrages oder die Beendigung des Schulverhältnisses nach den schulgesetzlichen Vorschriften kann daher nur dann erfolgen, wenn hierzu in dem Schulvertrag wirksame Beendigungs- und Kündigungsregelungen getroffen wurden. Sind keine Regelungen vorhanden, so gelten die eingeschränkten allgemeinen zivilrechtlichen Vorschriften zur Kündigung von Dauerschuldverhältnissen.[8]

a) Allgemeine Beendigungsgründe

20 Das Schulverhältnis endet nach Beendigung des Bildungsgangs der Schule mit dem Ende der 12. Jahrgangsstufe oder, wenn eine Verlängerung des Vertrages für die 13. Jahrgangsstufe (Abiturvorbereitung) beiderseits vereinbart wird, nach Abschluss dieses Jahrgangs. Weitere vertraglich zu vereinbarende Beendigungsgründe sind die Entlassung des/der Schüler/in von der Schule gemäß den ordnungsgesetzlichen landesrechtlichen Schulvorschriften, die Einstellung des Schulbetriebes oder der Tod des Schülers.

b) Beendigung durch Kündigung

21 Die Kündigungsmöglichkeit von Schulverträgen vor dem Erreichen des Bildungsabschlusses stellt in Einzelfällen sowohl von Seiten der Schule, als auch von Seiten der Eltern ein berechtigtes Interesse dar. Die Privatschulfreiheit beinhaltet auch die Freiheit zur Schülerauswahl. Vertragsgrundlage der Vertragspartner ist eine vertrauensvolle Zusammenarbeit zwischen Schulträger, Schule, Schülern und Eltern. Abzuwägen sind die Interessen beider Vertragsparteien. Auf Seiten der Eltern/Schüler bedeutet ein Schulwechsel einerseits stets einen erheblichen Einschnitt in das Leben des Schülers. Der BGH hebt in seiner Grundsatzentscheidung zu der Frage der Kündbarkeit von Schulverträgen andererseits das besondere Interesse einer jeden Schule in freier Trägerschaft an der „effektiven Verwirklichung ihrer Bildungsziele" hervor.[9]

22 Die Regelung der Kündbarkeit der Schulverträge ist in der Vergangenheit mehrfach Gegenstand von Gerichtsentscheidungen gewesen. Im Folgenden werden die Möglichkeiten der zu vereinbarenden Regelungen der ordentlichen und der fristlosen Kündigung besprochen.

---

[8] OLG Frankfurt, Urteil vom 6.1.1987, Az.: 14 U 166/85.
[9] BGH, Urteil vom 17.1.2008 – III ZR 74/07.

aa) Ordentliche Kündigung

Die ordentliche Kündigung des Schulvertrages ist nach ständiger und höchstrichterlicher Rechtsprechung auch ohne Begründung von Seiten beider Vertragsparteien zulässig.[10] Während die frühere Rechtsprechung eine Kündigungsregelung für den Schulträger ohne wichtigen Grund für unwirksam hielt[11], wird dies seit der BGH-Entscheidung vom 17.1.2008 nicht mehr vertreten.[12] Zwar bedeutet ein Schulwechsel für den Schüler eine erhebliche Beeinträchtigung, da er sich auf neue **Lehrmethoden** und einen neuen Lehrstand einstellen muss und ggf. Freunde und persönliches Umfeld verliert. Aus dem in Art. 7 Abs. 4 S. 1 GG verankerten Recht zur freien Schülerwahl gelten für die Schulen in freier Trägerschaft jedoch weniger strenge Vorschriften, einen Schüler der Schule zu verweisen, als sie für öffentlichen Schulen gelten.[13] Der Leitsatz des BGH lautet, dass das Recht zur Kündigung eines Schulvertrages zum Ende des Schulhalbjahres und zum Ende des Schuljahres für beide Vertragsparteien auf keine rechtlichen Bedenken stößt und keine unangemessene Benachteiligung darstellt.[14]

23

Das Kündigungsrecht der Schüler/Eltern muss mindestens zum Schulhalbjahr und zum Schuljahresende ausgeübt werden können. Eine Kündigungsmöglichkeit nur zum Schuljahresende benachteiligt die Schüler/Eltern unangemessen.[15]

24

Die Kündigungsfrist darf zum Schutze der Schüler/Eltern darüber hinaus nicht unangemessen lang sein. Eine Frist von 5 Monaten wird nach der Rechtsprechung für unangemessen erachtet. Wirksam ist eine zwei- oder dreimonatige Kündigungsfrist.[16]

25

bb) Fristlose Kündigung

Nur bei Vorliegen eines wichtigen Grundes ist der Schulvertrag für beide Vertragsparteien gemäß § 626 BGB fristlos kündbar. Erforderlich ist hierbei allerdings stets eine Einzelfallabwägung, ob im konkreten Fall dem Kündigenden unter Berücksichtigung aller Umstände und unter Abwägung der beiderseitigen Interessen die Fortsetzung des Schulverhältnisses bis zum Ablauf der Kündigungsfrist oder bis zur sonstigen Beendigung des Schulverhältnisses nicht zumutbar ist.[17] Im Schulvertrag können Regelbeispiele aufgeführt werden, bei deren Vorliegen von einer Unzumutbarkeit ausgegangen wird. Diese entbinden jedoch nicht von einer Pflicht zur Einzelfallabwägung und dienen letztlich nur als Auslegungshilfe.

26

16.3.5. Anlagen zum Schulvertrag

Anlagen zum Schulvertrag dienen der Aussonderung von Vertragsbestandteilen, die ihn überlasten bzw. unlesbar machen würden oder nicht zur Integration geeignet sind. Damit die Anlagen trotzdem Vertragsbestandteil sind, ist ein ausdrücklicher Verweis auf deren Geltung erforderlich. Darüber hinaus müssen die Anlagen dem Vertrag bei Ver-

27

---

10 BGH, Urteil vom 17.1.2008 – III ZR 74/07.
11 OLG Dresden, Urteil vom 29.3.2000 – 8 U 477/00.
12 Jülich/van den Hövel, SchulR Handbuch NRW, § 100, Rz. 10.
13 Jülich/van den Hövel, SchulR Handbuch NRW, § 100, Rz. 10.
14 Prof. Dr. Köpcke-Duttler in RuB 2011, Heft 1, S. 11-15.
15 Beschluss des Kammergerichts Berlin vom 20. März 2009.
16 Beschluss des OLG Schleswig vom 24.8.2009, NJW-RR 2010, S. 703.
17 BVerwGE 112, S. 263.

tragsschluss beigefügt sein.[18] Regelmäßige Anlagen zum Schulvertrag sind die Schul- und Hausordnung, die Beitragsordnung/Verpflichtungserklärung zur Beteiligung an der Aufbringung der Trägereigenleistung, die Belehrung zum Infektionsschutzgesetz, die Datenschutzerklärung, Vereinssatzungen.

---

18 Palandt, 71. Aufl., § 305, Rz.: 28.

17. Kapitel: Aufsicht über Schülerinnen und Schüler

17.1. Allgemeines

Die **Aufsichtspflicht** gegenüber den Schülerinnen und Schülern begründet sich in dem Schul- oder Betreuungsvertrag zwischen den Erziehungsberechtigten und der Schule. Mit dem Abschluss des Vertrages erteilen die Erziehungsberechtigten der Schule einen Bildungs- und Erziehungsauftrag. Ein Element hiervon ist die Verpflichtung der Schule, das Kind zu beaufsichtigen. Die Erziehung obliegt zwar zunächst den Erziehungsberechtigten eines Kindes, die gesetzlich unter anderem zur Beaufsichtigung des Kindes verpflichtet sind[1]. Da die Erziehungsberechtigten während des Schulbesuchs jedoch keine Möglichkeit haben, ihr Kind zu beaufsichtigen, geht die Aufsichtspflicht während der Schulveranstaltungen als vertragliche Nebenpflicht auf die Schule über. Ziel der Aufsicht ist es, die der Schule und den Lehrkräften anvertrauten Schüler vor Schäden an Gesundheit und Vermögen zu bewahren; ebenso soll die Aufsicht verhindern, dass andere Personen oder deren Eigentum durch die Schüler einen Schaden erleiden[2].

Da die Aufsichtspflicht über die Schüler aus dem Schul- bzw. Betreuungsvertrag resultiert, kann sie als vertragliche Aufsichtspflicht bezeichnet werden. Sie ist von der gesetzlichen Aufsichtspflicht über das Kind gem. § 832 BGB zu unterscheiden, welche dem Schutz Dritter vor dem Kind dient. Auch sollte die Aufsichtspflicht gegenüber den Schülern nicht mit der Aufsicht des Staates über Schulen in freier Trägerschaft verwechselt werden. Im Folgenden ist nur die vertragliche Aufsicht über die Schüler näher dargestellt, so dass sich keine begrifflichen Verwirrungen ergeben können.

Von Bundesland zu Bundesland existieren sehr unterschiedliche rechtliche Regelungen zur Aufsicht an öffentlichen Schulen. Einige Länder machen sehr detaillierte Vorgaben[3], andere treffen kaum Regelungen[4]. Fast in jedem Bundesland existieren außerdem Erlasse und Richtlinien zu typischen besonderen Aufsichtsbereichen wie z.B. Schulfahrten, Sport und gefahrgeneigten Unterrichtsfächern. Diese Gesetze, Erlasse und Richtlinien sind in aller Regel für Schulen in freier Trägerschaft nicht unmittelbar anwendbar. Allerdings geben sie Hinweise dafür, was bei Beachtung aller Sorgfalt als ausreichende Aufsicht, also als ausreichende Sicherung und Sorge für die Schüler, von staatlichen Behörden angesehen wird. Die Regelungen können daher zur Auslegung des Schul- oder Betreuungsvertrages herangezogen werden, um festzustellen, was – unter Beachtung der Spezifika der jeweiligen Schule in freier Trägerschaft – als ordnungsgemäße Aufsicht anzusehen ist. Die Schulverträge selbst enthalten meiste nur wenige oder keine Bestimmungen zur Aufsicht. Eine Lehrkraft, die Unterricht in den entsprechenden (gefahrgeneigten) Fächern erteilt, den Unterricht als zweite Aufsichtsperson unterstützt oder eine Klassenfahrt begleitet, sollte die einschlägigen Erlasse und Richtlinien für staatliche Schulen daher kennen.

Will eine Schule oder Lehrkraft von rechtlichen Bestimmungen, insbesondere von Erlassen oder Richtlinien zu besonderen Aufsichtsbereichen, abweichen, benötigt sie einen angemessenen Sachgrund. Dass Schüler einer Schule in freier Trägerschaft generell weniger schutzbedürftig seien als an einer staatlichen Schule, ist als Sachgrund nicht nach-

---
1 § 1631 Abs. 1 BGB.
2 BGH SPE 138 Nr. 4; Stephan Rademacher RdJB 2012, 278, 282; Thomas Böhm, Aufsicht und Haftung in der Schule, 4. Auflage 2011, Rn. 25.
3 Bspw. § 48 Thüringer SchulO, Verwaltungsvorschrift „Sicherheit im Schulsport" des Thüringer Ministeriums für Bildung, Wissenschaft und Kultur, 25.2.2000; Verwaltungsvorschriften zu § 57 Abs. 1 SchulG NRW – Aufsicht – vom 18.7.2005.
4 § 41 Abs. 1 SchulG Baden-Württemberg.

vollziehbar. Andererseits kann es gefahrträchtige Situationen im Schulalltag geben, die an einer staatlichen Schule nicht vorgesehen sind, z.b. bei der Schulhofgestaltung (ein Kletterbaum auf dem Schulhof) oder bei bestimmten Praktika (z.B. in der Landwirtschaft). Die damit verbundenen Gefährdungen werden häufig bewusst in Kauf genommen, um einen bestimmten pädagogischen Zweck erreichen zu können. Um festzustellen, ob die Aufsicht in diesen Fällen den rechtlichen Anforderungen genügt, ist es besonders wichtig, die entstehenden Risiken mit dem speziellen Bildungs- und Erziehungszweck der Schule in Beziehung zu setzen. Darüber hinaus sollten die Risiken für die Schüler angemessen sein, so dass die Schüler sie mit ihren Fähigkeiten bewältigen können. Im Übrigen sind alle notwendigen Sicherheitsvorkehrungen zu treffen (bei einem Kletterbaum auf dem Schulhof z.B. für einen geeigneten und barrierefreien Untergrund zu sorgen, den Baum regelmäßig auf Stabilität zu prüfen, eventuell nur eine bestimmte Höhe für das Klettern zu erlauben und im Rahmen der Aufsicht die Gefahrenquelle im Bewusstsein zu halten etc.).

5 Dem Schulträger obliegt die Verpflichtung zur Aufsicht als Nebenpflicht aus dem Schul- oder Betreuungsvertrag. Er ist verpflichtet, für die geeignete Beauftragung der Lehrkräfte und gegebenenfalls der Schulführung zu sorgen. Der Schulträger muss sicherstellen, dass alle von ihm zur Erfüllung seiner Pflichten aus dem Schulvertrag eingesetzten Personen geeignet sind und ihre Arbeit pflichtgemäß erfüllen. Nötigenfalls muss er durch Einsatz arbeitsrechtlicher Sanktionen seine Mitarbeiter zu einem pflichtgemäßen Verhalten anhalten; übliche Möglichkeiten sind hierbei die Verpflichtung zur Fortbildung, die Abmahnung oder als letztes Mittel die Kündigung des Arbeitsverhältnisses. Ein Verschulden der zur Erfüllung seiner vertraglichen Pflichten eingesetzten Personen, insbesondere von Mitarbeitern, muss sich der Schulträger wie eigenes Handeln und Verschulden zurechnen lassen.

6 Die Lehrkräfte und, soweit vorhanden, die Schulführung, übernehmen mit ihrem Arbeitsvertrag auch die Pflicht des Schulträgers, die Aufsicht zu organisieren und zu führen. Je nach Delegation durch den Schulträger sind die Schulführung[5], die Lehrkräfte oder ein anderes Organ der Schule zuständig für die Erstellung der Aufsichtspläne. **Aufsichtspläne** sind für Früh- und Spätaufsicht sowie Pausenaufsicht einschließlich Vertretungsregelungen zu erstellen. Selbst wenn der Schulträger die Aufgaben zur Aufsichtsführung auf Lehrkräfte delegiert, bleibt die Schulleitung, sofern sie in einer Schule in freier Trägerschaft eingesetzt ist, für die Kontrolle der Aufsicht in der Schule zuständig und trägt weiterhin die Gesamtverantwortung[6]. Den Lehrkräften obliegt die Ausführung der Aufsicht[7]. Denn sie sind in eigener Verantwortung täglich mit der Erziehung und Bildung der Schüler betraut, die eine angemessene Aufsicht erfordern.

7 Unabhängig von konkreten rechtlichen Vorgaben folgen aus dem Schulvertrag sowie aus der Verkehrssicherungspflicht die folgenden generellen Grundsätze zur Aufsicht. Sie sind durch Gerichtsentscheidungen ausgeformt und können als Leitlinien für die Gestaltung der Aufsicht in allen Bundesländern herangezogen werden.

---

5 Dieter Margies/Gerald Rieger RdJB 2000, 280, 281.
6 Böhm a.a.O. Rn. 6.
7 So bspw. § 57 Abs. 1 SchulG NRW; § 29 Abs. 2 Thüringer SchulO vom 20.1.1994, zuletzt geändert am 10.6.2009.

17.2. Organisation der Aufsicht

Eine ordnungsgemäße Organisation der Aufsicht berücksichtigt vier Bereiche: Die zeitliche Dauer der Aufsicht, den örtlichen Rahmen der Aufsichtsführung, die Intensität der Aufsicht und die die Aufsicht führenden Personen.

8

17.3. Zeitliche Festlegung der Aufsicht

Die Aufsicht muss sich auf die gesamte Dauer eines jeden Schultages (einschließlich offenem oder gebundenem Ganztagsbetrieb) erstrecken und umfasst auch zusätzliche Schulveranstaltungen. Die Aufsicht ist daher während der üblichen Unterrichtszeiten zu organisieren (beispielsweise für Vertretungs- und Freistunden, Pausen, eine angemessene Zeit vor und nach dem Unterricht, Schulveranstaltungen am Abend). Die zeitliche Dauer der Aufsicht wird in einigen Bundesländern durch Rechtsverordnung näher konkretisiert[8]. So wird als angemessene Zeit vor Beginn und nach Ende des Unterrichts oder sonstiger Schulveranstaltungen häufig ein Zeitraum von 15 bis 20 Minuten angesehen[9], bei Besonderheiten auch länger. Für mindestens diesen Zeitraum muss die Schulleitung daher eine Aufsicht organisieren. Für Fahrschüler, die regelmäßig früher an der Schule eintreffen oder die Schule später verlassen müssen, ist diese Zeit angemessen zu erweitern, bspw. auf 30 Minuten.

9

Jede einzelne Lehrkraft ist unabhängig von der Einteilung zur Aufsicht während der gesamten Arbeitszeit verpflichtet, Aufsicht zu führen, sobald sich die Notwendigkeit einer Aufsichtsführung aus den Umständen ergibt[10]. Auch wenn eine Lehrkraft daher nicht zur Aufsichtsführung vor Unterrichtsbeginn oder in einer Pause eingeteilt ist, ist sie daher zur Aufsichtsführung und zum aktiven Eingreifen verpflichtet, wenn dies notwendig ist.

10

17.4. Örtliche Festlegung der Aufsicht

Die Aufsichtspflicht erstreckt sich auf das gesamte Schulgrundstück, auf sämtliche sonstigen Orte von Schulveranstaltungen und auf die Unterrichtswege[11].

11

Der **Schulweg**, also der Weg zwischen Schule (bzw. Unterrichtsort) und Wohnung, fällt nicht in den Aufsichtsbereich der Schule[12], sondern unter die Aufsichtspflicht der Erziehungsberechtigten. Der Schulweg beginnt und endet nicht am Schulgebäude, sondern am Schulgrundstück[13]. Dort beginnt und endet deshalb die Aufsichtspflicht der Schule.

12

Unterrichtswege sind alle Wege der Schüler zwischen dem Schulgrundstück und den Orten von Unterricht und anderen Schulveranstaltungen, sofern die Schüler nicht von zu Hause kommen oder direkt nach Hause gehen[14]. Wenn ein Unterrichtsweg mit einem Schulbus oder mit öffentlichen Verkehrsmitteln zurückgelegt wird, obliegt der Schule auch diesbezüglich die Aufsichtspflicht[15].

13

---

8   Bspw. VV zu § 57 Abs. 1 SchulG NRW; § 48 Thüringer Schulordnung.
9   VV zu § 57 Abs. 1 SchulG NRW Nr. 1; § 48 Abs. 1 Thüringer Schulordnung.
10 Böhm a.a.O., Rn. 16 m. w. N.
11 Böhm a.a.O., Rn. 21.
12 Füssel a.a.O., S. 712; VV zu § 57 Abs. 1 SchulG NRW, Ziff. 1.
13 Margies/Rieger a.a.O. 280, 292; VV zu § 57 Abs. 1 SchulG NRW, Ziff. 1.
14 VV zu § 57 Abs. 1 SchulG NRW, Ziff. 2.
15 VV zu § 57 Abs. 1 SchulG NRW, Ziff. 2.

17.5. Intensität der Aufsicht

14 Die Organisation der Aufsicht erstreckt sich auch auf die Festlegung der angemessenen Intensität der Aufsicht, d. h. auf die Frage, durch wie viele Personen die Aufsicht auszuüben ist. So darf es beispielsweise auf dem Schulgelände keine regelmäßig aufsichtsfreien Bereiche geben[16], sondern die Pausenaufsicht muss angesichts der Schülerzahl und der örtlichen Verhältnisse von ausreichend vielen Lehrkräften ausgeübt werden[17].

15 Für die Ermittlung der Anzahl der Aufsicht führenden Lehrkräfte gibt es keine gesetzlichen Vorgaben oder sonstigen tabellarischen Richtwerte. Sie hängt, wie die Ausfüllung jedes Kriteriums der angemessenen Aufsicht, von Zahl, Alter, Entwicklungsstand und Verantwortungsbewusstsein der Schüler ab, sowie von den konkreten Gefahren der jeweiligen Situation[18]. Eine Städtereise mit Schülern der 12. Klasse erfordert eine andere Anzahl Aufsicht führender Begleiter als ein Aufenthalt an der See mit Schülern der 6. Klasse. Selbst bei demselben Tagesausflug von zwei Parallelklassen derselben Schule können sich unterschiedliche Bedürfnisse an die Intensität der Aufsicht ergeben.

16 Auch die Organisation der **Pausenaufsicht** hängt von den Umständen des Einzelfalles ab. Dabei muss die Aufsicht über größere Schulflächen so organisiert werden, dass keine „blinden" Ecken entstehen. Dies meint keine Totalüberwachung, sondern die Verhütung des Entstehens von Bereichen, von denen bekannt ist, dass dort keine effektive Aufsicht erfolgt. Insofern dürfen (vorübergehend) Lücken entstehen; diese dürfen aber nicht so lange bestehen, dass sie von Schülern ausgenutzt werden können. Die Schüler müssen sich durchweg beaufsichtigt fühlen.

17 Neben Zahl, Alter, Entwicklungsstand und Verantwortungsbewusstsein der Schüler ist zu berücksichtigen, ob der Pausenhof von einem Ort gut zu überblicken ist, oder diverse nicht einsehbare Ort aufweist, welche Größe der Pausenhof hat und wie er durch Gebäude, Spielgeräte, Pflanzen etc. gestaltet ist. So ist es bei einem kleinen, nur von wenigen Schülern zu benutzenden Pausenhof eventuell möglich, eine einzelne Lehrkraft zur Pausenaufsicht einzuteilen. Wenn der Schulhof hingegen nur von mehreren Aufsicht führenden Lehrkräften überblickt werden kann, ist es eine schuldhafte Aufsichtspflichtverletzung, wenn nur eine Lehrkraft zur Pausenaufsicht eingeteilt wird[19]. Ebenso wäre es eine Verletzung der Aufsichtspflicht, wenn nicht die Anweisung erteilt wird, dass die Lehrkräfte getrennt voneinander die Aufsicht ausführen, damit die Aufsicht gleichzeitig an mehreren Stellen des Schulhofs gegeben ist. Die Aufsichtsführung in der Pause beginnt unmittelbar nach dem Pausenzeichen und endet erst, wenn die Schüler in das Schulgebäude zurückgekehrt sind.

18 Besondere Regelungen sind für Pausen erforderlich, in denen die Schüler im Schulgebäude verbleiben, beispielsweise **Regenpausen**. Auch hier sind die Umstände des Einzelfalls zu beachten. Grundsätzlich dürfte es nicht ausreichend sein, eine Lehrkraft pro Stockwerk zur Aufsicht einzuteilen[20]. Eher wird jede Lehrkraft über die eigenen Schüler Aufsicht führen müssen. Dies muss der Aufsichtsplan regeln.

---

16 Füssel a.a.O. S. 713.
17 Margies/Rieger a.a.O. 280, 282.
18 Margies/Rieger a.a.O. 280, 284.
19 OLG Celle SPE 140, Nr. 7; Margies/Rieger a.a.O. 280, 288.
20 Margies/Rieger a.a.O. 280, 289; andere Auffassung Füssel a.a.O. S. 713 für die Frühaufsicht vor dem Unterricht.

17.6. Aufsichtspflichtige Personen

Grundsätzlich sind die Lehrkräfte zur Führung der Aufsicht verpflichtet[21]. Aber auch zur Tätigkeit von Sozialarbeitern, Referendaren, Mitarbeitern der Ganztagsschule und sonstigen Betreuungskräften, die von der Schule zu pädagogischen oder Betreuungszwecken eingesetzt werden, gehört die Führung der Aufsicht über die ihnen anvertrauten Schüler[22]. All diese Personen können zur Führung der Aufsicht eingeteilt werden.

17.7. Übertragung der Aufsicht auf Dritte

Grundsätzlich ist eine Übertragung von bestimmten Teilen der Aufsicht auf andere Personen wie Eltern, ältere Schüler, Hausmeister etc. in Ausnahmefällen möglich, wenn dadurch im Einzelfall eine angemessene Aufsicht gewährleistet bleibt[23]. Eine regelmäßige Übertragung von Aufsichtsaufgaben auf Hausmeister, Sekretärinnen oder sonstige Mitarbeiter an der Schule ist aber nicht zulässig. Zum einen sind diese Personen nicht pädagogisch ausgebildet, so dass sie keine grundsätzliche Kompetenz zur Aufsichtsführung mitbringen. Zum anderen ist die Aufsichtsführung nicht Gegenstand des Arbeitsvertrages dieser Personen. Da sie im Übrigen nicht die Träger des Erziehungs- und Bildungsauftrags sind, obliegt ihnen auch nach dem gesetzlichen Grundbild nicht die Aufsichtsführung. Eine Pflicht zur Übernahme der Aufsichtsführung besteht daher nicht. Allerdings ist eine Übertragung von Aufsichtsaufgaben im konkreten Einzelfall mit deren Einverständnis durchaus möglich, wenn sie ordnungsgemäß ausgewählt und überwacht werden.

Die Lehrkraft, die die Aufsicht auf einen Dritten überträgt, ist für die konkrete Auswahl und Überwachung dieses Dritten zuständig[24]. In diesem Sinne besteht die Aufsichtspflicht der Lehrkraft fort[25]. Zur ordnungsgemäßen Auswahl und Überwachung gehört auch die erforderliche Unterstützung, Anleitung und Ausstattung der ausgewählten Person, damit diese in die Lage versetzt ist, selbst eine ordnungsgemäße Aufsicht führen zu können. Wird die Person nicht ordnungsgemäß ausgewählt und überwacht, ist dies ein Verstoß gegen die Organisationspflicht der Lehrkraft und kann zu deren Haftung führen.

Bei der Übertragung von Aufsichtsaufgaben ist es deshalb wichtig, dass die eingesetzte Person gewissenhaft ausgewählt wird (ein persönliches Gespräch ist also erforderlich[26]), ihr eine konkrete, abgrenzbare Aufgabe zugewiesen wird und sie kontrolliert wird.

17.8. Zu beaufsichtigende Personen

Zu beaufsichtigen sind sämtliche Schülerinnen und Schüler der Schule. Die Aufsichtsmaßnahmen sind an Zahl, Alter, Entwicklungsstand und Ausprägung des Verantwortungsbewusstseins der Schüler auszurichten[27]. Die Aufsichtspflicht gegenüber minderjährigen Schülern beruht auf der Schutzbedürftigkeit der der Schule von den Eltern anvertrauten minderjährigen Schüler[28]. Unterschiedliche Ansichten bestehen darüber, ob über volljährige Schüler noch Aufsichtspflichten bestehen. Teils wird angenommen, es

---

21 § 57 Abs. 1 SchulG NRW; § 29 Abs. 2 Thüringer SchulO.
22 Anmerkung 1 zur VV zu § 57 SchulG NRW; Böhm a.a.O. Rn. 3.
23 VV zu § 57 SchulG NRW, Ziff. 3.
24 Margies/Rieger a.a.O. 280, 291.
25 VV zu § 57 SchulG NRW, Ziff. 3.
26 Böhm a.a.O. Rn. 10.
27 VV zu § 57 Abs. 1 SchulG NRW, Ziff. 3.
28 VV zu § 57 Abs. 1 SchulG NRW, Ziff. 3.

gebe eine echte Aufsichtspflicht bei volljährigen Schülern, die aber wegen des Alters und der Reife der Schüler stark eingeschränkt sei[29]. Teils wird angenommen, die Aufsichtspflicht entfalle wegen der Volljährigkeit und es bestehe nur noch eine Pflicht der Schule, die volljährigen Schüler über potentielle Gefahren aufzuklären[30]. In der Praxis macht dies kaum einen Unterschied: Volljährige Schüler sind zwar grundsätzlich selbst für ihr Verhalten verantwortlich. Es besteht aber mindestens eine Fürsorgepflicht aus dem Schulvertrag, die die Schule zur angemessenen Sorge auch für die volljährigen Schüler verpflichtet. Hierzu gehören sicher angemessene Hinweise auf bestehende schulspezifische Gefahren. In besonderen Situationen ist aber auch über volljährige Schüler eine angemessene Aufsicht zu führen, um einen ordnungsgemäßen Unterrichtsbetrieb sicherzustellen und eine ausreichende Vorsorge zur Unfallverhütung treffen zu können. Dies gilt insbesondere, wenn die Schüler als Personengruppen auftreten, also bspw. bei Klassen- und Prüfungsarbeiten, wie auch für besondere schulspezifische Gefahren, die u.a. beim Sportunterricht, beim naturwissenschaftlichen Unterricht und bei Schulfahrten auftreten können[31].

24 Grundsätzlich besteht keine Pflicht zur **Aufsichtsführung über schulfremde Personen** wie Eltern, Geschwister der Schüler oder Besucher von Schulveranstaltungen etc.[32] Allerdings hat der Schulträger dafür zu sorgen, dass von dem Schulgelände und dem Gebäude keine Gefahren ausgehen. Er kann ggf. von seinem Hausrecht Gebrauch machen. Aufgrund dessen können sich Schutz- und Handlungspflichten gegenüber schulfremden Personen ergeben[33]. Insbesondere die **Verkehrssicherungspflicht**, also die Pflicht, eine vorhandene Gefahrenquelle so abzusichern, dass sich hieraus keine Gefahren mehr ergeben, kann zu einer Handlungspflicht führen.

17.9. Ausübung der Aufsicht: Verantwortung der Lehrkräfte

25 Die Aufsicht muss nach allgemeiner Ansicht kontinuierlich, präventiv und aktiv von den Lehrkräften geführt werden[34].

17.9.1. Kontinuierliche Aufsicht

26 Kontinuierliche Aufsicht bedeutet grundsätzlich ununterbrochene Aufsicht. Da selbstverständlich eine Lehrkraft nicht ständig jeden einzelnen Schüler beobachten kann (und dies auch nicht im Sinne einer Erziehung zu Selbständigkeit und Verantwortungsbewusstsein wäre), ist es erforderlich, dass sich alle Schüler jederzeit beaufsichtigt fühlen[35].

27 Es verstößt daher gegen die Aufsichtspflicht, wenn Schüler wissen, dass sie für eine bestimmte Zeit oder an einem bestimmten Ort auf dem Schulgelände mit erheblicher Sicherheit nicht mit einer Wahrnehmung ihres Verhaltens durch die Lehrkraft rechnen müssen[36]. So muss sich eine Lehrkraft beispielsweise bei Schulwanderungen, bei denen sich Gruppen bilden, abwechselnd in den einzelnen Gruppen aufhalten. Eine solche gelockerte Aufsichtsführung ist jedoch bei Schulveranstaltungen, die typischerweise be-

---

29 Füssel in: Avenarius Schulrecht 8. Auflage 2010, S. 709; Margies/Rieger RdJB 2000, 280, 281; Böhm a.a.O. Rn. 13.
30 Rux/Niehues, Schulrecht, 5. Auflage 2015, Rn. 1109.
31 VV zu § 57 Abs. 1 SchulG NRW, Ziff. 3.
32 Margies/Rieger a.a.O. 282, 288.
33 Böhm a.a.O. Rn. 15.
34 Rademacher RdJB 2012, 278; Margies/Rieger a.a.O., 280, 284; Böhm a.a.O. Rn. 31 ff.
35 Rux/Niehues a.a.O. Rn. 1113; Margies/Rieger a.a.O. 280, 284;.
36 Böhm a.a.O. Rn. 31.

17.9. Ausübung der Aufsicht: Verantwortung der Lehrkräfte

sondere Gefahren beinhalten (beispielsweise Sport, Schwimmen, naturwissenschaftlicher Unterricht, Werken etc.) nicht möglich[37]. Dort würde die gänzlich fehlende Wahrnehmung des Verhaltens bestimmter Schüler für längere Zeit eine nicht ordnungsgemäße Aufsichtsführung bedeuten. Die Lehrkraft muss daher bei diesen Fachunterrichten sämtliche Schüler ständig beobachten und sich gegebenenfalls von einer weiteren Aufsicht führenden Person unterstützen lassen.

Ob die Aufsicht dem Kriterium der Kontinuität genügt, hängt also von der konkreten jeweiligen Situation ab. Eine ständige Anwesenheit der Lehrkraft ist nicht in jedem Fall zwingend erforderlich[38], also auch nicht die ständige Wahrnehmung des Verhaltens der Schüler. Denn der Auftrag der Schule, die Schüler zu erziehen, umfasst auch die Förderung von Selbständigkeit und Verantwortungsbewusstsein. Beide können nur wachsen, wenn die Schüler angemessene Freiräume haben, in denen sie eigenständig Verantwortung übernehmen, ohne visuell oder durch physische Anwesenheit einer Lehrkraft eng beaufsichtigt zu werden. Die Aufsicht ist dann durch eine entsprechende Vorbereitung und Anleitung der Schüler zu führen. Dies setzt eine wachsame Einschätzung der Gefahrenlage durch die Lehrkraft bereits im Vorfeld der Situation voraus. Je weniger die konkrete Situation unter der Überwachung der Lehrkraft steht, desto entscheidender ist die Vorbereitung der Situation und der Schüler hierauf. 28

Die **Verweisung** eines Schülers vor die Tür des Klassenraumes im laufenden Unterricht ist als erzieherische Maßnahme grundsätzlich zulässig[39]. Allerdings hat der Lehrer auch hierbei die Aufsichtspflicht zu erfüllen. In welcher Form der Verweis in dem konkreten Einzelfall angemessen ist, hängt daher von Alter, Entwicklungsstand und Verantwortungsbewusstsein des Schülers sowie von der Gesamtsituation ab, die zu dem Verweis führte. Zu bedenken hat die Lehrkraft einerseits, dass der Schüler auf dem Flur für sie nicht zu sehen und – bei geschlossener Tür – auch nicht zu hören ist. Dies ist andererseits für eine kontinuierliche Aufsicht auch nicht unbedingt dauerhaft erforderlich, da kein lückenloses ständiges Beobachten der Schüler gefordert wird. Sofern ein Schüler aber bekanntermaßen in unbeobachteten Situationen wegläuft, zu Kurzschlussreaktionen neigt oder auch wegen eines unkontrollierten Wutanfalles aus dem Klassenraum verwiesen wurde, sind dies Argumente, die gegen einen unbeobachteten Aufenthalt des Schülers auf dem Flur sprechen[40]. Alternativ kann die Lehrkraft den Schüler in eine andere Klasse oder in das Lehrerzimmer schicken, wenn dort eine Aufsicht gewährleistet ist. Außerdem sind bei Schülern, die regelmäßig den Unterricht stören, weitere Erziehungs- und Ordnungsmaßnahmen (wie der stunden- oder tageweise Ausschluss vom Unterricht) möglich, deren Zulässigkeit sich unter anderem nach der Schulordnung richtet und für jede Schule individuell zu beurteilen ist. 29

Ist der Verweis an sich zulässig, so ergibt sich die weitere Frage, wie die erforderliche kontinuierliche Aufsicht über den auf dem Flur befindlichen Schüler zu gewährleisten ist. Diese setzt nach allgemeiner Ansicht voraus, dass der Schüler sich beaufsichtigt fühlt und ist im Einzelfall zu beurteilen. Ein Aufsichtsverstoß ist sicher gegeben, wenn die Schüler aus Erfahrung wüssten, dass ihr weiteres Verhalten nicht kontrolliert wird oder ein Schüler ausdrücklich aufgefordert wird, bis zum Ende der Unterrichtsstunde nicht mehr zu erscheinen[41]. Ob darüber hinaus aber die Tür offen bleiben muss, um 30

---

37 Margies/Rieger a.a.O. 280, 284.
38 VV zu § 57 SchulG NRW, Nr. 3.
39 Füssel in: Avenarius a.a.O., S. 711; Margies/Rieger a.a.O. 280, 286.
40 Böhm a.a.O. Rn. 117.
41 Böhm a.a.O. Rn. 117.

eine Wahrnehmung vom Verhalten des Schülers zu haben, ob für den Schüler unklar sein muss, wann er wieder zur Rückkehr in den Klassenraum aufgefordert wird, und ob die Anwesenheit des Schülers vor der Klassentür kontrolliert werden muss, was teilweise gefordert wird[42], muss im Einzelfall entschieden werden. Wie bei jeder Aufsichtsführung muss die Lehrkraft die für diesen Schüler in dieser Situation individuell angemessene Aufsichtsmaßnahme finden[43].

17.9.2. Aktive Aufsichtsführung

31 Die aktive Aufsichtsführung erfordert, dass die Lehrkraft nicht nur auf Fehlverhalten von Schülern reagiert. Stattdessen ist erforderlich, dass die Lehrkraft – je nach dem Ausmaß der möglichen Gefahren – von sich aus **Ermahnungen** und **Weisungen** erteilt, dafür sorgt, dass diese Weisungen eingehalten werden und für Situationen vorsorgt, in denen die Ermahnungen nicht beachtet werden könnten. Verbote muss eine Lehrkraft stets durchsetzen[44]. Dies erfordert, dass die Lehrkraft das Befolgen der Anordnungen kontrolliert und bei absehbarem oder tatsächlichem Fehlverhalten eingreift. Unzuverlässigen Schülern muss die Lehrkraft stets eine besondere Aufmerksamkeit widmen[45]. Eine aktive Aufsichtsführung erfordert, dass die Lehrkraft nicht nur allgemein bei den Schülern anwesend ist, sondern den Ort ihrer Anwesenheit vorausschauend bestimmt und wachsam anpasst. Die Lehrkraft muss sich an der Stelle aufhalten und die Schüler beaufsichtigen, an der die jeweilige Gefahr auftreten kann. Nur so ist die Lehrkraft in der Lage, die der Situation angemessene Anleitung sowie Weisungen und Ermahnungen erteilen zu können.

32 Aufgrund der abgestuften Aufsichtsführung ist es bei volljährigen Schülern häufig ausreichend, Hinweise zu erteilen, während bei Schülern der Primarstufe eine einzelne Belehrung in den seltensten Fällen ausreichen dürfte, so dass eine ständige Kontrolle erforderlich ist[46].

33 Ziel der aktiven Aufsicht ist es dabei nicht, die Schüler vor möglichen Gefahren abzuschirmen. Dies ist weder möglich, noch für die Entwicklung der Schüler sinnvoll. Eine aktive Aufsicht soll vielmehr erreichen, dass die Schüler lernen, sich in der Gefahrensituation selbständig zu orientieren und verantwortungsvoll zu verhalten. Aufgabe der Lehrkräfte ist es daher, den Schülern potentielle Gefahren aufzuzeigen und Möglichkeiten zu bieten, sich vor den Gefahren zu schützen[47].

34 Zur aktiven Aufsichtsführung kann auch das **körperliche Eingreifen in einer Gefahrensituation** gehören. Hierzu zählt bspw. das Festhalten eines Schülers, der unachtsam auf eine Straße laufen will, als sich ein Auto nähert.

35 Insbesondere während der Pausenaufsicht kann sich eine Rauferei unter Schülern ereignen. Dabei stellt sich die Frage, ob die Lehrkraft eingreifen darf oder sogar hierzu verpflichtet ist. Da es Aufgabe der Lehrkraft ist, Schüler vor Schaden zu bewahren, ist ein schützendes Eingreifen, wie beispielsweise das Wegziehen oder Festhalten eines Schülers, üblicherweise angemessen und daher gerechtfertigt (Notwehr oder Nothilfe)[48]. Da

---

42 Böhm a.a.O. Rn. 117.
43 So im Ergebnis wohl auch Rademacher a.a.O. 278, 289.
44 Rux/Niehues a.a.O. Rn. 1113; Margies/Rieger a.a.O. 280, 284.
45 Margies/Rieger a.a.O. 280, 284.
46 Böhm a.a.O. Rn. 43.
47 Rux/Niehues a.a.O. Rn. 1113.
48 Böhm a.a.O. R. 133.

die Lehrkraft eingreifen darf, führt ihr angemessenes Handeln selbst dann nicht zu einer persönlichen Haftung, wenn hierbei ein Schüler verletzt wird.

Eine zum Eingriffsrecht korrespondierende Eingriffspflicht richtet sich nach den Umständen des Einzelfalls. Sie setzt vor allem voraus, dass die geforderte Aufsichtshandlung für die Lehrkraft möglich und zumutbar ist[49]. Dies hängt bei einer Rauferei beispielsweise von Alter und Zahl der beteiligten Schüler, Aggressivität der Auseinandersetzung und den körperlichen Möglichkeiten der Lehrkraft sowie eigenen Verletzungsgefahren ab[50]. So ist ein kräftiger Lehrer wohl zu dem Versuch der Trennung zweier sich prügelnder Erstklässler verpflichtet, eine Lehrerin aber möglicherweise nicht zum Eingreifen in eine Auseinandersetzung zwischen ihr körperlich überlegenen Schülern. Wenn auch ein persönliches Eingreifen nicht zumutbar ist, muss die Lehrkraft auf andere Weise dafür sorgen, dass die Schüler mit der Rauferei aufhören, damit sie sich nicht gegenseitig verletzen. Zur Aufsichtspflicht kann das Herbeiholen von Hilfe, beispielsweise gleichzeitig Aufsicht führenden Kollegen, gehören[51]. 36

17.9.3. Präventive Aufsicht

Die Lehrkraft muss die Aufsicht ferner präventiv, also umsichtig und vorausschauend, wahrnehmen[52]. Allgemein wird angenommen, dies bedeute, dass die Lehrkraft versuchen müsse, typische Gefahren im Voraus zu erkennen und auszuschließen[53]. Es ist aber nicht Zweck der Aufsicht, die Schüler von jeglicher Gefahr fernzuhalten. Richtigerweise kann daher nur gemeint sein, dass unangemessene Gefahren, die wegen Zahl, Alter, Entwicklungsstand und Verantwortungsbewusstsein der Schüler von ihnen nicht zu bewältigen sind, vorausschauend auszuschließen sind. Angemessenen Gefahren dürfen und sollen die Schüler hingegen begegnen. Die Lehrkraft hat dann die Aufgabe, die Schüler zu einem der Gefahr entsprechenden Verhalten anzuleiten und sie aktiv zu kontrollieren. 37

Gibt es beispielsweise Hinweise auf eine vorübergehend vorhandene Großbaustelle auf einem **Unterrichtsweg**, muss die Aufsicht führende Lehrkraft diesen Hinweisen nachgehen und sich ggf. vor Ort Klarheit über das Ausmaß der möglichen Gefährdung verschaffen, bevor der Weg von den Schülern zu bewältigen ist[54]. Es ist aber zulässig, die Strecke trotz Baustelle für den Unterrichtsweg zu wählen, wenn dort für Fußgänger eine ausreichende Sicherung vorhanden und die Wegführung angesichts Zahl, Alter, Verantwortungsbewusstsein und Entwicklungsstand der Schüler angemessen sicher ist. 38

Da es ein Ziel des Unterrichts ist (insbesondere in den naturwissenschaftlichen und technischen Fächern sowie beim Sport), die Schüler unter Entfaltung ihrer eigenen Fähigkeiten zu selbständiger Arbeit zu führen, muss die Lehrkraft einerseits immer wieder auf Gefahren hinweisen, andererseits aber darauf achten, dass die Gefahren in der richtigen Größe erkannt werden. Ständige, übertriebene Ermahnungen aus nichtigem Anlass bewirken hingegen Ängstlichkeit – und damit erhöhte Unfallgefahr – oder werden von den Schülern als unbeachtlich wahrgenommen, wodurch sich ebenfalls ein erhöhtes Unfallrisiko ergibt[55]. 39

---

49 Rademacher a.a.O. 278, 284.
50 Böhm a.a.O. Rn. 133.
51 Böhm a.a.O. Rn. 133.
52 Margies/Rieger a.a.O. 280, 285; Böhm a.a.O. Rn. 36.
53 Böhm a.a.O. Rn. 36.
54 Böhm a.a.O. Rn. 36.
55 Margies/Rieger a.a.O. 280, 285.

17.10. Praktische Umsetzung

40 Die ordnungsgemäße Organisation der Aufsicht geschieht zunächst durch die Erstellung der **Aufsichtspläne**, insbesondere für Früh- und Spätaufsicht (vor und nach dem Unterricht) und Pausen.

41 Damit die Aufstellung des Aufsichtsplanes den Organisationspflichten entspricht, muss der Aufsichtsplan die obigen Kriterien einer ordnungsgemäßen Aufsichtsführung erfüllen. Er muss daher der einzelnen Lehrkraft eine kontinuierliche, präventive und aktive Aufsichtsführung ermöglichen und die ordnungsgemäße Aufsicht in zeitlicher und örtlicher Hinsicht sowie in der erforderlichen Intensität über sämtliche zu beaufsichtigende Personen sicherstellen.

42 Zur Verantwortung für die Organisation der Aufsicht gehört eine angemessene **Kontrolle**, ob die Lehrkräfte die im Aufsichtsplan festgelegte und die darüber hinaus erforderliche Aufsicht ordnungsgemäß führen. Zwar ist keine lückenlose Überwachung erforderlich, ob die Lehrkräfte in jedem Einzelfall zur Aufsicht erscheinen und wie sie diese führen. Denn die Lehrkräfte führen die Aufsicht mit der vorhandenen Fachkompetenz und in eigener Verantwortung. Für erforderlich werden aber Stichproben gehalten, mit denen das verantwortliche Gremium bzw. die verantwortliche Lehrkraft sich vergewissert, dass die Aufsicht generell ordnungsgemäß geführt wird[56]. Stellt es daher durch diese Stichproben oder auf andere Weise Mängel der Aufsichtsführung fest, muss es einschreiten. Ansonsten läge ein Organisations- oder Überwachungsverschulden vor, das zu einer persönlichen Haftung der verantwortlichen Personen führen kann.

17.11. Folgen eines Verstoßes gegen die Aufsichtspflicht

43 Kommt das zuständige Organ bzw. die Schulleitung ihrer Pflicht zur Organisation der Aufsicht nicht nach und ergeben sich hieraus Schäden (beispielsweise Verletzungen von Schülern, Beschädigungen des Eigentums von Schülern, Schule oder Dritten), so kann dieses Fehlverhalten haftungs-, straf- und arbeitsrechtliche Folgen haben. Gleiche Folgen gelten für eine zur Aufsicht verpflichtete Lehrkraft, wenn diese der Aufsichtspflicht nicht entspricht und hieraus ein Schaden resultiert.

17.11.1. Persönliche Haftung der Organmitglieder und Lehrkräfte

44 Eine Haftung der Mitglieder des beauftragten Gremiums, der Schulleitung oder der Lehrkraft kann nur bei einem verschuldeten, also persönlich vorwerfbaren, Pflichtenverstoß entstehen. Verschulden kann in Form des **Vorsatzes** (Wissen und Wollen der Pflichtverletzung) oder der **Fahrlässigkeit** (Außerachtlassen der erforderlichen Sorgfalt) gegeben sein. Ein fahrlässiger Pflichtverstoß liegt nicht nur vor, wenn die Lehrkraft konkret erkannt hat, dass in einer Situation ein bestimmtes Handeln erforderlich ist und es trotzdem unterlässt, sondern auch, wenn die Lehrkraft nach objektiven Kriterien hätte erkennen müssen, dass ein Eingreifen notwendig ist.

45 Ist es durch den schuldhaften Pflichtenverstoß ursächlich zu einem Schaden (Körperschaden oder Sachschaden) gekommen, haften die verantwortlichen Personen hierfür mit dem privaten Vermögen. Dies bedeutet, dass sie den entstandenen Schaden mit dem eigenen Vermögen ausgleichen müssen.

46 Festzuhalten bleibt, dass eine Haftung nur bei eigenem schuldhaftem Handeln oder Unterlassen eintreten kann. Beachten die zur Aufsicht verpflichteten Gremienmitglieder

---

56 Böhm a.a.O. Rn. 6.

oder Lehrkräfte aber die Erfordernisse einer ordnungsgemäßen Aufsichtsführung, sind sie selbst dann nicht persönlich haftbar, wenn erhebliche Schäden eintreten. Ein eingetretener Sachschaden eines Schülers wird dann möglicherweise nicht ersetzt, eine eingetretene Körperverletzung durch Leistungen der Unfallversicherung ausgeglichen, aber nicht von der Lehrkraft. Denn das allgemeine Lebensrisiko besteht auch in der Schule weiter.

Neben der persönlichen Haftung der Organmitglieder und Lehrkräfte kann auch der **Schulträger** wegen einer Verletzung der Aufsichtspflicht haften. Denn die Verletzung der Aufsichtspflicht bedeutet gleichzeitig einen Verstoß gegen den Schulvertrag, der zu Schadenersatzansprüchen des geschädigten Schülers gegen den Schulträger führen kann. Es kann sogar eine Haftung des jeweiligen Bundeslandes im Wege der Amtshaftung in Betracht kommen, wenn Lehrkräfte einer staatlich anerkannten Ersatzschule bei der Wahrnehmung hoheitlicher Aufgaben schuldhaft einen Schaden verursachen[57].

Außerdem ist eine **Haftung beteiligter Schüler** möglich, wenn diese – neben der Aufsicht führenden Lehrkraft – für die Entstehung des Schadens verantwortlich sind.

Die Haftung des Schulträgers oder beteiligter Schüler kann jeweils neben die Haftung der Organmitglieder und Lehrkräfte treten, so dass alle gemeinsam haften – oder an deren Stelle, so dass nur Schulträger oder beteiligte Schüler haften. Die Entscheidung hierüber richtet sich nach den Umständen des Einzelfalls und erfordert eine individuelle Prüfung.

17.11.2. Haftungserleichterung für Arbeitnehmer: Arbeitsrechtlicher Freistellungsgrundsatz

Die Lehrkräfte stehen in einem Arbeitsverhältnis mit dem Schulträger. Jeder Arbeitnehmer hat aufgrund der **Fürsorgepflichten des Arbeitgebers** Anspruch auf Unterstützung durch den Arbeitgeber im Falle des Eintritts einer persönlichen Haftung. Sofern die Lehrkraft daher aufgrund eines schuldhaften Pflichtverstoßes haftpflichtig ist, kann sie sich auf den arbeitsrechtlichen Freistellungsgrundsatz berufen. Dieser führt zu einer Haftungserleichterung oder sogar vollständigen Haftungsfreistellung für die handelnde Lehrkraft:

Hat die Lehrkraft nur leicht fahrlässig gehandelt (also die erforderliche Sorgfalt nur in ganz geringem Maße verletzt), hat sie einen Anspruch auf vollständige Freistellung von der Haftung gegen den Arbeitgeber, also den Schulträger. Im Verhältnis zum geschädigten Dritten bleibt die Lehrkraft zwar weiterhin persönlich haftbar. Sie kann aber die Übernahme möglicher Zahlungsverpflichtungen durch den Arbeitgeber verlangen.

Bei einer „normalen" (mittleren) Fahrlässigkeit, also dem Außerachtlassen der erforderlichen Sorgfalt im mittleren Maßstab, tritt eine Quotelung der Haftung ein. Der Arbeitnehmer kann vom Arbeitgeber die anteilige Freistellung von der Haftung verlangen. Die Details der Haftungsverteilung richten sich jeweils nach den Umständen des Einzelfalles, beispielsweise der Intensität des Pflichtverstoßes, der Versicherbarkeit entstandener Schäden, bestehenden Weisungen für die konkrete Situation, dem Vorverhalten des Arbeitnehmers, dessen sozialer Situation etc.

Hat die Lehrkraft die bestehenden Pflichten grob fahrlässig oder gar vorsätzlich verletzt, trägt sie den Schaden in der Regel vollständig allein, kann sich also nicht auf eine Haftungsfreistellung gegenüber dem Arbeitgeber berufen. Grobe Fahrlässigkeit bedeutet das Außerachtlassen der erforderlichen Sorgfalt in einem solch starken Maße, dass

---

[57] Füssel a.a.O. S. 555.

einem unbeteiligten Beobachter sofort die Fehlerhaftigkeit des Handelns bewusst ist. Vorsatz bedeutet Wissen und Wollen der Pflichtverletzung.

Bei einem groben Missverhältnis des entstandenen Schadens zu den finanziellen Möglichkeiten des Arbeitnehmers kann zwar unter Umständen auch bei grober Fahrlässigkeit eine Beteiligung des Arbeitgebers am Schadensausgleich in Betracht kommen, grundsätzlich haftet der Arbeitnehmer aber allein.

17.11.3. Gesetzliche Unfallversicherung der Schüler

52 Schüler allgemeinbildender Schulen, auch staatlich genehmigter Ersatzschulen, fallen unter den Schutzbereich der gesetzlichen Unfallversicherung (§ 2 Abs. 1 Nr. 8 b SGB VII). Vom Schutz der Unfallversicherung sind nicht nur der Unterrichtsbesuch und die angebotenen Betreuungsmaßnahmen vor und nach dem Unterrichtsende umfasst. Auch der Schulweg, die Unterrichtswege und sämtliche Schulveranstaltungen, auch außerhalb des Schulgeländes, fallen unter den Versicherungsschutz, wenn sie im rechtlich wesentlichen, inneren Zusammenhang mit dem Schulbesuch stehen[58].

53 Für das Jahr 2010 hat die gesetzliche Unfallversicherung 1.307.348 Schülerunfälle im Rahmen des Schulbesuchs festgestellt; 56 Unfälle waren tödlich[59]. Die gesetzliche Unfallversicherung ist daher für den Schulbesuch von großer praktischer Relevanz.

54 Erleidet ein Schüler (oder eine Lehrkraft) im Zusammenhang mit dem Schulbesuch einen Unfall, trägt die Unfallversicherung sämtliche Kosten, die aufgrund der **Verletzung des Körpers** entstehen, also Heilbehandlungskosten, Rehabilitationsleistungen, Hinterbliebenenrente etc. Nicht unter die Unfallversicherung fallen hingegen **Sachschäden**.

55 Ob der geschädigte Schüler den Unfall selbst (mit-)verschuldet hat, spielt für den Versicherungsschutz grundsätzlich keine Rolle[60]. Auch bei selbst verschuldetem Unfall oder einem Handeln gegen ein ausdrückliches Verbot tritt die Unfallversicherung ein. Ausnahmen vom Versicherungsschutz können gelten, wenn Schüler sich ohne konkreten schulischen Anlass ausufernd streiten und gegenseitig verletzen, bspw. eine private Streitigkeit aus dem Freizeitbereich durch eine Prügelei während des Schulbesuchs fortsetzen.

56 Hat ein Betriebsangehöriger (bspw. ein anderer Schüler oder eine Lehrkraft durch Verletzung der Aufsichtspflicht) den Unfall verursacht, schließen die gesetzlichen Regelungen zur Unfallversicherung aus, dass die Betriebsangehörigen sich wegen des Personenschadens gegenseitig in Anspruch nehmen (**Haftungsausschluss** der §§ 105, 106 SGB VII). Stattdessen hat der Geschädigte bezüglich des Körperschadens nur Ansprüche gegen die Unfallversicherung. Der Geschädigte kann daher keinen **Schmerzensgeldanspruch** geltend machen: Denn einen solchen Anspruch sieht die Unfallversicherung nicht vor und gegen den Schädiger kann der Geschädigte wegen des Haftungsausschlusses nicht vorgehen. Nur den von der Unfallversicherung nicht getragenen Sachschaden kann der Geschädigte gegenüber dem Schädiger geltend machen.

57 **Grenze des Haftungsausschlusses**: Wenn der Schädiger den Unfall vorsätzlich herbeigeführt und auch den Schadenseintritt vorausgesehen hat, greift der Haftungsausschluss nicht (§ 105 Abs. 1 S. 1 SGB VII) und der Schädiger haftet dem Geschädigten – zusätz-

---

58 Kasseler Kommentar zum Sozialversicherungsrecht, 74. Ergänzungslieferung 2012, § 8 SGB VII, Rn. 149; Füssel a.a.O. S. 544, 545, 546.
59 Gesundheitsberichterstattung des Bundes (getragen vom Robert-Koch-Institut und dem Statistischen Bundesamt), http://www.gbe-bund.de/.
60 Füssel a.a.O. S. 547.

lich zur Unfallversicherung – direkt. Selbiges gilt, wenn Schüler sich gegenseitig vorsätzlich oder fahrlässig auf dem Schulweg verletzen (§ 105 Abs. 1 S. 1 SGB VII). Auch bei Verletzung außenstehender Dritter (bspw. Besuchern eines Schulfestes) greift der Haftungsausschluss nicht. In diesen Fällen kann der Geschädigte den Schädiger zum Ausgleich des ihm entstandenen Schadens direkt in Anspruch nehmen.

Tritt die Unfallversicherung für einen Schaden ein, kann sie **Regress** beim Schädiger nehmen, wenn dieser den Unfall grob fahrlässig oder vorsätzlich herbeigeführt hat (§ 110 SGB VII). Das persönliche Verschulden (Vorsatz oder grobe Fahrlässigkeit) braucht sich für den Regress nur auf das zum Unfall führende Handeln oder Unterlassen zu beziehen, nicht auf den eingetretenen Schaden. Der Schädiger ist also auch dann regresspflichtig, wenn er den Eintritt des Schadens nicht beabsichtigt hat. 58

17.11.4. Arbeitsrechtliche Folgen einer Aufsichtspflichtverletzung

Die Lehrkräfte stehen in einem Arbeitsverhältnis mit dem Schulträger. Begehen Lehrkräfte Pflichtenverstöße, erfüllen also ihre arbeitsvertraglichen Aufgaben nicht oder schlecht, kann dies eine **Abmahnung** durch den Schulträger und ggf. auch die **Kündigung** des Arbeitsvertrages zur Folge haben. Beides setzt, wie auch die persönliche Haftung, grundsätzlich ein schuldhaftes Handeln voraus. 59

Zur Abmahnung oder Kündigung kann der Schulträger sogar gezwungen sein, um den Eintritt weiterer Schäden für Schüler, Schuleigentum oder Dritte auszuschließen. Denn dem Schulträger selbst obliegt – vergleichbar mit den Sorgfaltspflichten der handelnden Lehrkräfte – die Pflicht, den gesamten Schulbetrieb so zu organisieren und praktisch durchzuführen, dass für die Schüler keine Gefahren und Schäden entstehen. Im Übrigen ist er zur Einhaltung des Schulvertrages verpflichtet, wozu auch die Sorge für eine ordnungsgemäße Aufsicht gehört.

17.11.5. Strafrechtliche Folgen einer Aufsichtspflichtverletzung

Die Verletzung der Aufsichtspflicht kann gleichzeitig einen Straftatbestand verwirklichen. In Betracht kommen insbesondere Körperverletzungs- und Tötungsdelikte, z. B. fahrlässige **Körperverletzung**, schwere Köperverletzung (bei besonderen Folgen wie dem Verlust der Sehfähigkeit), Körperverletzung mit Todesfolge, Totschlag. Eine Strafbarkeit kann nicht nur bei vorsätzlichem, sondern auch bei fahrlässigem Handeln eintreten. Der verantwortlichen Lehrkraft kann je nach Schwere des Vorwurfs die Bestrafung durch Geld- oder Freiheitsstrafe drohen. 60

Selbst wenn ein Schüler aufgrund einer fehlerhaften Aufsichtsführung verletzt wird, kommt es aber meist nicht zu einem **Strafverfahren** gegen die aufsichtspflichtige Lehrkraft. Denn nur bei Straftaten, die mit besonders schweren Strafen bedroht sind, insbesondere bei Tötungsdelikten, muss die Staatsanwaltschaft ohne Strafantrag des Verletzten ermitteln. Bei den meisten sonstigen in Betracht kommenden Straftatbeständen ist für die Aufnahme der Ermittlungen durch Polizei oder Staatsanwaltschaft ein Strafantrag des verletzten Schülers bzw. der Erziehungsberechtigten erforderlich. Selbst wenn diese geneigt sein sollten, Schadenersatzansprüche geltend zu machen, um einen finanziellen Ausgleich für den erlittenen Schaden zu erhalten, stellen sie häufig den für eine zusätzliche Strafverfolgung erforderlichen Strafantrag nicht. 61

18. Kapitel: Arbeitsrecht

18.1. Der Weg zwischen zwingendem Recht und frei gestaltbarer Vereinbarung

1 Im Arbeitsrecht existieren diverse gesetzliche Bestimmungen, die Arbeitgeber und Arbeitnehmer beachten müssen, ohne selbst über ihre Anwendung entscheiden zu können. Es handelt sich um sogenannte zwingende Gesetze. So gelten bspw. Regelungen des Mutterschutzgesetzes (acht Wochen Mutterschutz nach der Entbindung, bei Früh- und Mehrlingsgeburten zwölf Wochen),[1] des Bundesurlaubsgesetzes (vier Wochen Mindesturlaub)[2] oder des Entgeltfortzahlungsgesetzes (sechs Wochen Lohnfortzahlung im Krankheitsfall)[3] als Mindeststandard zwingend in jedem Arbeitsverhältnis.

2 Die wesentliche Grundlage ihres individuellen Arbeitsverhältnisses können die Beteiligten aber selbst sehr weitgehend gestalten: ihren **Arbeitsvertrag**. Er regelt die rechtliche Beziehung zwischen der Schule und dem Arbeitnehmer. Da die Schule als Arbeitgeber weitgehend die Konditionen der Beschäftigung vorgibt, ist sie reich mit Handlungsoptionen ausgestattet, mit denen sie das Arbeitsverhältnis nach ihren individuellen Vorstellungen prägen kann.

18.2. Charakter des Arbeitsverhältnisses

Obwohl die Schule eine öffentliche Aufgabe erfüllt, hat der Arbeitsvertrag einen rein privatrechtlichen (zivilrechtlichen) Charakter, da Schulen in freier Trägerschaft in der Rechtsform einer privatrechtlichen juristischen Person betrieben werden.

3 Juristisch ist das Grundmuster des Arbeitsvertrages ein Unterfall des Dienstvertrages gemäß §§ 611 ff. BGB. Der Arbeitsvertrag setzt das Bestehen eines **Arbeitgeber/Arbeitnehmer-Verhältnisses** voraus, in dem der Arbeitnehmer **weisungsgebunden** tätig ist. Mitarbeiter von Schulen in freier Trägerschaft sind nach ihrem Selbstverständnis jedoch manchmal über die pädagogische Freiheit hinaus eigenverantwortlich und unabhängig von Weisungen tätig. Wenn dies mit dem Selbstverständnis des Kollegiums korrespondiert, können arbeitsvertragliche Regelungen dem Geist einer Schule widersprechen. Eine Alternative könnte bisweilen ein **kollegial-gesellschaftliches Rechtsverhältnis** sein, das zwar juristisch durchaus möglich wäre, in der Praxis bisher aber wohl nicht umgesetzt wird. Denkbar wären auch mögliche Zwischenformen wie **Gruppenarbeitsverhältnisse** oder ähnliches. Gleichwohl bestehen üblicherweise arbeitsvertragliche Rechtsverhältnisse zwischen Mitarbeitern und Schule.

18.3. Zuständigkeit für Personalangelegenheiten, Weisungsrecht

4 Die **Arbeitgeberfunktion** liegt beim Schulträger. Daher hat der gesetzliche Vertreter des Schulträgers (der Vorstand des Vereins, der Geschäftsführer einer GmbH etc.) das **Weisungsrecht** gegenüber den Arbeitnehmern inne. Sämtliche Personalangelegenheiten, z. B. Einstellungen, Kündigungen, Abmahnungen etc. sind deshalb Angelegenheit des gesetzlichen Vertretungsorgans und müssen von diesem auch wahrgenommen werden. Nicht vom zuständigen Organ gefasste Beschlüsse in Personalangelegenheiten und nicht von ihm vorgenommene Handlungen (wie z. B. eine vom Kollegium oder der Schulleitung ausgesprochene Kündigung) sind juristisch unwirksam. Die Zuständigkeit für Personal und das Weisungsrecht können jedoch grundsätzlich, ebenso wie viele andere Angele-

---

1 § 6 Abs. 1 S. 1 Mutterschutzgesetz (MuSchG).
2 § 3 Abs. 1 Bundesurlaubsgesetz (BurlG).
3 § 3 Abs. 1 S. 1 Entgeltfortzahlungsgesetz.

genheiten, vom Vorstand per Vereinssatzung oder Delegation auf ein anderes Vereinsorgan, oder per Vollmacht auf Dritte übertragen werden.

Der Arbeitgeber hat das Recht, den im Arbeitsvertrag nur rahmenmäßig umschriebenen Tätigkeitsbereich des Arbeitnehmers durch einseitige Weisungen inhaltlich näher zu konkretisieren[4] (**Direktions- oder Weisungsrecht** des Arbeitgebers). Der Arbeitgeber kann auf diese Weise den Inhalt der Tätigkeit näher festlegen, aber auch den Ort und die Zeit der Arbeitsleistung bestimmen.[5] Je allgemeiner das Aufgabengebiet des Arbeitnehmers im Arbeitsvertrag beschrieben wird, desto unterschiedlicher können die Tätigkeiten sein, die der Arbeitgeber ihm kraft seines Weisungsrechtes zuweist. Je spezifischer die Beschreibung im Arbeitsvertrag ist, desto weniger können dem Arbeitnehmer andere Arbeiten zugewiesen werden. Denn das Weisungsrecht des Arbeitgebers wird beschränkt durch die Vereinbarungen des Arbeitsvertrags, aber auch durch gesetzliche und gegebenenfalls tarifliche Regelungen.[6] Bezüglich einer Lehrkraft hat bspw. die Vereinbarung im Arbeitsvertrag, sie werde „für das Fach Englisch" eingestellt, zur Folge, dass die Schule ihr nicht per Weisung Sportunterricht zuweisen kann, selbst wenn die Lehrkraft eine entsprechende Ausbildung hat. Lautet die Formulierung hingegen, die Einstellung erfolge „als Lehrkraft", so kann die Schule die Lehrkraft in allen Fächern einsetzen, für die sie eine Ausbildung absolviert hat und – sofern landesrechtlich erforderlich – eine Unterrichtsgenehmigung bekommen kann.

Mit dem Weisungsrecht des Arbeitgebers geht die Pflicht einher, die ordnungsgemäße Tätigkeit des Arbeitnehmers zu beaufsichtigen. In Schulen in freier Trägerschaft wird es gelegentlich als Eingriff in Persönlichkeitsrechte empfunden, wenn die Erfüllung der Arbeitnehmerpflichten überwacht wird, z.B. durch **Unterrichtshospitationen**. Das kann zum einen dazu führen, dass notwendige arbeitsrechtliche Maßnahmen wie **Abmahnungen** unterbleiben, was auf die Qualität der Tätigkeit einzelner Mitarbeiter einen negativen Effekt haben kann. Zum anderen kann die Verletzung der Aufsichtspflicht zur Verantwortlichkeit des Organs führen, das für Personalangelegenheiten zuständig ist. Schulträger und Schulleitung haben daher die nicht immer einfache Aufgabe, die für ihre Schule angemessenen arbeitsrechtlichen Maßnahmen zwischen bewusst eingeräumter individueller Freiheit und notwendiger Kontrolle zu finden.

18.4. Korrektes Einstellungsverfahren

Die **Diskriminierung von Arbeitnehmern** wegen eines bestimmten persönlichen Merkmals ist nach dem **Allgemeinen Gleichbehandlungsgesetz** (AGG) verboten. Untersagt sind danach Benachteiligungen aus Gründen der Rasse oder wegen der ethnischen Herkunft, wegen des Geschlechts, der Religion oder Weltanschauung, einer Behinderung, des Alters oder der sexuellen Identität.[7]

Das Verbot der Diskriminierung gilt für die Anbahnung, die gesamte Dauer und die Beendigung des Arbeitsverhältnisses. Daher muss der Arbeitgeber bereits bei der **Stellenausschreibung** auf ein diskriminierungsfreies Verfahren achten. Eine Stellenausschreibung muss nicht nur geschlechtsneutral erfolgen, sondern darf auch nicht ein bestimmtes Alter oder eine besondere (hohe oder niedrige) Berufserfahrung voraussetzen. Denn die Berufserfahrung knüpft indirekt wieder am Lebensalter, also an einem unzulässigen

---

4 Küttner/Griese Personalbuch 2012, Weisungsrecht, Rn. 1.
5 § 106 S. 1 Gewerbeordnung (GewO).
6 § 106 S. 1 GewO.
7 § 1 Allgemeines Gleichbehandlungsgesetz (AGG).

Differenzierungsmerkmal, an. Wird ein Bewerber wegen einer nach AGG unzulässigen Differenzierung abgelehnt, kann er Schadenersatz verlangen.[8]

9 Wenn nichts anderes vereinbart ist, trägt der Arbeitgeber die **Kosten eines Vorstellungsgesprächs**, insbesondere die Reisekosten des Bewerbers. Wenn das nicht gewollt ist, muss der Bewerber darauf vorher hingewiesen werden.[9]

10 **Bewerbungsunterlagen** und Fotografien bleiben Eigentum des jeweiligen Bewerbers und sind nach Abschluss des Auswahlverfahrens zurückzugeben.

18.5. Form und Inhalt des Arbeitsvertrages
18.5.1. Form des Arbeitsvertrages

11 Aufgrund des „**Nachweisgesetzes**" (Gesetz zur Anpassung arbeitsrechtlicher Bestimmungen an das Recht der Europäischen Union vom 20.7.1995) hat der Arbeitnehmer einen Rechtsanspruch auf Aushändigung eines schriftlichen Arbeitsvertrages.[10]

12 Die Einhaltung der **Schriftform** ist zwar gesetzlich vorgesehen, sie ist aber nicht Voraussetzung für die Wirksamkeit des Arbeitsvertrages. Auch ein mündlich geschlossener Arbeitsvertrag ist wirksam. Ein Arbeitsvertrag kommt sogar zustande, indem ein Arbeitnehmer im Auftrag des Arbeitgebers lediglich zu arbeiten beginnt, ohne dass über Einzelheiten eines Arbeitsvertrages verhandelt wurde.

13 Trotzdem ist es sehr zu empfehlen, jeden Arbeitsvertrag (auch solche für geringfügig Beschäftigte, Aushilfen, in Teilzeit oder befristet Beschäftigte) schriftlich abzuschließen. Denn die Schriftform dient dazu, beiden Vertragsschließenden vor Augen zu führen, ob und zu welchen Konditionen man sich zur gemeinsamen Arbeit zusammengefunden hat. Außerdem ermöglicht ein schriftlicher Vertrag, im Streitfall Beweis über den Inhalt der getroffenen Vereinbarungen führen zu können.

18.5.2. Mindestinhalt des Arbeitsvertrages

14 Der Arbeitsvertrag muss nach dem Nachweisgesetz mindestens folgende Angaben enthalten:[11]

- Namen und Anschriften der Vertragsparteien,
- Zeitpunkt des Beginns des Anstellungsverhältnisses,
- bei befristeten Arbeitsverhältnissen die vorgesehene Dauer des Arbeitsverhältnisses
- Arbeitsort oder einen Hinweis darauf, dass der Arbeitnehmer an verschiedenen Orten beschäftigt werden kann,
- Bezeichnung oder allgemeine Beschreibung der Tätigkeit,
- Zusammensetzung und Höhe des Arbeitsentgelts (einschließlich Zuschläge, Zulagen, Prämien und Sonderzahlungen sowie anderer Bestandteile des Arbeitsentgelts) und deren Fälligkeit,
- Arbeitszeit,
- Dauer des jährlichen Erholungsurlaubs,
- Kündigungsfristen und

---

8 §§ 7, 11, 15 AGG.
9 Küttner/Poeche/Reinecke, Personalbuch 2012, Bewerbung, Rn. 4 mit weiteren Nachweisen.
10 § 2 Abs. 1 Nachweisgesetz (NachweisG).
11 § 2 Abs. 1 S. 2 NachweisG.

- einen Hinweis auf evtl. anzuwendende Tarifverträge, Betriebsvereinbarungen etc., die auf das Anstellungsverhältnis anzuwenden sind.

Darüber hinaus können aber je nach Bedarf weitere Bestandteile sinnvoll sein, z. B. die Vereinbarung einer Probezeit, eine Regelung zum Vertragsende bei Erreichen des Rentenalters, eine Versetzungsmöglichkeit, eine Verpflichtung zur regelmäßigen Vorlage eines **erweiterten Führungszeugnisses** etc.

18.5.3. Tarifvertrag oder Gesetz als Grundlage?

Die Gestaltungsmöglichkeiten eines Arbeitsvertrages sind vielfältig. Einige Schulen wenden auf die Arbeitsverhältnisse generell Tarifverträge an, meist den TV-L, andere treffen eigene Regelungen ohne Bezug zum Tarifvertrag, manche verweisen auf gesetzliche Vorschriften, wieder andere finden eine für sich geeignete Kombination.

Die Anwendung eines Tarifvertrages ist für Schulen in freier Trägerschaft üblicherweise nicht zwingend, sondern freiwillig. Denn zum einen existieren für Schulen keine allgemeinverbindlichen Tarifverträge, zum anderen sind Schulen üblicherweise nicht Mitglied der Tarifgemeinschaft deutscher Länder, der Vereinigung der kommunalen Arbeitgeberverbände oder eines anderen Arbeitgeberverbandes, so dass sie üblicherweise nicht dem Geltungsbereich des TV-L, TVöD oder eines anderen Tarifvertrags unterfallen.

Möchte eine Schule einen Tarifvertrag auf die Arbeitsverhältnisse anwenden, so muss dies ausdrücklich unter Nennung des konkreten Tarifvertrages im Arbeitsvertrag vereinbart werden. Dabei hat die Schule – sofern sie nicht ausnahmsweise einen Tarifvertrag anwenden muss – das Wahlrecht, den gewünschten Tarifvertrag vollständig oder nur auszugsweise anzuwenden. Sind nur Auszüge eines Tarifvertrages gewünscht, sind diese exakt anzugeben und festzuschreiben, dass der Tarifvertrag im Übrigen keine Anwendung findet. Hier kann die Schule die bestehenden Gestaltungsmöglichkeiten nutzen und individuell für sich eine (finanziell und ideell) passende Kombination von tarifvertraglichen und gesetzlichen Bestimmungen erarbeiten. Gegebenenfalls benötigt sie hierbei juristische Hilfe.

Sofern kein Tarifvertrag Anwendung finden soll, kann am Ende des Vertrages ein Hinweis erfolgen, dass ergänzend die gesetzlichen Bestimmungen gelten.

Die folgende Darstellung geht davon aus, dass kein Tarifvertrag Anwendung findet, weil dies in den meisten Schulen in freier Trägerschaft nicht der Fall ist.

18.5.4. Probezeit

Bei jeder Neueinstellung eines Arbeitnehmers ist zu entscheiden, ob eine **Probezeit** vereinbart werden soll. Die Probezeit gilt nicht automatisch in einem Arbeitsverhältnis, sondern muss ausdrücklich vereinbart werden (§ 622 Abs. 3 BGB). Zwar ist für die Wirksamkeit der Probezeitvereinbarung keine schriftliche Vereinbarung erforderlich; eine nur mündlich vereinbarte Probezeit ist jedoch kaum beweisbar und daher nicht empfehlenswert.

Eine Besonderheit der Probezeit ist die kurze Frist, mit der die Kündigung möglich ist: Mit einer Frist von zwei Wochen (anstatt der sonst erforderlichen vier Wochen) ist die Beendigung des Arbeitsvertrages zulässig (§ 622 Abs. 3 BGB). Die Kündigung kann nicht, wie sonst üblich, nur zum Monatsende ausgesprochen werden, sondern jederzeit. Auf diese Weise sollen beide Vertragsparteien die Gelegenheit erhalten, den Arbeitsplatz, die Arbeitsweise und sich gegenseitig kennen zu lernen, den Vertrag aber auch kurzfristig wieder zu beenden.

23 Um die kurze Kündigungsfrist nutzen zu können, reicht es aus, wenn dem Arbeitnehmer die Kündigungserklärung innerhalb der Probezeit zugeht, auch wenn das Arbeitsverhältnis dann erst nach dem Ablauf der Probezeit endet.[12] Geht die Kündigung dem Arbeitnehmer bspw. am letzten Tag der vereinbarten Probezeit zu, so endet das Arbeitsverhältnis zwei Wochen nach dem Ende der Probezeit. Voraussetzung hierfür ist, dass dem Arbeitnehmer die Kündigung an dem letzten Tag der Probezeit tatsächlich zugeht; er muss sie daher an diesem Tag erhalten. Nicht ausreichend ist es hingegen, wenn die Schule die Kündigung am letzten Tag bloß absendet.

24 Eine zweite Besonderheit zu Beginn eines Arbeitsverhältnisses, die gar nicht aus der Probezeit resultiert, wird trotzdem häufig mit ihr in Zusammenhang gebracht: In den ersten sechs Monaten eines Arbeitsverhältnisses ist gegen eine Kündigung keine Kündigungsschutzklage des Arbeitnehmers möglich. Deshalb benötigt der Arbeitgeber für die Kündigung keinen nachweisbaren, rechtlich anerkannten **Kündigungsgrund**.

25 Zwar genießt ein Arbeitnehmer, dessen Arbeitsverhältnis länger als sechs Monate besteht (Wartezeit), Kündigungsschutz, wenn der Arbeitgeber mehr als 10 (bzw. mehr als fünf) Arbeitnehmer beschäftigt.[13] Da eine Schule in freier Trägerschaft üblicherweise mehr als 10 Arbeitnehmer beschäftigt, besteht für diese also im Regelfall **Kündigungsschutz**. Gegen eine Kündigung kann ein Arbeitnehmer der Schule deshalb grundsätzlich eine Kündigungsschutzklage erheben, so dass der Kündigungsgrund durch das Arbeitsgericht überprüft wird. Die Möglichkeit der Kündigungsschutzklage gilt aber nicht in den ersten sechs Monaten eines Arbeitsverhältnisses.[14] Dies unterscheidet sich sehr von der rechtlichen Situation nach Ablauf von sechs Monaten. Da die Höchstdauer der Probezeit von sechs Monaten mit der Wartezeit des Kündigungsschutzgesetzes übereinstimmt, wird die Unzulässigkeit der Kündigungsschutzklage manchmal mit ihr in Verbindung gebracht. Die Erhebung einer Kündigungsschutzklage ist aber nicht nur bei Vereinbarung einer Probezeit, sondern in jedem Arbeitsverhältnis innerhalb der ersten sechs Monate ausgeschlossen.

26 Die Probezeit darf längstens 6 Monate betragen.[15] Über den Zeitraum von sechs Monaten hinaus ist die Probezeit nicht verlängerbar, auch nicht einvernehmlich zwischen Arbeitnehmer und Arbeitgeber. Denn nach sechs Monaten gilt automatisch die längere gesetzliche Kündigungsfrist von vier Wochen zum Fünfzehnten oder zum Ende eines Monats. Außerdem tritt für den Arbeitnehmer Kündigungsschutz ein, sofern die Schule mehr als zehn (bzw. mehr als fünf)[16] Arbeitnehmer beschäftigt.

18.5.5. Verlängerte „Probephase": Kombination mit einem befristeten Vertrag

27 Zwar ist eine längere als sechsmonatige Probezeit nicht zulässig. Es besteht aber die Möglichkeit, eine Probezeit mit einer **Befristung des Arbeitsvertrages** zu kombinieren. Bei neu eingestellten Arbeitnehmern[17] und bei Arbeitnehmern, die mindestens drei Jahre nicht mehr bei dem selben Arbeitgeber beschäftigt waren,[18] ist eine Befristung des Arbeitsvertrags ohne Sachgrund zulässig; ansonsten eventuell eine Befristung mit einem

---

12 BAG 21.4.1966, 2 AZR 264/65, NJW 1966, 1478.
13 § 1 Abs. 1 KSchG, § 23 Abs. 1 S. 2, 3 KSchG; Näheres siehe unter Kündigungsschutz.
14 § 1 Abs. 1 KSchG.
15 § 622 Abs. 3 BGB.
16 Näheres siehe unter Kündigungsschutz.
17 § 14 Abs. 2 TzBfG.
18 BAG 6.4.2011 – 7 AZR 716/09, AP TzBfG § 14 Nr. 82, NJW 2011, 2750, siehe hierzu unter „Befristung des Arbeitsvertrages".

der gesetzlich anerkannten Sachgründe.[19] Ein solcher befristeter Arbeitsvertrag sollte weiter vorsehen, dass während der Vertragslaufzeit eine ordentliche (fristgemäße) Kündigung möglich ist, da ohne eine entsprechende Vereinbarung die fristgemäße Kündigung eines befristeten Vertrages ausgeschlossen ist.

28 Bei dieser Vertragsgestaltung ist während der Probezeit die Kündigung mit der kurzen zweiwöchigen Frist ohne konkrete Gründe zulässig. Danach besteht – bei nachweisbarem Kündigungsgrund – die Möglichkeit einer Kündigung mit der vertraglich vereinbarten Kündigungsfrist. Außerdem endet der Vertrag in jedem Fall, ohne dass es einer Kündigung bedarf, mit dem Ablauf der Befristung. Wenn das Vertragsende dann nicht gewünscht ist, können Schule und Arbeitnehmer stattdessen nochmals einen befristeten Vertrag schließen (sofern die rechtlichen Voraussetzungen hierfür vorliegen), oder einen unbefristeten Arbeitsvertrag vereinbaren.

29 Mit dieser Vertragsgestaltung erhält die Schule eine sehr flexible Möglichkeit, den neuen Mitarbeiter in der Arbeitstätigkeit kennen zu lernen, bevor ein unbefristeter Vertrag geschlossen wird. Dies gilt natürlich auch für den Arbeitnehmer, der dieselben Kündigungsmöglichkeiten hat.

30 Eine solche Kombination von Probezeit und Befristung bietet Mitarbeiter und Schule im Übrigen die Gelegenheit, ohne Eile in Gespräche darüber einzutreten, ob die Zusammenarbeit nach der Befristung weitergeführt werden soll. Der Zeitpunkt der Gespräche kann bereits bei Vertragsbeginn im Arbeitsvertrag festgelegt werden. Hat die Schule eine Befristung ohne Sachgrund gewählt und als Befristungszeitraum bspw. ein Jahr festgelegt, könnten diese Gespräche z.B. nach 9 Monaten geführt werden. Dabei können auch konkrete Voraussetzungen definiert werden, die erfüllt sein müssen, damit die Zusammenarbeit (eventuell nach einer weiteren Befristung) unbefristet fortgesetzt werden kann. Bei festgestellten Defiziten in der Unterrichtstätigkeit einer Lehrkraft könnte bspw. eine konkrete Fortbildung oder eine schulinterne oder -externe Mentorierung vereinbart werden. Sind die Defizite vor dem Erreichen der Befristung behoben, wird ein unbefristeter Vertrag geschlossen; hierauf hat der Arbeitnehmer bei Erfüllung der gestellten Anforderungen gegebenenfalls einen Anspruch. Sind die Defizite nicht behoben, ist ein Auslaufenlassen des Arbeitsvertrages durch die Befristung möglich (ohne eine Kündigung erklären zu müssen), oder je nach Situation im Einzelfall eventuell noch eine weitere Befristung zulässig.

18.5.6. Befristung des Arbeitsvertrages

31 Die Befristung eines Arbeitsvertrages bewirkt, dass das Arbeitsverhältnis zum vereinbarten Zeitpunkt von selbst endet, ohne dass es einer Kündigung bedarf. Da keine Kündigung erklärt wird, ist auch keine Kündigungsschutzklage des Arbeitnehmers möglich. Die mit einer Kündigungsschutzklage verbundenen Risiken (erforderlicher Nachweis eines rechtlich anerkannten Kündigungsgrundes, eventuell Zahlung einer Abfindung) sind daher ausgeschlossen. Der Arbeitnehmer kann allerdings eine **Entfristungsklage** erheben, wenn er der Ansicht ist, dass die Voraussetzungen einer Befristung nicht vorgelegen haben. War die Befristung wirksam, endet der Vertrag wegen der Befristung. Stellt das Gericht hingegen fest, dass die Befristung unwirksam war, so gilt der Arbeitsvertrag als unbefristet und der Arbeitnehmer ist weiterhin zu beschäftigen und zu vergüten.

32 Die befristete Einstellung eines Arbeitnehmers ist nach dem Teilzeit- und Befristungsgesetz sowohl bei Vorliegen eines ausdrücklichen Befristungsgrundes als auch ohne sol-

---

19 § 14 TzBfG, siehe hierzu unter „Befristung des Arbeitsvertrages".

chen Grund möglich. Allerdings gelten für Befristungen mit oder ohne Sachgrund unterschiedliche gesetzliche Voraussetzungen.

18.5.6.1. Die Befristung ohne Sachgrund

33 Wird auch kalendermäßige Befristung oder Zeitbefristung genannt. Denn der Vertrag ist auf einen bestimmten Zeitpunkt ausgerichtet, zu dem er enden soll. Beispiel: „Der Vertrag ist befristet bis zum 31.7.2015."

34 Die Befristung ohne Sachgrund ist bis zu einer Dauer von zwei Jahren möglich. Bis zu dieser Gesamtdauer von zwei Jahren ist auch die höchstens dreimalige Verlängerung des Arbeitsvertrages zulässig; insgesamt kann die Schule also vier direkt aufeinanderfolgende befristete Verträge ohne Sachgrund schließen, wenn sie die zeitliche Obergrenze von zwei Jahren einhält.

35 Die Befristung ohne Sachgrund ist nur mit neu eingestellten Arbeitnehmern möglich. Hat zwischen der Schule und dem Arbeitnehmer bereits zuvor einmal ein Arbeitsvertrag bestanden (egal ob befristet oder unbefristet, auch als „Aushilfe"), so ist die Befristung ohne Sachgrund nach dem Gesetzestext unzulässig.[20] Nach der aktuellen Rechtsprechung gilt ein Arbeitnehmer aber wieder als neu eingestellt, wenn das Ende des vorangegangenen Arbeitsverhältnisses mehr als drei Jahre zurückliegt. In einem solchen Falle ist daher auch eine sachgrundlose Befristung möglich.[21]

18.5.6.2. Die Befristung mit Sachgrund

36 Wird auch Zweckbefristung genannt. Denn der Vertrag ist auf das Erreichen eines bestimmten, gesetzlich anerkannten Zweckes ausgerichtet. Ist der Zweck erfüllt, endet der Vertrag.

37 Die Befristung mit Sachgrund setzt voraus, dass tatsächlich einer der Sachgründe (Zwecke) des § 14 Abs. 1 Teilzeit- und Befristungsgesetz vorliegt. Der in einer Schule praktisch relevanteste Sachgrund dürfte die **Vertretung** eines anderen Arbeitnehmers sein. Ein Vertretungsbedarf kann sowohl wegen Krankheit, Mutterschutz oder Elternzeit eines Arbeitnehmers, als auch aufgrund einer sonstigen Abwesenheit eines Arbeitnehmers entstehen, bspw. für die Dauer eines Sabbaticals. Der Grund für die Vertretung sollte im Arbeitsvertrag ausdrücklich angegeben sein.

38 Ob einer der übrigen anerkannten Sachgründe für eine Befristung vorliegt, ist deutlich schwieriger zu beurteilen. Ein sachlicher Grund kann z. B. vorliegen, wenn[22] der betriebliche Bedarf an der Arbeitsleistung nur vorübergehend besteht (also schon bei Abschluss des Arbeitsvertrages feststeht, dass danach kein Beschäftigungsbedarf mehr vorhanden ist), oder die Befristung im Anschluss an eine Ausbildung oder ein Studium erfolgt, um dem Arbeitnehmer den Übergang in eine Anschlussbeschäftigung zu erleichtern. Auch die Erprobung des Arbeitnehmers ist ein anerkannter Sachgrund, wobei die Rechtsprechung enge Grenzen für die rechtliche Anerkennung eines objektiven Erprobungsbedarfs des Arbeitgebers setzt. Ebenso kommen in der Person des Arbeitnehmers liegende Gründe in Betracht, z. B. eine zeitlich befristete Aufenthaltserlaubnis.

39 Die Befristung eines Arbeitsvertrages mit Sachgrund ist zeitlich ohne feste Obergrenze möglich, wenn und solange der Sachgrund tatsächlich besteht. So könnte die Schule bspw. mit ein und demselben Arbeitnehmer zunächst mehrere Jahre einen befristeten Arbeitsvertrag zur Vertretung während einer Elternzeit abschließen, danach befristet

---

20 § 14 Abs. 2 S. 2 TzBfG.
21 BAG 6.4.2011 – 7 AZR 716/09, AP TzBfG § 14 Nr. 82, NJW 2011, 2750.
22 § 14 Abs. 1 TzBfG.

zur Vertretung wegen der langfristigen Erkrankung eines Kollegen und anschließend wieder mehrere Jahre befristet wegen der Elternzeit eines anderen Arbeitnehmers. Trotzdem ist Vorsicht geboten: Je mehr befristete Verträge nacheinander mit demselben Arbeitnehmer abgeschlossen werden und je länger die befristete Beschäftigung insgesamt dauert, desto genauer prüft das Gericht, ob tatsächlich noch ein Bedarf für eine befristete Beschäftigung existiert, oder ob stattdessen ein genereller Beschäftigungsbedarf besteht. In letzterem Fall könnte die Befristung rechtsmissbräuchlich und deshalb unwirksam sein. So hat das Bundesarbeitsgericht entschieden, dass jedenfalls bei einer Beschäftigungsdauer von mehr als 11 Jahren mit insgesamt 13 aufeinanderfolgenden befristeten Verträgen ein Rechtsmissbrauch indiziert sei.[23] Liegt ein Rechtsmissbrauch vor, ist die Befristung unwirksam. Die befristet eingestellte Vertretungskraft hat in diesem Falle einen unbefristeten Vertrag und muss entsprechend dauerhaft beschäftigt und vergütet werden.

18.5.6.3. Form der Befristung

Die Tatsache, dass es sich um einen befristeten Arbeitsvertrag handelt, ist sowohl bei der Befristung mit Sachgrund als auch bei der Befristung ohne Sachgrund unbedingt in den schriftlichen Vertragstext aufzunehmen, da die Befristung sonst nicht wirksam ist. Es besteht ein zwingendes Schriftformbedürfnis.[24] Eine nur mündlich vereinbarte Befristung ist unwirksam. Der Arbeitsvertrag gilt dann als unbefristet.

Außerdem müssen beide Vertragsparteien den Vertrag vor dem Beginn der Tätigkeit unterzeichnen, spätestens am Tag zuvor. Sonst ist die erforderliche Schriftform nicht eingehalten und der Vertrag ist unbefristet. Eine nachträgliche schriftliche Befristung ändert daran in den meisten Fällen nichts.

Im Falle der Befristung mit Sachgrund ist es zu Beweiszwecken sinnvoll, zusätzlich den Befristungsgrund schriftlich im Arbeitsvertrag festzuhalten.

18.5.6.4. Ende eines befristeten Vertrags

aa) Der **ohne Sachgrund befristete Arbeitsvertrag** endet mit dem Erreichen des festgelegten Zeitpunktes. In dem obigen Beispiel der Befristung bis zum 31.7.2015 (s. Rn. 33) endet der Vertrag daher um 24.00 Uhr des 31.7.2015. Der Vertrag endet von selbst; eine Kündigung muss nicht erklärt werden.

bb) Der **mit Sachgrund befristete Vertrag** endet mit dem Erreichen des Befristungszweckes (-grundes). Der befristet eingestellte Arbeitnehmer kann bei dieser Art der Befristung nicht absehen, wann sein Vertrag enden wird. Um den Arbeitnehmer nicht ohne Vorbereitungszeit mit dem Verlust seiner Arbeitsstelle zu konfrontieren, muss der Arbeitgeber dem Arbeitnehmer daher eine zweiwöchige **Auslauffrist** gewähren.

Über den Zeitpunkt der Zweckerreichung, also über das zu erwartende Vertragsende, muss der Arbeitgeber den Arbeitnehmer schriftlich unterrichten. Das Arbeitsverhältnis endet erst zwei Wochen, nachdem die schriftliche Mitteilung dem Arbeitnehmer zugegangen ist.[25] Ohne die schriftliche Mitteilung endet das Arbeitsverhältnis nicht.

Kehrt bspw. bei einer Befristung mit dem Sachgrund der Vertretung eines erkrankten Arbeitnehmers der Erkrankte wieder an die Arbeitsstelle zurück, ist der Befristungszweck erreicht. Der Vertrag des Vertreters kann enden. Um das Vertragsende herbeizu-

---

23 BAG 18.7.2012 – 7 AZR 443/09, NZA 2012, 1351.
24 § 14 Abs. 4 TzBfG.
25 § 15 Abs. 2 TzBfG.

führen, muss die Schule dem Vertreter allerdings noch die schriftliche Mitteilung über das Vertragende zukommen lassen und die zweiwöchige Auslauffrist einhalten.

47 Die schriftliche Mitteilung ist keine Kündigung, sondern hat den Charakter einer Information für den befristet beschäftigten Arbeitnehmer. Gegen sie ist daher keine Kündigungsschutzklage möglich.

48 cc) Eine **ordentliche (fristgerechte) Kündigung** eines befristeten Vertrags ist vor dem Befristungszeitpunkt nur möglich, wenn die Kündbarkeit im Vertrag ausdrücklich vorgesehen ist.[26] Dies gilt auch bei einem Vertrag, der für eine lange Dauer abgeschlossen ist, bspw. für zwei Jahre. Für die Schule ist es daher von enormer Wichtigkeit, im befristeten Arbeitsvertrag ausdrücklich zu vereinbaren, dass der Vertrag ordentlich kündbar ist.

49 dd) Eine **außerordentliche (fristlose) Kündigung** eines Arbeitsvertrages, auch eines befristeten Arbeitsvertrages, ist möglich, wenn ein gesetzlich anerkannter wichtiger Grund für die Kündigung vorhanden ist. Dies ist nur äußerst selten der Fall. Die Möglichkeit zur fristlosen Kündigung besteht zwar auch, wenn dies nicht ausdrücklich im Arbeitsvertrag vereinbart ist. Anlässlich der Vereinbarung der ordentlichen Kündigungsmöglichkeit kann jedoch der Klarheit halber auch die außerordentliche Kündigung erwähnt werden.

18.6. Kündigung

50 Liegt keine wirksame Befristung des Arbeitsvertrages vor und scheidet auch eine einvernehmliche Trennung im Wege eines Aufhebungsvertrages aus, kann das Arbeitsverhältnis nur durch Kündigung beendet werden.

18.6.1. Schriftform der Kündigung

51 Kündigungen (auch Änderungskündigungen) müssen schriftlich erklärt werden.[27] Dies gilt gleichermaßen für die Kündigung durch den Arbeitgeber wie durch den Arbeitnehmer. Eine mündliche Kündigung ist ebenso unwirksam wie eine schriftliche Kündigungserklärung, der die erforderliche Unterschrift fehlt oder bei der die Unterschrift von einer gesetzlich nicht vertretungsberechtigten Person stammt.

52 Kündigungen müssen rechtsverbindlich erklärt werden. Die Kündigung muss die Originalunterschrift des gesetzlichen Vertretungsorgans der Schule tragen. Bei einem Verein ist die Unterschrift des Vorstandes erforderlich, bei einer GmbH die Unterschrift des Geschäftsführers. Der Vorstand eines Vereins muss durch die laut Satzung und Vereinsregister vertretungsberechtigte Anzahl seiner Mitglieder unterzeichnen. Die Anzahl der erforderlichen Unterschriften auf der Kündigung richtet sich also nach der Satzung/Vereinsregistereintragung; häufig besteht eine gemeinsame Vertretungsberechtigung von zwei Vorstandsmitgliedern, so dass zwei Unterschriften auf der Kündigung erforderlich sind.

53 Eine Unterschrift von anderen Personen als den Vorstandmitgliedern, bspw. Geschäftsführung eines Vereins, Schulleitung, Konferenzleitung, ist nicht ausreichend, es sei denn, die Unterschreibenden legen der Kündigung eine sie legitimierende Vollmacht im Original bei oder sie sind als besondere Vertreter mit Kündigungsbefugnis im Vereinsregister namentlich eingetragen. Die Vollmacht muss den Unterschreibenden ausdrücklich

---

26 § 15 Abs. 3 TzBfG.
27 § 623 BGB.

die Befugnis zur Kündigung von Arbeitsverhältnissen erteilen. Fehlt die Vollmacht oder ist sie ungenau, kann der Arbeitnehmer die Kündigung wegen der fehlenden Vollmachtsurkunde zurückweisen; die Kündigung ist dann unheilbar unwirksam.

18.6.2. Zugang der Kündigung

Eine Kündigung wirkt, sobald der Arbeitnehmer sie empfangen hat, sie dem Arbeitnehmer (juristisch ausgedrückt) zugegangen ist. Erst mit dem **Zugang der Kündigung** beginnt die Kündigungsfrist. Der Zeitpunkt der Absendung der Kündigung oder das Datum des Poststempels sind für den Zugang ohne Bedeutung. Der Arbeitgeber muss den Zugang der Kündigung im Streitfall nachweisen.

Für den „Zugang" wird nicht die tatsächliche Kenntnisnahme verlangt. Es ist ausreichend, wenn die Kündigung so in den Bereich des Arbeitnehmers gelangt ist, dass er die Möglichkeit der Kenntnisnahme hat.[28] Deshalb entfaltet die Kündigung bspw. Wirkung, wenn sie dem Arbeitnehmer persönlich übergeben wird, selbst wenn er sich weigert, das Kündigungsschreiben in die Hand zu nehmen oder es zu lesen, und er es auch nicht mit nach Hause nimmt (trotzdem sollte die Schule dem Arbeitnehmer aus Nachweisgründen die Kündigung dann noch nach Hause schicken).

Bei einem Einwurf in den Briefkasten galt die Kündigung bislang an dem Tag als zugegangen, an dem sie in den Briefkasten des Arbeitnehmers eingeworfen wurde, wenn dies früh am Morgen vor der üblichen Lieferung der Post geschah. Anderenfalls galt die Kündigung erst am nächsten Tag als zugegangen. Seit einiger Zeit haben sich die Gepflogenheiten der Postlieferung aufgrund der Tätigkeit unterschiedlicher Zustellungsunternehmen jedoch erheblich verändert. Regelmäßig wird auch nachmittags Post zugestellt. Welche Konsequenzen sich für den erforderlichen Zeitpunkt des Einwurfs einer Kündigung in den Briefkasten des Arbeitnehmers ergeben, ist in der höchstrichterlichen Rechtsprechung noch nicht abschließend geklärt. Sicherheitshalber sollte der Arbeitgeber zunächst auch weiterhin davon ausgehen, dass nur ein Einwurf am frühen Morgen den Zugang am selben Tag sicherstellen kann. Ansonsten gilt die Kündigung am nächsten Tag als zugegangen.

Der Zugang der Kündigung am Tag des Einwurfs bzw. am Folgetag ist unabhängig davon, ob der Arbeitnehmer die Kündigung an dem jeweiligen Tag tatsächlich dem Briefkasten entnimmt. Selbst wenn er erst einige Tage später in den Briefkasten schaut, gilt die Kündigung in der Regel bereits zuvor als zugegangen, weil bereits die Möglichkeit der Kenntnisnahme ausreicht. Ausnahmen von dieser Regel sind denkbar, z.B. wenn dem Arbeitgeber bekannt ist, dass der Arbeitnehmer wegen Krankheit oder Urlaubs gar nicht in den Briefkasten schauen kann. Um in solchen Fällen festzustellen, wann die Kündigung zugegangen ist, kommt es auf eine Abwägung der Umstände des einzelnen Falles an.

Da der Arbeitgeber den Zugang der Kündigung vor Gericht beweisen muss, ist es von allergrößter Bedeutung, dass die Schule sehr sorgfältig für einen ordnungsgemäßen und nachweisbaren Zugang der Kündigung sorgt. Deshalb empfiehlt sich folgende Rangfolge verschiedener Zugangsmöglichkeiten:

Die sicherste Art, für den Zugang der Kündigung zu sorgen, ist die persönliche Übergabe. Das Kündigungsschreiben kann in der Schule oder auch an der Wohnung des Arbeitnehmers ausgehändigt werden. Es empfiehlt sich eine schriftliche Dokumentation

---

28 Palandt/Ellenberger, 71. Auflage 2012, § 130, Rn. 5, m. w. N.; Münchener Kommentar zum BGB/Einsele, 6. Auflage 2012, § 130 Rn. 16, m. w. N.

durch einen Vermerk, wer wann die Kündigung übergeben hat. Sinnvoller Weise sollte derjenige, der die Kündigung übergibt, im Streitfalle als Zeuge vor Gericht die Übergabe bestätigen können. Die gesetzlichen Vertreter der Schule (bspw. der Vorstand eines eingetragenen Vereins oder der Geschäftsführer einer GmbH) nehmen juristisch betrachtet als Partei des Rechtsstreits an diesem teil; sie sind daher nicht als Zeugen zugelassen. Sofern daher ein gesetzlicher Vertreter die Kündigung übergibt, ist es vorteilhaft, wenn eine weitere Person bei der Übergabe anwesend ist. Das kann ein Mitglied der Schulleitung sein, ein Mitarbeiter der Verwaltung oder auch eine sonstige Person, die im Rahmen ihrer Tätigkeit dazu berufen ist, an der Kündigung mitzuwirken. Wichtig ist die anschließende Wahrung der **Verschwiegenheit** über die Kündigung und die Begleitumstände. Schulintern und -extern sollte nur der Arbeitgeber durch seine gesetzlichen Vertreter oder die Schulleitung in dem zulässigen Maße Auskunft über die Kündigung erteilen.

60 Wenn die persönliche Übergabe der Kündigung nicht möglich ist, empfiehlt sich eine Zustellung per Boten mit anschließender schriftlicher Dokumentation. Bote sollte wiederum eine Person sein, die als Zeuge vor Gericht auftreten kann.

61 Sollte auch die Übersendung per Boten nicht möglich sein, so kann die Kündigung per Post geschickt werden. Von einem Versand per Einschreiben mit Rückschein ist dringend abzuraten. Denn wenn der Arbeitnehmer das Einschreiben nicht persönlich annimmt und es auch nicht innerhalb der Lagerfrist von der Post abholt, erhält der Absender es als nicht zugestellt zurück. Die Kündigung ist dann nicht zugegangen und entfaltet keine Wirkung. Für das Einhalten der Kündigungsfristen ist aber der Zugang des Kündigungsschreibens beim Betroffenen entscheidend, und nicht die Absendung oder das Datum des Poststempels. Kommt das Einschreiben an die Schule zurück, so ist abermals der Versand und Zugang der Kündigung notwendig. Kann die Schule nunmehr die ursprünglich eingeplante Kündigungsfrist nicht mehr einhalten, so muss sie die Kündigung zu einem späteren Datum erklären und entsprechend länger Gehalt an den Arbeitnehmer zahlen. Eine nicht geglückte Zustellung der Kündigung kann daher direkte finanzielle Folgen haben.

18.6.3. Kündigungsschutz, Erforderlichkeit eines Kündigungsgrundes

62 Besteht in einem Betrieb **Kündigungsschutz** für die Arbeitnehmer nach dem Kündigungsschutzgesetz (KSchG), kann der Arbeitgeber nur kündigen, wenn er einen rechtlich anerkannten Kündigungsgrund hat. In einer Schule mit laufendem Schulbetrieb dürfte das Kündigungsschutzgesetz Anwendung finden, da die Schule mehr als 10 Arbeitnehmer beschäftigen dürfte. Nur in Betrieben mit 5 oder weniger Arbeitnehmern gibt es keinen Kündigungsschutz, und in Betrieben mit 10 oder weniger Arbeitnehmern gibt es keinen Kündigungsschutz für Arbeitnehmer, die nach dem 31.12.2003 eingestellt wurden.[29] Zur Ermittlung der Arbeitnehmerzahl werden sämtliche Arbeitnehmer einbezogen, also nicht nur die Lehrkräfte, sondern auch die Verwaltungsmitarbeiter, Reinigungskräfte, Hausmeister, geringfügig Beschäftigten etc. Beträgt die wöchentliche Arbeitszeit eines Arbeitnehmers bis einschließlich 20 Stunden, ist er mit 0,5, bei einer Arbeitszeit bis einschließlich 30 Stunden ist der Arbeitnehmer mit 0,75 und bei einer darüber hinausgehenden Arbeitszeit mit 1,0 zu berücksichtigen.[30]

---

[29] § 23 Abs. 1 S 2, 3 KSchG.
[30] § 23 Abs. 1 S 4 KSchG.

Das Kündigungsschutzgesetz findet auf alle Arbeitnehmer Anwendung, die länger als sechs Monate in der Schule beschäftigt sind.[31] Es soll sie vor einer Kündigung des Arbeitsverhältnisses durch den Arbeitgeber schützen, der kein gesetzlich anerkannter Kündigungsgrund zugrunde liegt. Eine solche Kündigung wäre rechtswidrig und würde vom Arbeitsgericht aufgehoben werden. Der Arbeitnehmer müsste weiterbeschäftigt und sein Gehalt weitergezahlt werden. Besteht hingegen ein anerkannter Kündigungsgrund, so kann der Arbeitgeber das Arbeitsverhältnis kündigen. Der Arbeitnehmer hat dann keinen Anspruch auf eine Abfindung oder sonstige Entschädigung für den Verlust seins Arbeitsplatzes. Entscheidend ist daher, ob für die Kündigung ein anerkannter Grund besteht.

Ziel des Kündigungsschutzgesetzes ist der Schutz des Arbeitnehmers; nur der Arbeitgeber benötigt daher für eine Kündigung einen anerkannten Grund, den er vor Gericht nachweisen muss. Die Kündigung des Arbeitnehmers hingegen ist – üblicherweise unter Einhaltung der Kündigungsfrist – ohne besonderen sachlichen Grund zulässig.

18.6.4. Kündigungsarten

Zu unterscheiden sind die ordentliche (fristgemäße) Kündigung gemäß § 622 BGB und die außerordentliche (fristlose) Kündigung gemäß § 626 BGB.

1. Die **fristlose (außerordentliche) Kündigung** ist der stärkste Eingriff in das Arbeitsverhältnis, der denkbar ist. Sie beendet das Arbeitsverhältnis sofort mit dem Zugang der Kündigung. Deshalb kommt eine fristlose Kündigung nur in seltenen Ausnahmefällen in Betracht. Voraussetzung einer solchen Kündigung ist ein „wichtiger Grund" für die Kündigung.[32] Ein wichtiger Grund im gesetzlichen Sinne ist nur zu bejahen, wenn dem Kündigenden unter Abwägung aller Umstände des einzelnen Falles und der gegenseitigen Interessen nicht zugemutet werden kann, an dem Arbeitsverhältnis bis zum Ablauf der ordentlichen Kündigungsfrist festgehalten zu werden.[33] Sie kommt insbesondere aus verhaltensbedingten Gründen in Betracht; eine fristlose Kündigung aus personenbedingten oder betriebsbedingten Gründen ist eher selten. Ein typisches Beispiel für die Zulässigkeit einer fristlosen Kündigung ist die Begehung von Straftaten im Rahmen der Arbeitstätigkeit (ein Verwaltungsmitarbeiter unterschlägt Finanzmittel der Schule; eine Lehrkraft macht sich eines Sexualdeliktes zu Lasten einer Schülerin oder eines Schülers schuldig).

Ob ein anzuerkennender „**wichtiger Grund**" vorliegt, richtet sich nicht nach der subjektiven Einschätzung des Arbeitgebers, sondern nach objektiven Kriterien. Die individuelle Einschätzung der Schulleitung oder des Kollegiums, die bspw. schon lange unter dem schwer erträglichen Verhalten einer Lehrkraft oder den vermehrten Elternbeschwerden über mangelhafte Unterrichtsqualität leiden, weicht hier von den juristischen Voraussetzungen häufig ab. Da die Beurteilung des wichtigen Grundes nur bezogen auf die konkreten Tatsachen im Einzelfall erfolgen kann, dürfte in den meisten Fällen die Einholung von Rechtsrat vor einer fristlosen Kündigung zu empfehlen sein.

Die fristlose Kündigung wirkt zwar fristlos, gewährt dem Arbeitnehmer also keine Auslaufphase für das Arbeitsverhältnis. Für die Erklärung der Kündigung besteht aber eine gesetzliche Ausschlussfrist: Die Kündigung muss innerhalb von zwei Wochen seit Kenntnis des Kündigungsberechtigten von den für die Kündigung maßgebenden Tatsa-

---

31 § 1 Abs. 1 KSchG.
32 § 626 Abs. 1 BGB.
33 § 626 Abs. 1 BGB.

chen erklärt werden.³⁴ Für die Einhaltung der Frist kommt es nicht auf die Absendung der Kündigung oder das Datum des Poststempels an, sondern auf den Zugang der Kündigung beim Arbeitnehmer.³⁵

69 Die Zwei-Wochen-Frist kann nicht verlängert werden. Überschreitet der Arbeitgeber die Frist, und sei es nur um einen Tag, so ist die fristlose Kündigung unzulässig. Dem Arbeitgeber bleibt dann allenfalls noch die ordentliche Kündigung unter Einhaltung der Kündigungsfrist, innerhalb der er die Vergütung weiterzahlen muss. Daher ist die genaue Fristberechnung mitentscheidend für den Erfolg der außerordentlichen (fristlosen) Kündigung.

70 Solange der Arbeitgeber nur ungenaue Anhaltspunkte für einen wichtigen Grund zur Kündigung hat, darf er zwar zunächst den Sachverhalt aufklären sowie Beweismittel beschaffen und sichern, bevor die Frist zu laufen beginnt.³⁶ Gegebenenfalls muss er auch den betroffenen Arbeitnehmer anhören und sonstige Ermittlungen anstellen. Die Ermittlungen muss er jedoch zügig und mit der gebotenen Eile durchführen.³⁷ An die Notwendigkeit der Ermittlungen, die Zügigkeit der Sachverhaltsaufklärung und den Beweis hierfür stellt die Rechtsprechung hohe Anforderungen. Sich darauf einzurichten, dass die Frist noch nicht begonnen hat, ist für den Arbeitgeber sehr risikoreich. Deshalb ist für den Arbeitgeber Vorsicht und Eile geboten, wenn er eine fristlose Kündigung in Betracht zieht.

71 Die Möglichkeit der fristlosen Kündigung muss nicht im Arbeitsvertrag vereinbart sein. Sie ist in jedem dauerhaften Vertragsverhältnis zulässig, wenn ein wichtiger Grund für die Kündigung vorliegt. Selbst wenn der Arbeitnehmer laut Vertrag „**unkündbar**" ist (z. B. wenn er Planstelleninhaber oder wegen TV-L / TVöD unkündbar ist), ist zwar die fristgerechte Kündigung ausgeschlossen, aber die fristlose Kündigung zulässig. Denn sie ist das letzte Mittel, sich aus einem objektiv unzumutbar gewordenen Rechtsverhältnis zu lösen.

72 2. Die **fristgerechte (ordentliche) Kündigung** beendet das Arbeitsverhältnis mit dem Ablauf der Kündigungsfrist. Die Kündigungsfrist ergibt sich aus dem Arbeitsvertrag oder einem Tarifvertrag. Enthält der Arbeitsvertrag keine Regelung und findet kein Tarifvertrag Anwendung, so gilt die gesetzliche Kündigungsfrist des § 622 BGB. Die gesetzlichen Kündigungsfristen sind in Abhängigkeit von der Dauer des Arbeitsverhältnisses gestaffelt. Sie reichen von der recht kurzen vierwöchigen Mindestfrist bei Beginn des Arbeitsverhältnisses mit Kündigungsmöglichkeiten zum 15. eines Monats oder zum Monatsende bis hin zu der längsten Kündigungsfrist von sieben Monaten zum Monatsende bei einem seit 20 Jahren bestehenden Arbeitsverhältnis.³⁸ Vereinbart die Schule im Arbeitsvertrag eigene Kündigungsfristen, könne diese länger als die gesetzlichen Fristen gestaltet sein, jedoch nicht kürzer.

---

34 § 626 Abs. 2 S. 1, 2 BGB.
35 BAG 9.3.1978 – 2 AZR 529/76, NJW 1978, 2168, AP BGB § 626 Ausschlussfrist Nr. 12.
36 BAG 17.3.2005 – 2 AZR 245/04, NZA 2006, 101; BAG 1.2.2007 – 2 AZR 333/06 – NZA 2007, 744; Küttner/Eisemann Personalbuch 2012, Kündigung, außerordentliche, Rn. 19; Erfurter Kommentar zum Arbeitsrecht/Müller-Glöge, 12. Auflage 2012, § 626 BGB, Rn. 210.
37 BAG 17.3.2005 – 2 AZR 245/04, NZA 2006, 101; BAG 1.2.2007 – 2 AZR 333/06 – NZA 2007, 744 Küttner/Eisemann Personalbuch 2012, Kündigung, außerordentliche, Rn. 19; Erfurter Kommentar zum Arbeitsrecht/Müller-Glöge, 12. Auflage 2012, § 626 BGB, Rn. 210.
38 § 622 Abs. 2 S. 1 BGB.

18.6.5. Kündigungsgründe

Da in einer Schule in freier Trägerschaft üblicherweise Kündigungsschutz besteht, setzt die fristgerechte Kündigung das Bestehen eines rechtlich anerkannten und nachweisbaren **Kündigungsgrundes** voraus. Hierbei unterscheidet man

- die betriebsbedingte Kündigung,
- die personenbedingte Kündigung sowie die
- verhaltensbedingte Kündigung.

73

18.6.6. Die betriebsbedingte Kündigung

Eine **betriebsbedingte Kündigung** ist sozial gerechtfertigt, wenn sie durch dringende betriebliche Erfordernisse, die einer Weiterbeschäftigung des Arbeitnehmers in diesem Betrieb entgegenstehen, bedingt ist.[39] Die Weiterbeschäftigung ist nicht möglich, wenn weder ein anderer gleichwertiger Arbeitsplatz noch ein anderer nicht gleichwertiger, schlechterer Arbeitsplatz frei ist.[40] Die betriebsbedingte Kündigung erfordert im Übrigen eine ordnungsgemäße Sozialauswahl unter den für die Kündigung in Betracht kommenden Arbeitnehmern.[41]

74

Der Arbeitgeber muss im Kündigungsschutzprozess konkret darlegen und beweisen, welche betrieblichen Gründe die Kündigung rechtfertigen. Es reicht nicht aus, wenn auf allgemeine wirtschaftliche Entwicklungen Bezug genommen wird. Ein typischer Fall der betriebsbedingten Kündigung ist der Wegfall der Beschäftigungsmöglichkeit, weil ein Betrieb geschlossen wird.

75

Sodann muss der Arbeitgeber darlegen, dass ein freier gleichwertiger Arbeitsplatz oder ein freier schlechterer Arbeitsplatz (der eine Änderungskündigung an Stelle der Kündigung ermöglichen würde) nicht vorhanden ist.

76

Die Sozialauswahl bezweckt abschließend die Prüfung der Frage, ob es gerechtfertigt ist, unterer mehreren zur Auswahl stehenden gerade den betroffenen Arbeitnehmer zu kündigen. Sofern mehrere Arbeitnehmer für die Kündigung in Betracht kommen, ist derjenige zu kündigen, der sozial am wenigsten schutzwürdig ist. Auswahlkriterien in der Sozialauswahl sind[42]

77

- die Dauer der Betriebszugehörigkeit,
- das Lebensalter,
- Unterhaltspflichten des Arbeitnehmers
- sowie eine bestehende Schwerbehinderung.

In die **Sozialauswahl** sind alle vergleichbaren Arbeitnehmer einzubeziehen. Vergleichbar sind alle Arbeitnehmer, deren Aufgaben von denjenigen übernommen werden können, deren Arbeitsplatz weggefallen ist. Maßgebliche Kriterien für die Beurteilung der Vergleichbarkeit sind vor allem die ausgeübte Tätigkeit und die Ausbildung des Arbeitnehmers.

78

---

39 § 1 Abs. 2 S. 1 KSchG.
40 BAG 5.6.2008 – 2 AZR 107/07, NZA 2008, 1180.
41 § 1 Abs. 3 KSchG.
42 § 1 Abs. 3 S. 1 KSchG.

18.6.7. Die personenbedingte Kündigung

79 Eine **personenbedingte Kündigung** ist gerechtfertigt, wenn sie durch Gründe bedingt ist, die in der Person des Arbeitnehmers liegen.[43] Solche Gründe sind anzunehmen, wenn der Arbeitnehmer wegen seiner persönlichen Fähigkeiten, Eigenschaften oder nicht vorwerfbarer Einstellungen nicht mehr in der Lage ist, zukünftig die geschuldete Arbeitsleistung – ganz oder teilweise – zu erbringen.[44] Die personenbedingte Kündigung ist jedoch nicht zulässig, wenn eine Weiterbeschäftigung des Arbeitnehmers nach zumutbaren Umschulungs- oder Fortbildungsmaßnahmen oder nach Änderung der Arbeitsbedingungen möglich ist und der Arbeitnehmer sein Einverständnis hiermit erteilt hat.[45]

80 Personenbedingte Gründe können z. B. sein:
- Fehlen einer erforderlichen Arbeitserlaubnis,
- Mängel der körperlichen oder geistigen Eignung,
- Alkohol, Drogen- oder Tablettensucht,
- Krankheit.

81 Die **Kündigung wegen Krankheit** ist der Hauptfall der personenbedingten Kündigung. Dabei ist die Kündigung nicht die Strafe für eine Erkrankung des Arbeitnehmers. Vielmehr ist die Kündigung die Reaktion des Arbeitgebers darauf, dass aus der Erkrankung Störungen des Arbeitsverhältnisses entstehen. Die Kündigung erfolgt bei genauer Betrachtung nicht wegen der Krankheit an sich, sondern wegen der daraus folgenden Beeinträchtigungen des Arbeitsverhältnisses.

82 Die Wirksamkeit einer Kündigung wegen Krankheit ist nach der Rechtsprechung des Bundesarbeitsgerichtes in drei Stufen zu prüfen:[46]
- Bestehen einer negativen Gesundheitsprognose,
- erhebliche Beeinträchtigung der betrieblichen Interessen des Arbeitgebers
- und Abwägung der wechselseitigen Interessen des Arbeitgebers und des Arbeitnehmers.

83 Im Rahmen der Erstellung der negativen **Gesundheitsprognose** muss der Arbeitgeber nachweisen, dass der Arbeitnehmer in der Zukunft voraussichtlich dauerhaft oder zumindest für einen längeren Zeitraum nicht zur ordnungsgemäßen Erbringung seiner Arbeitsleistung in der Lage sein wird, so dass mit weiteren Störungen des Vertragsverhältnisses zu rechnen ist.[47] Die nach der Prognose zu erwartenden Auswirkungen des Gesundheitszustandes des Arbeitnehmers müssen zu einer erheblichen Beeinträchtigung der betrieblichen Interessen führen; sie kann durch Störungen im Betriebsablauf oder wirtschaftliche Belastungen hervorgerufen werden.[48] Abschließend ist im Rahmen einer Interessenabwägung zu prüfen, ob die erheblichen betrieblichen Beeinträchtigungen zu einer nicht hinnehmbaren Belastung des Arbeitgebers führen.[49] Dabei hat der Arbeitgeber unter anderem bestehende Unterhaltspflichten, das Lebensalter und die Betriebszugehörigkeit des Arbeitnehmers zu berücksichtigen und Möglichkeiten der Weiterbeschäftigung des Arbeitnehmers auf einem anderen Arbeitsplatz zu prüfen.

---

43 § 1 Abs. 2 S. 1 KSchG.
44 BAG 18.1.2007 – 2 AZR 731/05 NZA 2007, 680; Erfurter Kommentar/Oetker 12. Auflage 2012, § 1 KSchG Rn. 99.
45 § 1 Abs. 2. S. 3 KSchG.
46 Zwanziger/Altmann/Schneppendahl Kündigungsschutzgesetz 3. Auflage 2012, § 1 KSchG Rn. 33; BAG 20.1.2000 – 2 AZR 378/99.
47 Zwanziger/Altmann/Schneppendahl Kündigungsschutzgesetz 3. Auflage 2012, § 1 KSchG Rn. 34.
48 Küttner/Eisemann Personalbuch 2012, Kündigung, personenbedingte, Rn. 8.
49 Küttner/Eisemann Personalbuch 2012, Kündigung, personenbedingte, Rn. 8.

Eine **krankheitsbedingte Kündigung** kommt wegen langanhaltender Krankheit, wegen häufiger Kurzerkrankungen oder auch wegen dauerhafter Leistungsminderung oder -unfähigkeit in Betracht. Zu jeder Form der krankheitsbedingten Kündigung existiert eine umfassende Rechtsprechung des Bundesarbeitsgerichtes, aus der sich die näheren Anforderungen an eine wirksame Kündigung ergeben.

Vor einer krankheitsbedingten Kündigung sollte der Arbeitgeber ein **betriebliches Eingliederungsmanagement** (BEM) durchgeführt haben. Es hat bei Arbeitnehmern, die länger als sechs Wochen in einem Jahr (durchgängig oder in mehreren Zeitabschnitten) arbeitsunfähig erkrankt waren, den Zweck, zu prüfen, wie die Arbeitsunfähigkeit überwunden und mit welchen Hilfen einer erneuten Arbeitsunfähigkeit vorgebeugt werden sowie der Arbeitsplatz erhalten werden kann.[50] Unterlässt der Arbeitgeber die Durchführung des betrieblichen Eingliederungsmanagements, so erschwert dies die spätere krankheitsbedingte Kündigung erheblich.

18.6.8. Die verhaltensbedingte Kündigung

Die **verhaltensbedingte Kündigung** ist gerechtfertigt, wenn sie durch Gründe bedingt ist, die in dem Verhalten des Arbeitnehmers liegen. Die Kündigung ist jedoch nicht zulässig, wenn eine Weiterbeschäftigung des Arbeitnehmers nach zumutbaren Umschulungs- oder Fortbildungsmaßnahmen oder nach Änderung der Arbeitsbedingungen möglich ist und der Arbeitnehmer sein Einverständnis hiermit erteilt hat.[51]

Die verhaltensbedingte Kündigung beruht auf Verhaltensweisen des Arbeitnehmers, die gegen den Arbeitsvertrag verstoßen und daher eine Fortsetzung des Arbeitsverhältnisses unmöglich machen. Da der Arbeitnehmer sein Verhalten steuern kann, muss der Arbeitgeber dem Arbeitnehmer zunächst Gelegenheit geben, sein Verhalten so zu verändern, dass eine Kündigung vermieden werden kann. Dies geschieht nach der Rechtsprechung des Bundesarbeitsgerichts durch die Erteilung einer Abmahnung. Deshalb ist vor einer verhaltensbedingten Kündigung die Erteilung mindestens einer, meist aber mehrerer Abmahnungen erforderlich.[52]

Als verhaltensbedingte Gründe kommen bspw. in Betracht:

- Wiederholte abfällige und/oder unwahre Äußerungen,
- Alkoholgenuss im Dienst,
- Arbeitsverweigerung,
- Beleidigung oder Tätlichkeiten gegenüber Arbeitgeber oder Kollegen,
- intimes Verhältnis von Lehrkräften zu Schülerinnen und Schülern,
- Nichtvorlage von Arbeitsunfähigkeitsbescheinigungen,
- unbefugtes Verlassen des Arbeitsplatzes, Urlaubsüberschreitung, Selbstbeurlaubung,
- (Verdacht) strafbarer Handlungen.

Die vorstehende Aufzählung ist nicht vollständig, sondern rein beispielhaft. Sie garantiert aber auch nicht, dass die aufgeführten Kündigungsgründe in jedem Fall greifen und die Kündigung vor dem Arbeitsgericht durchsetzbar ist. Entscheidend ist immer der Einzelfall, insbesondere die Schwere des Verstoßes gegen den Arbeitsvertrag und die Belastung des Arbeitsverhältnisses durch frühere Vertragsverstöße des Arbeitnehmers.

---

50 § 84 Abs. 2 SGB IX.
51 § 1 Abs. 2. S. 3 KSchG.
52 BAG 29.7.1976 – 3 AZR 50/75 AP KSchG § 1 Verhaltensbedingte Kündigung Nr. 9; BAG 21.11.1985 – 2 AZR 21/85 AP KSchG 1969 § 1 Nr. 12.

18.6.8.1. Abmahnung

90 Die Abmahnung hat eine dreifache Funktion: Sie soll anhand konkreter Tatsachen den Vorwurf festhalten, der dem Arbeitnehmer gemacht wird (**Dokumentationsfunktion**), sie soll den Arbeitnehmer auf seinen Verstoß gegen seine arbeitsvertraglichen Pflichten hinweisen und erläutern, welches Verhalten zukünftig von ihm erwartet wird (**Mahnfunktion**), und sie soll ihn unmissverständlich davor warnen, dass im Wiederholungsfall der Bestand seines Anstellungsverhältnisses gefährdet ist (**Warnfunktion**).

91 Im Rahmen der Dokumentation muss das zu beanstandende Fehlverhalten des Arbeitnehmers nach Datum, Uhrzeit, Ort, Sachverhalt etc. konkret und nachvollziehbar beschrieben werden. Allgemeine Hinweise reichen nicht aus. Die Warnfunktion ist nach der Rechtsprechung des Bundesarbeitsgerichts nur erreicht, wenn deutlich wird, dass der Arbeitnehmer eine Kündigung seines Arbeitsverhältnisses zu erwarten hat, wenn er sich zukünftig nicht vertragsgemäß verhält.

92 Fehlt einer der drei Schritte, handelt es sich nicht mehr um eine Abmahnung im Sinne des Kündigungsrechtes, so dass eine verhaltensbedingte Kündigung darauf nicht mehr gestützt werden kann.

93 Wirft der Arbeitgeber dem Arbeitnehmer mehrere Vertragsverstöße vor, so empfiehlt es sich dringend, für jeden einzelnen Vorwurf eine eigene Abmahnung zu formulieren. Lässt der Arbeitnehmer die Abmahnung nämlich arbeitsgerichtlich kontrollieren und nur ein Vorwurf erweist sich als nicht nachweisbar, ist damit die gesamte Abmahnung hinfällig und aus der Personalakte zu entfernen. Für eine spätere verhaltensbedingte Kündigung besteht dann keine Grundlage mehr.

94 Aus Beweisgründen sollte eine Abmahnung immer schriftlich erfolgen.

95 Eine Abmahnung ist nicht fristgebunden. Damit der Arbeitnehmer erkennen kann, dass sein Verhalten nicht als ordnungsgemäß hingenommen wird und die Abmahnung rechtlich nicht an Wert verliert, sollte sie jedoch innerhalb von wenigen (möglichst zwei) Wochen seit Kenntnis des Arbeitgebers von dem abzumahnenden Vorfall erteilt werden.

96 Vor der Erteilung einer Abmahnung muss der Arbeitgeber den Arbeitnehmer anhören, ihm also Gelegenheit zur Stellungnahme geben. Die **Anhörung** ist nicht formgebunden, insbesondere besteht kein Schriftformbedürfnis. Ein persönliches Gespräch ist ausreichend. Zweck der Anhörung ist es, sicherzustellen, dass der Arbeitgeber die Äußerung des Arbeitnehmers zu dem Vorwurf in seine Entscheidung einbezieht, ob eine Abmahnung erteilt werden soll.

18.6.8.2. Abgrenzung der personenbedingten von der verhaltensbedingten Kündigung

97 Schwierigkeiten bereitet manchmal die Abgrenzung der personenbedingten zur verhaltensbedingten Kündigung. Der personenbedingten Kündigung liegen bestimmte Fähigkeiten, Eigenschaften oder Einstellungen des Arbeitnehmers zugrunde.[53] Seine persönlichen Fähigkeiten oder Eigenschaften kann ein Mensch nicht oder nur schwer verändern. Deshalb sind sie ihm nicht subjektiv vorwerfbar. Ein Arbeitnehmer, dem eine für das Arbeitsverhältnis notwendige Fähigkeit fehlt, kann die Kündigung durch den Arbeitgeber nicht verhindern. Wird bspw. einem Berufskraftfahrer die Fahrerlaubnis entzogen, weil wegen einer Erkrankung seine Sehfähigkeit stark nachgelassen hat, so kann

---

[53] BAG 18.1.2007 – 2 AZR 731/05 NZA 2007, 680; Erfurter Kommentar/Oetker 12. Auflage 2012, § 1 KSchG Rn. 99.

er dies nicht beeinflussen. Da er für den Arbeitgeber nicht mehr einsetzbar ist, ist die personenbedingte Kündigung zulässig.

Die verhaltensbedingte Kündigung hingegen beruht auf dem Verhalten des Arbeitnehmers. Auf sein Verhalten hat ein erwachsener Mensch selbst Einfluss, d.h. er kann es ändern (auch wenn er es möglicherweise nicht ändern will). Das eigene Verhalten ist dem Arbeitnehmer deshalb individuell vorwerfbar. Mit einer Verhaltensänderung kann der Arbeitnehmer die Kündigung seines Arbeitsverhältnisses durch den Arbeitgeber verhindern. Deshalb muss der Arbeitgeber dem Arbeitnehmer zunächst Gelegenheit geben, sein Verhalten so zu ändern, dass eine Kündigung vermieden werden kann. Dies geschieht nach der Rechtsprechung des Bundesarbeitsgerichts durch die Erteilung einer Abmahnung. Deshalb ist vor einer verhaltensbedingten Kündigung die Erteilung mindestens einer, meist aber mehrerer Abmahnungen erforderlich.[54]

18.6.9. Änderungskündigung

Die Änderungskündigung ist eine Kündigung des Arbeitsverhältnisses, die mit dem Angebot verbunden ist, das Arbeitsverhältnis zu geänderten Arbeitsbedingungen fortzusetzen.[55] Die Änderungskündigung ist eine echte Kündigung des Arbeitsverhältnisses. Deshalb gelten für die Änderungskündigung im Prinzip die gleichen Voraussetzungen wie für jede andere Kündigung: Änderungskündigungen kommen aus verhaltensbedingten, personenbedingten und betriebsbedingten Gründen in Betracht. Die Änderungskündigung kann, je nach Vorliegen der unterschiedlichen Voraussetzungen, fristgemäß oder fristlos erklärt werden.

Auch gegen die Änderungskündigung kann der Arbeitnehmer Kündigungsschutzklage erheben, weil in ihr die Beendigung des Arbeitsverhältnisses steckt und wesentliche Vertragsbedingungen geändert werden.

18.6.10. Kündigung mit Abfindungsangebot

Eine Gestaltungsmöglichkeit zur Beendigung des Arbeitsverhältnisses mit gleichzeitiger Abfindungszahlung bietet § 1 a KSchG. Kündigt der Arbeitgeber fristgerecht aus dringenden betrieblichen Erfordernissen, und bietet dem Arbeitnehmer im Kündigungsschreiben eine Abfindung (ein halbes Bruttomonatsgehalt pro Beschäftigungsjahr) an, so kann der Arbeitnehmer mit dem Ende des Arbeitsverhältnisses die Abfindung beanspruchen, wenn er keine Kündigungsschutzklage erhebt.[56] Dies löst – nach derzeitiger Handhabung der Bundesagentur für Arbeit – für den Arbeitnehmer keine Sperrzeit beim Bezug von Arbeitslosengeld aus, weil der Arbeitnehmer nicht an der Auflösung seines Arbeitsverhältnisses mitwirkt. Diese Art der Kündigung ist nur in Betrieben möglich, in denen Kündigungsschutz herrscht, also nicht in Kleinbetrieben mit bis zu 10 bzw. bis zu 5 Arbeitnehmern. Die Berechnung der Arbeitnehmerzahl richtet sich nach § 23 KSchG.

18.6.11. Aufhebungsvertrag und Abwicklungsvertrag

Lange Zeit galten Aufhebungsverträge als „eleganteste Art" der Trennung. Per Aufhebungsvertrag ist prinzipiell ohne Einhaltung von Kündigungsfristen und ohne Beachtung des Kündigungsschutzgesetzes jederzeit eine Beendigung des Arbeitsverhältnisses

---

54 BAG 29.7.1976 – 3 AZR 50/75 AP KSchG § 1 Verhaltensbedingte Kündigung Nr. 9; BAG 21.11.1985 – 2 AZR 21/85 AP KSchG 1969 § 1 Nr. 12.
55 § 2 S. 1 KSchG.
56 § 1 a Abs. 1 KSchG.

denkbar, wenn beide Seiten darüber einig sind. Bestandteil eines Aufhebungsvertrages ist meist unter anderem die Zahlung einer Abfindung an den Arbeitnehmer. Zur Ermittlung der Abfindungshöhe wird häufig eine Faustformel herangezogen, nach der ein halbes Bruttomonatsgehalt pro Beschäftigungsjahr gezahlt wird. Die Abfindungshöhe richtet sich jedoch auch nach den örtlichen Gepflogenheiten und kann daher je nach örtlicher Üblichkeit auch anders ausfallen. Die Faustformel dient nur als Verhandlungsgrundlage. Ein Rechtsanspruch auf Vereinbarung einer Abfindung in entsprechender Höhe existiert nicht.

103 Für Arbeitnehmer ist der Abschluss eines Aufhebungsvertrages nach der aktuellen Rechtslage allerdings nicht mehr zu empfehlen, wenn nicht sofort eine Anschlusstätigkeit begonnen werden kann. Denn im Regelfall wird die Bundesagentur für Arbeit im Falle eines Aufhebungsvertrages eine **Sperrzeit** von 12 Wochen verhängen, bevor der Arbeitnehmer Arbeitslosengeld erhält[57] (Ausnahmen: siehe nächster Absatz). Wenn gleichwohl ein Aufhebungsvertrag abgeschlossen wird und der Arbeitnehmer nicht auf diese möglichen negativen Folgen hingewiesen wird, kann sich der Arbeitgeber unter Umständen sogar schadenersatzpflichtig machen.

104 Nach der aktuellen Rechtslage wird ausnahmsweise keine Sperrzeit verhängt, wenn der Arbeitnehmer einen rechtlich anzuerkennenden, wichtigen Grund für die Beendigung seines Arbeitsverhältnisses hatte. Dies kann bspw. der Fall sein, wenn dem Arbeitnehmer die Fortführung der Berufstätigkeit aus gesundheitlichen Gründen nicht möglich ist und der Arbeitnehmer dies durch ärztliches Attest gegenüber der Bundesagentur für Arbeit nachweist. Über die Anerkennung als wichtiger Grund entscheidet die Bundesagentur für Arbeit unter Berücksichtigung der individuellen Umstände des Einzelfalls, so dass keine generelle Aussage zur Anerkennung bestimmter Fallgestaltungen möglich ist.

105 Zurzeit liegt nach der Handhabung der Bundesagentur für Arbeit außerdem ein anzuerkennender wichtiger Grund für den Abschluss eines Aufhebungsvertrages vor, so dass keine Sperrzeit verhängt wird, wenn

1) der Arbeitgeber dem Arbeitnehmer vor dem Abschluss des Aufhebungsvertrages eine Kündigung mit Bestimmtheit in Aussicht gestellt hat,
2) die drohende Arbeitgeberkündigung auf betriebliche Gründe gestützt wurde,
3) die Arbeitgeberkündigung zu demselben Zeitpunkt, zu dem das Beschäftigungsverhältnis geendet hat, oder früher wirksam geworden wäre,
4) im Falle der Arbeitgeberkündigung die Kündigungsfrist eingehalten würde,
5) eine Abfindung von 0,25 bis zu 0,5 Bruttomonatsgehältern pro Beschäftigungsjahr an den Arbeitnehmer gezahlt wird,
6) die Kündigung nicht offensichtlich rechtswidrig ist (bspw. bei unkündbaren Arbeitnehmern) sowie
7) der Arbeitnehmer durch den Aufhebungsvertrag objektive Nachteile aus der zu befürchtenden arbeitgeberseitigen Kündigung vermieden hat.

106 Diese Umstände müssen wirklich und beweisbar vorliegen; falsche Angaben gegenüber der Bundesagentur für Arbeit können einen Straftatbestand darstellen, und zwar auch für den Arbeitgeber als Beihilfe zum Betrug.

107 Wird eine höhere Abfindung gezahlt, verhängt die Bundesagentur für Arbeit nur dann keine Sperrzeit, wenn die Kündigung tatsächlich rechtmäßig gewesen wäre, d.h. die Bundesagentur prüft dies selbst.

---

57 § 159 SGB III.

Aufgrund der Verhängung einer Sperrzeit kommt auch der Abschluss eines **Abwicklungsvertrages** meist nicht mehr in Betracht. Dieser unterscheidet sich vom Aufhebungsvertrag dadurch, dass das Anstellungsverhältnis zunächst arbeitgeberseitig gekündigt wird und im Abwicklungsvertrag sodann die Folgen der Kündigung (im gleichen Sinne wie beim Aufhebungsvertrag) geregelt werden. Der Abschluss eines solchen Abwicklungsvertrages ist natürlich nur dann sinnvoll, wenn der Arbeitnehmer gegen die Kündigung nicht gerichtlich vorgeht. Dazu besteht für ihn aber auch keine Veranlassung, wenn der Abwicklungsvertrag ausgewogen die beiderseitigen Interessen berücksichtigt.

Der Abschluss eines Abwicklungsvertrages wird jedoch inzwischen ebenso als Mitwirkung des Arbeitnehmers an der Beendigung des Arbeitsverhältnisses gewertet wie der Abschluss eines Aufhebungsvertrages. Daher verhängt die Bundesagentur für Arbeit ebenso eine Sperrzeit, d.h. der Arbeitnehmer erhält zwölf Wochen lang kein Arbeitslosengeld. Wegen der Gleichbehandlung beider Vertragsarten gelten auch die gleichen Ausnahmen für die Verhängung der Sperrzeit wie beim Aufhebungsvertrag.

18.6.12. Steuern und Sozialversicherung bei Abfindungszahlung

Eine **Abfindung** wegen des Verlustes des Arbeitsplatzes (§§ 9 und 10 KSchG) ist zurzeit nicht mehr steuerfrei. Die früheren Steuerfreibeträge wurden aufgehoben. Der Arbeitnehmer muss die Abfindung daher versteuern.

Sozialversicherungsbeiträge sind auf eine Abfindung nach der derzeitigen Rechtslage nicht zu entrichten, wenn es sich nicht um Arbeitseinkommen, sondern um eine Entschädigung wegen des Verlustes des Arbeitsplatzes handelt.

Die Zahlung einer Abfindung kann jedoch zum Ruhen des Anspruchs auf Arbeitslosengeld führen, wenn das Arbeitsverhältnis ohne Einhaltung der ordentlichen Kündigungsfrist gelöst wurde.[58]

18.6.13. Erstattung des Arbeitslosengeldes nach Kündigung

Eine besondere Problematik bestand längere Zeit, wenn Anstellungsverhältnisse mit Mitarbeitern beendet werden sollten (durch Kündigung oder auf sonstige Weise), die das 55. Lebensjahr vollendet hatten. In solchen Fällen drohte dem Arbeitgeber, dass er dem Arbeitsamt das Arbeitslosengeld erstatten musste (§ 147 a SGB III alte Fassung bis 31.3.2012). Dieses Risiko besteht nicht mehr, da die Vorschrift zum 1.4.2012 aufgehoben wurde.

18.6.14. Arbeitsgerichtsprozess

Der Empfang der Kündigung setzt für den Arbeitnehmer die dreiwöchige **Klagefrist** in Kraft. Nur wenn er innerhalb dieser Frist vor dem Arbeitsgericht Klage auf Feststellung erhebt, dass die Kündigung unwirksam ist, kann er sich gegen die Kündigung zur Wehr setzen. Die Klage ist zulässig, wenn das Arbeitsverhältnis bei Empfang der Kündigung bereits mindestens sechs Monate bestanden hat, oder wenn der Arbeitgeber innerhalb der ersten sechs Monate eine fristlose Kündigung erklärt.

Erfolgsaussichten für den Arbeitgeber im Arbeitsgerichtsprozess bestehen nur, wenn die Kündigungsgründe auf beweisbaren Tatsachen beruhen und rechtlich nach den Kriterien des Kündigungsschutzgesetztes anzuerkennen sind. Dazu sind die geschilderten Voraussetzungen für die einzelnen Kündigungsarten zu erfüllen.

---

58   § 158 SGB III.

116 Im Arbeitsgerichtsprozess kommt es zunächst zu einer **Güteverhandlung**. Dabei wird das Gericht in aller Regel einen Vergleich (häufig das Ausscheiden des Arbeitnehmers gegen Zahlung einer Abfindung) vorschlagen. Kommt es nicht zu einer Einigung, findet ein zweiter Verhandlungstermin statt, der Kammertermin. Bei diesem wird – falls abermals keine Einigung möglich ist – ein Urteil über die Wirksamkeit der Kündigung ergehen: Ist die Kündigung wirksam, scheidet der Arbeitnehmer aus; ist die Kündigung unwirksam, muss der Arbeitgeber den Arbeitnehmer weiterbeschäftigen und das in der Zwischenzeit aufgelaufene rückständige Gehalt nachzahlen. Einen Rechtsanspruch auf Abfindungszahlung gibt es also nicht.

117 Wie in allen anderen Rechtsbereichen ist auch im Arbeitsrecht die Durchführung einer **Mediation** möglich, durch die die Parteien eine eigene Lösung für ihre Auseinandersetzung erreichen können. Häufig gelingt es im Wege einer Mediation, einen Konflikt vor der Einleitung eines Klageverfahrens oder zu dessen Beginn zu bereinigen, so dass der Streit nicht eskaliert.

18.7. Freie Mitarbeiter (Honorarkräfte)

118 Freie Mitarbeiter (häufig auch als **Honorarkräfte** bezeichnet) sind keine Arbeitnehmer, sondern Selbständige. Sie sind auf der Grundlage eine Dienstvertrages oder Werkvertrages für ihre Auftraggeber tätig. Ob ein Beschäftigter Arbeitnehmer oder freier Mitarbeiter ist, entscheidet sich nach dem objektiven Gesamtbild, das sich aus der Wertung verschiedener Kriterien ergibt. Die subjektive Einschätzung der Beteiligten ist hingegen ohne Bedeutung, ebenso wie die Bezeichnung eines Vertrages als Honorarvertrag, Auftrag oder in ähnlicher Weise. Im Folgenden seien die wesentlichen Kriterien ohne Anspruch auf Vollständigkeit kurz benannt.

119 Freie Mitarbeiter unterscheiden sich von Arbeitnehmern unter anderem dadurch, dass sie nicht weisungsgebunden tätig sind, sondern ihre Tätigkeit und ihre Arbeitszeit selbst gestalten.[59] Bei ihrer Tätigkeit werden freie Mitarbeiter nicht in den Betrieb des Arbeitgebers eingegliedert. Sie sind wirtschaftlich nicht von der Beschäftigung bei einem Arbeitgeber abhängig. Freie Mitarbeiter haben stattdessen verschiedene Auftraggeber, bei denen sie eigenverantwortlich und in selbstbestimmtem Umfang tätig sind. Sie treten frei als Wettbewerber am Markt auf und tragen das eigene Unternehmerrisiko. Für freie Mitarbeiter führt der Auftraggeber deshalb keine Sozialversicherungsbeiträge und keine Steuern ab.

120 Erhebliche Probleme und finanzielle Risiken ergeben sich, wenn ein Auftraggeber eine Person als freien Mitarbeiter beschäftigt, es sich aber nach dem objektiven Erscheinungsbild um einen Arbeitnehmer handelt. Ein solcher Arbeitnehmer wird als „scheinselbständig" bezeichnet, da die Selbständigkeit nur vorgegeben wird, und zwar häufig, um einer Sozialversicherungspflicht zu entgehen. Stellen die zuständigen Behörden bei einer Betriebsprüfung fest, dass ein Arbeitgeber scheinselbständige Arbeitnehmer beschäftigt, fordern sie die in der Vergangenheit nicht gezahlten **Sozialversicherungsbeiträge** – oft für mehrere Jahre – zuzüglich hoher Säumniszuschläge nach. Schuldner des Nachzahlungsanspruchs ist der Arbeitgeber,[60] der nur sehr eingeschränkte Möglichkei-

---

59 So bspw. BAG 9.6.2010, 5 AZR 332/09; sinngemäß auch Küttner/Röller Personalbuch 2012, Freie Mitarbeit, Rn. 2.
60 § 28 e SGB IV.

ten hat, Regress gegenüber dem Arbeitnehmer geltend zu machen.[61] Nahezu der gesamte Nachzahlungsbetrag geht daher zu Lasten des Arbeitgebers.

Aufgrund dieses finanziellen Risikos ist es für den Arbeitgeber wichtig, genau zu prüfen, ob eine Person, die sich als freier Mitarbeiter bewirbt, tatsächlich als Selbständiger beschäftigt werden kann, oder ob aufgrund des äußeren Erscheinungsbildes der Tätigkeit nur eine Einstellung als Arbeitnehmer sinnvoll ist. Bei Zweifeln besteht die Möglichkeit, bei der Deutschen Rentenversicherung Bund (ehemals Bundesversicherungsanstalt für Angestellte) vorab prüfen zu lassen, ob ein neuer Mitarbeiter Arbeitnehmer oder selbständiger freier Mitarbeiter ist.[62] 121

18.8. Geringfügig Beschäftigte

Geringfügig Beschäftigte sind Arbeitnehmer. Sie unterscheiden sich von sonstigen Arbeitnehmern nur hinsichtlich des Umfangs der Tätigkeit. Geringfügig Beschäftigte haben daher die gleichen Rechte und Pflichten wie andere Vollzeit- oder Teilzeitarbeitnehmer auch: Insbesondere bekommen sie bezahlten Urlaub, haben einen Rechtsanspruch auf Entgeltfortzahlung im Krankheitsfall und genießen Kündigungsschutz. 122

Die geringfügige Beschäftigung ist in zwei Varianten möglich: Bekannt ist die Beschäftigung mit einem monatlichen Gehalt von bis zu 450,00 € (Entgeltgeringfügigkeit). Außerdem ist die geringfügige Beschäftigung als kurzfristige Beschäftigung mit einer Arbeitstätigkeit an höchstens 50 Tagen pro Jahr möglich (Zeitgeringfügigkeit). Im letzteren Fall ist die Höhe des erzielten Gehaltes ohne Bedeutung, solange die Beschäftigung nicht regelmäßig, sondern nur gelegentlich ausgeübt wird, und nicht berufsmäßig entfaltet wird, d.h. der Beschäftigte von der Tätigkeit nicht ganz oder in erheblichem Maße seinen Lebensunterhalt bestreitet. 123

Der Vorteil der geringfügigen Beschäftigung lag für den Arbeitnehmer lange Zeit darin, keine eigenen Sozialversicherungsbeiträge und Steuern abführen zu müssen. Stattdessen zahlte nur der Arbeitgeber einen Pauschalbetrag. Dies war eine attraktive Form der Beschäftigung für den Arbeitnehmer. Nimmt ein Arbeitnehmer jedoch seit dem 1.1.2013 eine geringfügig entlohnte Beschäftigung (Entgeltgeringfügigkeit) neu auf, oder stockt er eine bereits vorhandene solche Beschäftigung auf einen Betrag zwischen 400,01 € und 450,00 € auf, gilt nun die Versicherungspflicht in der gesetzlichen Rentenversicherung. Der Arbeitnehmer hat eigene Versicherungsbeiträge zu zahlen, wenn er nicht von seinem Recht Gebrauch macht, sich von der Rentenversicherungspflicht befreien zu lassen. 124

Umfassende Informationen zur geringfügigen Beschäftigung (Minijob) einschließlich sämtlicher Fragen zur Sozialversicherung der geringfügig Beschäftigten veröffentlicht die Minijob-Zentrale (zentrale Einzugs- und Meldestelle für alle geringfügigen Beschäftigungen) auf ihrer Homepage: www.minijob-zentrale.de. 125

Arbeitsrechtliche Schwierigkeiten ergeben sich im Zusammenhang mit dem Arbeitsverhältnis geringfügig Beschäftigter häufig dadurch, dass der Arbeitgeber diese schlechter behandelt als vergleichbare Vollzeitarbeitnehmer. So erhalten häufig die vollzeit- und teilzeitbeschäftigten Arbeitnehmer Weihnachts- oder Urlaubsgeld, die geringfügig Beschäftigten aber nicht. Sofern die verschiedenen Arbeitnehmergruppen vergleichbar sind (was zunächst konkret anhand des Einzelfalles festzustellen ist), kann die Nichtzahlung 126

---

61 § 28 g SGB IV.
62 § 7 a SGB IV.

eine Diskriminierung der geringfügig Beschäftigten und ein Verstoß gegen den Gleichbehandlungsgrundsatz sein. Der geringfügig Beschäftigte kann in diesem Fall die gleichen Zahlungsansprüche geltend machen wie die anderen Arbeitnehmer, bspw. also Weihnachts- oder Urlaubsgeld gerichtlich einklagen. Der Arbeitgeber muss die Zahlung dann nachholen. Problematisch wird dies, wenn durch die zuvor nicht eingeplante Zahlung die Einkommensgrenze von 450,00 € monatlich überschritten wird. Das Arbeitsverhältnis des geringfügig Beschäftigten wird plötzlich sozialversicherungspflichtig, die Sozialversicherungsbeiträge sind nachzuzahlen. Die Nachzahlungen gehen fast vollständig zu Lasten des Arbeitgebers. Hier liegt ein erhebliches finanzielles Risiko für den Arbeitgeber.

127 Es ist deshalb sehr wichtig, vorher genau zu berechnen, wie hoch der monatliche Lohn sein kann, damit ein anteiliges Weihnachts- und gegebenenfalls auch Urlaubsgeld gezahlt werden kann. Gegebenenfalls muss der Monatslohn und/oder die Arbeitszeit herabgesetzt werden.

128 Ein weiteres Risiko im Zusammenhang mit der geringfügigen Beschäftigung liegt in der Zusammenrechnung mehrerer Beschäftigungen. Hat ein geringfügig Beschäftigter eine weitere geringfügige Beschäftigung oder nimmt er später eine solche auf, wodurch die Geringfügigkeitsgrenze überschritten wird, so werden sämtliche Arbeitsverhältnisse sozialversicherungspflichtig. Die Sozialversicherungsbeiträge müssen nachgezahlt werden. Zwar schließt § 8 Abs. 2 Satz 3 SGB IV die Nachforderung eigentlich aus. Dies gilt aber nach Satz 4 derselben Vorschrift nicht, wenn der Arbeitgeber es vorsätzlich oder grob fahrlässig versäumt hat, den notwendigen Sachverhalt aufzuklären, also den Arbeitnehmer nach weiteren Beschäftigungen zu fragen. Entscheidend ist es daher, geringfügig beschäftigte Arbeitnehmer vor dem Abschluss des Arbeitsvertrages und regelmäßig im laufenden Beschäftigungsverhältnis nach weiteren Beschäftigungen zu fragen und die Antworten zu dokumentieren, sowie den Arbeitnehmer zu verpflichten, die spätere Aufnahme von Beschäftigungen mitzuteilen.

19. Kapitel Mitwirkung von Schülern, Lehrern und Eltern

Es gibt drei große Gruppen von Beteiligten an dem Gesamtunternehmen allgemeinbildende Schule:

- Die Schüler,
- die Lehrer und
- die Eltern bzw. Erziehungsberechtigten.

19.1. Schüler

Die wichtigsten Beteiligten an einer Schule sind die Schüler. Ursprünglich waren Schüler im öffentlichen Schulsystem lediglich Personen, die es „zu beschulen" galt. Sie waren mehr oder weniger zu formende Objekte in einem obrigkeitlich ausgerichteten Schulsystem. Nach den Erfahrungen mit dem totalitären Nationalsozialismus und den gesellschaftlichen Aufbruchsbewegungen in den 60er und 70er Jahren des 20. Jahrhunderts wandelte sich die Rolle des Schülers in der staatlichen Schule spürbar in Richtung Partizipation und **Mitwirkungsrechte**. Dieser Entwicklung lagen eine rechtliche und eine pädagogische Intention zugrunde.

Rechtlich hatte das Bundesverfassungsgericht die tradierte Rechtsfigur des „**besonderen Gewaltverhältnisses**" aufgegeben. Nach dieser überkommenen Ansicht verloren Bürger ihre subjektiven Grundrechte als Abwehrrechte gegenüber dem Staat, wenn sie sich in seine Sphäre begaben; hierunter fielen Beamte, Soldaten, aber auch die nicht ganz so freiwilligen Schüler und Strafgefangenen. Mit seiner Grundsatzentscheidung[1] stellte das Bundesverfassungsgericht nun klar, dass auch in der staatlichen Sphäre die Grundrechte der Bürger zu achten sind.

Rechtlich schlägt sich das z.B. in Regelungen zur Mitwirkung von Schüler/innen nieder. Aus pädagogischer Sicht stand hinter der Schaffung von Mitwirkungsmöglichkeiten für Schülerinnen und Schüler der Erziehungsauftrag vor dem Kontext einer freiheitlich demokratischen Grundordnung. Wenn die Schüler später in ihrem Erwachsenenleben im Rahmen demokratischer Strukturen erfolgreich in eigener Verantwortung und sozialer Achtung des anderen ihre Gesellschaft mitgestalten sollten, dann müssten sie dies bereits im Rahmen der Schulzeit erproben. So sollte die Schule zum Übfeld für die spätere persönliche Bewährung in einem demokratisch verfassten Gemeinwesen werden.

Ob diese Absicht durch die gesetzlichen Mitwirkungsvorschriften[2] tatsächlich erfolgreich umgesetzt wurde, soll an dieser Stelle nicht bewertet werden. Tatsächlich enthalten aber mittlerweile alle Schulgesetze für den Bereich der staatlichen Schulen mehr oder weniger ausdifferenzierte Regelungen über die Mitwirkungs- und **Mitgestaltungsrechte** von Schülern im Schulwesen.

Schüler haben heute einerseits **individuelle Rechte**, wie das **Recht auf Bildung** (Artikel 14 Charta der Grundrechte, vgl. auch Ausführungen zu Art. 2 GG), individuelle Förderung, Information und Beratung hinsichtlich ihrer Schulangelegenheiten sowie die freie Meinungsäußerung. Andererseits besitzen sie kollektive **Schülerrechte**, die ihnen als Gruppe zustehen wie die Beteiligung in Mitwirkungsgremien der Schule. Die Mitwirkungsrechte der Schülerinnen und Schüler an Schulen in staatlicher oder kommunaler Trägerschaft sind in den einzelnen Schulgesetzen bzw. ausführenden Regelungen be-

---

[1] BVerfG vom 14.3.1972, Az. 2 BvR 41/71.
[2] Vgl. z. B. §§ 62 bis 70 SchulG Baden-Württemberg, § 74 Schulgesetz NRW.

schrieben. Für Schulen in freier Trägerschaft gilt der Grundsatz der Gleichwertigkeit auch in diesem Bereich.

7 Schüler unterliegen außerdem einem sogenannten „öffentlich-rechtlichen Schulverhältnis", das ihre Rechte in bestimmtem Umfang einschränkt bzw. ihnen bestimmte Pflichten auferlegt. Früher war dieses öffentlich-rechtliche Schulverhältnis als sogenanntes „besonderes Gewaltverhältnis" ausgestaltet. Das Rechtsinstitut des besonderen Gewaltverhältnisses ist im Laufe der Rechtsentwicklung parallelentwickelt und verwendet worden für Justizvollzugsanstalten und für Schulen. Ähnlich wie für Strafgefangene bewirkte das besondere Gewaltverhältnis für Schüler, dass große Teile der sonst üblichen Rechte außer Kraft gesetzt waren bzw. besondere Pflichten bestanden.

8 Bis heute hat sich im Rahmen des öffentlich-rechtlichen Schulverhältnisses noch erhalten, dass es nach wie vor für Schülerinnen und Schüler eine sogenannte **„Schulgewalt"** gibt, der sie unterworfen sind. Das wird z. B. in folgenden Bereichen besonderes deutlich:

9 Die allgemeine **Schulpflicht** gemäß den unterschiedlichen Schulgesetzen der Bundesländer muss nicht nur von den Eltern beachtet, sondern auch durch die einzelne Schule überwacht werden. Die Nichterfüllung der Schulpflicht kann durch **Bußgelder** oder sogar durch den (teilweisen) Entzug des **Sorgerechts** sanktioniert werden.

10 Dem **Disziplinar- und Ordnungsrecht** sind Schülerinnen und Schüler an staatlichen und kommunalen Schulen direkt unterworfen, z.B. in NRW gemäß § 53 Schulgesetz. Schulen in freier Trägerschaft können, aber müssen nicht die gesetzlichen Regelungen zum Disziplinar- und Ordnungsrecht durch ausdrückliche vertragliche Einbeziehung analog anwenden. Sie können auch eigene gleichwertige Schulordnungen beschließen. Hierzu findet sich das Beispiel für eine **Schulordnung** im Anhang.

11 Die **Zeugnis- und Prüfungsrechte** sind ebenfalls Ausfluss der Schulgewalt, weil **Zeugnisse** und Prüfungsergebnisse fast vollständig dem freien Ermessen derjenigen, die Zeugnisse erteilt haben bzw. Prüfungen abgenommen haben, überlassen sind. Zeugnisse und **Prüfungsentscheidungen** sind nur beschränkt rechtlich überprüfbar. Dennoch: Das „besondere Gewaltverhältnis" ist heute Geschichte, und sowohl Lehrkräfte als auch Eltern, die sich berechtigt wähnen, über Grundrechte der Kinder und Jugendlichen hinweggehen zu dürfen, würden damit gröblich gegen ihren jeweiligen Erziehungsauftrag verstoßen – ganz abgesehen von eventuellen anderen Konsequenzen.

12 Besonders zu beachten ist in diesem Zusammenhang Art. 14 der Charta der Grundrechte der EU und die UN-Konvention über die Rechte des Kindes vom 20.11.1989. Danach ist bei allen Maßnahmen, die Kinder betreffen, vorrangig das Wohl des Kindes zu beachten.

13 Grundsätzlich sind Schulen in freier Trägerschaft, die zum Ersatz einer staatlichen Schule dienen, verpflichtet, insgesamt gleichwertige Einrichtungen (wozu auch die Organisation gehört) zu schaffen. Hierzu gehört nach ganz überwiegender Auffassung auch die Partizipations- und Mitgestaltungsmöglichkeit von Schülern[3].

14 Eine Schule in freier Trägerschaft muss daher ihren Schülern Mitwirkungsmöglichkeiten hinsichtlich der Gestaltung der Schule und ihrer Organisation bieten, um das Erfordernis der Gleichwertigkeit zu erfüllen. Das bedeutet allerdings nicht, dass Schulen in freier Trägerschaft deshalb verpflichtet wären, die staatlichen Regelungen über die Mitwirkung zu übernehmen. Weder sind sie an die begrifflichen, noch an die inhaltlichen

---

3 Vgl. § 171 Abs. 4 SchulG Hessen, § 100 Abs. 5 Schulgesetz NRW.

Vorgaben der Schulgesetze gebunden; geschuldet ist insoweit lediglich eine im Wert gleiche Möglichkeit der Mitwirkung. Wie dies erfolgt, hängt maßgeblich von der inneren Organisation der Schule und auch vom pädagogischen Konzept ab; eine Musterlösung für alle Schulen verbietet sich genauso wie eine unmittelbare Anwendung der Vorschriften aus dem staatlichen Schulsystem. Hier geeignete und sinnvolle Formen der Mitgestaltung zu finden ist eine primär pädagogische Aufgabe, der sich jede Schule in eigener Verantwortung stellen muss.

Schließlich kann der Schule auch nicht angelastet werden, wenn trotz Bestehens der Möglichkeiten die Schüler diese Möglichkeiten nicht wahrnehmen. Eine Schule in freier Trägerschaft ist nur verpflichtet, generelle Partizipationsmöglichkeiten zu schaffen und damit ein Mindestmaß an Mitwirkung zu garantieren.

19.2. Lehrer

Sie haben in der Schule einen Doppelstatus: Zum einen sind sie gegenüber den Schülern Repräsentanten des Schulträgers, also entweder des Staates oder eines privaten Trägers. Zum anderen sind sie selbst Angestellte des Schulträgers.

Und Lehrkräfte an Schulen stehen noch in einem weiteren Spannungsfeld: Sie sind einerseits von Gesetzes wegen in ihrer pädagogischen Arbeit frei und weisungsunabhängig (§§ 29, 57 Schulgesetz), müssen sich aber andererseits an **Lehrpläne**, Stundenpläne etc. halten und insbesondere mit allen anderen Lehrkräften der Schule kollegial zusammenwirken.

19.3. Eltern

Für **Eltern** gibt es von Verfassungs wegen eine besondere Situation:

Aus Artikel 6 Abs. 2 GG folgt, dass das Recht zugleich eine Pflicht ist, die Pflicht ist zugleich ein Recht. Ein solches „Pflicht-Recht" gibt es zumindest im deutschen Recht an keiner anderen Stelle[4].

Auch weitere **Elternrechte** sind oft tendenziell mehr Pflichten als Rechte, so z. B. das Recht aus Artikel 14 der Charta der Grundrechte, die Erziehung entsprechend den religiösen, weltanschaulichenundpädagogischenÜberzeugungengestalten zu dürfen, und das ebenfalls in Artikel 14 der Charta der Grundrechte festgeschriebene Recht zur Gründung freier Schulen. Alle diese Rechte können und sollen Eltern nur zum Wohl ihrer Kinder ausüben.

Das Bundesverfassungsgericht hat eine klare Grenze für Elternrechte gezogen: Eltern sollten für die außerschulische Erziehung ihrer Kinder zuständig sein (Artikel 6 GG), während der Staat innerhalb der Schule hauptverantwortlich sein soll (Artikel 7 GG).

Die Mitwirkungsformen von Eltern gehen in der Praxis oft an Schulen in freier Trägerschaft wesentlich weiter als an staatlichen Schulen. Bei Schulen, die nicht in kirchlicher Trägerschaft stehen, bilden teilweise Eltern (und teilweise auch Lehrer) den Trägerund haben somit schon von daher einen erheblichen Einfluss auf die Schule als Ganzes.

19.4. Zusammenwirken

Das Bild des **Zusammenwirkens** von Schülern, Lehrern und Eltern ist an Schulen in freier Trägerschaft deutlich anders als an Schulen in staatlicher Trägerschaft.

---

4 Badura in MD Art. 7, Rn. 3.

19. Kapitel Mitwirkung von Schülern, Lehrern und Eltern

24 An staatlichen Schulen besteht eine klare Hierarchie, die etwa wie folgt beschrieben werden kann:

25 Die Schulbehörden geben im Rahmen der Gesetze die Unterrichtsinhalte vor, allerdings zum Teil in Form von Rahmenrichtlinien, die von Lehrkräften auszufüllen sind. Die Schulbehörden sind zugleich Aufsichtsbehörden.

26 Die Lehrkräfte sind **Beamte** oder **Angestellte** des Staates und unterstehen der Schulaufsicht. Im Rahmen der bestehenden Gesetze, Verordnungen und Erlasse haben sie **pädagogische Freiheit**.

27 Schülerinnen und Schüler stehen in einem „öffentlich-rechtlichen Schulverhältnis" und sind der sogenannten „Schulgewalt" unterworfen.

28 Innerhalb dieser Hierarchie gibt es Mitwirkungsrechte für Elternvertreter und Schülervertreter.

29 Demgegenüber ist an Schulen in freier Trägerschaft von Rechts wegen keine Hierarchie vorgegeben. Nur soweit das „öffentlich-rechtliche Schulverhältnis" in die Ersatzschulen hineinragt, unterstehen auch hier die Schülerinnen und Schüler der insoweit genauso bestehenden „Schulgewalt": Sie müssen die Schulpflicht einhalten, sind dem Disziplinar- und Ordnungsrecht sowie den Zeugnis- und Prüfungsrechten unterworfen.

30 Von diesen öffentlich-rechtlichen Vorgaben abgesehen sind alle Beteiligten an einer Schule in freier Trägerschaft fast unbeschränkt frei in der Ausgestaltung ihrer Formen des Zusammenwirkens. Beachtet werden müssen folgende Grundsätze:

- Lehrer müssen gemäß Artikel 7 Abs. 4 GG in ihrer rechtlichen und wirtschaftlichen Stellung gesichert sein und
- für Eltern und Schüler müssen[5] **gleichwertige Formen der Mitwirkung** gelten.

31 In der Ausgestaltung ihres pädagogischen Konzepts ist die Schule in freier Trägerschaft vollständig frei. Die vertraglichen Beziehungen zwischen den Lehrkräften und der Schule sowie zwischen den Lehrkräften untereinander dürfen nur dem oben erwähnten Grundsatz nicht widersprechen, dass ihre rechtliche und wirtschaftliche Stellung gesichert sein muss. Hinsichtlich der Ausgestaltung von Haustarifen etc. sind Lehrkräfte an Schulen in freier Trägerschaft aber unabhängig.

---

5 Z. B. für NRW gemäß § 100 Abs. 5 Schulgesetz NRW.

20. Kapitel: Datenschutzrecht und Recht am eigenen Bild

20.1. Datenschutzrecht

Unter „Daten" (Einzahl: „Datum") versteht man **Einzelangaben** über persönliche oder sachliche Verhältnisse einer bestimmten oder bestimmbaren Person.[1] Dabei können sich Daten auch auf juristische Körperschaften (sogenannte „Firmendaten") beziehen.

Das Wort „Datenschutz" ist in seiner inhaltlichen Bestimmung doppelsinnig.

Zum einen kann man darunter den Schutz von bereits vorhandenen Daten vor Verlust, zum Beispiel durch unbeabsichtigte Löschung verstehen. Zum anderen kann hierunter aber auch der Schutz von Daten vor Bekanntwerden, ja bereits vor Erhebung und Wahrnehmung verstanden werden. Während also das erstgenannte Verständnis den Fortbestand der Daten sichern will, will letztgenanntes Verständnis vielmehr diesen Fortbestand verhindern.

Daraus kann in der Praxis ein Zielkonflikt entstehen, der durch das Recht aufgelöst werden muss.

Unter dieser Überschrift soll auf den Datenschutz im letztgenannten Sinne eingegangen werden.

20.1.1. Allgemeines

Der Datenschutz als eine Möglichkeit zur Verhinderung der Erhebung, Speicherung, Verwendung und Weitergabe von persönlichen Daten ist eine rechtshistorisch relativ junge Entwicklung. Seinen bekanntesten, aber nicht erstmaligen Niederschlag im deutschen Rechtssystem findet er in Form des „**Volkszählungsurteils**" des Bundesverfassungsgerichtes vom 15.12.1983.[2] In diesem Urteil leitet das Bundesverfassungsgericht aus der Würde des Menschen (Art. 1 Abs. 1 GG) und dem Recht auf freie Entfaltung (Art. 2 Abs. 1 GG) das „**Grundrecht auf informationelle Selbstbestimmung**" hinsichtlich Preisgabe und Verwendung persönlicher Daten im Rahmen des allgemeinen Persönlichkeitsrechtes her.

Einschränkungen dieses Rechts auf informationelle Selbstbestimmung sind nur im überwiegenden Allgemeininteresse zulässig. Sie bedürfen einer verfassungsgemäßen gesetzlichen Grundlage, die dem rechtsstaatlichen Gebot der Normenklarheit und der Verhältnismäßigkeit entsprechen muss. Auch sind organisatorische und verfahrensrechtliche Vorkehrungen zu treffen, welche der Gefahr einer Verletzung des Persönlichkeitsrechts entgegenwirken.

Mit dieser Rechtsprechung reagierte das Bundesverfassungsgericht auf die zunehmenden Fortschritte im Bereich der **Datenverarbeitung** und den daraus sich ergebenden technischen und sozialen (Missbrauchs-)Möglichkeiten. Da diese sich seit dem Urteil stetig weiterentwickelt und in ihrem Umfang erhöht haben und auch weiterhin zunehmen, muss davon ausgegangen werden, dass sich die Frage des Datenschutzes auch für die Zukunft noch weiter stellen wird.

Obwohl sich des Volkszählungsurteil ursprünglich gegen die Datensammeltätigkeit des Staates wandte und die Gefahr eines sich aus Furcht vor der bloßen Möglichkeit unkontrollierter staatlicher Speicherung und Sanktionierung von Verhaltensweisen in seiner privaten und politischen Entfaltung selbst beschränkenden Bürgertums aufzeigte,[3] be-

---
1 Vgl. § 3 Abs. 1 BDSG.
2 Az. 1 BvR 209/83, 1 BvR 269/83, 1 BvR 362/83, 1 BvR 420/83, 1 BvR 440/83.
3 Vgl. BVerfGE vom 15.12.1983.

zieht sich das Bundesdatenschutzgesetz als für den Datenschutz maßgebliche Normensammlung nicht nur auf staatliches Handeln, sondern auch auf den Umgang mit persönlichen Daten durch Privatpersonen und private Körperschaften.

10 Neben dem Bundesdatenschutzgesetz (BDSG) existieren Landesdatenschutzgesetze, die aber von ihrem Anwendungsbereich grundsätzlich nur für staatliche Institutionen gelten.[4] Daher wird sich dieser Abschnitt im Weiteren auf das Bundesdatenschutzgesetz konzentrieren.

20.1.2. Das Bundesdatenschutzgesetz
20.1.2.1. Grundlagen

11 Zweck des BDSG ist es, den Einzelnen davor zu schützen, dass er durch den Umgang mit seinen **personenbezogenen Daten** in seinem Persönlichkeitsrecht beeinträchtigt wird.[5]

12 Sein Anwendungsbereich erstreckt sich neben **staatlichen** Stellen auch auf **nicht-öffentliche** Stellen (also Private), soweit sie die Daten unter Einsatz von Datenverarbeitungsanlagen verarbeiten, nutzen oder dafür erheben oder die Daten in oder aus nicht automatisierten Dateien (jede nicht automatisierte Sammlung personenbezogener Daten, die gleichartig aufgebaut ist und nach bestimmten Merkmalen zugänglich ist und ausgewertet werden kann)[6] verarbeiten, nutzen oder dafür erheben. Ausgenommen hiervon sind die Erhebung, Verarbeitung oder Nutzung der Daten, wenn sie ausschließlich für persönliche oder familiäre Tätigkeiten erfolgt.[7]

13 Die **Erhebung, Verarbeitung** und **Nutzung** personenbezogener Daten sind innerhalb des Anwendungsbereiches des BDSG nur zulässig, soweit dieses Gesetz oder eine andere Rechtsvorschrift dies erlaubt oder anordnet oder der Betroffene eingewilligt hat.[8] Insofern muss unterschieden werden zwischen der Datenverarbeitung auf **gesetzlicher Rechtfertigungsgrundlage** und auf **Einwilligungsgrundlage**. Die Einwilligung muss freiwillig (insbesondere unabhängig vom Vertragsschluss) und grundsätzlich schriftlich und in Kenntnis des Verwendungszwecks der Daten erfolgen. Soll sie zusammen mit anderen Erklärungen abgegeben werden, muss sie drucktechnisch deutlich und besonders hervorgehoben werden.[9]

14 Personenbezogene Daten sind Einzelangaben über persönliche oder sachliche Verhältnisse einer bestimmten oder bestimmbaren natürlichen Person, dem sogenannten „Betroffenen".[10] Für bestimmte besondere personenbezogene Daten, wie zum Beispiel die religiöse Zugehörigkeit, gelten besondere Schutzvorschriften.[11]

15 Erheben ist das Beschaffen von Daten über den Betroffenen.[12] Dies hat grundsätzlich unmittelbar beim Betroffenen selbst zu erfolgen,[13] damit er von dieser Datenerhebung erfährt und ihr entgegentreten kann. Grundsätzlich ist auf die Freiwilligkeit der Datenpreisgabe hinzuweisen, es sei denn, es besteht eine Pflicht des Betroffenen zur Auskunft

---

4 Vgl. z. B. § 2 Abs. 1 Landesdatenschutzgesetz Baden-Württemberg.
5 § 1 Abs. 1 BDSG.
6 § 3 Abs. 2 S. 2 BDSG.
7 § 1 Abs. 2 Nr. 3 BDSG.
8 § 4 Abs. 1 BDSG.
9 §§ 4 a Abs. 1, 28 Abs. 3 a, 3 b BDSG.
10 § 3 Abs. 1 BDSG.
11 § 3 Abs. 9 BDSG.
12 § 3 Abs. 3 BDSG.
13 § 4 Abs. 2 BDSG.

oder von der Auskunft hängt die Gewährung von Rechtsvorteilen ab; dann ist darauf hinzuweisen.[14]

Verarbeiten ist das Speichern (Erfassen, Aufnehmen oder Aufbewahren personenbezogener Daten auf einem Datenträger zum Zweck ihrer weiteren Verarbeitung oder Nutzung), Verändern (inhaltliche Umgestalten gespeicherter personenbezogener Daten), Übermitteln (Bekanntgeben gespeicherter oder durch Datenverarbeitung gewonnener personenbezogener Daten an einen Dritten entweder durch Weitergabe oder durch Einsichtsgewährung), Sperren (Kennzeichnen gespeicherter personenbezogener Daten, um ihre weitere Verarbeitung oder Nutzung einzuschränken) und Löschen (Unkenntlichmachen gespeicherter personenbezogener Daten) personenbezogener Daten.[15] Nutzen schließlich ist ein Auffangtatbestand und umfasst jede Verwendung personenbezogener Daten, soweit es sich nicht um Verarbeitung im obigen Sinne handelt.[16] 16

Oberstes Ziel zum Schutz des Rechtes auf informationelle Selbstbestimmung sind die Datenvermeidung und die **Datensparsamkeit**,[17] also möglichst wenige Daten zu erheben, zu verarbeiten und zu nutzen. Lässt sich dies nicht vermeiden, sollen die Daten zumindest nach Möglichkeit anonymisiert werden. 17

20.1.2.2. Verfahrensvorschriften

Führt eine nicht-öffentliche Stelle Verfahren **automatisierter Verarbeitungen** (also die Erhebung, Verarbeitung oder Nutzung personenbezogener Daten unter Einsatz von Datenverarbeitungsanlagen) ein, muss sie dies grundsätzlich der zuständigen Aufsichtsbehörde vorab mitteilen.[18] 18

Diese Pflicht entfällt, wenn entweder ein **Beauftragter für den Datenschutz** bestellt wurde[19] oder aber die personenbezogenen Daten für eigene Zwecke erhoben, verarbeitet oder genutzt werden und hierbei in der Regel **höchstens neun Personen** ständig mit der Erhebung, Verarbeitung oder Nutzung personenbezogener Daten beschäftigt sind und entweder eine Einwilligung des Betroffenen vorliegt oder die Erhebung, Verarbeitung oder Nutzung für die Begründung, Durchführung oder Beendigung eines rechtsgeschäftlichen oder rechtsgeschäftsähnlichen Schuldverhältnisses mit dem Betroffenen erforderlich ist.[20] Bei der Grenze von höchstens neun Personen ist zu berücksichtigen, dass bereits die Erhebung von Daten beim Betroffenen zum Zweck der automatisierten Verarbeitung genügen kann, um den Erhebenden mitzuzählen; das ist zum Beispiel der Fall, wenn Lehrer regelmäßig Daten von Schülern oder Eltern (zum Beispiel Adressen, Geburtsdatum, Familienstand usw.) entgegennehmen und diese dann in die digitale Schülerakte einarbeiten (speichern und ändern). Um dies zu vermeiden, sollten die schulinternen Abläufe so organisiert werden, dass zu speichernde Daten von den Betroffenen möglichst direkt im (regelmäßig nicht mehr als neun Personen umfassenden) Schulsekretariat abgegeben werden. 19

In Fällen, in denen ein besonderes Risiko für die Rechte und Freiheiten der Betroffenen durch die automatisierte Verarbeitung entsteht, muss vor der Verarbeitung bestimmter 20

---

14 § 4 Abs. 3 S. 2 BDSG.
15 § 3 Abs. 4 BDSG.
16 § 3 Abs. 5 BDSG.
17 § 3a BDSG.
18 § 4d Abs. 1 BDSG.
19 § 4d Abs. 2 BDSG.
20 § 4d Abs. 3 BDSG.

20. Kapitel: Datenschutzrecht und Recht am eigenen Bild

Daten stets eine auf den Einzelfall bezogene Vorabprüfung durch den Beauftragten für den Datenschutz erfolgen.[21]

21 Auch bei Nichtbestehen einer Meldepflicht wegen Vorhandenseins eines Beauftragten für den Datenschutz, muss intern dennoch ein sogenanntes **Verfahrensverzeichnis** erstellt werden, aus dem sich ergeben muss:
- der Name oder Firma der verantwortlichen Stelle (Schulträger),
- die Inhaber, Vorstände, Geschäftsführer oder sonstige gesetzliche oder nach der Verfassung des Unternehmens berufene Leiter und die mit der Leitung der Datenverarbeitung beauftragten Personen,
- die Anschrift der verantwortlichen Stelle,
- die Zweckbestimmungen der Datenerhebung, -verarbeitung oder -nutzung,
- eine Beschreibung der betroffenen Personengruppen und der diesbezüglichen Daten oder Datenkategorien,
- die Empfänger oder Kategorien von Empfängern, denen die Daten mitgeteilt werden können,
- die Regelfristen für die Löschung der Daten,
- eine geplante Datenübermittlung in Drittstaaten,
- eine allgemeine Beschreibung, die es ermöglicht, vorläufig zu beurteilen, ob die Maßnahmen für die Gewährleistung der Sicherheit der Verarbeitung angemessen sind.[22]

22 Das Verfahrensverzeichnis muss dem Datenschutzbeauftragten zur Verfügung gestellt werden und von diesem auf Anfrage teilweise veröffentlicht werden.[23]

23 Besteht für die Schule weder eine Pflicht zur Bestellung eines Beauftragten für den Datenschutz noch eine Meldepflicht, so muss die Leitung der Einrichtung auf andere Weise sicherstellen, dass die gesetzlichen Bestimmungen über den Datenschutz eingehalten werden[24]

24 Die mit der Datenverarbeitung betreuten Mitarbeiter sind bei der Aufnahme ihrer Tätigkeit auf das **Datengeheimnis** hin zu verpflichten.[25]

20.1.3. Berechtigungen zum Umgang mit Daten

25 Mit Daten darf die Schule arbeiten, wenn entweder eine gesetzliche oder eine auf Einwilligung beruhende **Erlaubnis** gegeben ist.

26 Gesetzlich ist das Erheben, Speichern, Verändern oder Übermitteln personenbezogener Daten oder ihre Nutzung als Mittel für die Erfüllung eigener Geschäftszwecke zulässig, wenn es für die Begründung, Durchführung oder Beendigung eines rechtsgeschäftlichen oder rechtsgeschäftsähnlichen Schuldverhältnisses mit dem Betroffenen erforderlich ist (**Vertragsberechtigung**), oder soweit es zur Wahrung berechtigter Interessen der Schule erforderlich ist und kein Grund zu der Annahme besteht, dass das schutzwürdige Interesse des Betroffenen an dem Ausschluss der Verarbeitung oder Nutzung überwiegt (**Abwägungsberechtigung**), oder wenn die Daten allgemein zugänglich sind oder die verantwortliche Stelle sie veröffentlichen dürfte, es sei denn, dass das schutzwürdige Interesse

---
21 § 4 d Abs. 5, 6 BDSG.
22 § 4 e BDSG.
23 § 4 g Abs. 2 BDSG.
24 § 4 g Abs. 2 a BDSG.
25 § 5 BDSG.

des Betroffenen an dem Ausschluss der Verarbeitung oder Nutzung gegenüber dem berechtigten Interesse der verantwortlichen Stelle offensichtlich überwiegt (**Publizitätsberechtigung**).[26]

Bei der Erhebung personenbezogener Daten sind die Zwecke, für die die Daten verarbeitet oder genutzt werden sollen, konkret festzulegen.

In der Praxis wird hierbei die Variante der Vertragsberechtigung einschlägig sein. Andere Daten wird eine Schule ohnehin aus dem Gesichtspunkt der Datensparsamkeit kaum erheben dürfen.

Eine gewisse Sonderrolle spielt insofern für Schulen § 4 des Gesetzes zur Kooperation und Information im Kinderschutz (**KKG**).

Danach sollen staatlich anerkannte Sozialarbeiterinnen oder -arbeiter oder staatlich anerkannte Sozialpädagoginnen oder -pädagogen oder Lehrerinnen oder Lehrer an öffentlichen und an staatlich anerkannten privaten Schulen mit dem Kind oder Jugendlichen und den Personensorgeberechtigten die Situation erörtern und, soweit erforderlich, bei den Personensorgeberechtigten auf die Inanspruchnahme von Hilfen hinwirken, soweit hierdurch der wirksame Schutz des Kindes oder des Jugendlichen nicht in Frage gestellt wird, wenn ihnen in Ausübung ihrer beruflichen Tätigkeit gewichtige Anhaltspunkte für die Gefährdung des Wohls eines Kindes oder eines Jugendlichen bekannt werden.

Die genannten Personen haben zur Einschätzung der Kindeswohlgefährdung gegenüber dem Träger der öffentlichen Jugendhilfe (in der Regel das örtlich zuständige Jugendamt) Anspruch auf Beratung durch eine insoweit erfahrene Fachkraft.

Sie sind zu diesem Zweck befugt, dieser Person die dafür erforderlichen Daten zu übermitteln; vor einer Übermittlung der Daten sind diese zu pseudonymisieren.

Scheidet eine Abwendung der Gefährdung aus oder ist ein Vorgehen wie oben beschrieben erfolglos und halten die oben genannten Personen ein Tätigwerden des Jugendamtes für erforderlich, um eine Gefährdung des Wohls eines Kindes oder eines Jugendlichen abzuwenden, so sind sie befugt, das Jugendamt zu informieren; hierauf sind die Betroffenen vorab hinzuweisen, es sei denn, dass damit der wirksame Schutz des Kindes oder des Jugendlichen in Frage gestellt wird. Zu diesem Zweck sind die genannten Personen befugt, dem Jugendamt die erforderlichen Daten mitzuteilen.

Insofern stellt § 4 KKG eine gesetzliche Berechtigung zur Datenübermittlung an das Jugendamt dar.

Die Übermittlung oder Nutzung zu anderen Zwecken als für die Erfüllung eigener Geschäftszwecke ist nur unter deutlich engeren Voraussetzungen zulässig.[27]

Personenbezogene Daten eines Beschäftigten dürfen für Zwecke des Beschäftigungsverhältnisses erhoben, verarbeitet oder genutzt werden, wenn dies für die Entscheidung über die Begründung eines Beschäftigungsverhältnisses oder nach Begründung des Beschäftigungsverhältnisses für dessen Durchführung oder Beendigung erforderlich ist. Zur Aufdeckung von Straftaten dürfen personenbezogene Daten eines Beschäftigten nur dann erhoben, verarbeitet oder genutzt werden, wenn zu dokumentierende tatsächliche Anhaltspunkte den Verdacht begründen, dass der Betroffene im Beschäftigungsverhältnis eine Straftat begangen hat, die Erhebung, Verarbeitung oder Nutzung zur Aufdeckung erforderlich ist und das schutzwürdige Interesse des Beschäftigten an dem

---

26 § 28 Abs. 1 BDSG; zur Abwägung und der Verbreitung von Informationen aus einer öffentlichen Gerichtsverhandlung siehe Kachelmann gegen Bild.de (BGH Az: VI ZR 93/12).
27 § 28 Abs. 2 BDSG.

Ausschluss der Erhebung, Verarbeitung oder Nutzung nicht überwiegt, insbesondere Art und Ausmaß im Hinblick auf den Anlass nicht unverhältnismäßig sind.[28]

37 Dies gilt unabhängig davon, ob die **Arbeitnehmerdaten** in einer automatisierten Datei geführt werden oder nicht.[29] Insofern besteht für die personenbezogenen Daten eines Arbeitnehmers ein erhöhter Datenschutz.

20.1.4. Beauftragter für den Datenschutz

38 Grundsätzlich müssen auch Schulen in freier Trägerschaft einen Beauftragten für den Datenschutz schriftlich bestellen.[30] Hiervon wird eine Ausnahme gemacht, wenn lediglich neun oder weniger Personen ständig mit der automatisierten Verarbeitung beschäftigt sind.

39 Zum Beauftragten für den Datenschutz darf nur bestellt werden, wer die zur Erfüllung seiner Aufgaben erforderliche **Fachkunde** und **Zuverlässigkeit** besitzt. Das Maß der erforderlichen Fachkunde bestimmt sich insbesondere nach dem Umfang der Datenverarbeitung der verantwortlichen Stelle und dem Schutzbedarf der personenbezogenen Daten, die die verantwortliche Stelle erhebt oder verwendet. Zum Beauftragten für den Datenschutz kann auch eine Person außerhalb der verantwortlichen Stelle bestellt werden; die Kontrolle erstreckt sich auch auf personenbezogene Daten, die einem Berufs- oder besonderen Amtsgeheimnis, insbesondere dem Steuergeheimnis nach § 30 der Abgabenordnung, unterliegen.[31]

40 Der Datenschutzbeauftragte wirkt auf die Beachtung der Vorschriften über den Datenschutz hin.[32] Eine unmittelbare Gestaltungsmacht kommt ihm aus seiner Funktion heraus nicht zu.

41 Der Beauftragte für den Datenschutz ist dem Leiter der nicht-öffentlichen Stelle unmittelbar zu unterstellen.[33] Im Falle eines Vereines ist dies grundsätzlich der für die Geschäftsführung zuständige Vorstand, nicht jedoch die Schulleitung, da sich die Pflicht zur Bestellung gegen den Verein als Rechtsträger unmittelbar richtet.

42 Er ist in Ausübung seiner Fachkunde auf dem Gebiet des Datenschutzes weisungsfrei und darf wegen der Erfüllung seiner Aufgaben nicht benachteiligt werden. Für ihn bestehen besondere Kündigungsschutzvorschriften und er hat einen Anspruch auf Weiterbildung.

20.1.5. Rechte der Betroffenen

43 Diejenigen, auf die sich die personenbezogenen Daten beziehen, haben grundsätzlich ein Recht auf Benachrichtigung, Berichtigung, Löschung und Sperrung der Daten. Diese Rechte können nicht durch Vertrag ausgeschlossen werden.[34] Die Einzelheiten richten sich nach den Bestimmungen des BDSG.

20.2. Recht am eigenen Bild

44 Nicht unmittelbar ein Thema des Datenschutzes, aber doch eine Frage von **Persönlichkeitsrechten** ist der Bereich der Nutzung von Personenbildern.

---

28 § 32 Abs. 1 BDSG.
29 § 32 Abs. 2 BDSG.
30 § 4 f Abs. 1 S. 1 BDSG.
31 § 4 f Abs. 2 BDSG.
32 § 4 g Abs. 1 S. 1 BDSG.
33 § 4 f Abs. 3 BDSG.
34 § 6 Abs. 1 BDSG.

Bildnisse dürfen nur mit **Einwilligung** des Abgebildeten verbreitet oder öffentlich zur Schau gestellt werden.[35] Will die Schule also Bilder von Schülern, Eltern oder Mitarbeitern veröffentlichen, sei es zum Beispiel im Rahmen des Internetauftritts, einer Werbebroschüre oder einer Pressemitteilung, so muss sie vorher hierfür von den Abgebildeten eine (schriftliche) Einverständniserklärung einholen.

Ausnahmen vom Einwilligungserfordernis bestehen nur in eng umgrenzten Fällen, namentlich wenn es sich bei den veröffentlichten Bildern um Bildnisse aus dem Bereiche der Zeitgeschichte handelt, oder wenn die Personen nur als Beiwerk neben einer Landschaft oder sonstigen Örtlichkeit erscheinen, oder wenn die Bilder Versammlungen, Aufzüge und ähnliche Vorgänge zeigen, an denen die dargestellten Personen teilgenommen haben, oder wenn die Verbreitung oder Schaustellung der Bildnisse, die nicht auf Bestellung angefertigt sind, einem höheren Interesse der Kunst dient.[36]

Diese Befugnis wird jedoch stets dann begrenzt, wenn durch die Veröffentlichung ein berechtigtes Interesse des Abgebildeten verletzt wird; dies ist ein Fall für die Abwägung der vorhandenen Interessen.[37]

Da an einer Schule in den seltensten Fällen Ereignisse von historischer Bedeutung für die Zeitgeschichte geschehen und auch selten öffentliche Versammlungen stattfinden, bleibt in der Praxis vor allem die Variante, dass der Abgebildete lediglich ein Beiwerk ist. Ob dies der Fall ist, hängt ganz maßgeblich von der Betrachtung des Bildes und der Umstände im konkreten Einzelfall ab. Wer nur in das Foto eines architektonisch besonders gearteten Schulgebäudes hineinläuft ist insoweit nur Beiwerk; wer dagegen eindeutig den Mittelpunkt der Aufmerksamkeit in dem Bild ausmacht und die Landschaft nur den Hintergrund bildet, der stellt nicht bloß Beiwerk dar.

In Verbindung mit anderen Angaben erweitert sich der Schutz des Abgebildeten auch auf Fälle, in denen er nur schlecht erkennbar ist. Das Recht am eigenen Bild ist auch dann verletzt, wenn die Gesichtszüge des Abgebildeten kaum oder gar nicht erkennbar sind, seine Person aber durch Merkmale, die sich aus dem Bild ergeben, durch den beigefügten Text oder durch den Zusammenhang mit früheren Veröffentlichungen identifiziert werden kann.[38]

Insofern besteht hierbei eine Schnittstelle zum Datenschutzrecht. Bei Veröffentlichung von Fotografien sollte immer genau überlegt werden, ob in der Bildunterschrift oder einem erläuternden Text unbedingt Angaben zu den einzelnen Abgebildeten gemacht werden müssen (z.B. bei der Veröffentlichung von Klassenfotos in einem Jubiläumsband unter Nennung der Namen der Schüler).

20.3. Erklärung einer Einwilligung

Sowohl für die Einwilligung zur Nutzung personenbezogener Daten als auch zur Verwendung eines persönlichen Bildes ist es erforderlich, den Rahmen und den Inhalt der Einwilligung möglichst genau zu erfassen. Eine umfassende Blankoerklärung ohne jegliche Begrenzung ist unwirksam.

Eine entsprechende Einwilligung zum Recht am eigenen Bild und der Verwendung von Daten kann vom Schulträger bei Vertragsschluss eingeholt werden.

---

35 § 22 KunstUrhG.
36 § 23 Abs. 1 KunstUrhG.
37 § 23 Abs. 2 KunstUrhG.
38 LG Frankfurt a.M. vom 19.1.2006, Az. 2/03 O 468/05, 2-03 O 468/05, 2/3 O 468/05, 2-3 O 468/05.

21. Kapitel: Rechtsschutzmöglichkeiten

21.1. Rechtsschutz gegen staatliches Handeln

1 Gem. Art. 19 Abs. 4 GG steht jedermann, der durch die öffentliche Gewalt in seinen Rechten verletzt wird, der Rechtsweg offen. In der Praxis ist bei rechtlichen Auseinandersetzungen zwischen einer Ersatzschule und der zuständigen Schulverwaltung der **Verwaltungsrechtsweg** aufgrund der allgemeinen Regelung von § 40 Abs. 1 VwGO einschlägig.

2 Betriebsgenehmigungen, Unterrichtsgenehmigungen und Finanzhilfezuschüsse werden im Wege der regelnden Einzelfallentscheidung auf hoheitlichem Gebiet, mithin als **Verwaltungsakt** bewirkt. Abhängig von der jeweiligen landesrechtlichen Ausgestaltung des Verwaltungsverfahrens und der Position der handelnden Behörde im mehrgliedrigen Verwaltungsaufbau ist vor Klageerhebung noch ein Vorverfahren (Widerspruchsverfahren) durchzuführen.

3 Eine erhebliche Besonderheit des verwaltungsgerichtlichen Verfahrens gegenüber zivilgerichtlichen Streitigkeiten ist das Vorhandensein von **Fristen**, innerhalb derer man sich gegen eine als rechtswidrig empfundene Entscheidung der Behörde zur Wehr setzen muss. Gegen einen Verwaltungsakt kann binnen Monatsfrist entweder Widerspruch oder Klage erhoben werden. Der Verwaltungsakt muss eine diesbezügliche Rechtsbehelfsbelehrung enthalten. Fehlt diese Belehrung, so verlängert sich die Frist auf ein Jahr, führt aber nicht zur Aufhebung des Verwaltungsaktes. Wird die Frist versäumt, erwächst der Verwaltungsakt in Bestandskraft, wird also unanfechtbar. Dies gilt selbst dann, wenn der Verwaltungsakt tatsächlich **rechtswidrig** war. Lediglich Verwaltungsakte, die an einem so schweren Fehler leiden, dass ihnen die Rechtswidrigkeit „ins Gesicht geschrieben steht", sind ohne weiteres **nichtig**. Ob dies der Fall ist, muss im Einzelnen geprüft werden, eine eindeutige Abgrenzung zu lediglich rechtswidrigen Verwaltungsakten ist kaum möglich. Da das Risiko der Ungewissheit hierbei auf Seiten der Schule und nicht auf Behördenseite liegt, ist in jedem Fall anzuraten, sich innerhalb der Frist gegen den Verwaltungsakt zu wehren und nicht auf die Nichtigkeit zu spekulieren.

4 Grundsätzlich sollten verwaltungsgerichtliche Verfahren **professionell begleitet** werden, da hierbei sowohl materiellrechtlich als auch prozessual viele Fehler gemacht werden können. Ob bereits im Widerspruchsverfahren professioneller Beistand einbezogen wird ist zum Teil umstritten. Teilweise wird das Vorverfahren nur als „Durchlauferhitzer" angesehen, in der die Behörde ohnehin nur das wiederholt, was sie schon entschieden hat. Diese Ansicht unterschätzt aber die Möglichkeiten, die das Widerspruchsverfahren gegenüber dem Gerichtsverfahren bietet. Während im Gerichtsverfahren nur die **Rechtmäßigkeit**, nicht aber die im Rahmen der Ermessensausübung relevante **Zweckmäßigkeit** überprüft wird, wird im Widerspruchsverfahren beides überprüft. Durch geeignetes argumentatives Vorbringen von rechtlichen und funktionalen Gesichtspunkten kann so im Widerspruchsverfahren eine Lösung erzielt werden, die über das im besten Fall vor Gericht Erstreitbare hinausgeht. Außerdem dauern Widerspruchsverfahren in der Regel kürzer als ein Gerichtsverfahren.

5 In manchen Konstellationen handelt die Verwaltung aber auch rein zivilrechtlich, etwa wenn sie im Wege eines fiskalischen Hilfsgeschäftes als Vermieter von Gebäuden an eine Ersatzschule auftritt. Bedient sie sich nicht ausdrücklich eines öffentlich-rechtlichen Vertrages, sondern eines gewöhnlichen Vertrages, ist der **Zivilrechtsweg** einschlägig.

6 Ebenfalls zuständig sind die Zivilgerichte aus historischen Gründen für Amtshaftungsverfahren (obwohl diese gerade ein hoheitliches Fehlverhalten zum Gegenstand haben).

Abschließend sei noch auf die nicht-förmlichen Behelfe der **Dienstaufsichtsbeschwerde** (richtet sich gegen das Verhalten eines Verwaltungsbeamten oder -angestellten) und die **Fachaufsichtsbeschwerde** (richtet sich gegen den Inhalt einer Entscheidung). Wegen der Nichtförmlichkeit dieser beiden Instrumente ist ihre Effektivität als eher begrenzt anzusehen.

21.2. Rechtsschutz gegen Handeln von Ersatzschulen

Grundlage der Zusammenarbeit zwischen einer Schule in freier Trägerschaft und Eltern und Schülern ist der Schulvertrag. Dieser ist zivilrechtlicher Natur. Für rechtliche Auseinandersetzungen über seinen Inhalt ist insofern der **Zivilrechtsweg** statthaft. Dies stellt einen wesentlichen Unterschied zu Streitigkeiten im öffentlich-rechtlich geprägten Staatsschulsystem dar.

Lediglich und ausschließlich dort, wo die Ersatzschule als **hoheitlich** Beliehener tätig ist, ist der Weg zu den Verwaltungsgerichten statthaft[1].

Dies kann im Einzelfall zu **schwer abzugrenzenden Situationen** führen.

Kündigt z.B. ein staatlich anerkanntes Gymnasium einem Schüler den Schulvertrag, weil dieser (unter Verstoß gegen den ausdrücklichen Schulvertrag) auf dem Pausenhof mit Drogen handelt, so wäre gegen die Vertragskündigung der Weg zu den Zivilgerichten eröffnet. Dies gilt selbst dann, wenn der Ausschluss oder eine andere angemessene Reaktionsmaßnahme seitens der Schule als Ordnungsmaßnahme in entsprechender Anwendung der staatlichen Erziehungs- und Ordnungsmaßregelungen bezeichnet wird. Die staatlichen Regelungen über die Erziehungs- und Ordnungsmaßnahmen an Schulen gelten an Schulen in freier Trägerschaft im Fall nur über den Schulvertrag, soweit sie in den Vertrag einbezogen wurden, nicht aber unmittelbar. Daher hat ein Rechtsstreit über Inhalt und Reichweite von Ordnungs- und Erziehungsmaßnahmen an einer Ersatzschule stets schulvertragliche Regelungen zum Gegenstand und gehört somit vor die Zivilgerichte.

Wird derselbe Schüler jedoch deswegen aus der Schule ausgeschlossen, weil er nach der aufgrund der Anerkennung unmittelbar anzuwendenden staatlichen Versetzungsordnung nicht versetzt wurde und auch keine Wiederholungsmöglichkeit mehr möglich ist (Fall der sogenannten „Abschulung"), so liegt hier zwar auch eine Kündigung des Schulvertrages vor. Diese basiert aber auf einer hoheitlichen Entscheidung über die Nichtversetzung innerhalb des gymnasialen Bildungsganges gemäß der geltenden Versetzungsordnung. Hiergegen ist der Verwaltungsrechtsweg eröffnet. Zwar wäre theoretisch daneben auch zusätzlich eine separate Klage gegen die Kündigung des (zivilrechtlichen) Schulvertrages denkbar, doch spielt dies angesichts des Fehlens einer Frist zur zivilrechtlichen Klageerhebung und der Vorherbestimmtheit des zivilrechtlichen Ergebnisses durch den Ausgang des verwaltungsgerichtlichen Verfahrens in der Praxis keine Rolle.

---

1 Vgl. BVerwG vom 18.10.1963, Az. VII C 45.62.

22. Kapitel: Streitkultur

1 Wenn Schulen in freier Trägerschaft nicht von kommerziellen Anbietern betrieben werden, zeichnen sich die im Träger und in der Schule verantwortlich Tätigen oft durch ein hohes Maß an Idealismus aus. Umso problematischer kann es werden, wenn sich **Konflikte** ergeben.

2 Eine Schule in freier Trägerschaft bietet selbstverständlich – wie andere gemeinnützige Einrichtungen auch – auf vielen Ebenen Anlässe für Konflikte aller Art: Eltern können unzufrieden sein, Schüler/innen auch; es kann Streit innerhalb des Kollegiums geben oder zwischen verschiedenen Organen der Schule. Da eine Ersatzschule in freier Trägerschaft immer – wie oben genauer dargestellt – notwendigerweise eine Doppelspitze hat mit dem vertretungsberechtigten Organ des Trägers (Vorstand oder Geschäftsführung) einerseits und der Schulleitung der Schule andererseits, ist schon durch diese Struktur veranlagt, dass es Konflikte geben kann. Aber auch Streitigkeiten zwischen Lehrerkollegium und Vorstand sind denkbar, und nicht zuletzt auch arbeitsrechtliche Konflikte durch Maßnahmen wie z. B. Abmahnungen oder Kündigungen.

3 Nun sind ja Konflikte nicht generell negativ, sondern sie sind oft zugleich eine wichtige, ja zumeist sogar notwendige Aufforderung und Chance für die Betroffenen, sich selbst weiterzuentwickeln und ihre Einrichtung an geänderte Verhältnisse, Auffassungen und Entwicklungen anzupassen. Der menschlichen Natur entspricht es, dass Leiden leichter ist, als sich zu ändern. Deswegen sind Konflikte oft die einzige Möglichkeit, „verstaubte" und veraltete Strukturen, Gewohnheiten, Hierarchien etc zu erneuern.

22.1. Die Veranlagung von Streitkultur in der Struktur der Schule

4 Gerade in Schulen in freier Trägerschaft, in denen ja die Bürgergesellschaft der Zukunft eigentlich schon geübt und vorgelebt werden kann, empfiehlt es sich daher, eine moderne **Streitkultur** zu veranlagen, mit der Konflikte, wenn sie auftreten, so gelöst werden können, dass sich für alle Beteiligten positive Entwicklungsmöglichkeiten ergeben. Hierfür ist es wichtig, die verschiedenen Stufen von Streit zu kennen. Konflikte, wenn sie erst einmal ausgebrochen sind, haben es an sich, dass sie immer mehr eskalieren. Am eindrücklichsten dargestellt wird das bei Friedrich Glasl,[1] der dazu eine neunstufige **Eskalationsleiter** beschreibt, die zunächst noch relativ harmlose Stufen hat wie z. B. „Verhärtung", „Polemik" und „Taten statt Worte", zum Schluss jedoch für beide Streitparteien in Katastrophen endet. Zu solchen Eskalationen sollten es die Verantwortlichen von Schulen in freier Trägerschaft nicht kommen lassen. Ein probates Mittel zur Verhinderung dessen ist die Einrichtung von Gremien wie **Vertrauenskreis, Schlichtungsausschuss, Schulparlament,** in denen in je geeigneter Form sich anbahnende Konflikte frühzeitig besprochen und bearbeitet werden können. Auch schuleigene **Schiedsgremien** können – z. B. in sehr großen Einrichtungen – sinnvoll sein. Auch bewährt haben sich Schlichtungs- oder Schiedsklauseln in Verträgen und Satzungen, die auf Schlichter/innen oder Schiedsgerichte verweisen, welche sich auf gemeinnützige Einrichtungen spezialisiert haben.[2]

5 Am besten geeignet zur wirklich nachhaltigen Bewältigung von Konflikten in Schulen in freier Trägerschaft ist aber das Instrument der Mediation.

---

[1] Konfliktmanagement, 8. Aufl. Bern/Stuttgart/Wien 2004, 127/128.
[2] Z. B. das freie Schiedsgericht Rat und Recht der GLS Treuhand e.V. in Bochum.

22.2. Die Mediation

Mediation ist die modernste und effektivste Form der **Konfliktbewältigung**. Ihr Ziel ist es, unter Begleitung eines Mediators oder einer Mediatorin eine Konfliktlösung zu finden, die von den Betroffenen selbst verantwortet wird und ausgewogen die Interessen beider Parteien berücksichtigt. Diese schaffen sich damit ihr eigenes, genau für sie passendes Recht und machen sich frei von den Vorgaben des geltenden Rechtssystems. Anders als in einem Gerichtsverfahren können so die wirklichen Interessen und Bedürfnisse der Beteiligten herausgearbeitet und zur Grundlage einer auf den jeweiligen Konflikt passgenau zugeschnittenen Lösung gemacht werden. Eine solche Lösung kann die jeweiligen Interessen der Parteien besser berücksichtigen als eine gerichtliche Entscheidung. Sie wird daher von den Parteien leichter akzeptiert und ist in der Regel nachhaltiger. Wichtigste Grundidee der Mediation ist die Eigenverantwortlichkeit der Konfliktparteien: Der Mediator/die Mediatorin ist verantwortlich für den Prozess, die Parteien sind verantwortlich für den Inhalt. Dahinter steht der Gedanke, dass die Beteiligten eines Konflikts selbst am besten wissen, wie dieser zu lösen ist, und lediglich hinsichtlich des Weges dorthin Unterstützung benötigen.

Der Ablauf einer Mediation erfolgt in sechs Phasen, die mit den nachstehenden Fragen charakterisiert werden können:

1. Wer nimmt teil? Wo und wann findet die Mediation statt? Was soll sie kosten?
2. Worum geht's bei dem Konflikt?
3. Worum geht's wirklich?
4. Welche Ideen gibt es, um den Konflikt zu lösen?
5. Wie werden die Lösungen bewertet?
6. Was vereinbaren wir konkret?

Entscheidend ist dabei der Übergang von Phase 2 zu Phase 3. Wenn es gelingt, herauszubekommen, welche Bedürfnisse die Konfliktparteien haben, die sie nicht aussprechen, sondern hinter ihren Streitpositionen verstecken, dann ist der Weg frei für Lösungen, die bis dahin nicht möglich schienen. Das ist der Schritt von den Positionen zu den Interessen der Betroffenen. **Positionen** sind in der Regel unvereinbar, **Interessen** sind dagegen eigentlich fast immer miteinander in Einklang zu bringen. Beispiel: Wenn ein Lehrerkollegium eines seiner Mitglieder, das oft abweichende Meinungen vertritt, „loswerden" möchte, der/die Betroffene jedoch auf keinen Fall die Schule verlassen möchte, dann sind diese Streitpositionen natürlich unvereinbar. Aber wenn in der Mediation zutage tritt, dass die betroffene Lehrkraft nur deswegen immer „wider den Stachel löckt" und damit seine Kolleg/innen „nervt", weil sie durch eine unbedachte Äußerung des Schulleiters vor einiger Zeit tief verletzt worden ist, dann können Mediator und Medianten beginnen, nach Lösungen zu suchen, die die Interessen beider Partner gleichermaßen berücksichtigen.

Welche Instrumente hat der Mediator bzw. die Mediatorin zur Verfügung, um die Konfliktparteien dazu zu bringen, ihre Interessen zu offenbaren und von ihren liebgewonnenen Positionen abzurücken? Da ist keine Zauberei gefordert, sondern schlichte Kommunikationskunst. Der Mediator bzw. die Mediatorin

- hört aktiv zu,
- paraphrasiert, also macht verständlich, was die Medianten wirklich gemeint haben könnten,

- übersetzt verletzende Aussagen oder Gemeinplätze in „Ich-Botschaften",
- fasst immer wieder die Fortschritte der Verständigung zusammen.

10 Das sind die Instrumente, die jeder Mediator und jede Mediatorin nutzen. Dazu kommen dann die je individuellen Methoden und Instrumente, die erfahrene Mediator/innen im Laufe ihrer Tätigkeit – je nach Situation, Charakter und Seelenlage der Medianten – einsetzen: z. B. Visualisierungen, Rollen- und Perspektivenwechsel, Verlangsamung oder Beschleunigung der Kommunikation je nach Erfordernis und vieles andere mehr.[3]

11 Die Vereinbarungen am Ende einer Mediation sind genauso gültig und bindend wie Richtersprüche oder Vergleiche. Sie könnten sogar notfalls vollstreckt werden, wenn sie nicht eingehalten werden (durch Protokollierung vor Gericht, in Form eines Anwaltsvergleichs oder in notarieller Form). Aber das ist nach einer einigermaßen gelungenen Mediation in der Regel nicht notwendig, weil die Akzeptanz der – selbst gefundenen und hart erarbeiteten – Lösungen weit höher ist als jedes Urteil oder jeder Vergleich.

12 In arbeitsrechtlichen Konflikten kann eine Lösung darin bestehen, dass die Parteien eine neue Basis der Zusammenarbeit finden. Oder sie kann auch zu einer einvernehmlichen Trennung führen. In jedem Fall wird eine zu Ende geführte Mediation bewirken, dass die Streitenden ihren Konflikt als Entwicklungschance für sich und für die Einrichtung, um die es geht, begreifen. Dann kann sowohl eine weitere Zusammenarbeit als auch eine Trennung konstruktiv gestaltet werden.

13 Soweit arbeitsrechtliche Fristen gewahrt werden müssen, z. B. die dreiwöchige Klagefrist, kann ein Gerichtsverfahren für die Dauer einer Mediation ausgesetzt werden.

Grenzen der Mediation:

14 Ihrer Natur nach kann Mediation immer nur **freiwillig** sein. Deswegen scheidet eine solche Konfliktbearbeitung definitiv aus, wenn auch nur eine der Streitparteien nicht teilnehmen will. Ebenso ist eine Mediation nicht möglich, wenn eine oder mehrere Beteiligte nicht bereit sind, **ergebnisoffen** zu verhandeln. Wenn also die Streitparteien gar nicht miteinander reden wollen oder nur zu einander ausschließenden Bedingungen, dann bleibt nur der Gang zum ordentlichen Gericht oder – falls eine **Schiedsklausel** vereinbart ist – zu einem **Schiedsgericht**.

Zusammenfassung:

15 Die Mediation hat sich als ein effizientes Mittel der Streitbeilegung erwiesen, insbesondere wenn es um Konflikte im Rahmen von langfristigen Verbindungen geht. Dies ist bei Konfliktparteien in Organisationen, z. B. Arbeitgeber – Arbeitnehmer, besonders wichtig, da diese in aller Regel eine lange Zeit miteinander klarkommen müssen. Ihr Verhältnis wirkt sich unmittelbar nach außen aus und trägt zum betrieblichen Klima, aber auch zum Erfolg der gesamten Einrichtung unmittelbar bei. Das Gesamtgefüge der Schule wird entscheidend durch die Art des gemeinsamen Umgangs beeinflusst und kann durch die Mittel der Mediation frühzeitig bei entstehenden Konflikten ausgeglichen werden. Auch die Streitkultur oder Konfliktvermeidungsstrategien können mit

---

3 Krampen, Mediationen mit größeren Gruppen, Mitteilungsblatt der Arbeitsgemeinschaft Mediation, 2006, 12.

Hilfe der Mediation entwickelt werden. Letztlich ist diese Form die weitaus finanziell günstigste Form, um Konflikte beherrschen zu können. Gerichtliche Auseinandersetzungen kosten weitaus mehr Geld, Nerven, Kraft und emotionale Belastung. Sie bringen in aller Regel für alle Beteiligten einen Imageverlust mit sich.

23. Kapitel: Überblick über die freien Schulen in Trägerschaft und ihre Verbände

23.1. Bund der Freien Waldorfschulen e.V., Waldorfschulen und Waldorfpädagogik

1 In Deutschland gibt es 235 Waldorfschulen mit 85.000 Schülerinnen und Schülern (Stand Herbst 2013). Weltweit arbeiten mehr als 1.000 Schulen nach den Grundsätzen der Waldorfpädagogik. Außerhalb Europas werden Waldorfschulen oft in sozialen Brennpunkten gegründet, weil die gleichwertige Gewichtung kognitiver Herausforderungen mit künstlerischen und handwerklichen Tätigkeiten ein sehr breites Spektrum an Fähigkeiten anspricht.

2 Waldorfschulen haben im letzten Jahrhundert immer wieder pädagogische Neuerungen auf den Weg gebracht, die später Eingang in das öffentlich-rechtliche Schulwesen fanden. Drei aktuelle Beispiele sind die Wiederentdeckung der Bedeutung der musikalischen Erziehung, der Theaterpädagogik und verbindlicher Bezugspersonen für die Schüler, die durch das Klassenlehrerprinzip an Waldorfschulen schon immer konstituierend waren. Entgegen der gelegentlich vertretenen Auffassung, die Waldorfpädagogik folge einem seit 90 Jahren mehr oder weniger unveränderten System, bildet die laufende Fortbildung und Weiterentwicklung des eigenen Profils ein zentrales Element der Konferenzarbeit jeder einzelnen Schule.

3 1919 gründete der Stuttgarter Unternehmer Emil Molt für die Kinder der Arbeiter seiner Zigarettenfabrik eine freie Schule und bat Rudolf Steiner, die Leitung zu übernehmen. Die Waldorfschulen verdanken ihren Namen also einer Zigarettenmarke: Waldorf-Astoria.

4 Rudolf Steiner hatte sich nach dem Ende des Ersten Weltkrieges nachdrücklich für ein Bildungswesen eingesetzt, das sich unabhängig von politischen oder ökonomischen Einflussnahmen entwickeln konnte. Ein freiheitlich organisiertes Schulwesen sah er als notwendige Voraussetzung für die Entwicklung einer Zivilgesellschaft an, weil diese auf die Erneuerungsimpulse der in ihr wirkenden Menschen angewiesen ist. „Zum Krieg Führen ... braucht man keine Ideen. Um den Frieden zu halten, braucht man Ideen, sonst kommen Kriege und Revolutionen," so Steiner 1918. Schule habe daher die Aufgabe, dem individuellen Potenzial eines jeden Menschen zur Entfaltung zu verhelfen, nicht aber, die bestehenden gesellschaftlichen und ökonomischen Verhältnisse zu konservieren. Diese bräuchten vielmehr die Impulse, die ihnen von frei entwickelten Persönlichkeiten zukommen können.

5 Der pädagogische Ansatz der Waldorfpädagogik fußt, selbstverständlich unter Berücksichtigung der Ergebnisse der modernen Bildungsforschung, auf Erkenntnissen der Anthroposophie. Diese fasst den Menschen als eigenständige, vernunftbegabte, bewusst sich selbst reflektierende und individuelle Persönlichkeit auf. Sie beschreibt den Menschen als sich entwickelnde Individualität, deren geistiger Kern nicht aus den materiellen oder körperlichen Bedingungen abgeleitet werden kann. In dreifacher Hinsicht wird die Entwicklung des Kindes hin zur Erwachsenenreife unterstützt: in physischer, psychischer (seelischer) und geistiger Hinsicht, die jeweils eigener Erfahrungs- und Entwicklungsräume bedürfen, um sich entfalten zu können.

6 Zu den damals – und teilweise auch heute noch – durchaus revolutionären Neuerungen der Waldorfschule gehörten:
   - Gemeinsamer Unterricht für Jungen und Mädchen
   - Zwei Fremdsprachen ab der ersten Klasse

23.1. Bund der Freien Waldorfschulen e.V., Waldorfschulen und Waldorfpädagogik

- Epochenunterricht (Blockunterricht)
- Verzicht auf Sitzenbleiben
- Künstlerische Gestaltung des Unterrichtes
- Verbinden von allgemeiner und beruflicher Bildung
- Ausführliche Textzeugnisse
- Das Recht auf Bildung bis zur 12. Klasse, unabhängig vom angestrebten Schulabschluss

Schon bald nach der Gründung der „Mutterschule" in Stuttgart entstanden in anderen Städten Schulen, die sich an Steiners pädagogischem Impuls orientierten. Während des Nationalsozialismus stellten die Waldorfschulen ihren Betrieb entweder selbst ein, um nicht kooperieren zu müssen, oder sie wurden verboten. Bereits im Oktober 1945 begann der Wiederaufbau der Stuttgarter Schule und schon bald gab es in fast allen größeren Städten wieder eine Waldorfschule.

1946 schlossen sich die Schulen zum „Bund der Freien Waldorfschulen" (BdFWS) zusammen. Mit dem Namen brachten sie zum Ausdruck, dass es sich um einen Bund freier Schulen handelt, die ihre Unabhängigkeit behalten, aber in wichtigen Fragen eng zusammenarbeiten wollten. Dieses Selbstverständnis gilt auch heute noch: Jede einzelne der 235 Mitgliedsschulen ist nicht nur in ihrer Trägerschaft unabhängig, sondern auch pädagogisch frei.

Zu den wichtigsten Aufgaben des „Bundes" zählen die überregionale

- Lehrerbildung
- Unterstützung der Schulen bei der Qualitätsentwicklung
- Pädagogische Forschung und Publikationen
- Schulpolitische Initiativen
- Presse- und Öffentlichkeitsarbeit, Herausgabe div. Zeitschriften
- Ausrichtung von Tagungen und Kongressen
- Rechtsberatung der Schulen
- Namensrechtsfragen (Markenschutz)
- Internationale Zusammenarbeit

Die föderale Struktur der Bundesrepublik führte dazu, dass sich die Waldorfschulen auch in Landesarbeitsgemeinschaften zusammengeschlossen haben, die in ihren Regionen ähnliche Aufgaben wie die oben dargestellten wahrnehmen.

Verschiedene Landesregierungen haben den Waldorflehrplan zur Grundlage der Erhebung der Waldorfschulen in den Status von anerkannten Ersatzschulen gemacht, wie es beispielsweise durch die Rechtsverordnung der Landesregierung Baden-Württemberg vom 13.11.1973 geschehen ist.

Als Schulen in freier Trägerschaft erhalten die Waldorfschulen zwar staatliche Finanzhilfen, diese decken jedoch nur im Durchschnitt ca. 60 % ihrer tatsächlichen Kosten. Die Differenz muss durch Elternbeiträge aufgebracht werden. Um dennoch allen Kindern den Zugang zu ermöglichen, bilden die Eltern an Waldorfschulen Solidargemeinschaften, die es ermöglichen, dass Kinder aus weniger wohlhabenden Familien ein reduziertes Schulgeld zahlen müssen.

13 Für das besondere pädagogische Profil der Waldorfschulen ist eine entsprechende Lehrerbildung erforderlich, die auf die besondere Unterrichtsmethodik eingeht und dabei verfassungsrechtlich geschützt ist.[1]

14 An elf Lehrerbildungseinrichtungen können unterschiedliche Vollzeit-Ausbildungswege, die zum Unterricht an einer Waldorfschule qualifizieren, durchlaufen werden. Sie reichen von einjährigen Postgraduierten-Kursen über ein zweijähriges Masterstudium bis zu fünfjährigen grundständigen Studienangeboten, die entweder zum staatlich anerkannten Diplom (Institut für Waldorfpädagogik, Witten-Annen) oder zu einem Master-Abschluss an einer Hochschule (Alanus Hochschule in Alfter, Institut für Waldorfpädagogik, Inklusion und Interkulturalität in Mannheim oder Freie Hochschule Stuttgart) führen.[2]

15 Zwei Urteile des Bundesverwaltungsgerichts aus dem Jahre 1993 bestätigen die Gleichwertigkeit der Waldorflehrerausbildung mit der einer staatlichen Lehrerausbildung[3].

16 Im Zuge des Bologna-Prozesses sind im europäischen Hochschulraum andere staatlich anerkannte waldorfpädagogische Hochschulausbildungen mit BA/MA Abschluss eingerichtet worden (z.B. Krems (A), Oslo (N), Helsinki (SF), Plymouth (GB), Zeist (NL), Stockholm (S)).

17 Außer den Vollzeit-Studiengängen gibt es ein großes Angebot an berufsbegleitenden Kursen als Weiterbildungsangebote.

Henning Kullak-Ublick
Bund der Freien Waldorfschulen e.V., Wagenburgstr. 6, 70184 Stuttgart
www.waldorfschule.de

23.2 Freie Alternativschulen

18 Aus den Reihen der StudentInnen- und Kinderladenbewegung heraus gründeten sich vor vierzig Jahren die ersten freien Alternativschulen. In dieser neuen Form von Schule sollte neben alternativen Lernformen vor allem ein konsequent demokratischer Umgang innerhalb der Schulgemeinschaft gelebt werden. Hinter den Schlagwörtern *Selbstregulierung* und *nicht-direktive Lernmethoden* stand die Absicht, dass Kinder ihre schulische Umgebung als von ihnen aus- und mitgestaltbar erleben. Im Miteinander und dennoch im eigenen Tempo und nach eigenen Interessen probieren Kinder sich aus und erwerben Fähigkeiten und Kompetenzen, die sie durchs Leben tragen.

19 Alternativschulen haben vergleichsweise bewegliche Konzeptionen und können diese um neue Erkenntnisse schnell weiterentwickeln. Trotz Unterschiedlichkeiten in den einzelnen Schulkonzepten gibt es vor allem viele Gemeinsamkeiten: Auf Notengebung, Sitzenbleiben und andere Maßnahmen zur Disziplinierung wird grundsätzlich verzichtet. Regeln werden ausgehandelt, u. a. in Schulversammlungen verabschiedet und können bei Bedarf immer wieder in Frage gestellt und verändert werden. „Freie Alternativschulen sind inklusive Lern- und Lebensorte. Kinder, Jugendliche und Erwachsene haben

---

1 BVerfGE 75, 40.
2 Im Jahre 1999 wurde die Freie Hochschule Stuttgart, Seminar für Waldorfpädagogik als wissenschaftliche Hochschule durch die Landesregierung staatlich anerkannt. Die akkreditierten und staatlich anerkannten Studiengänge Waldorfklassenlehrer/in sowie Waldorfoberstufenlehrer werden mittlerweile mit dem Abschluss Bachelor of Arts und Master of Arts an verschiedenen Einrichtungen in Deutschland angeboten.
3 vgl. BVerwGE vom 23.06.1993 sowie die Parallelentscheidung zur Waldorfklassenlehrerausbildung an der Freien Hochschule Stuttgart, BVerwGE vom 23.06.1993.

hier das gleiche Recht auf Selbstbestimmung und Schutz. Die Bedürfnisse aller Beteiligten werden gleichermaßen geachtet."[4]

Die Lerninhalte werden weitgehend von den Kindern und Jugendlichen selbst bestimmt.

Alternativschulen sind selbstorganisierte Schulen, in denen alle Beteiligten (Kinder, MitarbeiterInnen, Eltern) Erfahrungen mit eigenverantwortlichem Handeln und demokratischer Entscheidungsfindung sammeln. Sie „[...] sind für alle Beteiligten ein Raum, in dem Haltungen und Lebenseinstellungen als veränderbar und offen begriffen werden können."[5]

Mit den Jahren wuchs eine kleine Alternativschulbewegung heran, die sich 1988 im Bundesverband der Freien Alternativschulen (BFAS) zusammengeschlossen hat. Derzeit sind 87 Schulen und 10 Gründungsinitiativen im BFAS organisiert (Stand Januar 2013). Die Bundesgeschäftsstelle des BFAS steht Interessierten, Gründungsinitiativen und den Mitgliedsschulen beratend und unterstützend zur Seite. Darüber hinaus wird von hier aus die Öffentlichkeits- und die Verbandsarbeit koordiniert.[6]

Tilmann Kern, Geschäftsführer
Bundesverband Freier Alternativschulen e. V., Crellestr.19/20, 10827 Berlin
www.freie-alternativschulen.de

23.3. Montessori-Pädagogik und Montessori-Schulen

Einer der Zeitgenossen der Ärztin und Pädagogin Maria Montessori (1870 – 1952), der Dichter Hermann Hesse (1877 – 1962), lässt in seiner autobiographisch durchstimmten Erzählung „Unterm Rad" den Rektor einer Schule, die das begabte Kind Hans Giebenrath, heruntergeordnet, vergnügt und stolz fordern, ein Lehrer müsse das Kind, „etwas Wildes, Regelloses, Kulturloses", erst zerbrechen, bevor aus ihm ein zufriedener und strebsamer Bürger werde. Seine rohen Kräfte müssten ausgerottet werden, die gefährliche und unberechenbare Flamme gelöscht. Die Schule müsse den natürlichen Menschen besiegen und gewaltsam einschränken, nach den Maßstäben der Obrigkeit zu einem nützlichen Glied der Gesellschaft machen, wobei die „Zucht der Kaserne" die Ausbildung krönend beendige.

Maria Montessori widersprach mit ihrer Lehre und ihrem Leben dieser Erniedrigung des Kindes. Die Kinder, die „kleinen Arbeiter", seien mit dem Aufbau einer neuen Menschheit betraut. Die Kindheit erschien ihr als „unerschöpflicher Quell der Hoffnung" (so Montessori 1947 in einem Brief an alle Regierungen der Erde). Gandhi erkannte Montessoris „Liebe zu Kindern" und hoffte (in einem Brief des Jahres 1931), dass auch die Kinder der Armen Zugang zu Montessori-Schulen erlangen könnten. Rabindranath Tagore teilte mit ihr die Freude über die „kreative Selbstentfaltung" der Kinder (Brief des Jahres 1940).

Im Jahr 1907 eröffnete Montessori das erste Kinderhaus (casa dei bambini) in dem römischen Stadtteil San Lorenzo, einem Stadtteil der Armut und Not. Hier erhob sich die „Entdeckung des Kindes" (la scoperta del bambino). Die Unterdrückung habe durch die Gestaltung eines Großteils der Pädagogik auch den Begriff der Schule geformt zu einer Art Gefängnis. Schon die Schulbänke engten das Kind ein und trennten die Kinder gegeneinander ab. In der Schule als „Knechtung des Geistes" befehle der Erwachsene in

---

4 Grundsätze Freier Alternativschulen 2011.
5 Die Wuppertaler Thesen 1986.
6 freie-alternativschulen.de.

seiner Stärke und schwäche das Kind. Neid und Eitelkeit dominierten hier an Stelle jener „Erhöhung, die sich aus Mühe, Demut und Liebe zusammensetzt und die zu erreichen jedem gegeben ist." Gegen Belohnungen und Bestrafungen richtet sich die Hoffnung auf „ein neues Kind", das nicht als ohnmächtig und unfähig herabgesetzt werden darf. Die Befreiung des Kindes und die der Solidarität bedürftige Anerkennung seiner Würde halten die Grunderfahrungen Montessoris. Prof. Harald Ludwig und Mitarbeiter, Herausgeber der neuen „Gesammelten Werke", betonen, Montessori habe das Lernen als „Denkbewegung und Weltaneignung vom Kinde aus" verstanden. Als Vertreterin einer betonten „Pädagogik vom Kinde aus" trage die Montessori-Pädagogik bei zu einer „weltweiten Erneuerung der Erziehung in allen Bereichen."[7]

26 Der Montessori Dachverband Deutschland e.V. (MDD) hält fest, dass in Deutschland über 1000 Schulen und Kinderhäuser nach den Prinzipien der Montessori-Pädagogik arbeiten.[8] Der im Jahr 1985 gegründete Montessori- Landesverband Bayern ist von anfangs 5 auf über 80 Schulträger (in Bayern: Schulen in freier Trägerschaft) angewachsen. Von den etwa 400 Montessori-Schulen in allen Bundesländern sind etwa 300 Grundschulen („Primarschulen"). Die „weiterführenden" Montessori-Schulen befinden sich zu etwa 60 % in freier Trägerschaft. Von den Schulen in freier Trägerschaft (Montessori-Schulen beanspruchen keine Privilegien und müssen sich gemäß dem verfassungsrechtlichen Sonderungsverbot öffnen für alle Schichten und Klassen der Bevölkerung) werden etwa 10 % von christlichen Kirchen, die übrigen weitgehend von Elterninitiativen getragen im Sinn einer „pädagogischen Bürgerinitiative". Montessori-Schulen arbeiten in allen Bundesländern; besonders viele gibt es in Bayern (vor allem in Oberbayern) und Berlin.

27 Die Montessori-Ausbildungsorganisationen (Deutsche Montessori Gesellschaft; Deutsche Montessori Vereinigung; Heilpädagogische Vereinigung; hinzu kam die Montessori-Bildungsakademie des Montessori-Landesverbands Bayern), die zu einem Diplom führende Kurse bundesweit bieten, und die Montessori Landesverbände haben im Jahr 2004 den Montessori Dachverband Deutschland gegründet, um auf der Bundesebene verstärkt zusammenzuarbeiten. Dem Dachverband obliegen die Einmischung in Fragen der Bildungspolitik, Öffentlichkeitsarbeit, Etablierung und Begründung von Ausbildungsstandards und die Qualitätssteigerung aller Montessori-Einrichtungen. Seit dem Februar 2013 liegt eine Broschüre vor, die die Angebote der aktuell im MDD vereinten Ausbildungsorganisationen detailliert beschreibt. Einzelheiten und Unterschiede sind über die Organisationen selbst zu erfragen.

28 Montessori-Kurse wurden im Jahr 1909 von Maria Montessori selbst begründet und seitdem – mit Hilfe vieler MitarbeiterInnen – weltweit fortentwickelt. Die Association Montessori Internationale mit Sitz in Amsterdam koordiniert die Zusammenarbeit. Freilich ist die Montessori-Pädagogik, die sich ihren Kritikern zu stellen weiß, nicht im Sinn eines dogmatisch festgelegten und nur noch zu verwaltenden Bestands misszuverstehen. Neue Anforderungen an die Kinderhäuser (Altersstufe 0 – 3) und an die Schulen („Entschulung"; Aufbruch in der Zeit der Pubertät) sind zu bedenken. Handlungsbedarf ergibt sich auch aus externen Faktoren, neuen wissenschaftlichen Erkenntnissen, aus bildungspolitischen Vorgaben des Bundes und der Länder. Das Konzept der „Kosmischen Erziehung" erhält gemäß der internationalen Diskussion einen umfassenden Stellenwert – wie auch der weiter auszuarbeitende „Erdkinderplan".

---

[7] Editorial der Herausgeber, in: Maria Montessori, Gesammelte Werke, Band 1. Die Entdeckung des Kindes, Freiburg 2010, S. XI.
[8] www.montessori-deutschland.de.

Prof. Schmutzler und Dr. Boysen vom Vorstand des MDD haben in Heft 2/2013 der Zeitschrift „Recht und Bildung", dem Organ des „Instituts für Bildungsforschung und Bildungsrecht", einem An-Institut der Ruhr-Universität Bochum, Thesen zur Ermöglichung differenzierter Inklusions-Arbeit zur Diskussion gestellt. „Pädagogisch-humane Bildungsräume" (in der Sprache Montessoris: „vorbereitete Umgebungen") seien zu schaffen, in denen gemeinsam zu leben geübt wird, Pädagogik und Heilpädagogik weitgehend ungetrennt sind, die „inklusive Heterogenität" der Kinder ermöglicht, zu ihr herausgefordert wird. Vielfältige individuelle Lern- und Bildungswege seien zu eröffnen (z. B. in der „Freiarbeit"), die dem Schwächsten wie dem Stärksten optimale Bildungschancen geben (Individualität und Heterogenität als „humaner Reichtum"). Tendenzen der Aussonderung tritt entgegen das Lernen in heterogenen Lerngruppen („Altersmischung"). Heilpädagogische Anteile und Prinzipien wie z.b. die Prävention sollten Bestandteile grundlegender pädagogischer Professionalität sein. Eine „pädagogische Kultur permanenter Selbsterneuerung der pädagogischen Institutionen" und eine professionelle Ethik müssen sich in den Dienst des Kindesrechts und des Kindeswohls stellen.[9]

Die international verbreitete Montessori-Pädagogik verfolgt in ihrer mehr als hundertjährigen Geschichte die zentrale Aufgabe, für das Menschenrecht des Kindes[10] einzustehen (die heute geltende Kinderrechtskonvention der Vereinten Nationen wurde im Jahr 1989 verabschiedet) und bietet Vertretern unterschiedlicher pädagogischer Entwürfe das Gespräch an im Sinn ständiger gemeinsamer Selbstkorrektur.

„Ich habe keine Erziehungsmethode erfunden, ich habe einfach ein paar kleinen Kindern die Möglichkeit gegeben zu leben." (Maria Montessori, 1914)
Prof. Dr. Arnold Köpcke-Duttler
Montessori Dachverband Deutschland e. V., Feldbergstr. 2, 65830 Kriftel
www.montessori-deutschland.de

23.4. Bildungseinrichtungen im Verband Deutscher Privatschulverbände e. V. (VDP)

Der Verband Deutscher Privatschulverbände e. V. (VDP) vertritt bundesweit über 800 Bildungsträger mit mehr als 2.000 Bildungseinrichtungen in freier Trägerschaft, die im allgemein- und berufsbildenden Schulbereich, in der Erwachsenenbildung und im tertiären Bereich (Hochschulsektor) tätig sind. Im Schuljahr 2011/12 waren im VDP mehr als 430 allgemeinbildende Ersatzschulen sowie mehr als 650 berufsbildende Ersatzschulen organisiert. Hinzu kamen über 900 Ergänzungsschulen, Fachschulen, Sprachenschulen, Bildungseinrichtungen im Bereich der geförderten Weiterbildung sowie Hochschulen.

Der älteste deutsche Privatschulverband (seit 1901) bindet seine Mitglieder weder weltanschaulich noch konfessionell oder parteilich. Als Dachverband von zehn selbstständigen VDP-Landesverbänden übernimmt der VDP die Interessenvertretung der Bildungseinrichtungen in freier Trägerschaft gegenüber Entscheidern auf Bundesebene und im europäischen Raum. Zusammen mit den anderen Privatschulverbänden bildet der VDP die Arbeitsgemeinschaft Freier Schulen. Der Verband ist Gründungsmitglied der europäischen Dachorganisation ECNAIS (European Council of National Associations

---

9 Hans-Joachim Schmutzler und Jörg Boysen, Montessori-Pädagogik als mögliche Vorlage für die Inklusionspraxis, in: Recht und Bildung, Heft 2/13, S. 16 – 21.
10 Art. 23 der Kinderrechtskonvention (Fürsorge für behinderte Kinder) verlangt den Staaten ab, die Würde des Kindes zu wahren, und hat damit auch die aufgeherrschte Armut, Kriege, Verweigerung vollwertiger Nahrungsmittel und sauberen Trinkwassers im Blick (Art. 24 KRK) wie auch die Behindertenrechtskonvention der Vereinten Nationen (s. Arnold Köpcke-Duttler, Pädagogik und Medizin im Gespräch, Würzburg 2013 – i. E.).

of Independent Schools). Darüber hinaus arbeiten seine Mitgliedseinrichtungen in namhaften internationalen Organisationen mit, darunter im UNESCO-Modellschulprojekt.

33 Die Bildungseinrichtungen im VDP einen ihr Selbstverständnis als ein demokratisch legitimierter „anderer Weg" im Bildungswesen, bei dem das Individuum mit seinen spezifischen Bildungsbedürfnissen im Mittelpunkt steht. Dieser Weg sichert das Recht von Schülern und ihren Eltern, Auszubildenden und Bildungsteilnehmern, zwischen unterschiedlichen Bildungsangeboten, -organisationsformen und -trägern wählen zu können. Damit einher geht eine Absage an ein staatliches Schulmonopol. Die Bildungseinrichtungen verstehen sich als Garanten eines qualitätsfördernden Wettbewerbs im öffentlichen Schulsystem, von dem alle Schüler und Teilnehmer profitieren. Die freien Bildungseinrichtungen sind Impulsgeber und Innovationsmotoren der pädagogischen Entwicklung. Durch ihre Selbstständigkeit und Flexibilität sind sie in der Lage, schnell auf gesellschaftliche Entwicklungen zu reagieren und neue pädagogische Ansätze und Bildungsangebote zu entwickeln. So gelingt es ihnen besonders gut, Traditionen und Werteorientierung mit den Anforderungen des 21. Jahrhunderts zu verbinden.

34 Dazu aus dem Leitbild des VDP:

„Im Mittelpunkt unseres Handelns steht der Mensch mit seinem individuellen Recht auf Lebenslanges Lernen. Wir setzen uns für gesellschaftliche Rahmenbedingungen ein, die es ermöglichen, die Begabung jedes einzelnen Menschen zu erkennen und zu fördern.

Freiheit und Wettbewerb sind in unserer pluralen Gesellschaft die Grundpfeiler einer nachhaltigen Qualitätssicherung von Bildung. Als Qualitätsgemeinschaft bereichern wir die Bildungslandschaft durch innovative und nachhaltige Bildungsangebote. Bildungseinrichtungen in freier Trägerschaft sind unverzichtbarer Bestandteil des gesamten Bildungswesens. Die vielfältigen Bildungsangebote unserer Mitglieder mit ihren differenzierten, an den Bedürfnissen orientierten pädagogischen und weltanschaulichen Profilen sind geeignete Antworten auf die Bildungsherausforderungen unserer Zukunft."

Der VDP ist mit seinen Landesverbänden ein kompetenter und gefragter Experte in allen Fragen des freien Bildungswesens und der aktiven Arbeitsmarktpolitik. Im Mittelpunkt der Aktivitäten des VDP steht die gebündelte Lobbyarbeit zur Stärkung der gesellschaftspolitischen, rechtlichen und wirtschaftlichen Rahmenbedingungen für das freie Bildungswesen. Der Verband unterhält dazu dauerhaft Kontakte zu Politikern, Parlamenten, Parteien, Ministerien und Behörden aller Ebenen. Er gibt regelmäßig Stellungnahmen zu Gesetzentwürfen vor Parlamenten, Regierungen und Institutionen ab.

35 Darüber hinaus fördert der VDP die öffentliche Wahrnehmung von Bildungseinrichtungen in freier Trägerschaft durch seine aktive Medien- und Öffentlichkeitsarbeit. Hierzu gehört auch der VDP-Bundeskongress, den der Verband jedes Jahr im November, in der Hauptstadt eines anderen Bundeslandes, veranstaltet. In Foren, Fachgruppen und Podiumsdiskussionen werden hier aktuelle politische, pädagogische und weitere fachspezifische Themen erörtert und so auch in die allgemeine politische und öffentliche Diskussion getragen.

Petra Witt, VDP-Präsidentin
Verband Deutscher Privatschulverbände e. V. (VDP), Reinhardtstr. 18, 10117 Berlin
www.privatschulen.de

23.5. Schulen in kirchlicher Trägerschaft
23.5.1. Das Evangelische Schulwesen in Deutschland

Schulen in evangelischer Trägerschaft bilden in Deutschland die größte Gruppe unter den Schulen in freier Trägerschaft. Im Schuljahr 2012/2013 zählt die Statistik der Evangelischen Kirche in Deutschland 1.099 evangelische Schulen. Darunter sind einschließlich der Förderschulen 632 allgemeinbildende Schulen und 467 berufsbildende Schulen.

Sowohl in Bezug auf die Geschichte und die Trägerschaftsstrukturen als auch in konzeptioneller Hinsicht ist das evangelische Schulwesen sehr heterogen. In ihrer Tradition gehen die evangelischen Schulen bis auf die Reformationszeit im 16. Jahrhundert zurück. Vor allem Philipp Melanchthon und Martin Luther initiierten im Zuge des gesellschaftlichen Wandels unter dem Primat der Theologie und mit starker Gemeinwohlorientierung einen schulischen Aufbruch, dessen Wirkungen im gesamten öffentlichen Schulwesen bis heute sichtbar sind. Unter stärkerer Hinwendung zum Kind setzten auch in den nachreformatorischen Jahrhunderten im Kontext von Pietismus, Aufklärung und Philanthropismus evangelische Theologen wie August Hermann Francke, Johann Bernhard Basedow oder Christian Gotthilf Salzmann mit ihrem Wirken im evangelischen Schulwesen Impulse für die Schulentwicklung.

Bis heute wirken diese Traditionslinien im staatlichen und im freien Schulwesen in Deutschland fort, so dass evangelische Schulen sowohl in staatlicher als auch in freier Trägerschaft bestehen. Das Bild von evangelischen Schulen in freier Trägerschaft prägen heute 375 verschiedene Träger im Bereich der Evangelischen Kirche und ihrer Diakonie, darunter Trägervereine, Stiftungen, Landeskirchen oder ihre Untergliederungen. Neben zahlreichen Trägern mit nur einer Schule entstanden Mehrfachträgerschaften bis hin zu Trägerschaften mit 50 Schulen. Diese Tendenz zur Konzentration geht einher mit den wachsenden Anforderungen an Professionalität, Effizienz und Nachhaltigkeit.

Die seit nunmehr 500 Jahren andauernde Entwicklung des evangelischen Schulwesens spiegelt sich auch in der konzeptionellen Vielfalt wieder. Dabei reicht das Spektrum vom klassischen altsprachlichen Gymnasium über die vielfältigen beruflichen Schulen und diakonischen Förderschulen bis hin zu den reformorientierten Schulneugründungen im Primar- und Sekundarbereich der letzten Jahrzehnte. In der Regel handelt es sich bei evangelischen Schulen in freier Trägerschaft um staatlich anerkannte Ersatzschulen. Eine große Zahl der insgesamt 200 Grundschulen in evangelischer Trägerschaft sind nach Art. 7 (5) GG als evangelische Bekenntnisschulen genehmigt.

Einendes Band zwischen den Schulen ist die Bezugnahme auf das Evangelium und das biblisch-christliche Menschenbild. Jedes Kind als Gottes Geschöpf und Ebenbild zu sehen, als ein Individuum, das angenommen und geliebt ist, führt zu spezifischen pädagogischen Schlussfolgerungen. Das Kind erfährt nicht erst durch Bildung und Leistung Wertschätzung und Rechtfertigung. Vielmehr gilt es, alle in jedem Kind angelegten Talente zu entdecken und bestmöglich zu fördern. Die Kinder und Jugendlichen sollen dadurch stark gemacht werden für ein selbstverantwortetes, gemeinwohlorientiertes Leben in einer sich schnell verändernden Welt. Von diesem Menschenbild ausgehend entwickelt jede Schule ihr ganz eigenes Schulprofil, in dem der gelebte Glaube auch formal im Feiern von Andachten, Gottesdiensten und kirchlichen Festen zum Ausdruck kommt.

Evangelische Schulen sind ihrem reformatorischen Selbstverständnis nach öffentliche Schulen, die sich nicht abgrenzen, sondern gemeinsam mit staatlichen Einrichtungen ein für alle Kinder zugängliches öffentliches Schulwesen in Pluralität gestalten.

Eine besondere Rolle bei der Gründung und Begleitung evangelischer Schulen kommt seit ihrer Gründung im Jahre 1994 der Evangelischen Schulstiftung in der EKD zu. Mit Unterstützung der Stiftung konnten vor allem in Ostdeutschland mehr als 160 Gründungen evangelischer Schulen auf den Weg gebracht werden. In der Gegenwart widmet sich die Stiftung zudem der Qualitätsentwicklung und Profilbildung Evangelischer Schulen. Den Arbeitsschwerpunkten Forschung, Schulentwicklung und Schulentwicklungsberatung sowie Fort- und Weiterbildung sieht sich im Besonderen die Wissenschaftliche Arbeitsstelle Evangelische Schule (WAES) verpflichtet. Als Netzwerk evangelischer Schulen in Deutschland besteht der Arbeitskreis Evangelische Schule (AKES).

Kirchenrat Marco Eberl, Vorstandsvorsitzender
Evangelische Schulstiftung in der EKD, Augustmauer 1, 99084 Erfurt
www.evangelische-schulstiftung.de

23.5.2. Katholische Schulen in freier Trägerschaft

42 Rund 370.000 Schülerinnen und Schüler besuchen eine der 905 allgemeinbildenden und berufsbildenden Katholischen Schulen in freier Trägerschaft in Deutschland. Katholische Schulen gibt es in allen Bundesländern, besonders stark vertreten sind sie freilich in den Ländern mit einem hohen Katholikenanteil. So befinden sich 70 % aller Katholischen Schulen alleine in Nordrhein-Westfalen, Bayern und Baden-Württemberg.

43 In ihren Konzepten und Profilen unterscheiden sich die einzelnen Katholischen Schulen erheblich voneinander. Dennoch gibt es einige grundlegende Eckpunkte, die den Katholischen Schulen eine spezifische Prägung geben. Dazu gehört erstens die Achtung vor der personalen Würde der Kinder und Jugendlichen, die in der Überzeugung von der Gottebenbildlichkeit des Menschen grundgelegt ist (vgl. Gen 1,27). Katholische Schulen folgen einem ganzheitlichen Bildungsverständnis, das die Entwicklung und Entfaltung der je individuellen, von Gott geschaffenen und geliebten Persönlichkeit zum Ziel hat. Dabei findet gerade auch die religiöse Dimension des Menschseins besondere Beachtung. So fördern Katholische Schulen die Offenheit ihrer Schülerinnen und Schüler für den religiösen Sinn ihres Lebens. Sie pflegen eine Kultur des Respekts gegenüber Angehörigen anderer Religionen und tragen gleichzeitig im Rahmen ihrer Möglichkeiten dazu bei, dass junge Christinnen und Christen ihren eigenen Glauben besser verstehen und zur Entfaltung bringen können.

44 Einen zweiten Eckpunkt bildet das Streben nach einer organischen Durchdringung von Glaube, Kultur und Leben. Das für eine christliche Lebensorientierung zentrale Verhältnis von Glaube und Wissen, von Glaube und Vernunft ist ein wichtiger Maßstab für Katholische Schulen. So steht zwar die Eigengesetzlichkeit der einzelnen Unterrichtsfächer mit ihrer jeweiligen Didaktik und Methodik außer Zweifel. Und doch soll die Auseinandersetzung mit den verschiedenen Bildungsbereichen von dem Bemühen um eine ganzheitliche Sicht der Wirklichkeit getragen werden. Deshalb gehört zu einem guten Unterricht in einer Katholischen Schule neben der Vermittlung von Kenntnissen, Fähigkeiten und Fertigkeiten auch die Förderung von wertbezogenen Einstellungen und Haltungen. Auf diese Weise erwerben die Schülerinnen und Schüler Orientierung für ihr Urteilen und Handeln im persönlichen, gesellschaftlichen, politischen und religiösen Bereich. Die Bedeutung des Glaubens für die Lebensgestaltung soll nicht nur im Unterricht thematisiert und reflektiert, sondern auch im Schulalltag erkennbar werden, etwa in der Art und Weise des Miteinanders in der Schulgemeinschaft oder in der Gestaltung des Schullebens.

23.5. Schulen in kirchlicher Trägerschaft

Der dritte Eckpunkt ist schließlich das Leitbild von der Schule als Erziehungsgemeinschaft. Eine Katholische Schule versteht sich als eine Gemeinschaft von Personen, die in je eigener Weise und mit je spezifischer Verantwortlichkeit an dem gemeinsamen Projekt der Erziehung und Bildung zusammenwirken. Zu dieser Gemeinschaft gehören die Eltern, die Lehrerinnen und Lehrer, die Schülerinnen und Schüler, der Schulträger und die nicht unterrichtenden Mitarbeiterinnen und Mitarbeiter. Eine herausragende Bedeutung und Verantwortung kommt dabei den Eltern als ersten und wichtigsten Erziehern ihrer Kinder zu. Die Lehrerinnen und Lehrer nehmen deshalb ihren Erziehungs- und Bildungsauftrag in enger Abstimmung mit den Eltern wahr.

Historisch wurden die meisten Katholischen Schulen von Ordensgemeinschaften gegründet und getragen. Heute befindet sich nur noch etwa jede sechste Katholische Schule in Ordensträgerschaft. Etwa die Hälfte aller Katholischen Schulen wird inzwischen von den Diözesen beziehungsweise von diözesanen Schulwerken oder Schulstiftungen getragen. Weitere 14 Prozent der Schulen befinden sich in Trägerschaft des Caritasverbandes, und für die verbleibenden gut 20 Prozent sind andere kirchliche Rechtsträger verantwortlich.

Jeder Bischof übt für alle Katholischen Schulen im Gebiet seiner jeweiligen Diözese eine Schulaufsicht im weiteren Sinne, und zwar hinsichtlich des katholischen Profils der Schule, aus. Alle Bischöfe in Deutschland haben sich im Jahr 2009 auf gemeinsame "Qualitätskriterien für Katholische Schulen"[11] geeinigt. Darin werden die oben genannten Eckpunkte des Profils Katholischer Schulen in den Qualitätsbereichen 'Erziehung', 'Unterricht', 'Schulleitung', 'Lehrerinnen und Lehrer' sowie 'Zusammenarbeit mit den Eltern' entfaltet. Im Mai 2012 hat sich die Kommission für Erziehung und Schule der Deutschen Bischofskonferenz mit einer Empfehlung zur Inklusion an die Träger Katholischer Schulen gewandt. Darin werden die Verantwortlichen ermutigt, die von der UN-Konvention über die Rechte von Menschen mit Behinderungen angestoßene Weiterentwicklung des Schulsystems im Sinne von Barrierefreiheit und Inklusion aktiv mitzugestalten. Dabei müsse das zentrale Ziel darin bestehen, „jedem einzelnen jungen Menschen im Einvernehmen mit dessen Eltern die für ihn bestmöglichen Bildungsangebote bereitzustellen".[12]

Die bundesweite Koordination des katholischen Schulwesens gewährleistet der Arbeitskreis Katholischer Schulen in freier Trägerschaft (AKS) mit Sitz in Bonn.

Dr. Lukas Schreiber
Arbeitskreis Katholischer Schulen in freier Trägerschaft in der Bundesrepublik Deutschland (AKS), Kaiserstraße 161, 53113 Bonn
www.katholische-schulen.de

---

11 Die deutschen Bischöfe: Qualitätskriterien für Katholische Schulen. Ein Orientierungsrahmen, hrsg. v. Sekretariat der Deutschen Bischofskonferenz (= Die deutschen Bischöfe 90), Bonn 2009.
12 Inklusive Bildung von jungen Menschen mit Behinderungen in Katholischen Schulen in freier Trägerschaft. Empfehlung der Kommission für Erziehung und Schule der Deutschen Bischofskonferenz, Pressemitteilung der Deutschen Bischofskonferenz Nr. 074 a vom 07.05.2012.

Anhang

Musterverträge/Satzungen

Anmerkung zu allen Musterverträgen und Mustersatzungen:

Die nachstehend abgedruckten Satzungen und Verträge sind als Anregungen für die Nutzer dieses Handbuchs gedacht. Sie sollten auf keinen Fall ganz oder teilweise ungeprüft und unbearbeitet übernommen werden.

Jede Schule ist einmalig, jede örtliche oder regionale Situation hat ihre Besonderheiten, jede Zeit erfordert neue soziale und rechtliche Strukturen. Und vor allem: Die beteiligten Menschen, also Eltern, Lehrer/innen und Schüler/innen sind unterschiedlich und können auch individuell auf ihre jeweiligen Bedürfnisse abgestellte Rechtsformen erwarten.

Ferner erfordert die Gestaltung der Strukturen in der jeweiligen Schule durchaus juristische, auch schulrechtliche, Fachkenntnisse sowie Kenntnisse der Besonderheiten, die sich für das jeweils betroffene Bundesland ergeben.

Bitte lassen Sie sich im Einzelfall beraten.

Anlage 1 Synopse: e. V. / GmbH / e. G.

(jede Gesellschaftsform kann als gemeinnützig anerkannt werden)

	Eingetragener Verein e. V.	Gesellschaft mit beschränkter Haftung GmbH	Eingetragene Genossenschaft e.G.
Zweck	„Nicht auf wirtschaftlichen Geschäftsbetrieb gerichtet" (§ 21 BGB) demokratische Struktur	„Für jeden gesetzlich zulässigen Zweck" (§ 1 GmbHG)	„Förderung des Erwerbs oder der Wirtschaft ihrer Mitglieder" (§ 1 GenG) Genossenschaftsprinzip
Mitgliedschaft / Kapital	unbegrenzte Zahl von Mitgliedern, Mitwirkung einer Vielzahl von Personen in vielen Gremien möglich, Mitgliedschaft nicht übertragbar / vererblich und nicht vermögensrechtlich ausgestaltet; Bindung der Rechte an Person keine Kapitaleinlage	auf bestimmte Personen ausgerichtet, geeignet für geringe Zahl von Gesellschaftern Bindung der Gesellschafterrechte an Kapitalbeteiligung, Ges.rechte sind übertragbar, vererblich und vermögensrechtlich ausgestaltet Kapitalgesellschaft: Mindestkapital 25.000,00 €	unbegrenzte Zahl von Genossen Bindung der Genossenschaftsrechte an Person oder an Kapitalbeteiligung möglich Genossenschaftsanteile in beliebiger Höhe und Anzahl
Haftung	beschränkt auf Vereinsvermögen	beschränkt auf Gesellschaftsvermögen	beschränkt auf Genossenschaftsvermögen; fakultativ: Nachschusspflicht in Höhe der Haftsumme
Handlungsorgan	Vorstand	Geschäftsführer/in	Vorstand
sonstige Organe	Mitgliederversammlung fakultativ: weitere Organe	Gesellschafterversammlung fakultativ: Aufsichtsrat	Generalversammlung oder Vertreterversammlung und Aufsichtsrat
Mindesterfordernisse	mindestens 7 Mitglieder	1 oder mehr Gesellschafter, Mindestkapital; Bilanzierungspflicht; Prüfung durch WP, StB oder Buchprüfer je nach Größe	mindestens 7 Genossen; Zwangsmitgliedschaft im Verband; Prüfung durch Verband

Anlage 1

	Eingetragener Verein e. V.	Gesellschaft mit beschränkter Haftung GmbH	Eingetragene Genossenschaft e.G.
Registrierung	Vereinsregister	Handelsregister; Gesellschafterliste	Genossenschaftsregister; Mitgliederliste
Besonderheiten/Fazit	flexible Gestaltung, wenig Kontrolle von Außen, wenig notarielle Tätigkeit, geringe Kosten und Aufwand für Gründung und Verwaltung, Einbindung einer Vielzahl von Personen	alle wesentlichen Vorgänge (Satzungsänderung, Kapitalerhöhung, Gesellschafteränderung) bedürfen notarieller Beurkundung; relativ hohe Kosten und Aufwand für Gründung und Verwaltung, Geschäftsführerhaftung (§ 43 GmbHG);	Nachschusspflicht auf Geschäftsanteil (wenn in Satzung vorgesehen); relativ hohe Kosten und Aufwand für Gründung und Verwaltung (insbesondere Prüfung durch Verband, Mitgliederliste) Mitwirkung vieler Personen möglich

Anlage 2 Mustersatzung für kleine Schulen mit ehrenamtlichem Vorstand und fakultativem Beirat

Gemeinnützige Modellschule Bochum-Mitte e. V.

§ 1 Name, Sitz und Geschäftsjahr

(1) Der Verein führt den Namen
Gemeinnützige Modellschule Bochum-Mitte e. V.
(2) Er hat seinen Sitz in Bochum und ist in das Vereinsregister eingetragen.
(3) Das Geschäftsjahr ist das Kalenderjahr.

§ 2 Aufgaben

(1) Aufgabe des Vereins ist die Förderung von Bildung und Erziehung.
(2) In Erfüllung dieser Aufgabe wird der Verein insbesondere die Gemeinnützige Modellschule Bochum-Mitte betreiben.
(3) Der Verein kann Weiterbildung in Form von Kursen, Seminaren, Vorträgen und sonstigen Veranstaltungen anbieten.
(4) Der Verein verfolgt ausschließlich und unmittelbar gemeinnützige Zwecke im Sinne des Abschnitts „steuerbegünstigte Zwecke" der Abgabenordnung. Der Verein ist selbstlos tätig; er verfolgt nicht in erster Linie eigenwirtschaftliche Zwecke. Mittel des Vereins dürfen nur für die satzungsmäßigen Zwecke verwendet werden. Die Mitglieder erhalten in ihrer Eigenschaft als Mitglieder keine Zuwendungen aus Mitteln des Vereins. Es darf keine Person durch Ausgaben, die dem Zweck der Körperschaft fremd sind, oder durch unverhältnismäßig hohe Vergütungen begünstigt werden.

§ 3 Mitgliedschaft

(1) Mitglied des Vereins kann jeder werden, der die Aufgaben des Vereins unterstützen will.
(2) Über die Aufnahme von Mitgliedern entscheidet der Vorstand aufgrund eines schriftlichen Aufnahmeantrages.
(3) Die Mitgliedschaft endet durch Tod, durch schriftliche Kündigung, die jederzeit möglich ist, sowie durch Ausschluss aus einem wichtigen Grunde, über den der Vorstand nach Anhörung des Betroffenen beschließt.

§ 4 Organe des Vereins

Organe des Vereins sind
- die Mitgliederversammlung,
- *der Beirat* und
- der Vorstand.

§ 5 Mitgliederversammlung

(1) Die ordentliche Mitgliederversammlung findet in jedem Kalenderjahr mindestens einmal statt. Darüber hinaus ist eine Mitgliederversammlung einzuberufen, wenn mindestens 1/5 der Mitglieder dies beantragen.
(2) Die Mitgliederversammlung wird vom Vorstand unter Bekanntgabe der Tagesordnung mindestens eine Woche vor dem Tag der Versammlung einberufen.
(3) Die Mitgliederversammlung wird durch ein Mitglied des Vorstands geleitet, soweit sie nicht einen anderen Versammlungsleiter wählt. Sie ist beschlussfähig, wenn sie satzungsgemäß einberufen worden ist. Sie fasst ihre Beschlüsse mit einfacher Mehrheit der erschienenen Mitglieder, soweit nicht in dieser Satzung an anderer Stelle eine qualifizierte Mehrheit vorgeschrieben ist.
(4) Über die Mitgliederversammlung ist ein Protokoll aufzunehmen, das vom Protokollführer und vom Versammlungsleiter unterzeichnet wird.

§ 5a *Beirat*

(1) Der Beirat besteht aus mindestens 3, höchstens 7 Mitgliedern, die von der Mitgliederversammlung für die Dauer von 5 Jahren gewählt werden. Eine Wiederwahl ist möglich. Beim Ausscheiden eines Beiratsmitglieds kann der Beirat bis zur Neuwahl ein Mitglied kooptieren.
(2) Der Beirat berät den Vorstand.
(3) Der Beirat steht allen Mitgliedern als Ansprechpartner zur Verfügung.
(4) Der Beirat fasst seine Beschlüsse möglichst einmütig, ansonsten nach Stimmenmehrheit.
(5) Im Übrigen kann sich der Beirat bei Bedarf eine Geschäftsordnung geben.
(6) Mitglieder des Beirats haften nur für Vorsatz und grobe Fahrlässigkeit.

§ 6 Vorstand

(1) Der Vorstand besteht aus 2 oder 3 Mitgliedern, die *vom Beirat* auf jeweils 3 Jahre bestellt werden. Eine erneute Bestellung nach Ablauf der Amtsperiode ist möglich. Im Falle des vorzeitigen Ausscheidens eines Vorstandsmitglieds wird *vom Beirat* für den Rest der Amtsperiode ein neues Vorstandsmitglied bestellt.
(2) Der Vorstand führt die Geschäfte des Vereins. Die Mitglieder des Vorstands können Ersatz ihrer Aufwendungen beanspruchen. *Die Mitgliederversammlung kann beschließen, dass Vorstandsmitglieder im Einzelfall eine den gemeinnützigen Zwecken des Vereins angemessene Vergütung erhalten.*
(3) Der Vorstand kann nach Bedarf die Geschäftsführung oder Teile der Geschäftsführung auf einzelne seiner Mitglieder delegieren.
(4) Jeweils 2 Mitglieder des Vorstands vertreten den Verein nach außen gerichtlich und außergerichtlich.
(5) Der Vorstand fasst seine Beschlüsse möglichst einmütig, ansonsten nach Stimmenmehrheit.
(6) Der Vorstand gibt sich eine Geschäftsordnung.
(7) Mitglieder des Vorstands haften nur für Vorsatz und grobe Fahrlässigkeit.

§ 7 Beitrag

Die Mitgliederversammlung kann bei Bedarf einen Mitgliedsbeitrag beschließen.

§ 8 Schiedsklausel

Alle Streitigkeiten, die sich zwischen Mitgliedern, zwischen Mitgliedern und Organen oder zwischen Organen des Vereins aus dieser Satzung einschließlich ihrer Gültigkeit sowie der Gültigkeit dieser Schiedsklausel ergeben, werden unter Ausschluss des ordentlichen Rechtsweges durch das freie Schiedsgericht bei der GLS Treuhand e.V., Christstr.9, 44789 Bochum, entschieden.

§ 9 Auflösung oder Aufhebung des Vereins

(1) Beschlüsse über die Auflösung oder Aufhebung des Vereins oder über den Wegfall seines gemeinnützigen Zweckes bedürfen einer Mehrheit von 3/4 aller erschienenen Mitglieder in einer eigens zu diesem Zweck einberufenen Mitgliederversammlung.
(2) Die Liquidation wird vom Vorstand durchgeführt, sofern nicht die Mitgliederversammlung andere Liquidatoren ernennt.
(3) Das Vermögen des Vereins fällt bei Auflösung oder Aufhebung oder bei Wegfall seines bisherigen Zweckes an die GLS Treuhand e. V., Bochum oder an eine andere Gemeinnützige Einrichtung, jeweils mit der Auflage, es den Zwecken des Vereins entsprechend zu verwenden.

§ 10 Ermächtigung des Vorstands

Der Vorstand wird ermächtigt, bis zur Eintragung des Vereins im Vereinsregister und bis zur Anerkennung der Gemeinnützigkeit durch das zuständige Finanzamt alle zur Eintragung des Vereins und zur Erreichung der Gemeinnützigkeit notwendigen formalen Änderungen dieser Satzung in eigener Verantwortung vorzunehmen.

Anlage 3 Muster-Vereinssatzung mit hauptamtlichem Vorstand und mit Aufsichtsrat

Gemeinnützige Modellschule Berlin-Mitte e. V.

§ 1 Name, Sitz und Geschäftsjahr

(1) Der Verein führt den Namen
Gemeinnützige Modellschule Berlin-Mitte e. V.
(2) Er hat seinen Sitz in Berlin und ist in das Vereinsregister eingetragen.
(3) Das Geschäftsjahr ist das Kalenderjahr.

§ 2 Aufgaben

(1) Aufgabe des Vereins ist die Förderung von Bildung und Erziehung.
(2) In Erfüllung dieser Aufgabe wird der Verein insbesondere die Gemeinnützige Modellschule Berlin-Mitte betreiben.
(3) Der Verein kann Weiterbildung in Form von Kursen, Seminaren, Vorträgen und sonstigen Veranstaltungen anbieten.
(4) Der Verein verfolgt ausschließlich und unmittelbar gemeinnützige Zwecke im Sinne des Abschnitts „steuerbegünstigte Zwecke" der Abgabenordnung. Der Verein ist selbstlos tätig; er verfolgt nicht in erster Linie eigenwirtschaftliche Zwecke. Mittel des Vereins dürfen nur für die satzungsmäßigen Zwecke verwendet werden. Die Mitglieder erhalten in ihrer Eigenschaft als Mitglieder keine Zuwendungen aus Mitteln des Vereins. Es darf keine Person durch Ausgaben, die dem Zweck der Körperschaft fremd sind, oder durch unverhältnismäßig hohe Vergütungen begünstigt werden.

§ 3 Mitgliedschaft

(1) Mitglied des Vereins kann jeder werden, der die Aufgaben des Vereins unterstützen will.
(2) Über die Aufnahme von Mitgliedern entscheidet der Vorstand aufgrund eines schriftlichen Aufnahmeantrages.
(3) Die Mitgliedschaft endet durch Tod, durch schriftliche Kündigung, die jederzeit möglich ist, sowie durch Ausschluss aus einem wichtigen Grunde, über den der Vorstand nach Anhörung des betroffenen beschließt.

§ 4 Organe des Vereins

Organe des Vereins sind
- die Mitgliederversammlung,
- der Aufsichtsrat und
- der Vorstand.

§ 5 Mitgliederversammlung

(1) Die ordentliche Mitgliederversammlung findet in jedem Kalenderjahr mindestens einmal statt. Darüber hinaus ist eine Mitgliederversammlung einzuberufen, wenn mindestens 1/5 der Mitglieder dies beantragen.
(2) Die Mitgliederversammlung wird vom Vorstand unter Bekanntgabe der Tagesordnung mindestens eine Woche vor dem Tag der Versammlung einberufen.
(3) Die Mitgliederversammlung wird durch ein Mitglied des Vorstands geleitet, soweit sie nicht einen anderen Versammlungsleiter wählt. Sie ist beschlussfähig, wenn sie satzungsgemäß einberufen worden ist. Sie fasst ihre Beschlüsse mit einfacher Mehrheit der erschienenen Mitglieder, soweit nicht in dieser Satzung an anderer Stelle eine qualifizierte Mehrheit vorgeschrieben ist.
(4) Über die Mitgliederversammlung ist ein Protokoll aufzunehmen, das vom Protokollführer und vom Versammlungsleiter unterzeichnet wird.

§ 6 Aufsichtsrat

(1) Der Aufsichtsrat besteht aus mindestens 5, höchstens 7 Mitgliedern, die auf jeweils 5 Jahre gewählt werden. Eine Wiederwahl ist möglich. Im Falle des Ausscheidens eines Aufsichtsratsmitglieds vor Ablauf seiner Amtsperiode kann der Aufsichtsrat für den Rest der Amtsperiode ein anderes Mitglied kooptieren.

(2) Der Aufsichtsrat berät und überwacht den Vorstand bei seiner Tätigkeit. Zu diesem Zweck hat er sich über die Angelegenheiten des Vereins zu unterrichten. Er kann jederzeit Berichterstattung vom Vorstand verlangen und insgesamt oder durch einzelne Mitglieder sämtliche Unterlagen des Vereins einsehen.

(3) Der Aufsichtsrat wählt aus seiner Mitte einen Vorsitzenden und einen stellvertretenden Vorsitzenden. Der Vorsitzende, bei Verhinderung der stellvertretende Vorsitzende, beruft die Sitzungen des Aufsichtsrats ein, leitet sie und kann in dringlichen Fällen vorläufige Entscheidungen allein treffen. Solche Entscheidungen bedürfen der unverzüglichen Genehmigung durch den Aufsichtsrat.

(4) Aufsichtsratssitzungen finden mindestens dreimal jährlich statt, darüber hinaus, wenn es das Vereinsinteresse verlangt. Der Aufsichtsrat ist beschlussfähig, wenn er ordnungsgemäß eingeladen worden ist.

(5) Der Aufsichtsrat fasst seine Beschlüsse möglichst einmütig, ansonsten nach Stimmenmehrheit.

(6) Der Aufsichtsrat kann zu seinen Sitzungen den Vorstand zur Teilnahme ohne Stimmrecht je nach Bedarf oder regelmäßig hinzuziehen.

(7) Für ihre Tätigkeit erhalten die Mitglieder des Aufsichtsrates eine Aufwandsentschädigung, über deren Art und Höhe die Mitgliederversammlung beschließt; außerdem haben sie Anspruch auf Ersatz ihrer Auslagen.

(8) Mitglieder des Aufsichtsrates haften nur für Vorsatz und grobe Fahrlässigkeit.

(9) Beschlüsse des Aufsichtsrates sind zu protokollieren.

(10) Im Übrigen kann sich der Aufsichtsrat bei Bedarf eine eigene Geschäftsordnung geben.

§ 7 Vorstand

(1) Der Vorstand besteht aus 2 Mitgliedern, die vom Aufsichtsrat auf jeweils 3 Jahre bestellt werden. Eine erneute Bestellung nach Ablauf der Amtszeit ist möglich. Im Falle des vorzeitigen Ausscheidens eines Vorstandsmitglieds bestellt der Aufsichtsrat – soweit erforderlich – für den Rest der Amtsperiode ein neues Vorstandsmitglied.

(2) Der Vorstand führt die Geschäfte des Vereins. Seine Mitglieder sind hauptamtlich tätig und haben Anspruch auf ein den gemeinnützigen Zwecken des Vereins entsprechendes angemessenes Gehalt oder Honorar.

(3) Jedes Vorstandsmitglied vertritt den Verein nach außen alleine gerichtlich und außergerichtlich.

(4) Der Vorstand fasst seine Beschlüsse einmütig. Im Streitfalle entscheidet der Aufsichtsrat.

(5) Im Innenverhältnis hat der Vorstand die vom Aufsichtsrat bestimmten Leitlinien und Beschlüsse zu beachten.

(6) Der Vorstand gibt sich eine Geschäftsordnung.

§ 8 Beitrag

Die Mitgliederversammlung kann bei Bedarf einen Mitgliedsbeitrag beschließen.

§ 9 Schiedsklausel

Alle Streitigkeiten, die sich zwischen Mitgliedern, zwischen Mitgliedern und Organen oder zwischen Organen des Vereins aus dieser Satzung einschließlich ihrer Gültigkeit sowie der Gültigkeit dieser Schiedsklausel ergeben, werden unter Ausschluss des ordentlichen Rechtsweges durch das freie Schiedsgericht bei der GLS Treuhand e.V., Christstr.9, 44789 Bochum, entschieden.

§ 10 Auflösung oder Aufhebung des Vereins

(1) Beschlüsse über die Auflösung oder Aufhebung des Vereins oder über den Wegfall seines gemeinnützigen Zweckes bedürfen einer Mehrheit von 3/4 aller erschienenen Mitglieder in einer eigens zu diesem Zweck einberufenen Mitgliederversammlung.

(2) Die Liquidation wird vom Vorstand durchgeführt, sofern nicht die Mitgliederversammlung andere Liquidatoren ernennt.

(3) Das Vermögen des Vereins fällt bei Auflösung oder Aufhebung oder bei Wegfall seines bisherigen Zweckes an die GLS Treuhand e. V., Bochum oder an eine andere Gemeinnützige Einrichtung, jeweils mit der Auflage es den Zwecken des Vereins entsprechend zu verwenden.

§ 11 Ermächtigung des Vorstands

Der Vorstand wird ermächtigt, bis zur Eintragung des Vereins im Vereinsregister und bis zur Anerkennung der Gemeinnützigkeit durch das zuständige Finanzamt alle zur Eintragung des Vereins und zur Erreichung der Gemeinnützigkeit notwendigen formalen Änderungen dieser Satzung in eigener Verantwortung vorzunehmen.

Anlage 4 Gesellschaftsvertrag gGmbH

Gesellschaftsvertrag

der Firma

Modellschule Bochum-Mitte
gemeinnützige Gesellschaft mit beschränkter Haftung

§ 1 Firma, Sitz, Geschäftsjahr

(1) Die Firma der Gesellschaft lautet:
Modellschule Bochum-Mitte gemeinnützige GmbH.
(2) Sitz der Gesellschaft ist Bochum.
(3) Geschäftsjahr ist das Kalenderjahr.

§ 2 Gegenstand

(1) Gegenstand des Unternehmens ist die Förderung von Bildung und Erziehung.
(2) Die Gesellschaft soll zu diesem Zweck insbesondere die Modellschule Bochum-Mitte betreiben.
(3) Die Gesellschaft kann alle Geschäfte betreiben, die zur Erreichung dieses Zweckes geeignet erscheinen bzw. geeignet sind, den Gegenstand des Unternehmens zu fördern. Die Gesellschaft kann sich an ähnlichen Unternehmen beteiligen oder solche erwerben bzw. begründen und deren Geschäftsführung übernehmen.
(4) Die Gesellschaft verfolgt ausschließlich und unmittelbar gemeinnützige und mildtätige Zwecke im Sinne des Abschnittes „Steuerbegünstigte Zwecke" der Abgabenordnung in der jeweils gültigen Fassung. Sie ist selbstlos tätig und verfolgt nicht in erster Linie eigenwirtschaftliche Zwecke. Mittel der Gesellschaft dürfen nur für die satzungsgemäßen Zwecke verwendet werden. Sie dürfen ganz oder teilweise einer Rücklage zugeführt werden, soweit und solange dies zur nachhaltigen Erfüllung des Gesellschaftszweckes erforderlich ist.

Die Gesellschafter erhalten keine Gewinnanteile und in ihrer Eigenschaft als Gesellschafter auch keine sonstigen Zuwendungen aus Mitteln der Gesellschaft. Es wird keine Person durch Ausgaben, die dem Zwecke der Gesellschaft fremd sind oder durch unangemessen hohe Vergütungen begünstigt.

Die Gesellschafter erhalten bei ihrem Ausscheiden oder bei Auflösung der Gesellschaft nicht mehr als ihre eingezahlten Geschäftsanteile und den gemeinen Wert ihrer geleisteten Sacheinlagen zurück.

Bei Auflösung oder Aufhebung der gemeinnützigen Gesellschaft oder bei Wegfall gemeinnütziger Zwecke fällt das Gesellschaftsvermögen an die GLS Treuhand e.V., Bochum, zur Verwendung für gemeinnützige Zwecke im Sinne dieser Satzung.

§ 3 Dauer

Die Gesellschaft wird auf unbestimmte Zeit errichtet.

§ 4 Stammkapital

(1) Das Stammkapital der Gesellschaft beträgt 25.000,00 € (in Worten: fünfundzwanzigtausend EURO). Der Gesellschafter Modellschule Berlin-Mitte e.V. übernimmt eine Stammeinlage in gleicher Höhe. Die Stammeinlage ist voll in bar erbracht.

§ 5 Verfügung über Geschäftsanteile

Jede Verfügung über einen Geschäftsanteil oder einen Teil eines Geschäftsanteiles, insbesondere deren Abtretung oder Verpfändung, ist nur mit Zustimmung der Gesellschaft auf Grund eines Beschlusses der Gesellschafterversammlung zulässig.

§ 6 Geschäftsführung, Vertretung

(1) Die Gesellschaft hat einen oder mehrere Geschäftsführer. Ist nur ein Geschäftsführer bestellt, so vertritt dieser die Gesellschaft allein. Sind mehrere Geschäftsführer bestellt, so wird die Gesellschaft durch zwei Geschäftsführer oder einen Geschäftsführer gemeinschaftlich mit einem Prokuristen vertreten.

(2) Einzelnen Geschäftsführern kann durch Gesellschafterbeschluss Alleinvertretungsbefugnis und/oder Befreiung von den Beschränkungen des § 181 BGB erteilt werden.

§ 7 Gesellschafterversammlung

(1) Alljährlich findet innerhalb der ersten sechs Monate nach Schluss des Geschäftsjahres eine ordentliche Gesellschafterversammlung statt.

(2) Die Einberufung der Gesellschafterversammlung erfolgt durch die Geschäftsführung. Die Einladung erfolgt schriftlich unter Angabe von Zeitpunkt, Ort und Tagesordnung. Zwischen der Absendung der Einladung und dem Tag der Versammlung ist eine Frist von mindestens zwei Wochen einzuhalten. Eine nicht ordnungsgemäß einberufene Gesellschafterversammlung kann Beschlüsse fassen, wenn sämtliche Gesellschafter anwesend oder vertreten sind und der Beschlussfassung nicht widersprechen.

(3) Gesellschafterbeschlüsse können auf schriftlichem Wege herbeigeführt werden, so weit das Gesetz nicht notarielle Beurkundung vorschreibt oder ein Gesellschafter dem schriftlichen Abstimmungsverfahren widerspricht.

(4) Über alle Gesellschafterbeschlüsse ist eine Niederschrift anzufertigen.

§ 8 Jahresabschluss und Gewinnverwendung

(1) Die ordentliche Gesellschafterversammlung beschließt über
- die Feststellung des Jahresabschlusses (Bilanz sowie Gewinn- und Verlustrechnung);
- die Verwendung des Jahresüberschusses oder die Deckung eines Verlustes;
- die Entlastung der Geschäftsführung;
- die etwaige Bestellung eines Abschlussprüfers für das laufende Geschäftsjahr.

Der Jahresabschluss wird von der Geschäftsführung nach den Grundsätzen ordnungsgemäßer Buchführung aufgestellt; der Jahresabschluss ist auf Verlangen eines Gesellschafters durch einen Sachverständigen (Abschlussprüfer) zu überprüfen.

(3) Der sich aus der jährlichen Bilanz ergebende Jahresüberschuss wird dem Gesellschaftszweck zugeführt.

§ 9 Schlussbestimmungen

(1) Soweit dieser Vertrag keine abweichenden Bestimmungen trifft, gelten die Vorschriften des GmbH-Gesetzes.

(2) Sind einzelne Bestimmungen dieses Vertrages ungültig, so bleiben die übrigen Bestimmungen wirksam. An Stelle einer ungültigen Bestimmung gilt eine ihrem wirtschaftlichen Zweck möglichst nahe kommende wirksame Bestimmung als vereinbart.

(3) Bekanntmachungen der Gesellschaft erfolgen ausschließlich im Bundesanzeiger.

(4) Die Gründungskosten der Gesellschaft bis zu einer Höhe von 1.500,00 € trägt die Gesellschaft.

Anlage 5 Muster Schulvertrag

Stand: 12.05.2011

Hinweis zur Nutzung (bitte beachten): Dieser Vertrag ist ein Vorschlag, der von den Schulen verwendet werden kann. Die hierin enthaltenen Regelungen befinden sich im Einklang mit der derzeitigen Rechtslage. Vor Verwendung muss die Schule prüfen, ob die hierin enthaltenen Regelungen so auf das eigene Schulleben passen. Änderungen, Auslassungen und Ergänzungen sind in Eigenverantwortung jeder Schule zulässig. Es besteht keine Pflicht zur Nutzung dieses Vorschlages. Dieser Vertrag setzt nur die rechtlichen Rahmenbedingungen. Das Ausfüllen dieses Rahmens ist dann in der Regel eine pädagogische und soziale Aufgabe. Das gilt insbesondere für den Bereich der Ausübung von Kündigungsrechten.

SCHULVERTRAG zwischen dem Trägerverein einer Waldorfschule und den Eltern (Schüler/innen) Entwurf

Der Waldorfschulverein ... e.V.

vertreten durch ...

schließt mit Herrn/Frau ... (Vertragsnehmer)

folgenden

SCHULVERTRAG

§ 1 Grundsätze

Die Parteien stimmen darin überein, das der/die Schüler/in ... an der Waldorfschule nach den Grundsätzen der Pädagogik Rudolf Steiners erzogen und unterrichtet wird. Die Vertragsnehmer werden die pädagogischen Ziele der Waldorfschule durch ihre Zusammenarbeit mit der Schule fördern und die Erziehung und Unterrichtung ihres Kindes durch die Schule unterstützen. Insbesondere werden sie die einvernehmliche Zusammenarbeit mit dem Kollegium suchen.

§ 2 Vertragsbeginn und Probezeit

Der/die Schüler/in wird mit Wirkung vom ... in die Klasse ... aufgenommen.

Das erste Jahr des Schulverhältnisses ist Probezeit und eine Verlängerung der Probezeit kann bei Vorliegen besonderer Gründe vereinbart werden.

Während der Probezeit kann das Schulverhältnis von beiden Parteien ohne Begründung jeweils spätestens am 3. eines jeden Monats zum Monatsende gekündigt werden.

§ 3 Schulgeld

Das zu zahlende Schulgeld ergibt sich aus der Beitragsordnung.

§ 4 Ermächtigung zum Bankeinzug

Die Vertragsnehmer ermächtigen den Waldorfschulverein zum Bankeinzug in der jeweiligen Höhe des Schulgeldes von dem unten stehendem Konto. Die Einzugsermächtigung erlischt mit dem Ende des Schulverhältnisses.

(Bank, Ort) (IBAN)

§ 5 Kündigung

Das Schulverhältnis ist von dem Waldorfschulverein kündbar mit einer Frist von zwei Monaten zum 31. Januar oder zum 31. Juli.

Das Schulverhältnis ist von den Vertragsnehmern kündbar mit einer Frist von zwei Monaten zum Ende eines Monats.

Die Kündigung bedarf zu ihrer Wirksamkeit der Schriftform.

§ 6 Fristlose Kündigung

Das Schulverhältnis kann von beiden Seiten ohne Einhaltung einer Kündigungsfrist gekündigt werden, wenn ein wichtiger Grund vorliegt und es der kündigenden Partei unter Abwägung al-

ler Umstände des Einzelfalls nicht zuzumuten ist, weiterhin an dem Vertrag festzuhalten. Dies ist insbesondere der Fall,
- wenn ein/e Schüler/in den Schulbetrieb durch ein schwerwiegendes Fehlverhalten insgesamt unzumutbar beeinträchtigt;
- bei schweren Verstößen gegen die jeweils geltende Schul- und Hausordnung oder gegen diesen Vertrag;
- wenn das Vertrauensverhältnis zwischen Vertragsnehmern und Schule nicht mehr aufrechterhalten werden kann;
- wenn die pädagogischen Ziele von Vertragsnehmern und Schule sich nicht vereinbaren lassen.

Die fristlose Kündigung bedarf zu ihrer Wirksamkeit der Schriftform.
Im Falle der fristlosen Kündigung ist das Schulgeld für den Monat, in dem die Kündigung wirksam wird, voll zu entrichten.

§ 7 Beendigung des Schulverhältnisses

Das Schulverhältnis endet ohne dass es einer Kündigung bedarf
- durch Erreichen des höchsten an der Schule vermittelten Abschlusses;
- durch Tod des/der Schüler/in;
- bei Einstellung des Schulbetriebes;
- mit Feststellung durch die pädagogische Konferenz, dass ein höherer Schulabschluss nicht erreicht werden kann, soweit die Schulpflicht erfüllt ist. Voraussetzung einer solchen Feststellung ist, dass die/der Schüler/in ein Jahr vorher darauf hingewiesen worden ist, dass die Anmeldung zu dem entsprechenden höheren Schulabschluss von erfolgreichen Leistungsnachweisen abhängig ist.

Diese Regelung schränkt nicht die Kündigungsrechte gem. §§ 5, 6 dieses Vertrages ein.

§ 8 Bestandteile des Vertrages, Erklärung über den Erhalt

Bestandteile dieses Vertrages sind:
- die Schul- und Hausordnung in ihrer jeweils gültigen Fassung;
- die Beitragsordnung;
- die Belehrung und Erklärung zum InfSchG;
- nachstehende Datenschutzerklärung und die Erklärung zur Verwertung von Bildrechten.

Die Vertragsnehmer erklären, dass ihnen ein Exemplar der genannten Bestandteile ausgehändigt wurde.

§ 9 Aufnahme in den Schulverein

Mit Unterzeichnung des Schulvertrages verpflichten sich die Vertragsnehmer zum Beitritt als Mitglied in den Schulverein. Die Mitgliedschaft dort richtet sich nach den Bestimmungen der Vereinssatzung. Die Vertragsparteien geben hierzu am Ende dieses Vertrages die entsprechenden Aufnahmeerklärungen ab.

§ 10 Salvatorische Klausel

Sollten einzelne Bestimmungen des Vertrages unwirksam oder undurchführbar sein, so berührt dies die Wirksamkeit des Vertrages im Übrigen nicht. Die Parteien vereinbaren, in diesem Falle wirksame und durchführbare Bestimmungen an die Stelle der unwirksamen oder undurchführbaren zu setzen, die dem Sinn und Zweck der zu ersetzenden Bestimmungen soweit als möglich entsprechen.

(Ort)
(Datum)
(Unterschrift der Vertragsnehmer)
(Unterschrift des Schulvereins)

Anlage 5

Beitrittserklärung zum Schulverein

Hiermit erkläre ich meinen Beitritt zum Schulverein, der vom Vorstand durch die nachfolgende Unterschrift bestätigt wird.
Ein Exemplar der gültigen Satzung wurde mir ausgehändigt.
(Unterschrift der Vertragsnehmers)
(Unterschrift des Schulvereins)

Datenschutzerklärung; Erklärung zum Recht am eigenen Bild

Für die Aufnahme des Schülers/der Schülerin in die Schule ist es erforderlich, Daten zu erheben, zu verarbeiten und zu speichern. Dabei unterscheiden wir zwischen Daten, die der pädagogischen Arbeit dienen und Daten, die für die Schulverwaltung (einschl. Schulgelderhebung) unerlässlich sind. Für den internen Gebrauch der Schulgemeinschaft werden Klassenlisten herausgegeben. Alle Daten werden grundsätzlich vertraulich behandelt und nicht an Dritte weitergegeben. Ausgenommen davon sind Datenübermittlungen an öffentliche Stellen auf Grund gesetzlicher Verpflichtungen (z.B. im Zusammenhang mit der Schulpflichtüberwachung, der Prüfungsanmeldung oder mit Meldevorschriften zum Infektionsschutzgesetz). Im Übrigen gelten die Vorschriften des Bundesdatenschutzgesetzes.
In Publikationsorganen, z.B. dem Jahrbuch der Schule, der Schulzeitung, Flyern und Veranstaltungsplakaten und der Homepage der Schule werden Fotos aus dem Schulgeschehen veröffentlicht. Die Vertragsnehmer sind damit einverstanden, dass darin auch Fotos von ihnen sowie solche der Schüler erscheinen können. In Verbindung mit den Fotos können Angaben zu der Klasse, nicht aber zu einzelnen Personen veröffentlicht werden. Diese Zustimmung kann jederzeit schriftlich gegenüber dem Vorstand des Schulvereins widerrufen werden. Nachteile aus dem Widerruf entstehen nicht.
Mit der Daten-/Bildnutzung im vorgenannten Umfang bin ich/sind wir einverstanden.
(Unterschrift der Vertragsnehmer)

Erklärung zum Infektionsschutzgesetz

Hiermit bestätige ich/wir den Erhalt und die Kenntnisnahme des Merkblattes
"Belehrung für Eltern und sonstige Sorgeberechtigten gem. § 34 Abs. 5 S. 2 Infektionsschutzgesetz (IfSG)"
(Unterschrift der Vertragsnehmer)
(Für den Eintritt von volljährigen Schülerinnen und Schüler:)

ERKLÄRUNG

Hiermit trete ich dem zwischen meine/m bisherigen Erziehungsberechtigten und dem Schulverein bestehenden Schulverhältnis bei und werde zusätzlich selbständige/r Inhaber/in der sich aus diesem Vertragsverhältnis ergebenden Rechte und Pflichten.
Ich erkenne an, dass die derzeit geltenden Bedingungen sinngemäß auch für mich verbindlich sind.
Jeden Wohnungswechsel werde ich der Schule sofort mitteilen.
(Ort)
(Datum)
(Unterschrift des Schülers/der Schülerin)

Anlage 6 Muster Schulvertrag NRW mit Verpflichtungserklärung

M u s t e r s c h u l v e r t r a g

zwischen

dem Schulträger ...

vertreten durch ...

– im Folgenden **Schulträger** genannt –

und

Herrn/Frau ...

– im Folgenden **Erziehungsberechtigte/r** genannt –

Vorbemerkung:
Die Schule wird als allgemeinbildende Schule mit den Klassen 1 – 12 betrieben. Schule und Erziehungsberechtigte stimmen darin überein, dass

der/die Schüler/in ... geboren am ...
auf Grundlage der ...-Pädagogik erzogen und unterrichtet wird. Die Vertragspartner wirken während der gesamten Schulzeit zum Wohl des/der Schüler/in bei den ihnen jeweils obliegenden Bildungs- und Erziehungsaufgaben zusammen.

Auf dieser Grundlage vereinbaren Schule und Erziehungsberechtigte Folgendes:

1. Laufzeit des Vertrages
Der/die Schüler/in wird mit Wirkung vom ... in die Klasse ... der Schule aufgenommen. Das hiermit begründete Schulverhältnis läuft auf unbestimmte Zeit.

2. Probezeit
Die ersten 12 Monate des Schulverhältnisses sind eine Probezeit, während derer das Schulverhältnis von beiden Seiten ohne Begründung mit einer Frist von einem Monat jeweils zum Monatsende gekündigt werden kann.

3. Schulgeld
Ein Schulgeld wird nicht erhoben.

4. Trägerschaft und Trägereigenleistung
Die Schule wird in Form eines gemeinnützigen Vereins in der Trägerschaft von Eltern und Lehrkräften betrieben. Die Erziehungsberechtigten beteiligen sich als Mitglieder des Trägervereins an der Aufbringung der Eigenleistung des Schulträgers. Sie geben hierzu eine gesonderte Verpflichtungserklärung ab.

5. Ordnungsmaßnahmen
Die Anwendung von Ordnungsmaßnahmen seitens der Schule kommt erst in Betracht, wenn andere erzieherische Einwirkungen nicht ausreichen. Ordnungsmaßnahmen sind zulässig in entsprechender Anwendung von § 53 Schulgesetz NRW mit Ausnahme von Abs. 3 Satz 1 Ziffern 6 und 7, Abs. 3 Satz 2, Abs. 4 Satz 2, Abs. 5, Abs. 7 Sätze 2 bis 4 und Abs. 8 zweiter Halbsatz. Ordnungsmaßnahmen der Schule sind keine Verwaltungsakte.

6. Beendigung des Schulverhältnisses
Das Schulverhältnis endet
- nach Beendigung des Bildungsgangs der Schule mit dem Ende der
- 12. Jahrgangsstufe oder, wenn eine Verlängerung des Vertrages für die 13. Jahrgangsstufe (Abiturvorbereitung) beiderseits vereinbart wird, nach Abschluss dieses Jahrgangs,
- mit der Entlassung des/der Schüler/in von der Schule gemäß

Anlage 6

- § 53 Abs. 3 Ziffer 5 Schulgesetz NRW,
- durch Kündigung.

7. Ordentliche Kündigung

Das Schulverhältnis kann von beiden Seiten mit einer Frist von drei Monaten jeweils zum 31.1. und zum 31.7. eines jeden Jahres gekündigt werden.

8. Fristlose Kündigung

Das Schulverhältnis kann von beiden Seiten fristlos gekündigt werden, wenn dem Kündigenden unter Berücksichtigung aller Umstände des Einzelfalls und unter Abwägung der beiderseitigen Interessen die Fortsetzung des Schulverhältnisses bis zum Ablauf der Kündigungsfrist oder bis zur sonstigen Beendigung des Schulverhältnisses nicht zugemutet werden kann.

9. Schriftform der Kündigung

Jede ordentliche und jede fristlose Kündigung bedarf der Schriftform.

10. Aufsichtspflicht

Die Aufsichtspflicht der Schule besteht für die Dauer des Unterrichts und der Schulveranstaltungen für die Schüler/innen, die sich auf dem Schulgrundstück bzw. dort aufhalten, wo die Veranstaltung stattfindet. Die Aufsichtspflicht erstreckt sich nicht auf den Schulweg.

11. Datenschutz

Für die Aufnahme des Schülers/der Schülerin ist die Erhebung, Verarbeitung und Speicherung von Daten erforderlich. Die Schule unterscheidet zwischen Daten, die der pädagogischen Arbeit dienen und Daten, die für die Schulverwaltung unerlässlich sind. Alle Daten werden grundsätzlich vertraulich behandelt und nicht an Dritte weitergegeben. Ausgenommen davon sind Datenübermittlungen an öffentliche Stellen aufgrund gesetzlicher Verpflichtungen. Im Übrigen gelten die Vorschriften des Bundesdatenschutzgesetzes.

Den Erziehungsberechtigten und den Schülerinnen und Schülern ist bekannt, dass im Rahmen der ...-Pädagogik in erheblichem Umfang Schülerarbeiten anstelle von Lernmitteln als pädagogisches Mittel eingesetzt werden. Dazu werden Epochenhefte, Berichtshefte, Jahresarbeiten, Werkstücke, Portfolios und andere Schülerarbeiten im Rahmen von Elternabenden zur Einsicht ausgelegt und im Rahmen von Präsentationen in der Schulöffentlichkeit ausgestellt, es sei denn, dass einer Offenlegung schutzwürdige Belange einer betroffenen Schülerin oder eines betroffenen Schülers entgegenstehen.

Mit der Ausgabe von Adressen- und Klassenlisten erklären sich die Erziehungsberechtigten und die Schülerinnen und Schüler einverstanden.

Die Daten des/der Schüler/in bleiben nach Beendigung der Schulzeit zur Führung einer Schulchronik gemäß § 9 Abs. 4 der Verordnung über die zur Verarbeitung zugelassenen Daten von Schülerinnen, Schülern und Erziehungsberechtigten (VO-DV I, BASS 10-44 Nr. 2.1) gespeichert. Zur Kontaktaufnahme werden diese Daten nur mit Einwilligung der Schülerinnen und Schüler verwendet.

12. Schiedsklausel

Alle Streitigkeiten, die sich aus oder im Zusammenhang mit diesem Vertrag ergeben, werden unter Ausschluss des ordentlichen Rechtsweges durch das freie Schiedsgericht der GLS Treuhand Bochum, Christstr. 9, 44789 Bochum, entschieden.

13. Bestandteile dieses Vertrages

Bestandteile dieses Vertrages sind
a. die Satzung des (Trägerverein) in ihrer jeweils gültigen Fassung,
b. die Schulordnung in ihrer jeweils gültigen Fassung,

c. § 53 Schulgesetz NRW, und
d. die Verpflichtungserklärung der Erziehungsberechtigten.

Satzung, Schulordnung und ein Abdruck des § 53 Schulgesetz NRW in ihrer derzeitigen Fassung sind Anlagen dieses Vertrages, ebenso die Verpflichtungserklärung der Erziehungsberechtigten.

14. Erfüllungsort
Erfüllungsort für die Rechte und Pflichten aus diesem Vertrag ist für beide Vertragsparteien (Sitz der Schule).

15. Schlussbestimmung
Sollten einzelne Bestimmungen dieses Vertrages unwirksam sein oder werden, so wird die Wirksamkeit der übrigen Bestimmungen hiervon nicht berührt. Die Parteien sind verpflichtet, die unwirksamen Bestimmungen durch wirksame Bestimmungen zu ersetzen, die den mit den unwirksamen Bestimmungen angestrebten wirtschaftlichen Erfolg so weit wie möglich erreichen. Änderungen oder Ergänzungen dieses Vertrages bedürfen zu ihrer Wirksamkeit der Schriftform. Nebenabreden sind nicht getroffen worden.

(Ort)
(Datum)
(Schulträger)
(Erziehungsberechtigte/r)
(Erziehungsberechtigte/r)

Mit der in diesem Vertrag enthaltenen Datenschutzklausel (**Ziffer 11**) erklären wir uns hiermit ausdrücklich einverstanden.
(Ort)
(Datum)
(Erziehungsberechtigte/r)
(Erziehungsberechtigte/r)

Mit der in diesem Vertrag enthaltenen Schiedsklausel (**Ziffer 12**) erklären wir uns hiermit ausdrücklich einverstanden.
(Ort)
(Datum)
(Erziehungsberechtigte/r)
(Erziehungsberechtigte/r)

Ich/wir beantrage/n hiermit zugleich die Aufnahme als Mitglied/er im … (Trägerverein)
(Ort)
(Datum)
(Erziehungsberechtigte/r)
(Erziehungsberechtigte/r)

Anlage 6

Erklärung für volljährige Schüler/innen über den Beitritt zum Schulvertrag:

Mir ist der Schulvertrag zwischen meinen Erziehungsberechtigten und dem Schulträger bekannt. Diesem Vertrag trete ich hiermit bei.

☐ Ich überlasse meinen bisher Erziehungsberechtigten die Wahrnehmung der Rechte und Pflichten aus der Mitgliedschaft.

☐ Ich werde die Rechte und Pflichten aus der Mitgliedschaft selbst wahrnehmen, bin aber damit einverstanden, dass meine (bisher) Erziehungsberechtigten weiterhin von der Schule informiert werden.

(Ort)

(Datum)

(volljähriger Schüler)

Verpflichtungserklärung

Ich/Wir treten hiermit dem Verein ... bei.

Für die Zeit, während der unser/e Kind/er die (Name der Schule) besucht/en, verpflichte/n ich/wir mich/uns hiermit, einen Beitrag zur Eigenleistung des Schulträgers zu zahlen in Höhe von

monatlich ... €

Dieser Betrag setzt sich wie folgt zusammen:

Eigenanteil an den Schulbetriebskosten ... € ... €
Spenden für Förder- und Therapiemaßnahmen ... €
sowie Beiträge für Lehrerbildung ... € ... €

Diese Verpflichtung gilt bis auf Widerruf.

Ich/wir bin/sind damit einverstanden, dass der in der Zusage enthaltene Anteil an Schulbetriebskosten durch Beschluss der Mitgliederversammlung des (Trägervereins) an die geänderten Verhältnisse angepasst werden kann.

(Ort)

(Datum)

(Erziehungsberechtigte/r)

(Erziehungsberechtigte/r)

Hiermit erteile ich folgende
Einzugsermächtigung:

Bank:

IBAN:

(Ort)

(Datum)

(Kontoinhaber)

Anlage 7 Betreuungsvertrag

Betreuungsvertrag

Zwischen:
1. dem Verein ...
und
2. den Erziehungsberechtigten:
Mutter: (Name, Vorname)
Vater: (Name, Vorname)
Anschrift
Telefon Nummer: ....
Handy Nummer: ....
E-Mail-Adresse: ....
Evtl. abweichende Anschrift und Telefonnummer des zweiten Erziehungsberechtigten:
wird folgender Betreuungsvertrag geschlossen:

§ 1 Aufnahme

1. Das Kind ... geboren am ...,
das zurzeit die ...-Klasse der ...-Schule besucht,
wird mit Wirkung vom ... in die Angebote der Offenen Ganztagsschule (Mittagessen, freies Spiel, Hausaufgabenbetreuung, individuelle Förderung, Freizeitaktivitäten etc.) aufgenommen. Ein einklagbarer Rechtsanspruch auf den Betreuungsplatz besteht nicht.
2. Mit der Unterzeichnung des Betreuungsvertrages erkennen die Erziehungsberechtigten die jeweils gültige Betreuungs- und Elternbeitragsordnung der Offenen Ganztagschule der ...-Schule an, die Bestandteil dieses Vertrages ist (Vertragsanhang).

§ 2 Betreuung

1. Die ...-Schule stellt im Rahmen der Offenen Ganztagsschule zusätzlich zum planmäßigen Unterricht im Primarbereich außerunterrichtliche Angebote bereit. Die Öffnungs- und auch Abholzeiten sind in der Betreuungs- und Elternbeitragsordnung geregelt.
2. An beweglichen Ferientagen sowie sonstigen unterrichtsfreien Tagen (außer an Samstagen, Sonntagen und Feiertagen) wird die Betreuung der Kinder innerhalb der verlässlichen Angebotszeiten gewährleistet, es sei denn, dass bei der Befragung der Eltern kein Bedarf ermittelt wird.
3. Der Träger ist berechtigt die Einrichtung aus wichtigen Gründen zeitweilig zu schließen, insbesondere bei Krankheit sowie nach Absprache mit den Eltern bei Fortbildungsveranstaltungen des Personals der Offenen Ganztagsschule, wenn Aufsicht und Betreuung der Kinder nicht ausreichend gewährleistet werden können sowie bei ansteckenden Krankheiten nach Anordnung des Gesundheitsamtes.
4. Eine Ferienbetreuung kann in Abhängigkeit von Bedarf und Finanzierbarkeit der Offenen Ganztagsschule angeboten werden. Zusammen mit den Eltern wird dies jährlich besprochen und geprüft.
5. Die Betreuung beginnt und endet grundsätzlich am Schulstandort.

§ 3 Elternbeitrag

Die Erziehungsberechtigten verpflichten sich zur Zahlung des in der Betreuungs- und Elternbeitragsordnung festgesetzten Elternbeitrages sowie des gesonderten Beitrages für die Mittagsverpflegung.
Der Elternbeitrag ist nach Maßgabe der Betreuungs- und Elternbeitragsordnung unabhängig von den Anwesenheitszeiten des Schülers/der Schülerin zu entrichten.

§ 4 Aufsicht

Die Aufsicht über das Kind auf dem Hin- und Rückweg zur Schule (Standort der Offenen Ganztagsschule) obliegt der Verantwortung der Personensorgeberechtigten. Der Schulträger übernimmt während des Besuchs des Kindes in der Offenen Ganztagsschule die Aufsicht.

Die Erziehungsberechtigten verpflichten sich, das Kind bis 16.30 Uhr abzuholen. Andernfalls erlauben sie ihrem Kind nach Ende der vertraglich vereinbarten Betreuungszeit allein nach Hause zu gehen/ zu fahren.

§ 5 Versicherungsschutz und Haftung

Schülerinnen und Schüler, die an den außerschulischen Angeboten der Offenen Ganztagsschule teilnehmen, sind nach Maßgabe der gesetzlichen Bestimmungen unfallversichert. Eine Haftung des Trägers über die Leistungen des Unfallversicherers hinaus ist ausgeschlossen.

§ 6 Erkrankung des Schülers/der Schülerin

Tritt bei einem Kind eine ansteckende Krankheit nach § 34 (1) Infektionsschutzgesetz auf, oder wird es dessen verdächtigt oder ist es verlaust, müssen die Erziehungsberechtigten das Kind vom Besuch der Offenen Ganztagsschule sofort und solange zurückhalten, bis nach ärztlichem Urteil eine Weiterverbreitung der Krankheit oder Verlausung durch das Kind nicht mehr zu befürchten ist. Dem Träger ist eine ansteckende Krankheit sofort nach der ärztlichen Feststellung zu melden. Der Schulträger ist berechtigt, ansteckend erkrankte Kinder für die Dauer ihrer Erkrankung vom Besuch auszuschließen. Leidet das Kind an erheblichem Schnupfen, Husten oder Darmbeschwerden (Erbrechen oder Durchfall), so sollte das Kind im Interesse der übrigen Kinder und des Personals bis zum Abklingen der Symptome zu Hause bleiben. Eine medizinisch notwendige Versorgung mit Medikamenten kann in der Schule nicht stattfinden.

§ 7 Dauer des Vertrages, Kündigung

Mit dem Abschluss des Vertrages ist die Anmeldung des Schülers/der Schülerin zur Offenen Ganztagsschule für die Dauer eines Schuljahres (1.8. – 31.7.) verbindlich. Der Vertrag verlängert sich automatisch für das nächste Schuljahr, wenn der Betreuungsvertrag nicht innerhalb der Kündigungsfrist gekündigt wird.

Der Vertrag endet in jedem Fall mit dem Ende der Primarstufe.

Die ersten drei Monate des Vertrages gelten als Probezeit. Der Vertrag kann während dieser Zeit von beiden Vertragsparteien jederzeit ohne Angabe von Gründen gekündigt werden. Nach der Probezeit ist eine ordentliche Kündigung des Betreuungsvertrages für beide Vertragsparteien jeweils nur zum Schuljahresende (31. Juli) mit einer Frist von drei Monaten möglich.

Eine außerordentliche fristlose Kündigung des Vertrages ist für beide Parteien nur möglich, wenn ein wichtiger Grund vorliegt, der für die kündigende Vertragspartei das Festhalten an dem Vertrag unzumutbar macht.

Als wichtiger Grund in diesem Sinne kommt für den Schulträger insbesondere in Betracht:
a) Dass das Verhalten des Kindes einen weiteren Verbleib in der offenen Ganztagsschule nicht zulässt,
   – insbesondere weil sein Verhalten Betreuer und/oder Mitschülerinnen und Mitschüler gefährdet oder
   – unzumutbar stört,
b) dass das Kind nicht regelmäßig an der offenen Ganztagsschule teilnimmt,
c) dass der Elternbeitrag für mindestens zwei Monate nicht oder nicht pünktlich entrichtet worden ist.

Kündigungen müssen in allen Fällen der anderen Vertragspartei gegenüber schriftlich folgen.

In besonderen Härtefällen (z.B. Schulwechsel, schwere Krankheit, unvorhergesehener Förder- und Betreuungsbedarf und Ähnliches) kann der Vertrag vorzeitig aufgehoben werden. Voraussetzung ist eine Absprache der Parteien über die finanziellen Abwicklungsbedingungen. Der Antrag der Erziehungsberechtigten auf vorzeitige Aufhebung des Vertrages ist beim Schulträger schriftlich zu stellen und zu begründen. Eine Rechtspflicht des Schulträgers zur Zustimmung des Schulträgers hinsichtlich der Aufhebung des Vertrages besteht nicht.

§ 8 Schlussbestimmungen

Sollten ein oder mehrere Bestimmungen dieses Vertrages unwirksam sein oder werden, so berührt das die Wirksamkeit des übrigen Vertrages nicht. Anstelle der unwirksamen Bestimmung soll eine Regelung treten, die der gewollten Regelung am nächsten kommt.

Erfüllungsort für diesen Vertrag ist ...

Bestandteil dieses Vertrags ist die Betreuungs- und Elternbeitragsordnung der offenen Ganztagsschule ...-Schule in ihrer jeweils gültigen Fassung.

Änderungen oder Ergänzungen dieses Vertrages bedürfen der Schriftform. Mündliche Nebenabreden wurden nicht getroffen. Alle wesentlichen Änderungen (z.B. Anschrift, familiäre Situation u.Ä.) sind der Schule unverzüglich mitzuteilen.

(Ort, Datum)

(Träger)

(Erziehungsberechtigte/r)

Anlage 8 Muster Schul- und Hausordnung

Stand: 12.05.2011

Hinweis zur Nutzung (bitte beachten): Diese Ordnung ist ein <u>Vorschlag</u>, der von den Schulen verwendet werden <u>kann</u>. Die hierin enthaltenen Regelungen befinden sich im Einklang mit der derzeitigen Rechtslage. Vor Verwendung muss die Schule prüfen, ob die hierin enthaltenen Regelungen so auf das eigene Schulleben passen. Änderungen, Auslassungen und Ergänzungen sind in Eigenverantwortung jeder Schule zulässig. <u>Es besteht keine Pflicht zur Nutzung dieses Vorschlages.</u> Diese Ordnung setzt nur die rechtlichen Rahmenbedingungen. Das Ausfüllen dieses Rahmens ist dann in der Regel eine <u>pädagogische</u> und <u>soziale</u> Aufgabe. Das gilt insbesondere für den Bereich der Ausübung von Kündigungsrechten.

Schul- und Hausordnung

I. PRÄAMBEL

Unsere Schule ist ein Ort des Lernens und der Begegnung. Dieser besondere Ort bietet Möglichkeiten schöpferischer und freudiger Entfaltung, aber er ist auch gefährdet, wenn wir ihn nicht gemeinsam schützen.

Ein Ort des Lernens

Täglich erarbeiten wir im Unterricht Neues und Vertrautes. Beides stärkt und hilft, das Leben zu verstehen. Damit wir uns für diese unterschiedlichsten Erfahrungen öffnen können, sollten wir aufmerksam und engagiert sein. Kein Ereignis sollte an uns vorübergehen, das nicht Anlass gibt, daraus zu lernen. Dies ist jedoch nur möglich, wenn wir in einer angstfreien Atmosphäre lernen können. Jeder sollte seinen Teil dazu beitragen.

Wir wissen: In einer schönen Umgebung lernt es sich besser. Es ist deshalb wünschenswert und auch nötig, auf den guten Zustand der Schulräume und der Flure, der Möbel, der Blumen, des jeweiligen Wandschmucks und der übrigen Unterrichtsmaterialien zu wahren und zu pflegen. „Umweltschutz" beginnt in unserem Klassenzimmer. Wie der Raum aussieht, in dem wir lernen, so sieht die Welt aus, die wir uns wünschen.

Ein Ort der Begegnung

Wir lernen nicht allein. Wenn wir als Einzelne auch nur ein Teil einer großen Gemeinschaft sind, die wir vorfinden und in die wir hineinwachsen, so ist ein partnerschaftliches Zusammensein mit den Mitschülerinnen und Mitschülern, den Lehrerinnen und Lehrern, den Eltern, Gästen, Besucherinnen und Besuchern der Schule keineswegs selbstverständlich und ohne uns möglich.

Solidarität, Toleranz und Rücksichtnahme, Höflichkeit und Gewaltfreiheit gehören zur Grundhaltung unserer täglichen Begegnungen. Sie bilden den Geist der Schule. Wir wollen jedem gegenüber zeigen, was wir als Menschlichkeit verstehen. Wir gehen davon aus, dass jeder auch für uns Partei ergreift, wenn sie verletzt wird. Nur wer mutwillig oder vorsätzlich diese Absprache missachtet, schließt sich aus dieser Gemeinschaft aus.

Dies ist die Grundlage der Regeln, die wir uns geben. Sie bleiben immer dann ein bloßer Vertrag, wenn wir ihren Wortlaut nicht mit Sinn erfüllen. Sie helfen, wenn wir einsehen, dass auch ein schulisches Zusammensein der Absprache bedarf, die formuliert, in welchem Rahmen wir uns vertragen wollen.

Vieles, was im privaten Bereich möglich ist, was Freude bereitet und vor niemandem zu rechtfertigen ist, muss für eine größere Gemeinschaft notwendigerweise modifiziert werden. Nicht jede Selbstverständlichkeit im Umgang miteinander sollte in schriftlich zu dokumentierende Paragraphen gerinnen. Aber einige der wichtigen Regeln seien im Folgenden aufgelistet. Sie sind bewusst so verfasst, dass sie den Beteiligten Hilfen geben wollen, einer auftretenden sozialen Herausforderung im Einzelfall gerecht werden zu können, ohne dass eine Unklarheit über die gemeinsamen Leitlinien herrschen darf.

II. DIE SCHULISCHEN REGELN IM EINZELNEN

1. Teilnahme am Unterricht und anderen Schulveranstaltungen

Für den Unterricht und die für verbindlich erklärten anderen Schulveranstaltungen besteht Teilnahmepflicht. Die Schüler haben sich rechtzeitig vorher am Ort der Schulveranstaltungen mit den notwendigen Unterrichtsmitteln einzufinden. Essen und Trinken sowie der Verzehr von Genussmitteln sind während des Unterrichts nicht gestattet. Der Lehrer kann angemessene Ausnahmen hiervon zulassen.

2. Fernbleiben von Schulveranstaltungen

Bei nicht erlaubtem Fernbleiben von Schulveranstaltungen müssen die Erziehungsberechtigten unverzüglich, spätestens innerhalb von drei Tagen, den Klassenlehrer bzw. Klassenbetreuer über die Gründe des Fernbleibens in Kenntnis setzen. Volljährige Schüler haben insoweit die Pflichten der Erziehungsberechtigten. Bei einem Fernbleiben wegen Krankheit von wenigstens drei Tagen muss ein ärztliches Attest vorgelegt werden. Anträge auf Beurlaubung sind beim Klassenlehrer bzw. Klassenbetreuer zwei Wochen zuvor, spätestens aber unverzüglich zu stellen. Die Schule kann einen Schüler auf Antrag beurlauben, wenn dies pädagogisch geboten ist. Eine langzeitige Beurlaubung kann erfolgen, wenn schwerwiegende pädagogische Gründe bestehen und die schulisch begleitete Entwicklung des Schülers gesichert ist. Ein häufiges wiederholtes nicht von der Schule erlaubtes Fernbleiben berechtigt die Schule zur fristlosen Kündigung, wenn eine sinnvolle pädagogische Arbeit nicht mehr möglich erscheint.

3. Aufsicht, Verlassen des Schulgeländes

Die Schule hat während der Schulveranstaltungen die Aufsicht über die Schüler. Die minderjährigen Schüler dürfen das Schulgelände grundsätzlich nicht verlassen. Die Schule kann das Verlassen des Schulgeländes während Pausen und Freistunden gestatten, wenn die Erziehungsberechtigten hierzu zuvor ihr Einverständnis erklären. In diesem Fall besteht keine Aufsichtspflicht seitens der Schule. Die Schüler haben nach der letzten Schulveranstaltung das Schulgelände innerhalb von 15 Minuten zu verlassen. Nach dieser Zeit endet die Aufsichtspflicht der Schule. Wird von der Schule eine nachschulische Betreuung angeboten, so können die Schüler dort teilnehmen, wenn sie vorher angemeldet wurden.

4. Pausen, Freistunden, Hausrecht

In den Pausen haben die Schüler der Klassen 1 bis 10 das Schulgebäude zu verlassen. Die Schüler der Klassen 11 bis 13 können entscheiden, ob sie im Klassenraum bleiben oder auf das Pausengelände gehen. Abeichende Regelungen gelten für besondere Situationen, z.B. bei Regen. Freistunden können die Schüler im Klassenraum oder auf dem Pausengelände verbringen. Auf dem Pausengelände sind diejenigen Ballspiele gestattet, für die ein dafür vorgesehenes Spielfeld vorhanden ist. Das Werfen von Schneebällen ist nur unter Aufsicht eines Lehrers gestattet. Einzelne Anweisungen und Absprachen von Lehrern und Mitarbeitern haben Vorrang vor diesen Regelungen. Das Hausrecht wird von den Lehrern und Mitarbeitern ausgeübt. Ihren Anweisungen ist zu folgen.

5. Behinderung des Schulbetriebes

Bei Behinderung des Schulbetriebes durch höhere oder staatliche Gewalt oder von Seiten Dritter wird der Schulbetrieb im Rahmen des Möglichen aufrechterhalten. Eine Haftung der Schule für Ausfallschäden besteht in diesem Fall nicht.

6. Mitbringen von gefährlichen oder störenden Gegenständen

Gefährliche oder die Schulveranstaltung störende Gegenstände dürfen nicht zu den Veranstaltungsorten mitgebracht werden. Sie können vom Aufsicht führenden Lehrer eingezogen werden und werden vom Lehrer nach einem angemessenen Zeitraum, spätestens nach 2 Wochen dem Schüler zurück gegeben. Störende Gegenstände sind insbesondere Unterhaltungszwecken dienende Elektronikgeräte, Aufnahmegeräte aller Art sowie eingeschaltete Mobiltelefone. Zum Telefonieren sind die hierfür vorgesehenen Plätze zu nutzen.

Gegenstände, die die Sicherheit gefährden, sind von den Erziehungsberechtigten im Schulbüro abzuholen. Gegenstände, deren Besitz gegen geltendes Recht verstößt, können den Behörden übergeben werden.

7. Rauchen, Alkohol, Drogen

Das Rauchen und der Genuss von Alkohol oder anderen Rauschmitteln auf dem Schulgelände und auf angrenzendem, vom Schulgelände aus einsehbaren Gelände ist nicht gestattet. Die Schule kann eine Raucherecke einrichten. Bei Verdacht des Untereinflussstehens von Rauschmitteln kann die Schule die sofortige Durchführung eines Drogentestes verlangen. Der Schüler hat sich hierzu ggf. in Begleitung eines Erwachsenen bei dem von der Schule benannten Arzt einzufinden und am Test mitzuwirken. Verweigert der Schüler die Teilnahme am Test, berechtigt dies die Schule zur fristlosen Kündigung des Schulvertrages. Bei wiederholtem Konsum von oder dem auch nur einmaligen Handel mit illegalen Rauschmitteln kann die Schule den Schulvertrag fristlos kündigen.

8. Erziehungsmaßnahmen

Die Lehrer können pädagogisch gebotene angemessene Erziehungsmaßnahmen ergreifen. Hierzu gehören insbesondere die Ermahnung, das pädagogische Gespräch, der Ausschluss vom Unterricht oder anderen Schulveranstaltungen für einen angemessenen Zeitraum, die individuelle Verlängerung der Unterrichtszeit (Nachsitzen) zur Nachholung von Unterrichtsinhalten, Entzug gewährter Vergünstigungen wie z.B. Klassenausflügen und Auferlegung besonderer Pflichten.

9. Schlichtungsverfahren

In Streitfällen können sich die Betroffenen zunächst an die vorhandenen Schlichtungsgremien der Schule und danach an den Landesschlichtungsausschuss wenden.

Anlage 9 Arbeitsvertrag

Der folgende Arbeitsvertrag ist kein Muster zur wortidentischen Verwendung. Er soll Anregungen für mögliche Formulierungen in einem Arbeitsvertrag geben. Deren Aufnahme oder Nichtaufnahme in den Vertrag und deren inhaltliche Gestaltung sollte die Schule vor dem Abschluss eines Arbeitsvertrages genauestens prüfen. Der Inhalt fast jeder der folgenden Regelungen ist auch anders gestaltbar. Über die im Muster enthaltenen Regelungen hinaus sind je nach Bedarf weitere Vereinbarungen möglich. Sicher ist für die Schule die Verwendung eines Vertragsmusters für die jeweilige Art der Beschäftigung (Verwaltungsmitarbeiter, Hausmeister, geringfügig Beschäftigte, Lehrkräfte, Erzieher etc.) sinnvoll. Jedes Muster sollte aber individuell für die jeweilige Schule ausgestaltet werden, damit es deren Bedürfnisse abbildet.

ARBEITSVERTRAG

zwischen

... (Bezeichnung des Schulträgers, Anschrift)

– nachstehend „Schule" genannt –

und

... (Name und Anschrift des Mitarbeiters)

– nachstehend „Mitarbeiter/Mitarbeiterin" genannt –

Präambel

In einer Präambel kann der Schulträger kurz die Schule und die Besonderheit der ausgeübten Pädagogik darstellen.

§ 1 Beginn, Vertragsdauer

Das Arbeitsverhältnis beginnt am ...

Es ist unbefristet / ist befristet bis zum ... *(Befristung ohne Sachgrund (Zeitbefristung))* / ist befristet zum Zwecke ... *(Angabe eines rechtlich anerkannten Sachgrundes für die Befristung)*.

(Bei befristeten Verträgen:) Die Schule weist die Mitarbeiterin / den Mitarbeiter darauf hin, dass er/sie verpflichtet ist, sich spätestens drei Monate vor Ende des befristeten Vertrages bei der zuständigen Agentur für Arbeit arbeitslos zu melden.

§ 2 Tätigkeit

Die Mitarbeiterin / der Mitarbeiter wird als ... eingestellt. Die Schule ist berechtigt, der Mitarbeiterin/dem Mitarbeiter auch andere Tätigkeiten zu übertragen, die ihr/ihm, insbesondere angesichts ihrer/seiner Ausbildung und Fähigkeiten, zumutbar sind.

Bei pädagogischen Mitarbeitern: Die Mitarbeiterin / der Mitarbeiter erklärt sich bereit, die Erziehungsarbeit im Geiste der in der Präambel beschriebenen Pädagogik und der von der Schule angestrebten Bildungsziele zu leisten.

§ 3 Arbeitszeit

Die Arbeitszeit beträgt wöchentlich ... Stunden. Die Lage der Arbeitszeit richtet sich nach den betrieblichen Notwendigkeiten und kann sich im Laufe des Arbeitsverhältnisses ändern.

Die Mitarbeiterin / der Mitarbeiter ist verpflichtet, auf Anordnung der Schule in angemessenem und rechtlich zulässigem Rahmen Überstunden zu leisten. Überstunden werden durch Vergütung ausgeglichen / durch Freizeit ausgeglichen. Ein Anspruch auf Überstundenvergütung / auf Freizeitausgleich besteht nur, wenn die Überstunden von der Schule angeordnet oder mit der Mitarbeiterin / dem Mitarbeiter vereinbart worden sind.

§ 4 Vergütung, Abtretungsverbot

Die Vergütung beträgt ... € brutto monatlich.

Die Abtretung und Verpfändung von Vergütungsansprüchen ist ausgeschlossen, es sei denn, es liegt die vorherige schriftliche Zustimmung des Arbeitgebers vor.

§ 5 Urlaub

Der Urlaubsanspruch beträgt pro Kalenderjahr ... Arbeitstage (Montag bis Freitag) bei einer Fünf-Tage-Woche; bei einer anderen Anzahl von Arbeitstagen pro Woche ändert sich der Urlaubsanspruch entsprechend. Urlaub wird nur in den Schulferien gewährt.

§ 6 Beendigung des Vertrags, Probezeit

Der Arbeitsvertrag ist – auch während einer Befristung – ordentlich und außerordentlich kündbar.

Es gelten die gesetzlichen Kündigungsfristen. Eine Verlängerung der Kündigungsfrist für die Schule gilt auch für die Mitarbeiterin / den Mitarbeiter.

Die ersten sechs Monate sind Probezeit, innerhalb der das Arbeitsverhältnis mit einer Frist von zwei Wochen gekündigt werden kann.

Das Arbeitsverhältnis endet, ohne dass es einer Kündigung bedarf, mit Ablauf des Schulhalbjahres (31. Januar bzw. 31. Juli), in dem die Lehrkraft das gesetzlich festgelegte Alter zum Erreichen einer abschlagsfreien Regelaltersrente vollendet hat.

§ 7 Fortbildungen

Die/der Mitarbeiter/in verpflichtet sich, regelmäßig an Fortbildungen teilzunehmen. Die Auswahl der jeweiligen Fortbildungsveranstaltungen erfolgt durch die Schule in Absprache mit der Mitarbeiterin / dem Mitarbeiter.

§ 8 Nebentätigkeit

Nebentätigkeiten bedürfen der Genehmigung durch die Schule. Die Mitarbeiterin / der Mitarbeiter ist verpflichtet, die Schule vor jeder Aufnahme einer Nebenbeschäftigung schriftlich zu informieren. Die Schule wird die Genehmigung nur versagen, wenn die Arbeitsleistung der Mitarbeiterin / des Mitarbeiters oder die sonstigen Interessen der Schule beeinträchtigt werden.

§ 9 Mitteilungspflichten

Die Mitarbeiterin / der Mitarbeiter ist verpflichtet, der Schule Änderungen ihrer/seiner Anschrift, persönlicher Daten und sonstiger Umstände, die für die Durchführung des Arbeitsverhältnisses von Bedeutung sind, unaufgefordert mitzuteilen.

§ 10 Verschwiegenheit

(zusätzlich ist gegebenenfalls eine Verpflichtung zum Datenschutz erforderlich)

Die Mitarbeiterin / der Mitarbeiter verpflichtet sich, über alle vertraulichen Angelegenheiten, die sie/er im Rahmen des Arbeitsverhältnisses erfährt, Stillschweigen zu bewahren, und zwar nicht nur für die Dauer des Arbeitsverhältnisses, sondern auch nach dessen Beendigung. Die Verschwiegenheitspflicht gilt insbesondere hinsichtlich Namen, sonstiger Daten und persönlicher Verhältnisse von Schülern und Eltern.

§ 11 Betriebliche Altersversorgung

Die Schule gewährt folgende betriebliche Altersversorgung: ...

§ 12 Erweitertes Führungszeugnis

(zumindest für pädagogisch tätige Mitarbeiter, aber auch für alle anderen Mitarbeiter einer Schule möglich, bspw. bei Hausmeistern, Sekretariatsmitarbeitern etc.)

Die Mitarbeiterin/ der Mitarbeiter ist verpflichtet, der Schule zu Beginn des Arbeitsverhältnisses und regelmäßig im Abstand von fünf Jahren ein erweitertes Führungszeugnis (§ 30 a BZRG) vorzulegen.

§ 13 Ausschlussfrist

Ansprüche aus dem Arbeitsverhältnis verfallen, wenn sie nicht innerhalb einer Ausschlussfrist von sechs Monaten nach Fälligkeit schriftlich geltend gemacht werden. Ansprüche, die auf strafbaren oder unerlaubten Handlungen, oder auf vorsätzlichen oder grob fahrlässigen Pflichtverletzungen des Arbeitgebers oder des Arbeitnehmers beruhen, unterliegen nicht dieser Ausschlussfrist.

§ 14 Schlussbestimmungen
Änderungen und Ergänzungen dieses Arbeitsvertrages bedürfen zu ihrer Gültigkeit der Schriftform. Dies gilt auch für ein Abweichen vom und eine Aufhebung des Schriftformbedürfnisses.

Sollte eine Bestimmung dieses Vertrages unwirksam sein, wird dadurch die Wirksamkeit des Vertrages im Übrigen nicht beeinträchtigt. Die ungültige oder unwirksame Bestimmung ist durch eine andere, gültige Bestimmung zu ersetzen, die dem Willen der Parteien so nahe wie möglich kommt und dem wirtschaftlich und rechtlich Gewollten in zulässiger Weise entspricht.

(Ort), *(Datum)*
(Schulträger)
(Mitarbeiter/Mitarbeiterin)

Anlage 10 Honorarvertrag

Honorarvertrag

Zwischen
... (Name und Anschrift des Schulträgers)
– im Folgenden Schule genannt –
und
Herrn/Frau ..., wohnhaft ...
– im Folgenden freie Mitarbeiterin/freier Mitarbeiter genannt –
wird folgender Vertrag über freie Mitarbeit geschlossen:

1. Aufgabe:

Der freie Mitarbeiter/die freie Mitarbeiterin übernimmt für die Schule folgende Tätigkeit: ...

Der freie Mitarbeiter/die freie Mitarbeiterin ist nicht verpflichtet, an der Verwaltung *(oder: der Selbstverwaltung)* der Schule mitzuwirken oder an Konferenzen teilzunehmen. Der freie Mitarbeiter/die freie Mitarbeiterin ist nicht organisatorisch in die Schule eingebunden und hinsichtlich des Inhalts und der Gestaltung der Tätigkeit nicht an Weisungen gebunden, sondern handelt im Rahmen der getroffenen Vereinbarungen frei.

2. Vertragsdauer

Der Vertrag tritt am ... in Kraft und ist unbefristet. *Oder: Der Vertrag tritt am ... in Kraft und endet am ..., ohne dass es einer Kündigung bedarf.*

Der Vertrag ist ordentlich mit einer Frist von ... Wochen, sowie außerordentlich aus wichtigem Grund, kündbar. Die Kündigung muss schriftlich erfolgen.

Nach einer Kündigung der Schule oder des freien Mitarbeiters/der freien Mitarbeiterin besteht keine Pflicht der Schule, Leistungen des freien Mitarbeiters/der freien Mitarbeiterin abzunehmen.

3. Tätigkeitsumfang

Die freie Mitarbeiterin / der freie Mitarbeiter wird für die Schule pro Woche ... Stunden (à 45 Minuten *oder: à 60 Minuten*) tätig. Der konkrete Zeitpunkt der Tätigkeit wird zu Vertragsbeginn *(oder: jeweils zum Schuljahresbeginn)* einvernehmlich festgelegt.

4. Honorar

Der freie Mitarbeiter/die freie Mitarbeiterin erhält für seine/ihre Tätigkeit ein Honorar von ... € pro Stunde einschließlich Umsatzsteuer / *oder: zuzüglich Umsatzsteuer*, das er/sie jeweils nach Monatsende unter Beifügung einer Aufstellung der geleisteten Stunden schriftlich abrechnet. Mit dem Honorar sind alle Leistungen und Auslagen des freien Mitarbeiters/der freien Mitarbeiterin abgegolten.

Die Auszahlung des Honorars erfolgt auf folgendes inländisches Konto des freien Mitarbeiters/der freien Mitarbeiterin:

Bank:
IBAN:

Die Parteien sind sich darüber einig, dass eine Entgeltfortzahlung im Krankheitsfall, Weihnachts- oder Urlaubsgeld nicht gezahlt werden, da diese Leistungen ausschließlich den Arbeitnehmern des Vereins gewährt werden.

5. Steuern und Sozialversicherung

Die Schule führt für den freien Mitarbeiter/die freie Mitarbeiterin keine Steuern auf die Vergütung und auch keine Sozialversicherungsbeiträge ab. Der freie Mitarbeiter/die freie Mitarbeiterin ist selbst für eine Versteuerung der Vergütung und für eine ausreichende Versicherung seiner/ihrer Person im Rahmen der gesetzlichen Bestimmungen verantwortlich. Er/sie wird der Schule eine etwaig von der Schule entrichtete Lohnsteuer erstatten sowie die Schule auf deren

Verlangen von jedweder lohnsteuerlichen Haftung freistellen, nach Wahl der Schule durch Zahlung an die Schule oder an das Finanzamt.

Der freie Mitarbeiter/die freie Mitarbeiterin versichert ausdrücklich, nicht Scheinselbständiger zu sein, sondern über weitere Auftraggeber zu verfügen, für die er/sie als selbständiger Unternehmer tätig ist. Ändert sich dies, teilt der freie Mitarbeiter/die freie Mitarbeiterin der Schule dies unverzüglich schriftlich mit. Verletzt der freie Mitarbeiter/die freie Mitarbeiterin die Mitteilungspflicht vorsätzlich oder grob fahrlässig, ist er/sie der Schule zum Ersatz des hieraus entstehenden Schadens verpflichtet, insbesondere zur Erstattung von der Schule zu zahlender Sozialversicherungsbeiträge.

Der freie Mitarbeiter/die freie Mitarbeiterin versichert darüber hinaus ausdrücklich, über einen der gesetzlichen Kranken- und Rentenversicherung vergleichbaren Versicherungsschutz zu verfügen und der Schule Mitteilung zu machen, wenn sich hieran in Zukunft etwas ändert.

6. Verschwiegenheitspflicht

Der freie Mitarbeiter/die freie Mitarbeiterin ist verpflichtet, über alle vertraulichen Angelegenheiten, welche ihm/ihr bei Ausübung der Tätigkeit zur Kenntnis gelangen, Verschwiegenheit zu wahren, insbesondere über Namen, Daten und persönliche Verhältnisse der Schüler und Eltern. Diese Verpflichtung gilt auch nach Beendigung des Dienstverhältnisses fort.

7. Gerichtsstand

Gerichtsstand ist der Sitz des Schulträgers.

8. Schlussbestimmungen

Änderungen und Ergänzungen dieses Vertrages bedürfen zu ihrer Wirksamkeit der Schriftform; dies gilt auch für die Aufhebung des Schriftformbedürfnisses selbst.

Sofern einzelne Bestimmungen dieses Vertrages unwirksam sein oder werden sollten, wird hierdurch die Wirksamkeit des Vertrages im Übrigen nicht berührt. Die unwirksame Bestimmung ist durch eine andere, wirksame Bestimmung zu ersetzen, die dem Willen der Parteien so nahe wie möglich kommt.

(Ort)

(Datum)

(Schulträger)

(Freier Mitarbeiter/Freie Mitarbeiterin)

Anlage 11 Mediationsklausel

In Satzungen:

Alle Streitigkeiten, die sich zwischen Mitgliedern, zwischen Mitgliedern und Organen oder zwischen Organen des Vereins aus dieser Satzung ergeben, sollen nach Möglichkeit mittels einer Mediation bearbeitet werden, bevor der Gerichtsweg beschritten wird.

In Verträgen:

Alle Streitigkeiten, die sich zwischen den Parteien dieses Vertrages aus dem Vertrag oder im Zusammenhang mit dem Vertrag ergeben, sollen nach Möglichkeit mittels einer Mediation bearbeitet werden, bevor der Gerichtsweg beschritten wird.

Nachwort

Für die Abnahmegarantien der oben aufgeführten Schulverbände zu diesem Handbuch, die uns die Herausgabe erleichtert haben, bedanken wir uns herzlich.

Dank auch Ingrid Degener-Bonk für die Schreib- und Formatierungsarbeiten an diesem Buch sowie die Erstellung des Stichwortverzeichnisses und Roland Joschko für die Erstellung von Abkürzungs- und Literaturverzeichnis sowie das Korrekturlesen.

Und einen ganz besonderen Dank sprechen wir unserem verehrten Kollegen und Lehrmeister auf dem Gebiet des Schulrechts, Johann Peter Vogel, für die Durchsicht des Skripts und die Erstellung seines freundlichen Geleitworts aus.

Johanna Keller, Ingo Krampen

BARKHOFF&PARTNER

Rechtsberatung · Notariat · Mediation
Rechtsanwält/innen Ingo Krampen, Axel Janitzki, Lothar Kronshage, Sandra Meinke, Anja Surwehme, Christina Brammen, Jakob Janitzki
Husemannplatz 3-4, 44787 Bochum
www.barkhoff-partner.de

Rechtsanwält/innen Johanna Keller, Klaus Hesse
Tannhäuserring 60, 68199 Mannheim
www.keller-hesse.de

Stichwortverzeichnis

Die fetten Zahlen verweisen auf Kapitel, die mageren auf Randnummern.

Abbau 9 25
Abfindung 18 110
- Abfindungsangebot 18 101
Abmahnung 17 59, 18 4, 6, 87, 90, 98, 22 2
Abschlüsse 2 63, 4 6 ff., 6 9, 7 21, 8 8 ff., 15 ff.
Abschlussprüfung 7 11, 8 10, 18 ff., 9 85 ff.
- externe 8 10
Abschlusszeugnisse 8 15
Abwicklungsvertrag 18 102, 108
Aktiengesellschaft 12 8, 26 ff., 37 ff., 52, 13 12
Akzessorietät 6 4, 18
allgemeinbildende Schulen 4 12, 9 89
Allgemeines Gleichbehandlungsgesetz 18 7
Änderungskündigung 18 99
Angestellte 12 2, 14 7, 21, 18 121, 19 16, 26
Anhörung 18 96
Anpassung 8 4
Anrechnung von Vorleistungen 8 19
Anstellungsverhältnis 6 21, 18 14, 108
Antragserfordernis 9 74
Arbeitgeber/Arbeitnehmer-Verhältnis 18 3
Arbeitgeberfunktion 18 4
Arbeitsgerichtsprozess 18 114
Arbeitskreis Katholischer Schulen (AKS) 23 48
Arbeitslosengeld, Erstattung nach Kündigung 18 113
Arbeitsverhältnis, Charakter 18 3
Arbeitsvertrag 18 2
- Form 18 11
- Grundlage 18 16
- Mindestinhalt 18 14
- Schriftform 18 12
Aufhebungsvertrag 18 102
Aufnahmeprüfung 8 13
Aufsicht
- Ausübung 17 25
- des Staates 2 5, 7, 17 2
- Intensität 17 14
- kontinuierliche 17 26
- Organisation 17 8
- örtliche Festlegung 17 11
- praktische Umsetzung 17 40
- präventive 17 37
- staatliche 8 1, 11 1
- Übertragung auf Dritte 17 20
- zeitliche Festlegung 17 9
Aufsichtsführung
- aktive 17 31
- über schulfremde Personen 17 24
Aufsichtsorgane 13 1
Aufsichtspflicht 17 1 ff., 18 6
aufsichtspflichtige Personen 17 19
Aufsichtspflichtverletzung
- arbeitsrechtliche Folgen 17 59
- strafrechtliche Folgen 17 60
Aufsichtspläne 17 6, 40
Aufsichtsrat 12 22, 26, 30, 44 ff., 13 1, 4, 12
Ausbildung, konfessionelle 1 14
Ausbildungsplatz, freie Wahl 2 63
Ausgabenbegrenzungsgebot 9 106
Ausgabesteigerungen 9 6
Ausflauffrist 18 44
Auswahl u. Überwachung, mangelhafte 14 7

Baukosten 9 31, 67 f., 118
Beamte 12 2, 19 3, 26
Bedarf an staatlichem Beistand 9 15
Befristung
- des Arbeitsvertrages 18 27, 31, 50
- Form 18 40
- mit Sachgrund 18 36, 44
- ohne Sachgrund 18 33, 43
- Vertragsende 18 43
Begrenzung der Einnahmemöglichkeiten 6 38
Beirat 12 44
Beitragsordnung 16 17
Belgien 1 13
Berufsabschluss 4 12
berufsbildende Schulen 1 10, 3 19, 46, 4 12, 12 7, 15 30
Berufserfahrung, außerschulische 7 62
Berufsfachschulen 4 28, 9 76, 87, 10 4, 17
Berufskolleg 4 32
Berufsschulen 4 28
besonderes pädagogisches Interesse 2 5, 17, 4 15, 6 39, 44

247

Stichwortverzeichnis

Bestandsgarantie 9 12
Bestimmungsrecht 15 16, 18
Betriebliches Eingliederungsmanagement (BEM) 18 85
Betriebskostenerstattungsmodell 9 70
Bewerbungsunterlagen 18 10
Bezuschussung 9 31
Bildungsauftrag 4 14, 6 6
- eigenständiger 1 6, 3 2, 7 1, 23 45
Bildungsgänge 4 6, 10, 32, 6 8, 8 5
Bildungssystem 3 1 ff.
Bildungsziele 6 5, 6, 7 26 f., 31, 16 21
- allgemeine 4 5
Bund der Freien Waldorfschulen 23 1
Bundesrecht 2 2
Bußgelder 19 9

Curricula 1 17, 4 7

Darlegungslasten 9 48
Daten, personenbezogene 20 11
Datenerhebung 20 13
Datengeheimnis 20 24
Datennutzung 20 13
Datenschutzbeauftragter 20 19
Datenschutzrecht 20 1
Datensparsamkeit 20 17
Datenverarbeitung 20 8, 13
- automatisierte 20 18
Defizitdeckungssystem 9 106
deklaratorische Formen 8 6
Demokratiegebot 12 17, 45
Dienstaufsicht 11 5, 10
Direktions- oder Weisungsrecht 18 5
Diskriminierung 2 83, 18 7 f., 126
Disziplinar- und Ordnungsrecht 19 10
Dokumentationsfunktion 18 90

Ehrenamtlichkeit 12 17 f., 43, 48, 15 32
Eigenleistung 2 85, 6 21, 9 13, 27, 35, 55, 70, 109 ff., 116
eingetragene Genossenschaft 12 24
Einmaligkeit 6 40
Einnahmemöglichkeiten, Begrenzung 6 38
Einrichtungen 15 29 ff.
- gemeinnützige 12 12 ff.
- soziale 13 7
Einrichtungsgarantie 2 10, 17
Einstellungsverfahren 18 7
Eintragungsfähigkeit des Vereins 12 50
Einwilligungsgrundlage 20 13
Einzelangaben 20 1, 14

Einzelfallentscheidung 6 3, 21 2
Eltern 1 3, 14, 2 5, 15, 17, 22 ff., 58, 65, 70, 3 26, 28, 37, 39 f., 4 25, 5 17, 24, 6 2, 26 f., 37, 45, 9 6, 29, 42, 55, 110, 10 3 f., 12 39 f., 15 34, 16 1 ff., 14, 17 ff., 21 ff., 17 20, 24, 19 1, 9, 11, 18 ff., 23, 30, 20 19, 45, 21 8, 23 12, 21, 33, 45, 47
- Elternbeiträge 5 24, 9 109, 23 12
- Elterninitiativen 12 52, 23 25
- Elternrecht 2 21, 24, 26 Siehe Recht der Eltern, 19 20 f.
- Gründungseltern 6 25, 9 33
Entfristungsklage 18 31
Entgrenzung, zeitliche 9 58
Ergänzungsschulen 4 2 f., 9, 10, 23 32
Erlaubnis 20 25
Ermächtigungsgrundlage 11 2
Ermahnungen 17 31
Ersatzschulen 2 13 ff., 3 29, 4 2 ff., 10, 15, 5 22 f., 6 4, 6, 13, 33, 7 1 f., 25 f., 30, 38, 41, 44, 50, 8 1 f., 9 1 ff., 10 3, 6, 13, 15, 11 6 f., 17 52, 19 29, 21 8, 23 11, 32, 39
- anerkannte 4 8
- genehmigte 4 8
- Genehmigungsvoraussetzungen 6 1 ff.
Erstattung
- Fahrkosten 10 7
Erziehungsziele 1 7, 2 14, 16, 24, 4 1, 8 25, 9 16
Eskalationsleiter 22 4
Europäische Menschenrechtskonvention 2 71
Europäische Union 1 13, 2 1, 66, 68, 74, 101, 18 11
Europäische Verbände 2 70
Europäischer Gerichtshof 2 68
Evangelische Schulen 23 41
Evangelisches Schulwesen in Deutschland 23 36
externe Abschlussprüfung 8 10

Fachaufsicht 11 5, 11
Fachschulen 2 7, 4 28, 9 76, 87, 23 32
Fachwissen 4 12
Fahrlässigkeit 14 12, 15, 31, 17 44, 50 f., 58
- grobe 14 4,5
Fakultativprotokoll 2 76
Finanzausgleich 4 8, 10, 10 3
Finanzhilfe 9 14
Finanzhilfeanspruch 9 1 f., 7, 44, 67

finanzstarke Kreise, Vermutung der Existenz   9 53
Förderschulen   3 17, 28 ff., 4 22 f., 25, 5 11, 16, 9 83, 98, 113, 10 4, 15 ff., 23 36, 39
Fördersystem   9 66
Förderung
– gleichwertige   3 41
Förderzentrum   3 24, 26, 45, 52 ff.
Franchise-System   12 8
Frankreich   1 13
Freie Alternativschulen   23 18
freie Entfaltung der eigenen Persönlichkeit   2 38
Freie Mitarbeiter (Honorarkräfte)   18 118
Freiheit
– der Methoden-, Lehr- und Formenwahl   8 2
– pädagogische   19 26
Freistellungsanspruch   14 29
Freistellungsgrundsatz, arbeitsrechtlicher   17 48
Führungszeugnis, erweitertes   18 15
Fürsorgepflichten des Arbeitgebers   17 48

Ganztagsangebot, außerunterrichtliches   5 24
Ganztagsschule   3 23, 5 2, 4 ff., 9 ff., 20 ff., 10 11, 17 19
Garantie, institutionelle   9 18
Gefahrensituation, körperliches Eingreifen   17 34
Gemeinnützigkeit   12 7 ff., 48, 13 7, 14 19, 15 1 ff., 13 ff., 24 ff.
gemeinsamer Unterricht   3 54
Gemeinschaftsschulen   4 20 f., 8 3, 9 76
Genehmigung
– Erteilung   2 15, 6 2
– Genehmigungserfordernis   6 1, 27
– Genehmigungsvoraussetzungen   1 12, 6 1 ff., 9 17, 21, 45, 52, 112, 11 6, 13
– vorläufige   9 112
Genossenschaft   6 23, 9 54, 12 7, 9, 30 f., 39 f., 43, 13 1, 12, 14 32
– eingetragene   12 24 ff.
Geringfügig Beschäftigte   18 122
Gesamtschau   9 38
Gesamtschulen   1 9, 4 19 f., 10 18
Gesamtzweck   4 5, 6 4
Geschäftsbetrieb   12 51, 15 22, 23, 25, 39
– wirtschaftlicher   12 50
Geschäftsführer/innen   12 44, 14 20, 32

Geschäftsführung   12 21 f., 26, 30, 44 f., 13 1, 12, 14 25, 15 18, 18 53, 20 41, 22 2
Gesellschaft mit beschränkter Haftung   12 20, 28
Gesellschafter   6 23, 12 9, 20 f., 29 f., 35, 15 4, 18
Gesellschafterversammlung   12 21, 22, 13 1, 12
gesellschaftsrechtliche Lösung   15 18
Gesellschaftsvertrag   12 22
Gesetze im formellen Sinne   2 94
gesetzgeberischer Spielraum   9 38
Gesetzgebungskompetenz   2 2
Gestaltungsfreiheit   2 44, 6 7, 13 4
Gestaltungsfreiräume   8 3, 5
Gestaltungskompetenz   8 7
Gestaltungsspielraum   8 7, 9 20, 10 16
Gesundheitsprognose   18 83
Gewaltverhältnis, besonderes   19 3
Glauben   2 54, 55, 23 43
Gleichbehandlung   2 47 f., 59, 9 7 f., 18 109
Gleichbehandlungsgebot   3 8, 9 22
Gleichbehandlungsgrundsatz   2 49, 98, 8 7, 18 126
Gleichberechtigung   2 47, 57, 8 24
gleichwertige Förderung   3 41
Gleichwertigkeit   6 5 f., 11, 7 9, 21 f., 34, 43 ff., 9 53, 11 11, 19 6, 14, 23 15
Gleichwertigkeitserfordernis   4 7
GmbH   12 40
Grundgesetz   1 12, 2 2 f., 8, 43, 46, 99, 4 3 f., 6 27, 30, 9 2, 9
Grundrecht auf informationelle Selbstbestimmung   20 6
Grundrechtsverwirklichung, kooperative   9 60
Grundschulen   1 9, 12, 2 20, 83, 3 40, 48, 4 14 f., 5 11, 14, 6 40 ff., 9 76, 80, 10 18 f., 23 25, 39
Gründungsfreiheit   2 3
Gruppenarbeitsverhältnisse   18 3
Güteverhandlung   18 116
Gymnasien   1 9, 3 40, 4 18, 9 76, 85, 10 4, 18

Haftung, persönliche   17 44
Haftungsausschluss   17 56
Haftungsausschluss, Grenze   17 57
Haftungserleichterung für Arbeitnehmer   17 48

Haftungsfragen 14 3
Haftungsrisiken 12 19
Härte 8 21
Hauptschulen 4 16, 5 11, 9 80
Herkömmliches Bild der Privatschule 9 35
Hilfspersonen 15 16
Honorarkräfte 18 118
Horteinrichtungen 5 25

Idealverein 12 50, 52, 15 4
Individualbeschwerdeverfahren 2 76
Inklusion 2 52, 79, 3 1 ff., 4 26 f., 7 23, 23 14, 47
Inklusive Schule 3 26, 44
Insolvenzanmeldung 14 13
Insolvenzantrag 14 24
Insolvenzverfahren 14 8
institutionelle Garantie 2 3, 9 18
Integration 1 12, 2 82 f., 3 39 f., 45 f., 4 14, 26, 16 27
Interessenverbände 15 21
internationaler Vergleich 1 13

Jahreszeugnisse 8 11

Katholische Schulen in freier Trägerschaft 23 42
Kinder
- Kinderhandel 2 75
- Kinderpornographie 2 75
- Kinderprostitution 2 75
- Kindersoldaten 2 75
- Kindertageseinrichtungen 5 25
- Kindertagesstätte 12 50
- mit Behinderung 3 23
Kirche 1 14 ff., 23 36, 38
Klagefrist 18 114
Klosterschulen 1 14
KMK 2 100, 3 17 ff., 5 2, 4, 7 2, 23
Kollegiale Schulleitung 4 7
Kollisionen 11 12
Konferenz der Kultusminister 2 100, 9 3
Konfliktbewältigung 22 6
Konflikte 2 58, 22 1 ff.
Konstruktive Koexistenz 9 64
Kontrolle 17 42
Körperliches Eingreifen in einer Gefahrensituation 17 34
Körperschaften 1 1, 2 57, 12 1, 9 f., 16, 15 2, 8, 21, 33, 20 1, 9
- des öffentlichen Rechts 12 1
- des privaten Rechts 12 1

Körperschaftssteuer 15 28
Körperverletzung 17 60
Kostendeckung 9 108
Kostenpauschalen 9 108
Kreuze im Klassenzimmer 2 58
Kritik an Zuschusshöhe 9 47
Kultusministerkonferenz 2 99, 100, 3 17, 5 2, 7 2, 8 15, 9 3, 44, 66
Kündigung 16 19 ff., 17 5, 59, 18 4, 22 ff., 27 f., 30 f., 43, 47, 50 ff., 97 ff., 113 ff., 21 12
- außerordentliche (fristlose) 18 49
- betriebsbedingte 18 74
- des Schulvertrages 16 23
- fristgerechte (ordentliche) 18 72
- fristlose (außerordentliche) 18 66
- krankheitsbedingte 18 84
- Kündigungsarten 18 65
- Kündigungsgrund 18 24, 73
- Kündigungsgrund, Erforderlichkeit 18 62
- Kündigungsgrund, wichtiger 18 67
- Kündigungsmöglichkeit 16 21
- Kündigungsrecht 16 24
- Kündigungsschutz 18 25, 62
- ordentliche (fristgerechte) 18 48
- personenbedingte 18 79
- Schriftform 18 51
- Unkündbarkeit 18 71
- verhaltensbedingte 18 86
- wegen Krankheit 18 81
- Zugang 18 54
Kuratorium 12 34, 46, 13 1

Landesarbeitsgemeinschaften 23 10
Landeskinderklausel 9 36
Landesrecht 2 2, 6 4
Landesverfassungen 2 12, 43, 84, 4 1
Lebenshaltungskosten 2 46, 6 18
Leerformel 9 51
Lehrerausbildung 6 11, 7 2 ff., 8 f., 11, 21, 29, 31, 39, 43, 54, 56, 23 15
Lehrmethoden 2 10, 6 6, 8 10, 16 23
Lehrplan 4 7
Lehrpläne 1 1, 2 10, 4 10, 6 9, 8 10, 9 106, 12 2, 19 17
Lehrziele 2 5, 10, 15, 17, 6 2, 9, 7 25, 8 1
Lernstandserhebungen 6 8
Lohnsteuer, Haftung 14 16

Mahnfunktion 18 90
Mangelhafte Auswahl u. Überwachung 14 7
Mediation 18 117, 22 5 ff., 10 ff.
Menschenrechte 1 2, 2 72 f., 80, 3 9

Stichwortverzeichnis

Mietmodell 9 107
Mindestschulgeld 6 32
Mischmodelle 9 72
Mitgestaltungsrechte 19 5
Mitgliederversammlung 12 16, 21, 45 f., 13 1 ff., 14 1 f.
Mitwirkung 2 28, 57, 19 1, 4, 14 f., 30
Mitwirkungsrechte 19 2
Modifikationen 8 22, 9 73
Montessori-Ausbildungsorganisationen 23 26
Montessori-Dachverband-Deutschland e. V. (MDD) 23 25
Montessori-Kurse 23 27
Montessori-Pädagogik 23 23
Montessori-Schulen 4 15, 23 23

Nachweisgesetz 18 11
Naturrecht 2 33
Nebeneinander 6 42
Nebenzweckprivileg 12 51
Neutralitätsgebot 11 14
Neutralitätspflicht des Staates 2 57, 58
Niederlande 1 13
Numerus clausus 2 63

Öffentliche Finanzhilfe 15 39
Organisation 1 14, 2 10, 66, 3 50, 4 7, 5 12, 6 10, 8 2, 9 91, 11 17
– der Aufsicht 17 14 ff.
– der Schule 19 13 f.
– der Schülerbeförderung 10 3 ff.
– Organisationsmodell 11 9
– Organisationspflichten 14 7, 17 41

pädagogische Freiheit 18 3, 19 26
Parlamentarischer Rat 9 2
Pausenaufsicht 17 6, 14, 17, 35
– Organisation 17 16
Personalangelegenheiten, Zuständigkeit 18 4
Personengesellschaften 12 9
Persönlichkeitsrechte 20 44
Pflicht zur Anerkennung 6 41
Pflichtschulen 4 13
Praxis 6 29
Private Volksschule 2 5, 17
Privatschule
– herkömmliches Bild 9 35
– Privatschulförderung 3 5
– Privatschulfreiheit 1 12, 6 20, 8 2, 11 9, 16 21
Probephase, verlängerte 18 27

Probezeit 16 14, 18 21
Prüfungsentscheidungen 19 11
Prüfungsregularien, staatliche 8 18
Publizitätsberechtigung 20 26

Ratifikation 2 76
Realschulen 4 16 f., 9 76, 85, 113, 10 4
Recht auf Bildung 2 43 ff., 65, 69, 82, 84, 19 6, 23 6
Recht auf Leistung, subjektives 2 87
Recht der Zivilgesellschaft 1 3
Recht, zwingendes 18 1
Rechte, individuelle 19 6
Rechtfertigungsgrundlage 20 13
Rechtsaufsicht 4 6, 7 20, 11 6, 17
Rechtsbehelfe 2 77
Rechtsform 9 54, 13 1, 15 4, 16 3, 18 3
– für Schulträger 12 1 ff.
Rechtsgestalt eigener Art 12 5
Rechtsschutz 9 25, 59, 21 1, 8
Rechtsverhältnis, kollegial-gesellschaftliches 18 3
Rechtsverordnungen 2 95
Rechtswirkungen 8 11
Reformpädagogik 1 16
reformpädagogische Ansätze 8 3
Reformschulen 2 16, 12 7
Regenpausen 17 18
Regress 17 58
Religionsunterricht 2 5, 56
Rücklage 15 6
– freie 15 9

sachfremde Dienste/Leistungen 15 4
Sachmittel 6 10
Sachschäden 17 54
satzungsmäßige Zwecke 15 4
Schadenersatz 14 10, 18 8
Schiedsgericht 22 4, 14
Schiedsklausel 22 14
Schlichtungsausschuss 22 4
Schmerzensgeldanspruch 17 56
Schulbauförderprogramm 5 17
Schule für alle 3 12, 19, 24
Schulen in freier Trägerschaft 4 13
– Einrichtung 2 14
Schulen in kirchlicher Trägerschaft 23 36
Schüler mit Behinderungen 3 13, 4 22
Schülerfahrkosten 10 1, 4, 7, 13, 17, 19
Schülerhaftung 17 47
Schülerkopfsatzmodell 9 71

251

Stichwortverzeichnis

Schülerrechte 19 6
Schulgeld 6 29 ff., 9 5, 27, 43, 55, 58, 109, 15 34, 16 16, 23 12
- durchschnittliches 6 34
- Obergrenze 6 37
- Schulgeldfreiheit 2 84, 9 109, 16 18
- Schulgeldsystem, gestaffeltes 9 42
Schulgewalt 19 8, 11, 27, 29
Schulleiter/in 4 7
Schulleitung, kollegiale 4 7
Schulmonopol
- Absage an ein staatliches 9 60
Schulmonopol, staatliches 9 60
Schulordnung 3 45, 54, 16 4, 17 29, 19 10
Schulparlament 22 4
Schulpflicht 2 12 f., 28, 45, 4 6, 9 f., 13, 9 23, 10 11, 20, 19 9, 29
Schulträger 3 28, 9 70, 10 9, 12 1, 5, 13 1, 14 1, 15 23, 16 1 ff., 8, 10, 19, 17 5, 47, 18 4, 19 16
- Schulträgerhaftung 17 47
Schulveranstaltungen 17 9
Schulvertrag 16 1
Schulverträge 16 14
Schulverwaltung 1 11, 6 29, 36, 7 6, 11, 13, 19, 9 61, 11 14, 12 2, 21 1
Schulweg 17 12
Schutz der Allgemeinheit 6 13
Schutz der Institution des Ersatzschulwesens 9 10
Schutz der Kinder 2 75
Schutzobjekt 9 49
Selbstbestimmung, informationelle 20 6
Selbstlosigkeit 15 4
Sicherung der Lehrer 6 12
Sonderpädagogik 3 28, 42, 48, 7 58, 60
- sonderpädagogische Förderung 3 52
- sonderpädagogischer Förderbedarf 3 24, 26, 28, 40 f., 45, 47 f., 54, 9 91, 10 13
- sonderpädagogischer Förderschwerpunkt 3 26
Sonderschulen 3 23, 30, 45, 52, 9 77, 90, 96
Sonderung 2 5, 15, 17, 6 2, 26, 27
Sonderungsverbot 6 26, 28, 30, 37 f., 9 17, 27, 42, 52, 58, 16 16, 23 25
Sorgerecht 19 9
Sozialauswahl 18 77, 78
Sozialversicherungsbeiträge 18 120
Spendenbescheinigungen 14 18
Spendenfähigkeit 15 33

Sperrzeit 18 103
Spielraum, gesetzgeberischer 9 36
Sprachfördermaßnahmen 2 25
Sprachstandstests 2 26
Stellenausschreibung 18 8
Steuerfreibeträge 15 36
Steuern und Sozialversicherung bei Abfindungszahlung 18 110
Steuerrechtliche Grundlagen 15 1
Steuerschulden 14 14
Stiftung 5 13, 12 7, 32 ff., 13 1, 14 32, 15 10, 23 41
- Stiftungsaufsicht 12 36
Strafverfahren 17 61
Streitkultur 22 1, 4, 15
Subjektives Recht auf Leistung 2 87

Tarifvertrag 18 16
Teilhabe 2 32, 35, 80, 82 f., 3 9, 18 f.
Tragen von Kopftüchern 2 59
Trägereigenleistung 16 18
Transparentes Verfahren 9 40

Überschuldung 14 8 f.
Umsatzsteuer 15 29
Unerlaubte Handlungen 14 6 f., 22 f.
Unfallversicherung der Schüler, gesetzliche 17 52
UN-Generalversammlung 2 76
Unkündbarkeit 18 71
UN-Menschenrechtsrat 2 76
unmittelbare Zweckverfolgung 15 11
Untätigkeit 9 25, 38, 59
Unterrichtshospitationen 18 6
Unterrichtsmaterialien 11 9
Unterrichtswege 17 11, 13, 38, 52

Verband Deutscher Privatschulverbände e. V. (VDP) 23 31
Verein 9 54, 11 17, 12 7, 9, 11 ff., 28, 43 ff., 50 ff., 13 1 ff., 14 29 ff., 15 4, 18, 18 52, 20 41
- Eintragungsfähigkeit 12 50
- Haftung 14 1 ff.
- Vereinsregister 12 16, 50, 13 5, 18 52, 53
- Vereinsvermögen 14 1, 3
Vereinbarung, frei gestaltbare 18 1
Verfahrensverzeichnis 20 21
verfassungsrechtlicher Anspruch 8 7
Vergleich, internationaler 1 13
Vergütung 6 15, 16, 9 79, 12 48, 15 4, 18 69

252

Stichwortverzeichnis

Verhältnismäßigkeit   11 4
Verkehrssicherungspflichten   14 7, 23, 17 24
Vermögensbindung   15 4
Vermögensmasse   12 32
Vernachlässigung, grobe   9 25
Verschwiegenheit   18 59
Versetzung   8 12
Vertragsberechtigung   20 26
Vertragsfreiheit   2 40
Vertragslaufzeit   16 12
Vertragsparteien   16 3
Vertrauenskreis   22 4
Vertretung   18 37
Verwaltungsrechtsweg   8 9, 21 1, 12
Verweisung eines Schülers   17 29
Verwirklichung des Ersatzschulwesens als Institution   8 25
Vielfalt, störende   9 63
Volkszählungsurteil   20 6
Volljährigkeit   16 7
Vorsatz   14 12, 15, 31, 17 44, 51, 58
Vorstand   13 1 ff., 8, 12, 18 4, 52, 59, 20 41, 22 2, 23 28
– der Aktiengesellschaft   12 30
– der eingetragenen Genossenschaft   12 26
– der rechtsfähigen Stiftung   12 34
– des Vereins   12 11, 44 ff.
– Haftung   14 2 ff.
– hauptamtlicher   12 49
Vorstellungsgespräch, Kosten   18 9

Waldorfpädagogik   23 1, 5
Waldorfschulen   2 16, 3 39, 4 15, 6 8, 17, 45, 7 3, 11 ff., 8 3, 6, 22, 9 49, 76 ff., 10 14, 18, 12 39, 23 1 ff., 10 ff.

Warnfunktion   18 90
Wartefrist   6 24 f., 9 14, 24, 29 ff., 56 f., 61, 67, 80, 91 ff., 103 ff.
Weimarer Reichsverfassung   2 17, 57, 9 1
Weisungen   17 31, 18 3
– Weisungsrecht   18 4
Weiterführende Schulen   4 13
Weltanschauung   2 17, 54, 6 45, 18 7
– Weltanschauungsgemeinschaft   6 45
– Weltanschauungsschule   4 15
– Weltanschauungsschulen   6 45
Werteorientierte Erziehung   4 1
Wirtschaftlicher Geschäftsbetrieb   12 50
Würde   2 33, 35
– universelle   2 14, 32, 83, 23 24, 29, 43

Zahlungsunfähigkeit   14 8, 9
Zeitliche Entgrenzung   9 58
Zeitnahe Verwendung   15 4
Zeugnis- und Prüfungsrechte   19 11
Zeugnisse   1 1, 4 8, 8 9, 19 11
Zivilgesellschaft   1 3, 12 13, 23 4
zivilvertragliche Lösung   15 20
Zugang der Kündigung   18 54
Zusammenwirken   19 23, 30
Zusatzausbildung, sonderpädagogische   7 60
Zustand, tatsächlicher   6 43
Zweck der Erziehung und der Bildung   15 2
Zweckbetrieb   12 50, 15 13 f., 22 ff.
– ideeller   15 23
– wirtschaftlicher   15 23